KB271806

NGO와 지역사회의 이해

UNDERSTANDING OF NGO AND LOCAL SOCIETY

이종식 지음

한국학술정보(주)

2009년 1월은 영하 10도를 전후하는 강추위가 일주일 이상 지속되었다. 날씨가 엄청 위세를 부리고 있다. 또 다른 추위는 세계경제가 전지구적으로 위협하고 있다. 이러한 세계경제의 어려움은 우리경제에도 예외 없이 강타를 두들기고 있다. 신보수주의를 자처하는 이명박 정부는 이러한 어려운 정국을 해결해 보고자 노심초사하는 것 같다. 요즈음 뉴스를 타고 나오는 용어들이 옛날에 듣지도 보지도 못한 새로운 용어들이 상당히 많이 터져 나오고 있다. 내 기억에는 들어 본 적이 없는 '한국경제의 마이너스 성장', '인터넷 논객 미네르바 박' 등과 같은 사건들이 그렇다. 시대의 변화에 따라 당연히 나올 수 있을 법한 새로운 용어들이다.

이 같은 추위와 어려운 경제 속에서 한국 시민사회에서 활동주체로 있는 시민사회단체들 역시 그 활동도 상당한 위축을 받고 있다. 특히 신보수주의 정부 하에서 시민사회단체의 활동은 더욱 위축적이다. 이같이 정부와 시민사회단체와의 양자간의 상호 불신의 관계가 설정된 데에는 상당한 이유가 있다고 본다. 그것은 시민사회운동은 어떤 쟁점에 대해서 그 대안의 제시가 크게 필요치 않기 때문이다. 원초적으로 시민사회운동은 대안 제시보다는 동태성, 일시성, 잠정성 등을 그 특징으로 하기 때문이다. 이에 비해서 정부는 일정한 정태성, 지속성, 결정성 등을 갖추어야 정책의 실행과 성과를 얻을 수 있기 때문이다.

　지금까지 한국 시민사회운동들이 주로 정치적 성향을 많이 띠고 있어 왔기 때문에, 정부가 친시민사회적일 경우는 이 같은 마찰이 적었다. 그렇지만 지금의 이명박 정부와 같이 보수적인 정부는 시민사회운동이 친정부적이지 않기 때문에 관계가 소원하게 될 수도 있다. 우리 한국사회를 비롯한 동양사회에서의 시민생활이라는 것이 워낙 도리와 염치와 의리 등을 강조하면서 사회생활을 영위해 왔기 때문에 이것들이 잘 못되면 상대를 비난, 공격하는 태도를 견지해 왔다. 이러한 것들은 16,17세기부터 조선조의 주자학의 도의가 무너지면서 나라의 기틀이 넘어진 것과 같이 우리 역사에서 많이 나타나고 있다. 이렇듯 역사에서 보듯이 밖으로는 대의 명분을 강조하면서 이면에서는 상대방을 공격하는 경향이 강하기 때문에 더욱 담론의 방법을 찾기가 쉽지 않다.

　이러한 양자의 관계에 대해서 염려하고 걱정하면서 대안제시를 위해 연구가 뒤따라야 한다는 지적이 최근 학계에서 몇 차례 있어 왔다. '양자간의 가교 설정에 대한 제언'이나 '담론민주주의와 시민참여'에 대한 필요성을 지적하고 있는 것들이 그 대표적인 것들이다. 그리고 역사에서 옛 성현이나 훌륭한 선각자들을 만나면 감히 건방지지만 나도 그들처럼 以文同學하고 싶은 마음이 간절하여 가슴 설레었던 적이 있다. 이러한 생각으로 지금까지 본 책의 제목과 같은 강좌를 몇 년간 맡아 오면서 그 원고를 정리하여 가슴 설레면서 이 책을 펴내기로 하였다. 특히 '뉴 거버넌스'의 문명국가건설

부분을 정리할 때에는 이 같은 마음이 더욱 컸던 것이다.

이러한 생각들이 이 책을 접하는 학생이나 독자들에게 전달되어 공부하는 태도를 선지식이나 선각자들과 같이 하는 자세를 닦아서 학문의 시대역진현상과 같은 尙友하고 싶은 마음으로 접해 줄 수 있기를 기대하면서 다음과 같은 순서로 이 책을 엮어 놓았다. 제1편 NGO와 시민사회의 개념에서는 비정부기구의 개념, 그 개념의 변화, 그리고 이론적 고찰을 하였다. 제2편 NGO와 한국 시민사회 운동에서는 정부와 시민사회간의 거버넌스 형성, 민주화 이후의 한국 시민사회, 한국 시민사회운동의 문제점과 과제 등과 같은 한국 시민사회운동의 현주소를 설명하고자 하였다. 제3편 NGO와 지역사회에서는 지역사회의 개념과 NGO의 역할과 지역주민운동의 변화와 과제를 살펴 보았다.

이 책을 내면서 나의 학부과정 때 금종우 교수님과 박사과정 때 김영래 교수님, 두 분 교수님께 학문적으로 눈을 뜨게 해 주신 것에 대해 인생에서 가장 큰 스승님으로 존경을 표하고자 한다. 출판 관계자들에게도 감사를 드린다. 또한 우리 가족들에게도 이 기회를 통해 마음으로부터 감사를 보낸다.

2009년 2월 행신 우거에서

이종식

목차

머리말 ┃ 5

제1편　NGO와 시민사회의 개념　13

제1장 **비정부기구** ┃ 14
　Ⅰ. 비정부기구의 기준 • 14
　Ⅱ. 비정부기구의 개념 • 15
　Ⅲ. 비정부기구의 등장배경 • 16
　Ⅳ. 국가, 시장, 시민사회 삼분법적 접근 • 20
　Ⅴ. 지구시민사회의 형성 • 24

제2장 **시민사회의 개념의 변화** ┃ 38
　Ⅰ. 고전적 시민사회의 개념 • 38
　Ⅱ. 계몽주의적 시민사회의 개념 • 38
　Ⅲ. 마르크스적 시민사회 개념 • 43
　Ⅳ. 토크빌의 결사적 시민사회 • 46
　Ⅴ. 바버의 강한 시민사회와 민주주의 • 48
　Ⅵ. 에드워즈의 공공영역으로서 시민사회 • 52
　Ⅶ. 한국적 시민사회 개념 • 62

제3장 **그람시의 국가, 시민사회** ┃ 66
　Ⅰ. 마르크스주의의 위기와 그람시의 등장 • 66
　Ⅱ. 그람시의 시민사회의 구조 • 67
　Ⅲ. 그람시의 헤게모니와 국가 • 70
　Ⅳ. 급진적 변혁의 과정 • 74

제4장 하버마스의 토의민주주의와 시민사회 ❘ 79

Ⅰ. 토의민주주의 • 79

Ⅱ. 의사소통적 권력과 행정적 권력 • 81

Ⅲ. 의사소통적 권력과 법 • 82

Ⅳ. 공공영역과 토의민주주의 • 86

Ⅴ. 공공영역으로서의 시민사회 • 91

제5장 사회적 자본과 시민사회 ❘ 94

Ⅰ. 사회적 자본의 개념 • 94

Ⅱ. 사회적 자본의 종류 • 96

Ⅲ. 사회적 자본의 주요 속성과 기능 • 96

Ⅳ. 퍼트남의 사회적 자본과 제도적 성공 • 98

Ⅴ. 퍼트남의 사회적 자본 비판 • 110

제2편 NGO와 한국 시민사회운동 125

제6장 '뉴 거버넌스'의 문명국가 건설 ❘ 126

Ⅰ. 시작하는 말 • 126

Ⅱ. 개화기 정치개혁 논의 • 128

Ⅲ. '뉴 거버넌스' 형성: 조선적 민주주의 • 140

Ⅳ. 군민공치 질서체제 • 158

Ⅴ. 결론—거버넌스로서의 타당성과 현대에 주는 함의 • 162

제7장 민주화 이후의 한국 시민사회 ❘ 169

Ⅰ. 문제 제기 • 169

Ⅱ. 이론과 방법 • 170

Ⅲ. 한국 시민사회단체운동의 발달 • 175

Ⅳ. 한국 시민사회단체운동의 특성 • 180

Ⅴ. 한국 시민사회단체운동의 방향과 원리 • 185

Ⅵ. 결론 • 192

제8장 기업의 사회적 책임과 공헌 | 196

Ⅰ. 기업의 사회적 책임 • 196

Ⅱ. 기업의 사회적 책임에 대한 요구와 반대급부 • 197

Ⅲ. 기업의 사회적 책임 이론과 연구 • 200

Ⅳ. 사회적 기업과 활성화 • 209

Ⅴ. 기업의 사회적 책임수행에 장애요인 • 221

Ⅵ. 기업의 사회공헌 활동과 기업이윤 창출과의 상관관계 • 223

제9장 효율적인 거버넌스 형성을 위한 문제점과 과제 | 232

Ⅰ. 문제의 제기 • 232

Ⅱ. 참여정부 정책의 문제점 • 234

Ⅲ. 이명박 정부의 과제 • 241

Ⅳ. 결론 • 253

제10장 한국 시민사회운동의 새로운 과제 | 257

Ⅰ. 문제의 제기 • 257

Ⅱ. 시민사회의 구성요소 • 260

Ⅲ. 한국 시민사회의 특색과 문제점 • 269

Ⅳ. 한국 시민사회운동의 과제 • 274

Ⅴ. 결론 • 282

제3편   NGO와 지역사회의 이해 287

제11장 **지역사회의 이해** | 288
　Ⅰ. 지역사회란 • 288
　Ⅱ. 지역사회의 주민참여 • 289
　Ⅲ. 지역사회의 정치문화 • 293
　Ⅳ. 지역사회의 이익단체 • 299

제12장 **지역혁신체제와 NGO의 역할** | 307
　Ⅰ. 국가균형발전정책의 이론과 실천 • 307
　Ⅱ. 균형발전의 패러다임의 변화 • 308
　Ⅲ. 지역혁신체제와 NGO • 311
　Ⅳ. 지역 NGO의 역할의 문제점과 한계 • 319

제13장 **지역주민운동의 동향과 과제** | 322
　Ⅰ. 최근 주민운동의 동향 • 322
　Ⅱ. 주민참정권과 지방권력 감시활동 • 325
　Ⅲ. 생활자치와 지역공동체 운동 • 328
　Ⅳ. 지역주민운동의 과제 • 343

제14장 **지역자치역량 참여 거버넌스의 형성** | 348
　Ⅰ. 서론 • 348
　Ⅱ. 거버넌스의 형성조건과 유형 • 350
　Ⅲ. 자치역량참여 거버넌스 형성의 선행연구 • 354
　Ⅳ. 한국의 자치역량참여 거버넌스의 경험적 사례 • 362
　Ⅴ. 결론 • 381

NGO와 시민사회의 개념

제1장 비정부기구 ㅣ 제2장 시민사회의 개념의 변화 ㅣ 제3장 그람시의 국가, 시민사회 ㅣ 제4장 하버마스의 토의민주주의와 시민사회 ㅣ 제5장 사회적 자본과 시민사회

비정부기구

Ⅰ. 비정부기구의 기준

비정부기구(Non‐Government Organization: 이하 'NGO'로 약함)란 정부 조직이 아닌 자발적인 단체로서, 비영리 목적의 불특정한 다수를 위한 단체를 통칭한다.[1] 이러한 기준에 의해 분석해 보면, 비정부기구가 갖추어야 할 핵심 속성으로 비영리 목적이며 불특정 다수를 위한 특수 공익 집단이어야 한다는 점을 들 수 있다.

살라만(Lester M. Salaman)에 의하면 비정부기구와 같은 입장에서 연구되고 있는 비영리단체의 기준을 다음의 여섯 가지로 그 특성을 구분하고 있다.[2]

1) 공식적인 제도화(organization)

2) 정부로부터의 독립성(private)

3) 이윤배분의 금지(non‐profit distribution)

4) 자기 통치(self‐governing)

5) 자발성(voluntary)

---

1) 김영래, "21세기의 새정치의 화두 — 시민운동 —", 김영래, 윤형섭, 이완범 공저, 『한국정치 어떻게 볼 것인가』, 서울: 박영사, 2003, 319–343쪽. NGO의 분류기준으로서 그 단체가 목적하는 바가, 첫째, 영리단체인가, 비영리 단체인가, 둘째, 특정집단을 위한 것인가, 불특정 다수를 위한 단체인가에 따라서 분류된다고 하고 있다.

2) Lester M. Salaman, *America's Nonprofit Sector*, 2nd edition, The Foundation Center. 1999, pp.10–11.

6) 공익성(public benefit)

이를 구체적으로 설명해 보면, 첫째, 공익(public interest)집단의 성격을 갖춘 이윤 배분이 금지된(non-profit distribution) 집단이어야 한다. 둘째, 정부조직이 아닌 민간부문에 의한 사조직(private)이어야 한다. 셋째, 그 목적이 불특정 다수를 향한 특수공익을 가진 인본적인(humanitarian) 것이어야 한다. 그리고 넷째, 의도적이지 않고 자발적(voluntary and self-governing)인 단체라야 한다.[3]

Ⅱ. 비정부기구의 개념

NGO의 분류기준이나 정의는 나라와 그 사회의 특수성에 따라 차이가 있을 수 있다. 일반적으로 비영리, 자선, 독립, 자발, 면세, 시민사회 부문 등 다양한 용어가 혼란스럽게 사용되고 있는데, 이는 각 속성이 집단의 특성에 따라 추가될 수도 있고 제외될 수도 있음을 보이고 있는 것이다.

이러한 시각에서 NGO의 개념을 정리하면, NGO린 비정부, 비국기, 비딩파직 행위사가, 자발적이고 비영리직으로 공익을 실현하는 것을 목적으로 하여, 대중의 정치적 참여를 유도하는 압력단체의 성격을 가지며, 권위주의적 정치체제가 아니라 시민사회를 중심

---

3) Leon Gordenker and Thomas G. Weiss, *NGOs, the UN, and Global Governance*(Colorado: Lynne Rienner, 1996), pp.20-21. 이러한 정의에서 벗어나는 특수형태의 예외적인 NGOs가 존재한다. 그 같은 예외적인 것에는 ① 구공산권 국가들이 국가 권익을 위해 만든 정부 NGOs(GONGO), ② 북구와 북미에서 많은 공적 기금에 의존하는 유사형 NGOs(QUANGO), ③ 원조제공자가 지원의 편의를 위해 조직한 증여자 NGOs(DONGO) 등이 있다.

으로 하는 풀뿌리 조직의 성격을 가진, 자율성과 독립성을 가진 기구이다.4) 실태분석에서 NGO는 노동단체, 학술단체, 종교단체 등과는 같은 일반 시민단체나 전문가 단체들을 제외하는 특수공익 추구단체로서 비영리 특수공익 추구의 사적 민간조직체라고 할 수 있다. 이와 같이 시민사회는 국가권력도 아니고 경제적 권력을 대표하는 기업도 아닌 제3의 주체로서, 소비자 시민의 권리를 구현하겠다는 의도에서 생겨났다.

여기에서 우리는 여러 가지의 용어의 혼란을 방지하기 위해서 다음과 같은 의미의 구분을 하고자 한다.5) 자선부문(charitable sector): 민간 및 자선적 기구를 강조하나 유일한 것은 아니다. 독립적인 부문(independent sector): 제3의 힘으로 재정적 의미에서는 정부와 기업에 의존한다. 자발적 부문(voluntary sector): 자원봉사자들의 기여를 강조하나 유급직원도 있다. 면세부문(tax－exempt sector): 비영리기관으로서 미국의 세법의 독특성에 의해 면세를 받고 있다. 시민사회부문(civil society sector): 시민적 기초를 강조한다. 비영리부문(non－profit sector): 소유주의 이익창출을 위한 존재가 아니라고 강조하나 때로는 이익을 창출하기도 한다. 그것은 수입이 지출을 충당하기 위해서이다.

Ⅲ. 비정부기구의 등장배경

NGO의 성장배경에는 일반적으로 국가 정치권력과 경제권력에

---

4) 김영래, 전게서, 324－325쪽.
5) Lester M. Salaman, *op.cit*, pp.8－9.

대항하려는 신보수주의적 입장과 자유주의적 다원주의의 입장이 자리 잡고 있다. 시민사회는 국가와 기업 중심이었던 시장에서, 그들이 다하지 못하는 부분을 수행하겠다는 목표를 지닌다. 이러한 배경을 갖고 있는 NGO는 언제 어디에서 비롯되어 우리의 생활에 국가와 시장 이외의 제3의 섹터로 자리하게 되었는가. 정부와 시민사회와의 관계를 비교론적 시각에 따라서 분석해 보면 그 대답을 분명하게 알 수 있다.[6] 맥도날드(Laura Macdonald)에 의하면 국가와 시민사회를 규정하는 방식으로는 신보수주의 입장, 자유주의적 다원주의 입장, 신마르크스주의 입장의 세 가지가 지배적이다.[7]

첫째, 신보수주의적 입장(neo – conservative position)은 국가와 시민사회라는 이분법적 논리에 입각하여 시민사회를 국가가 관여할 수 없는 천부적 권리를 향유하는 사적인 영역으로 간주한다. 이는 고전적인 민주주의적 정치관과 시장경제의 결합이라고 볼 수 있다. 그들은 민주주의 가치를 지니고 있는 시민사회와 자본주의 이념을 가진 시장경제의 연계를 중요시한다. 또한 이러한 시민사회의 속성으로는 선택의 자유, 사유재산, 가부장적 가족제도, 관료제도의 불신, 인간의 자기 이기적 양심에 근거한 합리성과 유인체계 등을 꼽는다.

아울러 NGO는 세계화와 함께 노래한 경제의 전 지구화 상황에서, 개도국의 빈자의 욕구를 즉각 충족시켜 정치적 불안정을 회피할 수 있는 유용한 대안을 제공하는 역할을 담당하며, 개도국의 민주화와도 깊은 관련을 이루고 있는 존재로 인식된다. 즉 NGO를 국가 간섭 없이도 사회적 에너지를 동원할 수 있는 사적 영역의 행

---

6) 강명구, "정부와 NGO 관계의 비교론적 연구", 박재창 편, 『정부와 NGO』(서울: 법문사, 2001), 52 – 58쪽.

7) Laura Macdonald, *Supporting Civil Society: the Political Role of Non –Governmental Organization in Central America*(New York: ST, Martin's Press, 1997), pp.13 – 22.

위자들의 결사체(association)로 간주하는 것이다.

둘째, 자유주의적 다원주의 입장(liberal - pluralist position)은 토크빌(Alexis de Tocqueville)의 고전적 민주주의 시각에 입각하여 자발적(voluntary) 혹은 이해관계를 중심으로 결집한 사회조직의 존재를 국가, 시민사회, NGO 간 관계해석의 출발로 삼는다. 이는 사회중심적(society - centered) 해석으로 볼 수 있는데, 시민문화론(civic culture)이나 사회자본론(social capital)은 이러한 사회중심적 해석의 줄기를 이어 오고 있다.

그들의 논의에 의하면 자발적 조직인 NGO는 사회적으로, 정치적으로 참여의 증진을 통하여 조직화되지 못한 대중을 국가에 매개하여 주는 역할을 하게 된다. 따라서 NGO의 발생은 정치적 민주화의 중요한 요소가 되는 것이다. 시민이 자발적으로 직접 민주정치에 참여하게 되는 오늘의 자유주의적 다원주의적 현상은 이를 극명하게 설명해 준다. 종래에 존재했던 미첼스(Robert Michels)의 '과두제의 철칙(iron law of oligarchy)'이 인터넷의 발달과 정보기술의 혁신으로 설 위치를 잃게 될지 모르는 현실이 되어 가고 있다. 이러한 의미에서, NGO를 비정치적이고, 비영리적이며, 제3의 독립적 섹터로 보고 있다.

셋째, 신마르크스주의 입장(new - or post - Marxist position)은 앞의 두 가지 시각과는 달리 국가와 시민 간의 상호 침투가능성을 찾는 데 기원을 두고 있다. 신마르크스주의의 원류는 전통적 마르크스주의를 비판적으로 수용하여 체계화한 그람시(Gramsci)의 시민사회에 대한 해석과 그의 추종자들의 주장에서 찾을 수 있다. 전통적 마르크스주의에서는 국가를 정치사회와 시민사회로 구성되어 있는 것으로 보고 시민사회가 부르주아적 사회질서와 연계된 것으로 생각하면서 그 개념에 대해 유보하는 입장을 보인다. 따라서 전통적 마르크스주의에서는 시민사회가 곧 부르주아적 사회질서를 상징하며 계급갈등이 개입한 사상이라는 이유로 논의대상이 될 수 없었다. 그러나 그람시는 국가권력이 정당, 군대 등과 같은 제도적 실체를 통해서 직접적으로 행사될 뿐만 아니라 시민사회에 대한 헤게모니를 통해서 간접적으로도 행사된다고 본다.

또한 그의 추종자들은 프롤레타리아를 역사적 변혁의 주체로 상정하는 계급 투쟁적 성격 대신, 비계급적 지위에 근거한 또 다른 형태의 조직화된 사회운동(social movement)에 주의를 기울인다. 여기에서 신사회운동의 중요한 행동 영역인 여성, 평화, 인종, 공동체 등이 비계급적 지위에 근거한 또 다른 형태의 조직으로 주목받은 것이다.8) 이러한 시각은 NGO와 더불어 민주주의 심화로 내부의 한계를 극복할 수 있게 한다.

이상의 세 가지 시각에서 NGO는 정부와 대별되는 양상을 보이고 있다. 이러한 NGO의 성장배경을 통해 정부나 시장이 충분히 수행하지 못하는 부분과 냉전의 종식 이후에 급부상하고 있는 초국적 시민사회의 등장을 설명하는 과정에서 특별히 고려해야 할 점이 있다. 그것은 국제사회에 있어서의 상호 의존의 중요성과 사회의 발달에 따른 전문성과 합리적인 사고와 인식에 중점을 두지 않고는 협력 달성이 어려울 것이라는 점이다. 이는 국제레짐 이론과도 일맥상통한다. 국제레짐 이론과 NGO성장 이론, 양 이론 모두 국제사회에서 국가중심에서 이탈하여 다양한 행위자중심으로 변화함으로써 공통의 과제를 가지고 있다고 할 수 있다.

---

8) Ernesto Laclau and Chantal Mouffe, *Hegemony and Socialist Strategy: Towards a Radical Democratization Politics*, Second Edition(New York: Verso, 2001), pp.85 – 88.

Ⅳ. 국가, 시장, 시민사회 삼분법적 접근

서구의 정치학자들은 오늘날의 사회를 분류할 때에 이분법이나
삼분법을 분석의 틀로 활용하고 있다.

1. 이분법적 분류

이분법의 대표적인 학자로는 헬드(David Held)와 킨(John Keane)
등이 있다.9) 이분법에 의하면 '국가 - 시민사회'라는 이론 틀로서
국가와 국가 이외의 모든 사회단체를 가리켜 시민사회로 지칭하는
경우이다. 가령 존 킨(John Keane)이 시민사회와 국가를 구분하는
경우 시민사회를 '비국가적 활동, 즉 경제적 문화적 생산활동, 가사
활동, 자발적 결사의 활동에 종사하는 제도의 통합'이라고 보고, 또
한 그는 '국가제도에 모든 유형의 압력이나 통제권을 행사함으로써
자기 정체성을 유지 또는 변형시켜 나가는 제도적 집합체'를 시민

<그림 1> 이분법적 사회구분

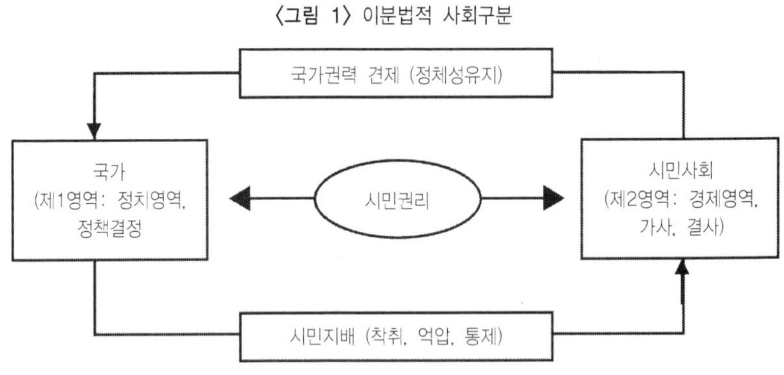

---

9) John Keane, eds., "Introduction", *Civil Society and the State*(London: Verso, 1988), pp.1 -
31: David Held, *Political Theory and Modern State*(Standford, CA.: Standford University
Press, 1989), pp.1 - 10.

사회라고 본다. 따라서 이들의 논법에 의하면 국가사회와 국가 이
외의 사회제도를 통칭하여 시민사회라고 보는 것이다.

2. 삼분법적 분류

삼분법을 분석 틀로 활용하는 학자에는 하버마스(Jürgen Habermas),
코헨과 아라토(Jean L. Cohen and Andrew Arato), 그람시(Antonio
Gramsci), 네르핀(M. Nerfin), 코오턴(David C. Korten), 나잠(Adil
Najam) 등이 있다.[10] 비정부기구나 비영리기구에 대해 연구를 하는
서구의 학자들 네르핀, 코오턴, 나잠 등과 같은 학자들은 사회를
세 가지의 기본요소, 즉 국가(state), 사기업(corporate), 시민사회(civil
society)로 나누고 있다. 이것을 그들은 정치권력을 대표한 군주(the
prince), 경제적 권력을 대표하는 상인(the merchant), 인민적 권력을
구현하는 시민(the citizen)이라는 은유(metaphor)로 나타내곤 한다.
이때에 국가영역(the state sector)은 사회질서의 보존(preservation of
social order), 시장영역(the market sector)은 재화와 용역의 생산
(production of goods and services), 시민사회(the voluntary associational,
or citizen, sector)는 특정 사회 비전의 표출과 실현(articulation and
actualization of particular social visions)을 시켜 나가는 영역으로 정
의하고 있다.

---

10) M. Nerfin, "Neither Prince nor Merchant: Citizen - an Introduction to the Third
System", *World Economy in Transition* edtied by K. Ahooja - Patel, A. G. Drabek, and
M. Nerfin(Oxford: Pergamon Press. 1986): Adil Najam, "Citizen Organizations as
Policy Entrepreneurs", *International Perspectives on Voluntary Action: Reshaping the Third
Sector* edited by David Lewis(London: Earthscan, 1999): David C. Korten, *Getting to the
21st Century: Voluntary Action and the Global Agenda*(Hartford: Kumarian Press, 1990):
Sheelagh Stewart, "Happy Ever After in the Marketplace: Non - Government
Organizations and Uncivil Society", *Review of African Political Economy*(Vol.24(71), 1997),
pp.11 - 34.

또 다른 학자는 시민사회를 시민과 국가 간의 공적 영역으로 정의하기도 한다.[11] 하버마스는 사회를 권력매체에 의해 조종되고 통합되는 국가와 화폐에 의해 조종되고 통합되는 경제, 그리고 생활세계로 구분한다. 그는 생활세계를 공적 영역과 사적 영역으로 구분하고 또다시 공적 영역을 문예적 공공영역(literary public sphere)과 정치적 공공영역(political public sphere)으로 나눈다. 문예적 공공영역은 사적 개인생활에 해당하는 개인의 주체성을 남에게 드러내어 보여 주는 사회구조로서 공공성과 연결되는 영역이고, 정치적 공공영역은 계층의 자기 규제를 위해 형태(form)를 제공하고 정치제도(political organization) 속에는 공식화되지 않은 클럽, 결사, 위원회 등 이는 정치적 주제를 형성하는 장소로서 정치적 모임의 제도화로 발전하기 전 단계의 영역을 말한다. 그는 자기표현의 영역인 문예적 공공영역에서 공론화의 정치적 공공영역으로 그리고 이것이 공식적인 정치제도의 영역으로 발전하는 것으로 본다. 그의 공적 영역은 정치적 제도화 이전의 국가 기능을 견제하고 사회를 통합하는 의견수렴을 통한 여론을 형성하는 사회생활영역 – 생활세계(life world)는 물상화 과정이 경제와 국가가 자아내는 억압적 통합의 단순한 반영물로서 나타나는 장소가 아니라 의사소통적으로 구조화된 행동영역이 물상화된 것을 반영하는 것으로 보는 의사소통행위이론(theory of communicative action)으로 규정하고 있다.[12]

코헨과 아라토는 시민사회에 대한 주제를 이와 같은 하버마스에게서 찾는다. 그는 사회를 두 가지 하부체계, 즉 정치체계와 경제

---

11) Sheelagh Stewart, "Happy Ever After in the Marketplace: Non – government Organizations and Uncivil Society", *Review of African Political Economy*, Vol.24(71)(1997), pp.11 – 34.

12) Jürgen Habermas, *The Theory of Communicative Action, V.2. Lifeworld and System – a Critique of Functionalist Reason*(Boston: Beacon Press, 1987), pp.391 – 396.

체계, 그리고 생활세계의 의사소통 매체에 의해 통합되는 시민사회로 구성되는 삼분모델을 제시한다. 그는 생활세계를 정치체계(국가)와 경제체계를 분화시키는 차별화된 제3의 영역으로 본다.[13]

삼분법적 사회분류에서 우리가 중요시하는 것은 후기 마르크스주의자들의 입장을 주목한다. 그것은 전통적 마르크스주의자들이 시민사회를 주로 경제영역으로 규정했던 것, 즉 국가를 정치사회(political society)와 헤게모니 쟁탈의 시민사회(civil society)로 규정했던 것에서 벗어나 그람시(Gramsci)는 시민사회를 비계급적인 존재로서 또 다른 사회조직으로서 경제외적 상부구조의 영역으로 재규정하고자 한 점이다. 즉 "두 개의 주된 상부구조 중 하나로서 흔히 사적(private)이라고 불리는 유기체의 총화"를 시민사회라고 본다.[14] 그의 시민사회는 정치사회와 경제사회와 구분되면서 정당과 노조를 포함하는 다양한 사적 결사체들이 광범한 동의에 기반을 둔 지적, 도덕적, 지도력의 헤게모니 창출을 위해 투쟁하는 공간으로 본다.[15] 그는 시민사회를 상부구조의 한 영역으로서(국가를 중심으로 하는 정치사회라는) 정치적 상부구조의 기반, 즉 상부구조적 토대의 위치에 선다고 한다. 이러한 상부구조로서의 시민사회구조는 헤게모니적 계급지배의 구조에 대응하기 위한 새로운 전략으로서 국가에 대한 전면적 공격(frontal attack of the State)인 기동전(war of maneuver)에 대체되는 진지전(war of position) 전략을 강조하고 있다.[16]

---

13) Jean L. Cohen and Andrew Arato, *Civil Society and Political Theory*(New Baskerville: MIT Press, 1994), p.18.

14) Antonio Gramsci, *Selection from Prison Notebooks*(New York: International Publishers, 1971), p.12.

15) 그람시의 헤게모니의 개념은 Martin Carnoy, *The State and Political Theory*(New Jersey: Princeton University Press, 1984), pp.69 – 70를 참조 바람.

16) Martin Carnoy, *ibid.*, pp.80 – 85.

지금까지 이루어진 시민사회에 대한 연구를 종합하면, 영국을 비롯한 유럽 여러 나라에서는 대부분 시민사회를 국가라는 정치사회와 시장이라는 경제사회 이외의 자발적인 영역(voluntary sector)으로서 제3영역으로 분류한다. 즉 이를 현대에서 비정부기구와 관련하여 시민사회를 해석하는 일반적인 관점으로 볼 수 있다. 이 경우 국가, 시장, 시민사회의 삼자관계를 〈그림 2〉와 같이 정리할 수 있다.

〈 그림 2 〉 삼분법적 사회구분

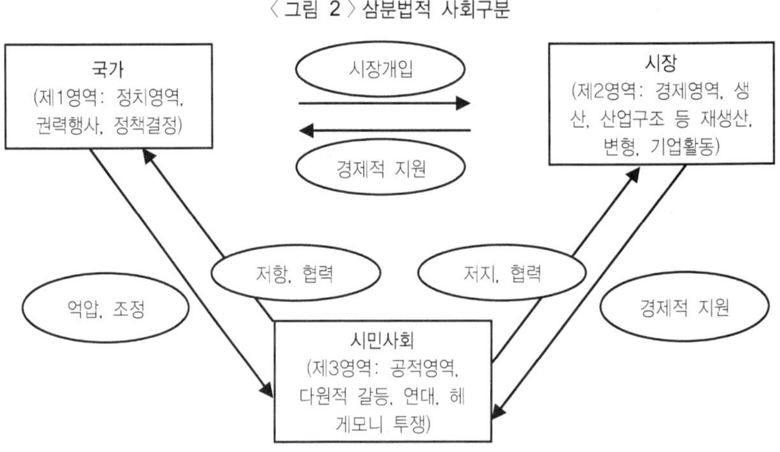

V. 지구시민사회의 형성

오늘날 인권, 여성, 환경, 질병, 전쟁, 테러 등에 관한 사회운동은 어느 한 나라만의 문제가 아니라 국가를 초월하는 초국적 시민사회운동(transnational social movement)으로 변해 가는 경향이 강하게 나타나고 있다.

1. 초국적 사회운동 조직

위에서 말한 쟁점 사항들이 전 지구적 차원의 문제를 낳고 있기 때문에, 국제사회에서 국가 간 경계를 뛰어넘어 인류 공통의 목적을 위해 공조하는 사회운동조직(social movements organization: SMOs)에[17] 의한 초국적 국제 사회운동 연구가 관심의 대상이 되고 있다. 이와 같은 현상, 즉 지역문제에서(local) 국가적인 문제(national)로, 그리고 나아가서 국제문제(global)로 발전한 한국 국내의 문제로는 '동강댐건설 반대운동'과 람사협약(Ramsar convention)[18]과 연계된 '새만금간척사업 반대운동' 등이 대표적 사례이다. 이러한 초국적 사회문제를 다루기 위해, 초국가 사회에서 전 지구적 공공영역(global public sphere)의 존재의 문제가 대두된다. 전 지구적 공역이란 개인, 집단, 지방, 국가 등이 시공적 제약을 초월하여 담론과 실천을 이룰 수 있는 공간으로 정의할 수 있다. 이에 대한 접근방식으로서 비정부기구의 역할 확대에 주목할 필요가 있다.

비정부기구는 초국적 인류의 문제를 해결하기 위해서 신제도주의적 지구문화의 확산, 세계 공역화하는 영공주권의 위협, 국제기구의 중요성 증대의 논의를 더욱 활발히 하기 위해 국민국기라는 경계를 넘이시고, 규범, 세노, 원직, 관행 등 기존의 국제기준을 한 곳에 수렴해 나가는 등의 과정에서 큰 몫을 해내고 있는 것이다. 최근에는 새롭게 등장하고 있는 순수 민간단체들이 도약을 준비하

---

17) 여기서의 사회운동조직(social movements organizations: SMOs)은 NGO(non-government organization), NPO(nonprofit organization), VO(voluntary organization), CSO(civil society organization), PO(public organization), MBO(membership organization), PBO(public benefit organization) 등을 총괄하는 개념으로 사용한다.

18) Ramsar Convention: 1971년 이란의 Ramsar에서 채택된 물새 서식지로서 국제적으로 중요한 습지 보전 조약이다.

고 있다. 이들은 아직 분명한 형체를 드러내고 있지 않지만, 국제사
회와 세계지역을 연결하는 매개고리가 논의되어야 할 것이다. 그런
논의 없이는 초국적 사회운동에서 장애를 극복할 수 있는 대안이
없기 때문이다. 앞으로 이러한 차원의 지구적 사회(global society)에
대한 논의가 적극적으로 모색되어야 할 것이다.

이러한 지구적 사회를 일반적으로 발전시킨 것이 지구시민사회이다.
지구시민사회형성에 대해서는, 립슈츠는 상상의 공동체론(imagined
commodity)을 통해서 가능하다고 본다. 그들은 초국적 환경운동단
체, 인권운동단체 등과 같은 아래로부터 국민국가 체제에 도전하는
상상의 공동체인 초국가적 정치적 네트워크(transnational political
networks)가 될 국가의 경계를 넘어서 지역적 행위자들로서의 담론
실천의 장을 형성하는 방법이 있을 수 있다고 한다.[19]

메이어와 볼리(Meyer and Boli)는 국제기구를 통한 지구시민사회
를 형성할 수 있다고 한다. 그들은 지구적 문화의 형성에 따라 세
계적 정체성이 형성되고 있다고 본다. 국제 비정부기구(INGOs)나
정부간 기구(IGOs)를 활용하여 국제수준의 지식, 정보, 규범, 가치
등을 제공해 줌으로써 지구시민사회형성에 기여할 수 있다.[20]

스미스(Jackie Smith)의 경우는 초국적 사회자본을 형성함으로써
지구시민사회를 달성할 수 있다고 본다. 사회운동조직에 의한 초국
적 연대를 조성하여 국제사회의 신뢰, 믿음, 네트워크 등과 같은
사회적 자본(social capital)을 두텁게 함으로써 초국적 공론을 형성
할 수 있는 담론의 장을 제공해 줌으로써 지구시민사회를 형성할

---

19) Ronnie D. Lipschutz, "Reconstructing World Politics: Emergence of Global Civil Society", *Millennium: Journal of International Studies*, Vol.21(3),(Autumn, 1992), pp.389－420.

20) John W. Meyer, John Boli, George M. Thomas, and Francisco O. Ramirez, "World Society and Nation－state", *American Journal of Society*, Vol.103(1)(July 1997), pp.144－181.

수 있다는 것이다.[21]

2. 국제부메랑전략(boomerang strategy)

국제협력을 논할 경우, 국제옹호망(Transnational Advocacy Networks: TANs) 개념이 국제관계의 논의에서 부각될 수 있다. 이는 개도국 사회운동단체가 자국의 정부를 압박하기 위해 선진국의 사회운동단체 혹은 국제기구 등을 동원하여 당면한 국제문제를 해결하려는 전술적 효과에 초점을 맞추고 있는 것이다. 초국적 사회운동과 지역운동의 연계활동 방안에 대해서는 몇 가지로 나누어 보면 정체성형성과 자원동원의 차원에서 ① 위로부터의 압박전략, ② 장기적 사회화 과정을 통한 도전, ③ 지역운동의 역량강화를 위한 지속적 네트워크의 활성화 등으로 볼 수 있다.[22]

첫째, 압박전략은 초국적 사회운동조직들이 사회적으로 합의에 이른 국제규범들, 즉 환경, 인권, 평화, 여성에 대한 규범에 어긋나는 지역정치에 대해 국제적 연합을 형성하여 압박을 가하는 형태이다. 이때 후진적 권위적 독재국가에서 인권문제와 같은 것을 효과적으로 압박을 가하여 부메랑효과를 더 크게 하기 위해서는 국제옹호망 전략을 취하기노 한다. 켁과 시킨크(Keck and Sikkink)에 의하면 이러한 전략에는 네 가지 정도가 있다. ① 구체적 사실에 입각한 객관적 정보확보를 통한 정당성 확보, ② 사건을 상징적으로 쟁점화하여 운동이념의 틀로써 활용하여 일반 시민들이 심정적

---

21) Jackie Smith, "Global Civil Society?: Transnational Social Movement Organizations and Social Capital", *American Behavioral Scientist*, Vol.42(1)(Winter, 1998), pp.93 - 107.

22) Margaret E. Keck and Kathryn Sikkink, *Activists beyond Borders: Advocacy Networks in International Politics*(New York: Cornell University Press, 1998), pp.12 - 25.

으로 동조하거나 참여하는 상징적인 설득, ③ 구체적인 반규범적 사실을 공개하여 망신을 주게 하는 도덕적 압력, ④ 군사적, 경제적 제재를 동원하는 물질적 제재 전략이다.

둘째, 장기적 사회화 과정을 통한 도전에 의한 초국적 사회운동은 지역사회 국가나 정부가 국제규범, 즉 조약, 협정, 협약 등에 부합할 수 있도록 학습과정에 연계하는 형태이다. 이 경우 사회화 과정에서 외부의 제도, 즉 국제규범을 국내제도에 주입하게 되면 그 단계적 발전을 나누어 제도화시켜 나가는 방법이 있다. 초기단계에는 압력과 거부가 교차하고, 그다음 단계에는 전략적인 양보의 단계를, 세 번째 단계에는 국내법 제정 등 법 규정 단계, 그리고 마지막 단계에는 새로운 법규의 일상화 및 제도화 단계를 거치게 된다. 이러한 모델을 리스와 시킨크는 나선형 모델(spiral model)로 소개한다.[23] 코텐(David C. Korten)은 개발 NGOs의 경우 네 가지 전략적 단계를 거쳐서 발전하면서 상호 작용하는 것으로 본다. 첫째 세대에서는 구호와 복지를 직접 펴는 단계, 둘째 세대에서는 지방적 자기 의존의 단계, 셋째 세대에서는 지속가능한 체제 개발, 넷째 세대에서는 민중운동 지원 단계로서 인민중심의(people – centered) 지구우주호(global spaceship)의 경제적 비전을 제시하면서 발전하고 그 정당성을 확보해 나가는 활동을 한다고 보고 있다.[24]

셋째, 지역운동의 역량강화를 위해 초국적 사회운동 단체들과 지속적인 네트워크 강화이다. 이는 국내문제를 초국적 사회문제로 관심을 높여 나가는 형태나 또는 이와 반대로 국제문제를 국내문제

---

23) Thomas Risse and Kathryn Sikkunk, "The Socialization of International Human Rights Norms into Domestic Practices: Introduction", *The Power of Human Rights* edited by Thomas Risse(New York: Cambridge University Press, 1999), p.33.

24) David C. Korten, *ibid*., pp.114 – 128.

로 이행시켜 나가는 과정에서 지속적 네트워크를 강화시켜 가는 형태이다.[25] 이러한 전략을 켁과 시킨크(Keck and Sikkink)는 부메랑전략(boomerang strategy)이라고 한다.[26] 현재 2,000여 개의 비정부기구가 유엔경제사회이사회(UN Economic and Social Council)에서 자문활동을 하고 있지만, 그들의 활동 간에 연결고리가 약하거나 학습화 활동에 구심점 없는 대응을 보여, 유엔을 통한 활동단체에 대해 회의를 갖게 하는 단체들이 늘어나고 있다.

여기서 지구적 시민사회형성에 대해 하나 언급하자면, 지방문제(local)나 국내문제(domestic)의 경우는 국가에 대항하고 기업에 압력을 가하며 시민사회의 권리를 확장시키려는 노력이 비정부기구의 역할로서 강한 효과를 얻을 수 있다.[27] 그러나 전 인류적인 문제의 경우, 정부나 기업에 대항적인 자세보다는 지우그니와 파시(Giugni and Passy)의 주장과 같이 초국적 사회운동단체와 국가는 상호 협력적 보완관계를 형성하는 경우가 더욱 문제 해결에 용이할 수 있다. 국제문제 해결은 한 국가나 한 개별 비정부기구로서는 해결할 수 없을 뿐만 아니라, 정부나 사기업 또한 예외 없이 함께 역량을 집결해야 전 지구적 총체적인(ensenbled) 시민사회를 위한 평화와 복지 증진에의 노력이 효과가 배가될 수 있을 것이기 때문이다.

현재 NGO는 '못하는 것이 없을 정도'라 불러도 좋을 만큼 수행하는 활동이 다양하다. 국가기능을 대신하여 국가가 할 수 없는 것을 감시하고, 국가가 꺼리는 것을 주장하며, 국가의 모자라는 부분

---

25) Sidney Tarrow, *Power in Movement: Social Movement, Collective Action and Politics*(Cambridge: Cambridge University Press, 1994), p.2.

26) Margaret E. Keck and Kathryn Sikkink, *op.cit.*, 1998, pp.12 - 13.

27) 김영래, "한국 시민사회운동의 과제와 전망", 중앙일보 시민사회, 『시민사회과제』, 2003, 14쪽.

을 혁신하고, 국가의 여력이 닿지 않는 분야에 서비스를 제공한
다.28) 또한 NGO에 대한 논의는 불완전한 국가와 불완전한 시장을
정책적으로 보완하고 시장과 국가를 민주적 질서하에 묶는 새로운
거버넌스로의 변환을 모색한다는 의미를 지닌다.29)

3. 지구시민사회와 국제 NGO의 역할

지구시민사회(global civic society)에 대해, 국제 NGO는 다양한
방법으로 많은 영향력을 미칠 수 있다. 여러 가지의 NGO의 역할
중 고전적인 기본적 역할을 보면, ① 집행 운용(executive operation)
의 기능, ② 교육(education)의 기능, ③ 선전, 대변(advocacy)의 기
능, 그리고 ④ 감시활동(monitoring)의 기능 등이 대표적으로 언급
된다.30) 이런 일반적인 기능에서 NGO는 스스로가 갖고 있는 자원,
즉 전문지식, 동원능력, 그리고 실행력 등을 통해 영향력을 행사하
고 있다.31) 국제 NGO의 역할을 정리하면 다음과 같이 볼 수 있다.
첫째, 먼저 국제 NGO는 사안별 의제설정(agenda setting)을 할
수 있다. 당면하고 있는 중요 사안별로 관심사에 대한 국제여론 형
성 및 공론화에 NGO가 주도적인 역할을 한다. 여기서 국제 NGO

28) Adil Najam, "Citizen Organizations as Policy Entrepreneurs", *International Perspectives on Voluntary Action: Reshaping the Third Sectors* edited by David Lewis(London: Earthscan, 1999), p.148.

29) Charles Wolf Jr., *Markets or Governments: Choosing between Imperfect Alternatives*, Second Edition(Boston: The MIT Press, 1997), pp.90 – 94.

30) Shirin Sinnar, "Mixed Blessing: The Growing Influence of NGOs", *Harvard International Review*(Winter 1995/96), pp.36 – 40: Lester M. Salaman, *America's Nonprofit Sector: A Primer,* Second Edition(The foundation Center, 1999), pp.15 – 17: 김영수, "세계사회의 거버넌스 형성과 NGO의 역할", 한국 NGO학회, 『2002년도 춘계학술대회』, 16 – 18쪽.

31) P. J. Simmons, "Learning to live with NGOs", *Foreign Policy*, No.112(Fall 1998), pp.82 – 88.

는 정부나 국제기구의 의사결정권자들로 하여금 시민사회가 요구하는 쟁점사항에 관심을 갖도록 하고, 이를 의제로 설정하도록 공론화의 역할을 한다. 선진국 중심의 세계무역기구(WTO)의 질서편성 반대운동, 대인지뢰 금지운동, 전쟁반대운동 등과 같은 그 대표적인 공론형성 활동을 우리는 지켜볼 수 있었다.

둘째, 국제레짐을 창출(creation)하는 역할을 한다. 국제 NGO는 고전적인 기본 NGO의 활동을 통해서 지구시민사회에서 새로운 국제레짐을 형성하거나 기존의 국제레짐을 강화하는 역할을 한다. 국제 NGO는 새로운 조약이나 협약을 창출해 내는 데에 공헌한다. 개별적인 인권, 환경, 항공 등에 관한 조약이나 협약들을 모아서 지구적 인권레짐, 환경레짐, 항공레짐을 채택하는 데에 결정적인 역할을 한다.

셋째, 개발 NGO와 같은 국제 NGO는 대중적 지지동원과 공론화를 통해서 정부나 국제기구의 활동에 정당성을 부여하는 역할을 한다. 이와 같이 활동주체에 정당성을 부여해 줌으로써 그 효율성을 증대해 준다. 효율적인 정부나 국제기구의 활동이 되게 하기 위해서 정부나 국제기구는 국제 NGO들과 정기적인 협의의 필요성을 갖게 된다.

넷째, 국제 NGO는 문제가 되고 있는 쟁점사항들을 해결하는 역할을 한다. 국제 NGO는 정부나 국제기구와의 협조를 통해 혹은 때로는 독자적인 힘으로 문제를 해결하기 위한 실질적인 활동을 전개할 수 있는 능력을 함양하게 된다. 난민이나 기아 문제를 직접 해결하기 위해 구호활동을 펼치는 일, 개발원조 활동, 환경이나 인권 감시활동 들을 수행하고 있는 NGO의 역할을 볼 수 있다.

이와 같은 국제 NGO의 활동은 먼저, 풀뿌리 민중에서부터 UN,

IMF, WTO 등과 같은 초국제기구에 이르기까지 수직적으로 이동하면서 의사결정권한을 보조하는 영역(subsidiarity)을 가진다. 즉 국가나 국제기구에 대한 보조적 기능을 수행하는 경우이다. 또한 다른 한편으로는 수평적으로 국내뿐 아니라 초국가적인 시민연합을 결성하여, 개인의 힘으로는 상상도 못 할 강한 연대의 힘(solidarity)에 의해 커다란 일을 이루어 내기도 한다.[32] 이를 가리켜 그라노베터(Mark S. Granovetter)가 지적했던 '약한 네트워크에 강한 연결(the strength of weak ties)'의 경우라 말할 수 있겠다. 이와 같이 국내적으로나 국제적으로 중요한 쟁점사항에 대해 의사결정 수준을 수평적, 연대적 기능으로 재조정하게 된 것은, 1992년 리우 환경회의와 1999년 시애틀 서방 선진국 정상회담 반대운동 등 NGO의 활동이 범국제적인 조직화 현상을 보이면서 시작된 것으로 볼 수 있다.

국제연맹은 NGO를 분류함에 있어서, 공적기구, 반공적기구, 사적기구의 삼분법적 분류방식을 사용하였다. 그러나 국제연합(UN)에서는 국가와 국가 간 정부기구, 그리고 그 이외의 비정부기구로 2분법적 분류방식을 사용하고 있다.[33] 또한 프린센(Thomas Princen)은 NGO의 행동양식을 정부나 국제기구에 의사를 직접 전달하는 양식과 간접적인 압력행사를 가하는 양식으로 분류했으나[34] 그라노베터의 이론을 바탕으로 하여 보조성과 연대성을 기준으로 NGO

---

32) Mark S. Granovetter, "The Strength of Weak Ties", *American Journal of Sociology*, Vol.78(6)(1973), pp.1360 – 1380.

33) Chiang Pei – heng, *Non – Governmental Organization at the United Nations*(Hongkong: Praeger Publishers, 1981), p.60.

34) Thomas Princen, "NGOs: Creating a Niche in Environmental Diplomacy", *Environmental NGOs in World Politics: Linking the Local and the Global* edited by Thomas Princen and Matthias Finger(New York: Routledge, 1994), pp.36 – 38.

의 행동양식을 분류하는 경우도 존재한다. 이는 소비자중심에서의 시민사회운동과 같은 단순한 투쟁적 행위에서 벗어나기 위함이고, 또한 앞서 언급한 초국적 국제옹호망 형성과 지구시민사회형성에서 총체적인 인류 복지와 공영을 이루기 위해서는 더욱 분할(fragment)을 줄여야 할 필요가 있기 때문이다. 그리고 국제레짐과 시민사회운동 부문에서는 초국적 국제레짐 형성을 위하여 일반적인 NGO의 정부나 기업에 대한 투쟁적, 해방적, 독립적, 쟁탈적 성격을 벗어나고자 한다. 따라서 일반 소비 대중, 정부, 정부기구, 국제기구 등이 초국가적으로 전 지구 인류적 평화와 복지증진을 위한 환경, 노동, 안전, 항공 등의 문제에 접근하는 차원에서 초국적 시민사회운동을 전개하고 있다.

참고문헌

강명구, "정부와 NGO 관계의 비교론적 연구", 박재창 편, 『정부와 NGO』, 서울: 법문사, 2001.

김영래, "21세기의 새정치의 화두 ─ 시민운동 ─", 김영래, 윤형섭, 이완범 공저, 『한국정치 어떻게 볼 것인가』, 서울: 박영사, 2003.

김영래, "한국 시민사회운동의 과제와 전망", 중앙일보 시민사회, 『시민사회과제』, 2003.

김영래, 1997, 『이익집단정치와 이익갈등』, 서울: 한울아카데미

김영수, "세계사회의 거버넌스 형성과 NGO의 역할", 한국 NGO학회, 『2002년도 춘계학술대회』, 2002.

Almond, Gabriel A. and G. Bingham Powell, Jr., 1978, *Comparative Politics: System Process, and Policy*, Boston, Mass.: Little, Brown & Co.

Bentley, Arthur F. 1967(1908), *The Process of Government*, Cambridge Mass.: Belknap Press of Harvard University.

Berry, Jeffery M. 1984, *The Interest Group Society*, Boston, Mass.: Little, Brown & Co.

Carnoy, Martin. *The State and Political Theory*, New Jersey: Princeton University Press, 1984.

Chiang Pei─heng, *Non─Governmental Organization at the United Nations*, Hongkong: Praeger Publishers, 1981.

Cohen, Jean L. and Andrew Arato, *Civil Society and Political Theory*, New Baskerville: MIT Press, 1994.

Gordenker, Leon. and Thomas G. Weiss, *NGOs, the UN, and Global Governance*, Colorado: Lynne Rienner, 1996.

Gramsci, Antonio. *Selection from Prison Notebooks*, New York: International Publishers, 1971.

Granovetter, Mark S. "The Strength of Weak Ties", *American Journal of Sociology*, Vol.78(6), 1973, 1360─1380.

Greenstein, J. David. 1974, "Group Theories", in Fred Ⅰ. Greenstein and Nelson W. Polsby, *Handbook of Political Science*, vol.2, Reading Mass.: Addison Wesley.

Habermas, Jürgen. *The Theory of Communicative Action, V.2. Lifeworld and System — a Critique of Functionalist Reason*, Boston: Beacon Press, 1987.

Held, David. *Political Theory and Modern State*, Standford, CA.: Standford University Press, 1989.

Keane, John. eds., "Introduction", *Civil Society and the State*, London: Verso, 1988, pp.1 — 31.

Keck, Margaret E. and Kathryn Sikkink, *Activists beyond Borders: Advocacy Networks in International Politics*, New York: Cornell University Press, 1998.

Korten, David C. *Getting to the 21st Century: Voluntary Action and the Global Agenda*, Hartford: Kumarian Press, 1990.

Laclau, Ernesto. and Chantal Mouffe, *Hegemony and Socialist Strategy: Towards a Radical Democratization Politics*, Second Edition, New York: Verso, 2001.

Lipschutz, Ronnie D. "Reconstructing World Politics: Emergence of Global Civil Society", *Millennium: Journal of International Studies*, Vol.21(3), Autumn, 1992, pp.389 — 420.

Macdonald, Laura. *Supporting Civil Society: the Political Role of Non — Governmental Organization in Central America*, New York: ST, Martin's Press, 1997.

Meyer, John W., John Boli, George M. Thomas, and Francisco O. Ramirez, "World Society and Nation — state", *American Journal of Society*, Vol.103(1), July 1997, pp.144 — 181.

Michels, Robert. 1962, *Political Parties: A Sociological Studies of the Oligarchical Tendencies*, New York: Free Press.

Najam, Adil. "Citizen Organizations as Policy Entrepreneurs", *International Perspectives on Voluntary Action: Reshaping the Third Sectors* edited by David Lewis, London: Earthscan, 1999.

Nerfin, M. "Neither Prince nor Merchant: Citizen — an Introduction to the Third System", *World Economy in Transition* edited by K. Ahooja — Patel, A. G. Drabek, and M. Nerfin, Oxford: Pergamon Press. 1986.

Olson, Jr., Mancur. 1965, *The Logic of Collective Action*, Cambridge, Mass.: Harvard University Press.

Princen, Thomas. "NGOs: Creating a Niche in Environmental Diplomacy", *Environmental NGOs in World Politics: Linking the Local and the Global* edited by Thomas Princen and Matthias Finger, New York: Routledge, 1994.

Risse, Thomas and Kathryn Sikkunk, "The Socialization of International Human Rights Norms into Domestic Practices: Introduction", *The Power of Human Rights* edited by Thomas Risse, New York: Cambridge University Press, 1999.

Salaman, Lester M., *America's Nonprofit Sector: A Primer*, Second edition, The Foundation Center, 1999.

Salisbury, Robert H. 1969, "An exchange Theory of Interest Group", *Midwest Journal of Political Science* 13.

Simmons, P. J. "Learning to live with NGOs", *Foreign Policy*, No.112, Fall 1998.

Sinnar, Shirin. "Mixed Blessing: The Growing Influence of NGOs", *Harvard International Review*(Winter 1995/96): Lester M. Salaman, *America's Nonprofit Sector: A Primer*, Second Edition, The foundation Center, 1999.

Smith, Jackie. "Global Civil Society?: Transnational Social Movement Organizations and Social Capital", *American Behavioral Scientist*, Vol.42(1), Winter, 1998, pp.93 — 107.

Stewart, Sheelagh. "Happy Ever After in the Marketplace: Non — government Organizations and Uncivil Society", *Review of African Political Economy*, Vol.24(71), 1997, pp.11 — 34.

Tarrow, Sidney. *Power in Movement: Social Movement, Collective Action and*

Politics, Cambridge: Cambridge University Press, 1994.

Truman, David. 1971, *The Governmental Process*, New York: Alfred A. Knopf.

Wolf Jr., Charles. *Markets or Governments: Choosing between Imperfect Alternatives*, Second Edition, Boston: The MIT Press, 1997.

Wootton, Graham. 1970, *Interest Group*, Englewood Cliffs,. J.: Prentice Hall.

제2장

시민사회의 개념의 변화

Ⅰ. 고전적 시민사회의 개념

고대의 아리스토텔레스에 의해 그 당시의 민주주의 사상을 압축하고 있는 "인간은 정치적 동물이다."라는 명제는 정치를 '경제나 사회'와 대립시킨 개념이다. 경제는 사적 영역이며 정치는 공적 영역으로서 인간이 정치적 동물이라는 것은 인간이 자신의 사적, 경제적 이익을 초월할 수 있는 존재라는 의미이다. 이러한 관점에서 고대사회에서의 국가, 정치사회, 시민사회 등 모두를 공적인 생활 영역으로 간주하고 그 각각의 개념을 구분하지 않았다. 이 시대의 시민사회의 개념은 국가와 동일한 의미를 지닌 것이며 대립되는 개념으로 파악되지 않았다.

Ⅱ. 계몽주의적 시민사회의 개념

근대에 들어와서는 시민사회의 개념은 '질서 있는 또는 교육을 받은' 의미로 확대되어 사용되었다. 그러한 의미를 처음으로 사용한 사상가는 홉스로서 그는 시민사회 이전에는 공포만이 존재하는 자연상태(state of nature)라고 규정하고, 이러한 공포만이 존재하는 자연상태 이후의 '질서 있는 상태'를 시민사회로 보는 입장을 나타내었다.[1] 자연주의자 존 로크와 루소는 시민사회를 질서가 전국가 사회(pre-state society)의 인간이 존재하던 자연상태를 지배하는 사회로 규정하였다. 시민사회는 가족과 생산관계를 초월하여 법에 의해 국가 안에서 시민의 재산과 안전이 보장된다는 논리로 국가에 의해 조직되고 지배되는 것으로 규정하고 있다.[2] 전국가사회인 자연상태를 벗어난 이후의 국가와 시민사회를 동일한 것으로 보면서 양자를 구분하지 않고 있다. 이러한 사상은 유럽에서 18세기 전반까지 전통적인 개념으로 받아들여지고 있었다. 그러나 계몽사상가들은 시민사회를 국가와 구분하기 시작하였다. 그들은 시민사회는 입헌국가와 동일한 것으로 보지 않고, 입헌국가는 시민의 시민권, 재산권, 평등권 등을 법에 의해 보장함으로써 시민사회를 보완하는 것이라고 보았다. 이러한 일반적인 계몽사상가들의 시민사회에 대한 인식에서 그들 각각의 주장에서 차이점을 살펴보기로 하자.

1. 토마스 홉스(Thomas Hobbes) 시민사회 이전의 권력의 소재

홉스는 마키아벨리(Machiavelli)가 국가자체의 운용을 더 효과적으로 만들려고 한 군주의 권모술수적 능력을 강조한 것과는 달리, 그리고 인간의 기호나 열정이 군주의 절대적 권력과 같은 외부적 요인에 의해 좌우된다는 중세적 관점에 반대하여, 개별 인민의 행위에 과학적 방법을 적용하려고 했다. 그리고 그는 인간의 '좋아함과 싫어함(appetites and aversions)'이 인간의 자발적 행동을 결정한다고 보았다. 인간이 가장 싫어하는 죽음과 같은 것을 회피할 수 있

---

1) Thomas Hobbes, 한승조 역, 『리바이어던』, 서울: 삼성출판사, p.243.
2) Martin Carnoy, 1984, *The State and Political Theory*, New Jersey: Princeton University Press, pp.66-67.

는 유일한 방법은 그들 각자가 힘으로 대항할 수 없는 영구적인 주권을 인식하는 것이라고 한다.[3] 그래서 그는 주권에 대한 인간의 개인적인 권리를 포기할 것을 주장한다. 주권자가 정당하고 공정하며 적어도 그들에게 최선의 이익을 보장해 줄 것으로 믿고 주권자에게 그들의 권리를 위임하고 있는 것으로 본다. 그는 이러한 주권의 존재를 강조함으로써 시민사회의 개념을 정립하기보다는 전시민사회의 개념을 정립하여 권력의 원천이 어디에 소재하고 있는지를 분명하게 밝혀 주고 있다.

2. 존 로크(John Locke)의 시민사회

로크도 홉스처럼 인간의 원래의 정치적 상황은 인간이 다른 사람과 동등한 모든 권리와 자연법의 특권을 향유하는 완전한 개인적 자유의 상태인 아주 비원시적인 자연상태였다. 이러한 자연상태에서 인간은 재산을 주장하고 보존할 뿐만 아니라 자연법을 집행하고 판단할 수 있었다. 이러한 자연상태는 전쟁의 상태에 빠져들 수 있다. 그는 전쟁상태에서 인간은 그들 자신을 보호하기 위해 그들 자신의 권력관계를 지배할 법을 가지고 함께 모인다고 주장한다. 그 같은 정치사회에서 사람들은 자신의 재산권을 공동체인 국가에 넘겨준다는 것이다. 그래서 모든 사람들은 한 사회의 구성원이 되면 자연법의 집행권을 포기하고 그것을 공중에게 양도하게 되며 그곳에서 정치사회와 시민사회가 성립된다.[4] 로크는 시민사회로부터 재산을 갖지 않은 모든 사람을 제외시키는 무계급성을 구

---

3) Martin Carnoy, *ibid*, p.15.

4) John Locke, 1955, *On Civil Government*, Chicago: Henry Regnery, pp.61 – 63.

상하여, 정치권리를 가진 사람은 재산소유자이며 동질적인 집단으로 보았다.5) 국가는 재산과 생명을 보호하려는 이들에 의하여 권력이 주어졌다. 만약에 국가가 그의 직무를 이행하지 못한다면 시민사회 구성원들은 그 국가를 해체할 권리를 갖는다. 입법부와 행정부는 실질적인 정치권력을 소유하고 있는 시민사회의 뜻에 따르는 한 정치권력을 가지게 된다고 본다.

로크에게 시민사회는 인간에게 그들을 규제하는 새로운 수단이었다. 자연상태가 전쟁과 투쟁으로 타락하여 인간은 자연상태에서 생길 수 있는 전쟁의 상태로부터 그들의 재산을 보호하기 위해서 자연히 정당하고 평등한 사회를 형성한다고 보았다. 이와 같이 자연상태의 무질서와 불평등에 반하여 제기된 시민사회는 이성과 이상을 가지고 있다는 것이다.

3. 잔 자크 루소(Jean Jacque Rousseau)의 시민사회

로크와는 달리 루소는 시민사회에 대해서 사회에서 이상적이거나 가상적인 것으로서가 아니라 현실적으로 발견되는 인간모습의 묘사인 것으로 보았다. 따라서 그는 자연과 시민사회의 관계를 자연상태의 인간은 도덕적인 것도 사악한 것도 아니라 새산의 소유와 시민사회 자체의 형성에 의하여 부패한다고 본다. 부패한 것은 시민사회이며, 자연은 인간 이전의 이상인 것으로 생각한다.6)

---

5) Martin Carnoy, *ibid*, p.19.

6) Martin Carnoy, *ibid*, p.19.

<表 2-1> 로크와 루소의 시민사회 형성과정과 근본원리에 대한 시각의 차이

구분	로크	루소
재산소유	그것을 정당하고 평등한 시민사회의 기초로 본다.	그것을 사악하고 불평등한 원천으로 간주한다.
시민사회 형성과정	인간이 자연상태의 조건으로부터 보호받기 위해 시민사회를 형성했다. 그들은 인간이 재산과 생명을 위한 집단적 안전을 위하여 자연상태에서의 자유권을 포기하고, 인간의 합리성과 개선을 이행하기 위한 욕구의 산물이 시민사회라고 본다.	시민사회의 형성을 인간의 탐욕의 산물로 간주한다. 그는 두 사람분의 충분한 양식을 한 사람이 유리하게 소유하는 순간부터 평등은 소멸되고, 소유가 생겼으며, 노동이 필요하게 되었다. 거기에서 노예와 빈곤이 싹터 농작물과 함께 성장하였다.
시민사회 근본원리	시민사회를 권리와 의무에 대하여 완전한 지식을 갖춘 평등한 자들 간의 합의로 본다.	시민사회란 대중의 이익을 위해서가 아니라 부유하고 권력 있는 자들이 만들어 낸 작품이라고 간주한다.
국가권력	국가권력이란 시민에게 귀속된 것으로 보았다. 그래서 실질적인 정치권력을 소유하고 있는 특정한 계급인 시민사회의 구성원(재산 소유자)의 뜻에 동의하는 경우에만 권력을 가진다.	국가권력이란 인민들이 그들의 자유를 국가에 양도한 것이며, 따라서 국가는 '일반의지(general will)'라는 것이다. 추상적인 시민계급은 있으나 로크의 특정한 사회적 계급은 있을 수 없다.

루소는 「인간불평등기원론」에서 당시의 국가를 부유한 자가 지배계급으로서의 위치를 확보하기 위한 장치로서 모든 사람들에게 이로울 것이라고 했지만 불평등을 조장하는 것으로 간주하였다. 루소는 국가가 자유와 평등을 보장할 것이라고 믿었다. 그래서 루소는 인간들이 무지하기 때문에 시민사회를 받아들여서 자유와 평등을 보장받으려고 한다고 하였다. 부당한 불평등을 없애고, 빈부 격차의 심화를 방지하기 위해 재산권을 제한할 필요가 있다고 본다.[7]

4. 헤겔(Hegel)의 시민사회

헤겔은 시민사회와 국가를 명백하게 구분하였다. 그는 시민사회를 '방종과 비참, 물리적, 윤리적 타락만이 군림'하는 전정치사회로

---

7) Martin Carnoy, *ibid*, p.21.

규정하여 자연주의자들의 견해와는 정반대의 개념을 전개하고 있다.[8] 그는 시민사회를 "국가가 보장하는 법적 테두리 안에서 개인들이 자신의 특수한 이익을 추구하는 영역이며, 시민사회가 국가와 개인 사이에 존재하는 것"으로 보았다. 사적 이익을 추구하는 경제인과 그들의 활동영역인 시장 및 사회적, 종교적, 전문적 이익에 관심을 갖는 계급들과 기업들, 그리고 정의, 교육, 복지 등에 관심을 갖는 공식적인 기구들의 모든 것들이 포함되어 있다. 그에게 있어서 시민사회란 욕구의 체계이며, 사적 이익의 각축장으로서 그 속에는 대립상태가 지속된다는 것이다. 국가가 인류의 이상을 구현하는 존재로서 시민사회의 상위에 위치하여 시민사회의 그와 같은 대립을 제도화해야 한다는 것이다. 이와 같이 국가에 주목한 헤겔에게 있어서 시민사회는 과도기적 중요성으로만 간주된 개념이다.

Ⅲ. 마르크스적 시민사회 개념

1. 전통마르크스주의자의 시민사회

마르크스(Karl Marx)는 헤겔의 시민사회 개념을 수용하여 국가와 시민사회의 분리를 주장하였다. 마르크스에 의하면 프랑스혁명은 공공영역으로서 국가를 수립시키는 동시에 시민사회를 완전히 정치에서 분리시켰다. 시민사회에서 개인은 공동체 구성원으로서 지위를 상실하고 극단적 이기적 존재가 되었다. 이와 같은 상태에서 국가는 형식적인 공동체로 구성되었을 뿐 시민의식상의 공동체는

---

8) Martin Carnoy, *ibid*, p.67.

완전히 붕괴되었기 때문에 국가는 사적 이익을 위한 도구로 전락되고 말았다. 그는 이와 같이 국가를 시민사회의 아래에 포함시키고 있다.9) 이렇게 시민사회와 국가의 분리로 인해서 시민사회의 대표자들은 유권자들과 연계되지 못하고, 대표자는 공적인 업무를 수행하는 경우에만 권위를 보유할 뿐 일반적으로 사적인 이익을 대변하고 있을 뿐이다. 이러한 국가와 시민사회를 마르크스는 분열을 극복하고 통합이 이루어져야 한다고 주장한다. 마르크스는 이렇게 통합된 시민사회에서 실질적인 민주주의가 가능하다고 한다. 그래서 그는 민주주의가 시민사회가 불평등한 구조들이 제거된 상태로 간주한다. 그는 시민사회를 정치적 사회적 중요성을 배제하고 경제사회와 동일시함으로써 시민사회에 대한 부정적인 입장을 취하고 있다.

2. 그람시의 시민사회

한편 오늘날 시민사회가 각광받게 된 것에는 누구보다 안토니오 그람시의 기여가 중요하다. 20세기 최고의 마르크스주의 정치사상가로 꼽히는 그람시는, 감옥에서 쓴 『옥중수고(Selections from the Prison Notebooks)』를 통해 죽어 있던 시민사회를 새롭게 조명함으로써 시민사회론에 지대한 영향을 미쳤다. 그람시의 문제의식은 헤게모니와 시민사회로 압축된다. 헤게모니란 지배계급이 지적. 도덕적. 정치적 지도력의 행사를 통해 창출하는 피지배 집단들의 동의를 말한다. 그리고 이 헤게모니가 형성, 작용하는 영역이 다름 아닌 시민사회다.10) 그가 강조하려는 바는 자본주의 사회의 지배가

---

9) Martin Carnoy, *ibid*, p.67.

바로 이 시민사회에 뿌리내린 다양한 제도와 실천을 통해 이뤄지고 있다는 데 있다. 그람시의 강조점은 시민사회에 내재된 지배와 피지배의 동학을 해부하는 데 놓여 있다. 저항 헤게모니를 구축하는 것이 그에게서의 시민사회의 일차적인 기획목표이다. 기존의 국가와 시민사회 혹은 정치와 경제라는 2분법적 분석을 비판하면서, 국가와 정치사회와 시민사회라는 3분법적 분석을 제시한다. 그는 시민사회를 정치적 관계에 주목한 자유주의적 개념과 경제적 관계에 집중한 마르크스주의적 개념의 중립적 입장에서 설정한다. 그에게서 시민사회는 마르크스의 전통을 개혁하여 마르크스와 같이 시민사회가 하부구조에 속하는 것이 아니라 지배집단이 사회 전반에 행사하는 헤게모니가 작동하는 것으로 보는 정치사회와 같이 상부구조에 속하는 것으로 보고 있다.[11]

3. 하버마스의 시민사회

토의정치와 공적 영역으로 유명한 하버마스는 그람시가 정치사회로 규정하고 있는 것을 공적 영역으로 개념을 대체하고, 시민사회를 공적 영역과 생활세계로 규정함으로써 그람시의 정치사회를 보나 구체화하여 3분법적 모델을 제시하고 있다. 그의 공적 영역은 다양하게 나타나지만 부르주아 공적 영역은 언론, 결사, 집회의 자유의 보장을 그 내용으로 하고 있다. 이러한 자유의 보장은 정치적 자유의 발달을 의미한다.

---

10) Martin Carnoy, *ibid*, p.67.

11) Martin Carnoy, *ibid*, pp.67 - 68.

Ⅳ. 토크빌의 결사적 시민사회

1. 자유주의적 시민사회의 개념을 체계화

그는 "보통선거를 통해서 출발한 국가권력도 민주적인 제도를 억압하고 자유를 박탈하는 새로운 국가전제주의로 변질되고 있다."고 경고하고 있다. 절대군주의 권력이 몰락하면서 정치적인 권력은 모든 시민들에게 주어졌고, 정치권력은 신비함을 잃었기 때문에, 현대민주주의는 끊임없는 사회혁명을 낳을 것이라고 불만을 표시하고 있다.[12]

민주주의가 가난한 사람들의 평등에 대한 욕구를 정치적으로 표출시킬 수 있는 수단을 제공하기 때문에 민주주의가 사회적, 정치적 평등을 위한 끊임없는 불안정을 낳을 것이라고 보았다. 자유를 약화시키는 이러한 반혁명은 인위적인 평등을 실현하려는 중앙집권적인 국가를 낳게 되고, 모든 개인들은 이러한 국가관료에 예속되는 결과가 나타날 것이라고 피력하였다.

그가 구체적으로 두려워한 것은 마르크스가 바람직한 것으로 기대했던 결과, 즉 프롤레타리아 독재에 의한 중앙집권적 국가이었다. 그도 마르크스와 같이 민주주의의 발달이 선거를 통한 노동자계급의 혁명을 가능케 할 수 있다고 보았다. 이렇게 되면 자연스럽게 프롤레타리아가 국가권력을 장악하게 되는 결과가 나타나게 될 것이고, 이는 평등주의를 내세우는 프롤레타리아 독재가 이루어질 수 있는 중앙집권적 국가가 될 것으로 보았다. 이것이 그에게는 두려운 것이었다.

---

12) Alexis de Tocqueville, 1981, *Democracy in America*, New York: Freedom Watch.

2. 국가가 시민사회를 질식, 통제하는 세 가지 과정

1st, 평등을 달성하기 위하여 국가기구가 민주주의라는 이름하에 교육, 의료, 실업, 빈곤 등과 관련된 문제를 해결하기 위하여 팽창하면서 시민사회를 규제하고 감시하게 된다.

2nd, 자본주의 사회에서 다수의 노동자가 소외되고 소수의 산업자본가들에게 예속되면서 불만세력으로 성장한다. 분업의 발달로 노동자들의 집중이 이루어지고 열악한 주거환경이 기존의 불평등한 사회질서에 도전하게 될 것으로 본다. 이러한 사회질서에 대한 도전을 막기 위해 국가의 감시와 통제가 필요하게 된다. 그 결과 국가가 통제를 위해 팽창 개입하게 된다.

3rd, 자본가들도 국가가 사회간접자본 투자를 요구하고 있기 때문에 국가 경제에 더욱더 개입하게 된다. 항만시설, 운하, 철도, 도로 등의 투자는 개별적인 자본가들에 의해서 이루어질 수 없는 것이기 때문에 국가의 개입이 필요하며, 그 결과 국가는 대규모의 기술자들과 노동자들을 고용하게 된다. 이러한 과정에서 국가권력은 시민사회를 압도할 정도로 비대해지고, 통제가 불가능할 정도로 권력의 집중이 나타난다.

3. 새로운 전제국가의 등장을 막기 위한 정치권력 분산 방안

1st, 행정부의 권력을 약화시키기 위하여 입법부와 사법부의 독립을 강조하고, 국가조직에 대한 시민의 영향력을 유지시킬 수 있는 제도를 마련하는 것이다. 그는 중앙집권화된 행정제도가 없는 점을 강조한다.[13]

---

13) Alexis de Tocqueville, *ibid*, pp.263 – 276.

2nd, 전제적인 권력을 막기 위해 국가의 통제를 받지 않는 자율적인 시민단체(civil association)가 발달해야 한다는 것을 제시하고 있다. 그는 과학자협회, 문학단체, 학교, 출판사, 여관, 기업, 종교조직, 지방자치단체가 정치적 전제주의와 사회적 부자유와 불평등을 막는 안전판이라고 보았다.[14]

4. 자유주의적 시민사회개념은 부정적인 국가관에 기초한다

국가를 전제주의와 관련시키고, 민주주의를 시민사회와 관련시키고 있기 때문에 민주주의를 강화시키기 위해서 국가권력의 집중을 막고, 시민사회를 강화시키는 것이 필수적이라고 보았다.

그에게서는 절대적인 국가권력에 대한 강한 혐오가 바로 자유주의적인 조직과 결사체에 대한 강조로 귀결되고 있다.

Ⅴ. 바버의 강한 시민사회와 민주주의[15]

1. 시민사회란

1st, 자유주의적 관점에서 사적 영역과 동의어로서 시민사회를 본다.

2nd, 공동체주의적 관점에서는 공동체와 동의어로서 시민사회를 본다.

3rd, 강건한 민주주의적 관점에서 정부와 시장 사이에 존재하는 영역으로서의 시민사회를 정의한다.

---

14) Alexis de Tocqueville, *ibid*, p.510.

15) Benjamin R. Barber, 1998, *A Place for Us: How to Make Society Civil and Democracy Strong*.

2. 노동자가 진정 원하는 것

노동운동 지도자 곰퍼스(Samuel Gompers) "노동자가 진정으로 원하는 것이 무엇인가?" 묻고있다. 이는 텍사스 주 San Antonio Alamo 근처에 있는 그의 동상에 새겨진 글이다.

> "우리는 무엇을 원하는가?
> 우리는 보다 많은 학교를 원하며 감옥이 줄어들기를 바란다.
> 책이 늘어날수록 총은 줄어들고,
> 배움이 커질수록 악은 감소하고,
> 여가시간이 늘어날수록 탐욕은 줄어들고,
> 정의가 커질수록 복수는 감소하고.
> 우리는 인간의 좋은 품성을 길러 더 많은 기회를 원한다."

여기에서 배움, 여가, 정의, 그리고 좋은 품성, 이것이 그의 대답이다.

3. 시민사회와 시민의식의 연결 방안

1st, 강건한 민주적 시민사회를 위한 처방으로서의 자유로운 제도와 사회성이 정부에 의해 압도당하지 않고 시민의식에 편안하게 의존할 수 있는 사회를 건설하는 것이다.

2nd, 공적 부문과 사적 부문을 정반대의 것으로 보지 않으며 실제로 우리의 현실적 사회에 개입을 의미하는 제3의 매개적 영역을 상정하여 활기 넘치는 시민적 활동을 원하는 시민을 위한 규범적 이상을 실현하는 방안이다.

3rd, 단지 혈연이나 경제적 논리로만 규정되는 배타적인 운명보다는 다원적 정체성과 다양한 목적을 갖는 존재로서 우리 자신을 사

고하고 개인의 시민의식을 시민사회와 연계시킬 수 있다.

4th, 정부와 그 주권을 행사하는 제도로 이루어진 국가영역, 즉 공적 영역과 개인 및 시장에서의 계약에 의한 결사체가 존재하는, 즉 사적 영역의 구분과, 그 둘의 가치를 공유하면서 둘을 매개해 주는 제3의 영역을 설정하여 시민공동체로 규정한다.

4. 다원적 시민공동체 제3의 영역

자발적 참여를 장려하는 개방적이고 평등주의적인 회원들의 결사체로서 여기에는 자발적 시민사회를 위한 이상적 조건과 우리가 본질적으로 시민적이라고 간주하고 싶어 하는 현실집단 사이에는 간극이 있다.

예로서 1909년에 창설된 NAACP(National Association for the Advancement of Colored People)는 본질적으로 아프리카계 미국인의 권익을 옹호하는 단체로서 시민집단까지 포괄하는 광범위한 규정을 하고 있다. 여기에 회원자격은 모든 사람들에게 개방되어 있고, 명분은 포괄적인 인종적 조화를 의미하고 있다. 그 목적은 자신들의 인종적 공동체의 이익증진에 봉사하는 것으로서 이상과 현실 간의 간극을 보이고 있다.

5. 시민적 영역의 우월한 특징

1) 개방적인 공적 영역(국가영역)에서 나타나지만, 자발적이고 비강제적인 속성(사적 영역)도 갖는다.

2) 사적 영역이라고 할지라도 민주적인 공적 영역의 평등주의적인 비배타성을 내재하고 있다.

3) 비록 공적이라고 하더라도 시민영역이 주권을 행사하거나 강제력을 행사하는 것은 아니며, 사적 영역 고유의 자유와 자발성을 갖추고 있다.

4) 공사의 덕목을 모두 갖추고 있기 때문에 강력하고 든든한 민주적 특질을 보유하는 것이다.

5) 시민사회 안에는 어느 정도 선택의 자유가 있어 결사체를 선택할 수 있는 자발적 영역으로서의 우월성을 갖는다.

6) 따라서 다원주의가 강건한 민주적 시민사회의 전제조건이 된다. 국부론(An Inquiry into the Nature and Causes of the Wealth of Nations, 1976)을 쓴 Adam Smith는 "사회에서 어떤 분파를 제외한 한편만이 허용되거나 아니면 전체 사회가 둘 내지 세 개의 커다란 분파로 분열되어 있는 곳에서는 종교 지도자의 관심과 적극적 열정이 문제를 일으키거나 심각한 위협을 초래할 것이다."라고 하고, 이러한 다원적 사회에서 시민의 자질과 성품을 훌륭하게 길러 낼 수 있다고 한다.

6. 강한 시민사회와 민주주의

1) 상한 시민사회 모델

"시민사회는 민주적 덕목을 보유하고, 민주적 삶의 관습과 관행을 장려하며, 공공성과 자유, 평등주의와 자발주의에 의해 규정되는 사회"가 이상적인 민주적 시민사회의 모델이라고 본다.

2) 강건한 민주적 시민사회 모델의 구체적 내용

"역사적으로 미국에서 존재했었던 공화주의적 시민사회에 관한 Tocqueville의 전통적인 이상을 담고 있을 뿐만 아니라, 강력한 규범적 이상도 보여 준다." 예를 들어 노예제의 허용, 오랫동안 여성과 아메리카 원주민 등 여러 집단에게 참정권 불허와 같은 강력한 규범들도 보여 준다.

3) 강력한 민주적 시민사회에서 맺어지는 사회관계

"강력한 민주적 시민사회에서의 시민관계는 혈연공동체가 제공하는 것만큼은 뿌리가 단단하지는 않지만 생산과 소비를 통해 이루어지는 경제적 상호작용이나 시장에서 제공하는 시민적 관계보다는 훨씬 더 보상이 크고 굳건하다."

즉 자발적인 공원 청소작업에서 누군가의 이웃이 되는 일(시민사회의 모델)은 누군가와 피를 나눈 형제가 되는 일(혈연공동체 모델)보다야 든든하지 않겠지만, 투표소에서 만난 개별 유권자나 상점에서 부딪히는 익명의 소비자에 대해 느끼는 감정(사적 영역 모델)보다는 훨씬 더 단단한 것이다.

VI. 에드워즈의 공공영역으로서 시민사회16)

마이클 에드워즈는 시민사회를, 민주주의의 대안적 재구성을 통해서 결사적 삶의 토대로서의 시민사회(분석적 모델), 좋은 사회로서의 시민사회(규범적 모델), 그리고 공공영역으로서의 시민사회(공적 생활 모델)로 구분하고 있다.

---

16) Michael Edwards, 2004, *Is Civil Society A Big Idea?*, Cambridge, UK: Polity Press, Ltd.

1. 결사체 삶의 토대로서의 시민사회: 분석적 모델

1) 교차 문화적 시각에서 본 결사적 삶

제도로서의 이슬람은 자유롭게 가입하거나 탈퇴할 수 없다. Gellner에 의하면, "양을 살해하지 않고는 노동당에 합류할 수 없고, 변절한 대가로 사형선고를 받지 않고는 당을 떠날 수가 없다."[17]

시대의 변화에 따라 신종 결사체들이 이슬람 사회에 출현하기 시작한 것과 때를 같이하여 자발주의의 요소들이 이미 전통 결사체들(길드, 신용기금 및 재단 등) 안에 존재했음을 보여 주었다.

터키에서 자유로운 회원가입제도를 택하고 있는 도시여성노동자들의 독립적인 결사체들과 다른 신앙의 소유자들에게 닫혀 있는 이슬람 결사체들이 공존하고 있다.

부족이나 종족에 기반을 둔 하나의 집합적 정체성을 표상하고 있는 문화와 종교기관들이 도시화, 교육, 교회, 노동조합, 농민조직, 인권 NGO, 독립미디어를 포함하는 시장경제의 발전에 대한 대응으로 나타났던 보다 새롭고 교차인종적인 결사형태들과 더불어 공존하고 있는 것인 아프리카에서도 상황은 마찬가지이다.

아프리카의 전통적인 결사적 삶은 어떤 진정한 시민사회의 맹아들을 담지하고 있다고 주장한다. 예를 들면 케냐, 나이지리아, 남아프리카와 그 밖의 다른 곳에서 이미 답을 얻고 있는 중인데, 이들 나라들은 위에서 기술한 전통들로부터 나온 사실로 다른 어떤 사회들보다 훨씬 더 풍요로운 결사적 삶의 융단을 짜고 있는 사회들이다.[18]

---

17) E. Gellner, 1994, *Conditions of Liberty: Civil Society and its Rivals*, London: Hamish Hamilton. p.103.

18) John Comaroff and Jean Comaroff, eds. 1999, *Civil Society and the Political Imagination*

유교기반사회들, 중국 등의 사회구성원으로서의 자격은 선택적 사안이 아니며, 자격심사에 있어서 우선성은 '총체로서의 사회'의 필요에 따라 주어진다.

결사체들은 항상 자신들이 정부의 통제 바깥에 존재하는 것이 어렵다는 점을 인식하고 있었다. GONGOs(Government NGOs)에게 접근성과 잠재적 영향력을 부여한다.[19]

비서구문화 속에서 결사적 삶의 현실은 '혼합과 경쟁'의 양상을 띤다. 이것이 시민사회 감시자들로 하여금 이스라엘, 터키, 중국, 이란 등에 많은 관심을 갖게 하는 이유이다.

2) 조직 및 생태 등의 체계론적 관점

공적, 사적 기관들 사이에 어떤 상호작용이 일어나고 있는지를 고찰하는 모종의 체계론적 관점이라고 본다.

하나의 복합적이고 연약한 생태체계(ecosystem)처럼 시민사회는 풀뿌리 집단들, 비영리매개조직들과 그것들에 회원으로 등록한 결사체들이 집합적 목표들, 전 사회적 연대, 서로에 대한 책임 귀속성과 공유된 인식을 통해 함께 연계될 때 더욱 탄력을 받는다. 시민사회 내에서의 제도적 다원주의는 필수적이다.

퍼트남(Robert Putnam)은 사회자본 이론적 시각에서 집단 내 '결속 다지기(bonding)' 집단 간 '다리 놓기(bridging)' 집단 간 '연계하기(linking)', 즉 결사체들, 정부, 시장 간의 연결의 효과를 강조한다. 강력한 결속을 자랑하는 결사체들은 투쟁을 다음 단계로 끌어

---

in Africa, Chicago: University of Chicago Press.

19) P. Howell and J. Peace, 2001, *Civil Society and Development: A Critical Explanation*, Boulder: Lynne Rienner.

올릴 수 있으며, 강한 풀뿌리 토대로부터 쌓은 계급, 인종, 종교를 가로질러 연합할 수 있는 상호 교차되는 네트워크와 수직적, 수평적으로 함께 연결될 때 훨씬 더 효과적이다.

예를 들면, 즉각적 개혁을 위한 공동체 기구연합(ACORN; association of community organization for reform now)은 더 나은 주거, 학교, 환경, 이웃보호, 작업조건 개선 등의 성과, 미국의 산업지역재단, 라틴아메리카의 농민연합들도 좋은 사례들이다.[20) 그러나 인도 뭄바이에 있는 한 NGO인 SPARC는[21) 쉐드웰러즈국제본부(Shack Dwellers International)를 지원하면서 세계적인 평판을 받았다.[22)

성공적인 사회운동은 다음의 세 가지 공통점을 갖는다.

1st, 강력한 사상, 이상 또는 정책 의제를 갖는다.

2nd, 이러한 생각들을 정치, 정부, 미디어에 반영시킬 수 있는 효과적인 소통전략을 갖는다.

3rd, 목표대상들이 경험하고 지지자들의 견해가 정확히 대변되도록 만드는 데 필요한 근본적인 힘을 제공하는 강력한 지지세력이나 사회적 토대를 갖는다.[23)

성공사례로는 미국 내 시민권리 찾기운동, 브라질의 무토지농민운동, 전 세계적이 환경 및 여성운동, 미국 내 단체로서는 '약속을 잘 지키는 사람들(promise keepers)', '도덕적 다수(moral majority)' 등 우익 종교결사체들에 닻을 내리고 있는 신보수주의의 부상과

---

20) M. Warren, 2001, *Democracy and Association*, Princeton: Princeton University Press.

21) SPARC(Separated Parenting Access and Resource Center)는 이혼가정의 아이들이 양쪽 부모와 의미 있는 관계를 유지하도록 돕는 비영리단체이다.

22) S. Patel, J. Bolnick and D. Mitlin, 2001, "Squatting on the Global Highway: Community Exchanges for Urban Transformation", M. Edwards and J. Gaventa eds., *Global Citizen Action*.

23) Michael Edwards, 2004, *op.cit*, p.80.

같은 인맥 공유를 통해 폭넓게 연결되어 있다.[24]

한편 다음과 같은 생태체계의 특성을 갖기도 한다.

1st, 진짜 생태체계에서처럼 사회체계가 효과적으로 작동하려면 모든 부분들이 제자리에 있고 서로 연결되어 있어야 한다.

2nd, 결사체의 건실함, 다양성 혹은 깊이가 약해지면 사회는 권위주의적 지배에 취약하게 된다.

3rd, 생태체계는 외부의 충격을 잘 견디지 못하는 특성이 있다. 1개의 감시단체뿐인 경우 정부는 쉽게 억압, 30개의 감시단체가 존재하면 적어도 일부는 살아남을 것이다.[25]

3) 형식과 규범들로서의 삶

"경제적 성공과 정치적 성공이 결사적 삶의 저력 및 건강과 직접적으로 연결되어 있다."라는 주장이 신토크빌주의 사유에 공통점이다.

결사체들은 사회적 자본을 낳고 사회적 자본은 성공을 낳는다. 동시에 '결사적 삶의 형태들'은 '좋은 사회의 규범들'을 만들어 낸다.[26] 결사적 사회생태체계들은 간극과 단절들로 가득 차 있다.

2. 좋은 사회로서의 시민사회: 규범적 모델

1) 결사체적 삶과 좋은 사회

'좋은 사회를 자유로운 결사체들이 번창하는 장소'로 정의한다면

---

24) M. Giugni, 1999, "How Social Movement Matter", in M. Giugni, D. McAdam and C. Tilly eds., *How Social Movement Matter*, Minneapolis: University of Minnesota Press.

25) Michael Edwards, 2004, *op.cit*, p.81.

26) Michael Edwards, 2004, *ibid*, p.84.

좋은 사회는 협동, 신뢰, 관용, 비폭력 등과 같은 태도 및 가치들을 육성하는 영역, 즉 '서비스의 영역으로 마음의 습관들을 배양하는 토대'가 되는 사회이다.

다니엘 벨과 같은 이는 "좋은 사회는 자발적 결사체들을 강조하고 결정은 지역적으로 수립되어야 하며, 정부와 관료제에 의해 통제되어서는 안 된다."[27]고 한다.

시민사회 부활론자들의 핵심가설은 "공동체들, 네트워크들, 결사체들은 그 속에서 사람들이 기술을 익히고, 가치와 신의를 계발하고, 경쟁과 폭력 대신에 보살핌과 협력을, 행동을 위한 합리적인 방식들로 인식하게 되는 '미시환경(microclimates)'"[28]으로 설정한다.

이 가설들이 참인 이유는 다음과 같은 세 가지이다.

1st, 이 결사체들은 혹은 작은 공동체 속에서 가능한 면대면 상호작용의 수준과 빈도는 구성원의 태도와 관련하여 신뢰와 협동에 대한 유인요인이 훨씬 더 강하다는 의미이다.

2nd, 집단의 일원으로서 나는 규칙대로 게임을 하기로 동의하거나, 아니면 탈퇴하여 더 마음에 드는 다른 집단에 합류할 것이기 때문에 사회적 규범들은 사람들 사이의 '親疎 관계와 또래 집단의 압력'을 통해 강화될 확률이 높다.

3rd, 규모가 작은 집단의 회원들은 집단 전체의 복지가 각 회원들의 개별 행위에 달렸음을 알 수 있다. 이것은 민주주의가 상위의 층위들에서도 공적 이익을 증진시키는 방식으로 기능하기 위해서 요구되는 필수적인 태도 유형들을 정착시키게 된다.

---

27) Adam Seligman, 1992, *The Idea of Civil Society*, Princeton: Princeton University Press, p.2: M. Walzer, 1998, "The Idea of Civil Society: A Path to Social Reconstruction", in E. J. Dionne eds., *Community Works*. p.132.

28) Michael Edwards, *op.cit*, p.95.

따라서 공동체들, 네트워크들, 결사체들은 민주주의적 태도를 배양하는 시민교육의 장으로서 중요한 사회적 역할을 담당한다.[29]

시민사회 부활론자들의 일반화된 규범론은 민주주의의 효과적인 기능수행을 위한 자양분을 공급하고, 어떤 순기능을 수행하고 있는 민주주의는 정치적 목표들에 관한 사회적 합의를 만들어 내야 한다는 것이다. 이러한 일반화된 규범을 통해 좋은 사회의 실현으로 나아간다는 점이다.

로젠블룸(Nancy Rosenblum)은 민주주의 핵심 덕목들[30]을 다음과 같이 본다.

1st, 시민성(civility): 딱딱하지 않은 자연스러움을 가지고 사람들을 똑같이 대하는 일로서, 이는 중첩되고 있는 멤버십집단들과의 규칙적인 상호작용을 높인다.

2nd, 공정성(fairness): 자의적인 비정의에 대항하여 발언하는 일로서, 협조에 대한 유인요인이 된다.

2) 국가, 시장, 문명화된 사회

강한 시민사회가 강한 문명화된 사회를 창조하지 못한다면 그 이유는 특수한 사회적 목표를 겨냥하고 있는 상이한 기관을 가로지르는 행위 때문이다. 정부, 기업, 가정들은 결사적 삶의 일부가 아니라 그것들은 공공정책으로 변환되는 사회규범과 정치적 조정에 영향을 미치게 하려는 문명화된 사회건설 작업의 일부임에 틀림이 없다.

커헨(Jean Cohen)은 "미국시민사회가 직면한 문제들은 도덕적 쇠

---

29) Michael Edwards, *op.cit*, p.96.

30) Nancy Rosenblum, 1998, *Membership and Morals: The Personal Uses of Pluralism in America*, Princeton: Princeton University Press. p.350.

퇴가 아니라 정치와 경제가 특별한 이익에 발목이 잡혀 필요한 개혁이 불가능해졌기 때문에 발생한 것이다."[31]고 한다.

시장이든, 국가이든, 자발적 영역이든 한 영역에 고착화함으로써 다른 모든 부분들을 배제하는 대신, 사회 전반에 걸친 필요한 개혁을 확보하는 제도적 장치를 모색해야 한다.

이 과정은 가정이 가치를, 규범을, 개인의 태도 성향들을 형성하는 중심역할을 담당한다는 점을 인정하는 것에서부터 시작해야 한다. 카터(Stephen Carter)처럼 "가정은 타인에 대한 희생과 보살핌을 특징으로 하는 제1의 시민사회이며 또한 이어야 한다."라고 주장한다.[32] 신뢰, 협력, 이보다 훨씬 더 구체적으로 여타 정치적 태도들은 모두 가족관계 속에서 형성되기 시작한다.

Western University, 무한 사랑연구소(Institute for Research on Unlimited Love)에서는 "사랑의 본질은 타인들의 복리에 대한 이타적인 기쁨이며, 마음으로 그것을 확인하는 것이고, 또한 타인을 대신하여 예외를 두지 않고 지속적이며, 항상적인 방식으로 보살핌과 서비스를 제공하는 것이다."라고 한다.

그러므로 자유롭고 지지를 아끼지 않는 가족관계의 형성과 배양은 문명화된 사회건설을 위해 결정적으로 중요하다.[33]

"사회적 관습들이 정치에 의해 구조화된다."라는 주장과 "정치는 사회적 관습들에 의해 구조화된다."라는 주장 간에는 분열이 존재한다.

정부를 공동의 목표와 정체성의 영역으로 보는 것과 시민사회를

---

31) Jean Cohen, 1999, "American Civil Society Talk", in R. Fullwinder(ed.), *Civil Society, Democracy and Civic Renewal.* p.79.

32) Stephen Carter, 1999, *Civility*, New York: Harper Perennial Books, p.230.

33) Michael Edwards, *op.cit*, pp.109 − 110.

무정부주의, 사적인 억압, 집합적 자원들의 사적인 독점의 영역으로 보는 방식은 사적 이익들이 다른 어느 때보다도 정부에 더 많은 영향력을 행사하는 것처럼 보이는 현 시점에서는 공상에 지나지 않을 수도 있다.[34]

주요한 사회적 변형이나 정치와 경제상의 체계변경은 오직 결사하는 행위를 통해서만 성취되어 온 것이 아니다. 사회 전반에 걸친 일련의 개혁들을 요구하게 되므로 국가들, 시장들, 그리고 매개적 결사체들은 사회계약에 의해 자신들의 상이한 에너지들을 특정한 공동 목적을 위해 조율한다.

사회계약들이 개발과정의 성격을 규정하는 거래들을 둘러싼 최소합의수준을 확보하고 유지해 주었다. 성공적인 개발의 열쇠는 '일반화된 신뢰'가 아니라 상이한 기관들(정부, 비즈니스, 시민사회)이 제시하는 구체적인 도전 항목들과 관련하여 상이한 기관들을 망라하는 행위의 조율을 거쳐 전략적으로 투입되는 사회적, 경제적, 정치적 에너지에 주목해야 한다. 이것이 좋은 사회로 가는 경로이다.[35]

3. 공공영역으로로서의 시민사회: 공적 생활 모델

1) 공공영역으로서의 시민사회의 정의

"시민사회를 공적 심의와 합리적 대화 그리고 공익추구의 일환으로 적극적 시민권이 행사되는 하나의 장, 즉 공공영역"으로 본다.

"공공영역이란 사회적 차이를, 사회문제를, 문화적 정체성, 공공

---

34) Michael Edwards, *ibid*, p.112.

35) Michael Edwards, *op.cit*, p.114.

정책, 정부의 결정과 공동체의 업무들이 개발되고 심의되는 비입법적, 초사법적, 공적 공간이다.”36)

하버마스(Jürgen Habermas)는 “시민사회를 시민들이 자유, 평등, 비폭력적 상호작용의 조건하에서 공동관심사들을 얘기할 수 있는 ‘담론적 공공영역(discursive sphere)’의 존재”로 파악하고, 승자는 제일 큰 목소리가 아니라, 특수한 합리성의 근거가 되는 최고의 생각들이 될 것이라고 본다.37)

킨(John Keane)은 “공공영역을 의사소통의 수단에 의해 연결된 둘 또는 그 이상의 사람들이 주어진 상호작용의 환경 내에서 작용되는 권력관계들에 관하여 비폭력적 논쟁을 분출시키는 어떤 특수한 유형의 공적 관계”라고 한다.38)

2) 공공영역의 중요성

공공영역은 대의민주주의 제도하에서처럼 직접민주주의와 심의민주주의, 참여민주주의 혹은 담론정치(dialogue politics)에 관심이 부활하는 기초가 된다.

‘이방인들이 서로 만나서 칼을 빼지 않은’ 어떤 장소로서, 무례가 비폭력적 방식으로 행해질 수 있도록 허용한 이떤 지정 장소로서, 지속적으로 자기 자신과 싸움을 빌이면서도 평화롭게 갈등을 타개하는 모종의 사회로서의 특성들을 가지고 있다.39)

---

36) L. McClain and J. Fleming, 2000, “Some Questions for Civil Society Revivalists”, *Chicago-Kent Law Review*, 75(2), pp.301-354.

37) Jürgen Habermas, 1996, *Between Facts and Norms: Contributions to a Discourse Theory of Law and Democracy*, Cambridge: MIT Press.

38) John Keane, 1998, *Civil Society: Old Images, New Visions*, Stanford: Stanford University Press. p.169.

39) John Keane, *ibid*, p.169.

Ⅶ. 한국적 시민사회 개념

　서구의 시민사회는 '아래에서 위로(bottom - up)' 성립되어 발전되었지만, 한국의 시민사회는 식민지와 신식민지적 구조와 분단상황에서 기본적으로 외세에 의해서 '바깥에서 안으로' 또는 '위에서 아래로(top - down)', 즉 외세 의존적인 국가의 지도하에서 성립, 발전해 왔다. 1960년대와 1970년대의 경제개발을 통하여 위축되어 있던 시민사회운동이 1980년대 후반에 들면서 서구적인 아래로부터 위로 향하는 시민사회운동이 공간적으로 세력을 확장시키게 되었다. 이러한 초기의 시민들의 개별적인 지역적인 1980년대의 민중운동에서 1987년 6월 민주항쟁을 겪으면서 결정적인 계기가 되어서, 그리고 1990년대에 들면서 지방자치제도를 시행하면서 활성화를 띠게 되어 단순한 이해 당사자만의 민중운동에서 시민사회계층으로 운동이 확산되는 시민운동으로 성장하게 되었다.

〈표 2-2〉 한국시민사회운동의 1980년대와 1990년대 이후의 변화

구분	1980년대 민중운동	1990년대 이후 시민운동
1. 운동 주체	이해당사자인 노동자, 농민, 빈민, 지역주민	화이트칼라나 자영업자인 중간층이나 지식인, 학생, 종교인, 주부 등의 주변계층
2. 운동목표	정치, 경제적 구조의 전체적 민주화 추구 정치세력화 시도	점진적 제도 개선을 추구하면서 국가외부에서의 압력행위를 선호
3. 운동방식	파업, 시위, 농성 등 급진적인 방법	캠페인, 국민홍보, 강연회 등 온건하고 합법적 방식
4. 운동쟁점	경제적, 권력적, 계급적 불평등에 중점	경제정의, 부정부패추방, 환경, 여성 등 시민사회의 공공선이라는 광범한 쟁점을 포괄
5. 정치사회, 국가와의 관계	정치사회를 활용하여 국가권력구조의 변혁추구	정치사회와 무관하게 국가의 정책개혁에 영향을 미치려고 압력을 행사

한국의 시민사회를 어떻게 정의할 것인가 하는 문제에 접하여 우리는 주저하게 된다. 최장집과 임현진 두 교수들에 의하면 『시민사회의 도전』에서 시민사회를 다음과 같이 정의하고 있다.

> "국가의 직접적인 통제 바깥에서 개인들과 집단 간에 사적 또는 자발적 협정에 의해 조직되는 사회생활영역이다. 여기에서의 사회생활영역은 가정생활, 경제영역, 문화생활, 정치적 상호작용을 말한다."40)

따라서 국가와 국가 이외의 모든 영역을 시민사회로 규정한다. 그리고 정치사회는 국가와 시민사회를 연계하여 개인과 집단을 국가에 복귀시킬 수 있는 영역을 말한다. 그러나 일반적으로 우리의 한국시민사회에 대한 개념 규정은 여러 가지로 할 수 있겠으나 21세기 초반의 우리 사회에서 살펴본다면, 국가와 정치영역, 경제영역, 그리고 그 외 제3의 영역으로서, 국가와 정치영역에서의 정부나 국가실패를, 그리고 경제영역에서 시장실패를 극복할 수 있는 압력단체의 성격을 띠면서 공공선을 추구하는 시민사회영역으로 정의하는 것이 가장 일반적일 것으로 보인다.

---

40) 최장집, 임현진 공편, 『시민사회의 도전』(서울: 나남, 1993), p.79.

참고문헌

최장집, 임현진 공편, 1993, 『시민사회의 도전』, 서울: 나남.

Barber, Benjamin R. 1998, *A Place for Us: How to Make Society Civil and Democracy Strong*.

Carnoy, Martin. 1984, *The State and Political Theory*, New Jersey: Princeton University Press.

Carter, Stephen. 1999, *Civility*, New York: Harper Perennial Books.

Cohen, Jean. 1999. "American Civil Society Talk", in R. Fullwinder eds., *Civil Society, Democracy and Civic Renewal*.

Comaroff, John Comaroff and Jean Comaroff, eds. 1999, *Civil Society and the Political Imagination in Africa*, Chicago: University of Chicago Press.

Edwards, Michael. 2004, *Is Civil Society A Big Idea?* London: Polity Press, Ltd.

Gellner, E. 1994, *Conditions of Liberty: Civil Society and its Rivals*, London: Hamish Hamilton.

Giugni, M. 1999, "How Social Movement Matter" in M. Giugni, D. McAdam and C. Tilly eds., *How Social Movement Matter*, Minneapolis: University of Minnesota Press.

Habermas, Jürgen. 1996, *Between Facts and Norms: Contributions to a Discourse Theory of Law and Democracy*, Cambridge: MIT Press.

Hobbes, Thomas. 한승조 역, 『리바이어던』, 서울: 삼성출판사.

Howell, P. and J. Peace, 2001, *Civil Society and Development: A Critical Explanation*, Boulder: Lynne Rienner.

Keane, John, 1998, *Civil Society: Old Images, New Visions*, Stanford: Stanford University Press.

Locke, John, 1955, *On Civil Government*, Chicago: Henry Regnery.

McClain, L. and J. Fleming, 2000, "Some Questions for Civil Society Revivalists", *Chicago − Kent Law Review*, 75(2).

Patel, S., J. Bolnick and D. Mitlin, 2001, "Squatting on the Global

Highway: Community Exchanges for Urban Transformation", M. Edwards and J. Gaventa eds., *Global Citizen Action*.

Rosenblum, Nancy, 1998, *Membership and Morals: The Personal Uses of Pluralism in America*, Princeton: Princeton University Press.

Seligman, Adam, 1992, *The Idea of Civil Society*, Princeton: Princeton University Press.

Smith, Adam. 1976, *An Inquiry into the Nature and Causes of the Wealth of Nations*.

Tocqueville, Alexis de. 1981, *Democracy in America*, New York: Freedom Watch.

Walzer, M., 1998, "The Idea of Civil Society: A Path to Social Reconstruction", in E. J. Dionne eds., *Community Works*.

Warren, M. 2001, *Democracy and Association*, Princeton: Princeton University Press.

Ⅰ. 마르크스주의의 위기와 그람시의 등장

마르크스주의는 자본주의 체제의 견고성과 계급적 변혁운동의 침체로 인하여 문제의식이 고조되기 시작하였다. 이러한 문제의식이 반레닌주의, 반경제주의로 발전하게 되었다. 이와 같이 마르크스주의가 위기의식이 조성되는 과정에서 이탈리아에서 그람시가 급격히 부상하여 등장하게 되었다. 마르크스주의가 르네상스를 겪게 되는 것은 1960년대 말과 1970년대 초 프랑크푸르트학파와 유로코뮤니즘 현상으로 집약되는 반레닌주의의 등장에서이다.[1]

반경제주의는 알튀세(Louis Althusser)의 구조주의적 마르크스주의에 의해 1970년대 중반부터 강력히 제기되기 시작하였다. 포스트 마르크스주의는 라클라우와 무페(Ernesto Laclau & Chantal Mouffe)의 급진적 민주주의 이론의 기본전제인 계급환원론 및 경제주의에 대한 비판에서 출발한다.

그람시의 이론은 실천적으로는 유로코뮤니즘 노선과 정당형태로, 이론적으로는 구조주의적 마르크스주의의 형태로, 정치적으로는 노동운동의 중심성을 전제하지 않는 민주연합에 의한 평등민주주의 구현을 최종 목표로 삼는다. 이러한 목표하에서 그람시의 이론은

---

1) 유팔무, 1991, "유로코뮤니즘의 위상과 전망", 『동향과 전망』, 여름호.

노동운동이 퇴조하고 그 반면에 환경, 여성운동 등 비노동자 계급적 사회운동들이 활기를 띠면서 소위 운동권을 주도해 감에 따라 형성된 마르크스주의에 대한 위기의식이 싹트게 되었다.[2]

Ⅱ. 그람시의 시민사회의 구조

마르크스나 레닌의 이론과 실천적 전략을 20세기 서구에 합당한 방식으로 수정, 적용하기 위해 서구자본주의 변혁전략을 모색하는 과정에서 착안해 낸 것이 시민사회라는 구조와 이를 통한 헤게모니적 지배계급의 메커니즘이었다.[3] 헤게모니란 피지배계급에 대한 부르주아적 가치와 규범의 이데올로기적 지배이다. 시민사회에서 부르주아적 헤게모니라는 개념을 사용하여 국가는 상부구조에서 부르주아적 헤게모니를 내포하고 있다. 이러한 구조와 메커니즘에 대응하기 위해서 국가의 정면공격(the frontal attack of the State)이라는 기동전(war of maneuver)에 대체하는 새로운 전략으로서 진지전(war of position)을 강조하게 되었다.[4]

그렇다면 그람시에게서 시민사회린 의미는 어떤 것일까? 먼저 시민사회라고 하는 말은 로크, 루소, 칸트 등 계몽시대의 사상가들에게서 유래하여 헤겔에 이르기까지는 자연상태나 원시상태의 사회에 대비되는 '문명사회'의 의미로 사용되었다. 그 이후 헤겔, 마르크스, 엥겔스 등에 의해서는 물질적 욕구를 해결하는 경제영역을

2) 유팔무, 1989, "현대 사회 변혁운동의 성격 — 서독의 환경 평화운동을 중심으로", 『문학과 사회』, 가을호.

3) 사쑨(최우길 역), 1984, 『그람시와 혁명전략』, 서울: 녹두. pp.26 - 27.

4) Antonio Gramsci, 1971, *Selections from Prison Notebook*, New York: International Publishers. p.238.

의미하는 것으로 이해되었다. 그람시에 이르러서는 시민사회란 마르크스의 부르주아 사회와는 전혀 다른 의미로 사용되었다.

보다 구체적으로 말하자면, 시민사회와 국가라는 개념들을 구분함으로써 그 의미를 뚜렷하게 하고자 한다. 로크와 루소는 시민사회를 전 국가사회(pre-statal society)에 인간이 존재하던 때에 질서가 자연상태를 지배하는 것으로 간주하였다. 가족, 생산관계 등을 초월하여 법에 의해 통치되는 집단을 형성하는 인간조직이다. 인간은 자신의 자유를 지키기 위해 자유를 포기하면서 이와 같은 집단에 자발적으로 참여한다. 집단의 의지, 즉 국가에 의해 조직되고 지배되는 자연상태로 보았다.

그러나 헤겔은 시민사회를 전 정치사회(pre-political society)로 보고 '방종과 비참, 물리적, 윤리적 타락'만이 군림하는 영역으로서 자연주의적 개념과는 정반대의 영역인 것으로 생각하였다.[5] 시민사회는 더 우월한 지적 능력을 갖춘 국가에 의해 조절되고 지배되어야 한다. 무페(Chantal Mouffe)에 의하면 헤겔식의 시민사회의 개념은 '前 마르크스주의적' 생산관계와 계급적 구성을 통제하는 행정적 조합적 규율뿐 아니라 생산관계와 계급적 구성 자체도 포함된다는 것이다.

마르크스와 엥겔스는 헤겔적 견해를 변화시켜 나갔다. 헤겔이 정치구조와 조직에 선행하는 모든 전 국가적 생활과 그것을 결정하는 경제관계의 발전이라고 시민사회를 정의하고 있다. 이에 비해서 마르크스와 엥겔스는 시민사회와 국가개념이 반대이다. 엥겔스는 국가는 종속적 요소인 반면 시민사회가 결정적 요소라고 한다.[6] 경

---

5) Hegel, in Chantal Mouffe eds., 1979, *Gramsci and Marxist Theory*, London: Routledge and Kegan Paul. p.28.

제구조라는 하부구조와 국가와 시민사회라는 상부구조는 마르크스
주의의 기본적인 반정립을 구성한다. 시민사회가 국가를 지배하고
하부구조가 상부구조를 지배하는 것이다. 이와 같은 생산관계는 사
회의 경제구조를 형성하고 이것이 진정한 토대가 되어 그 위에 정
치적, 법적 상부구조가 세워지며 거기에 상응하는 특정한 형태의
사회적 의식이 결정된다고 본다.

마르크스는 국가를 시민사회 아래에 포함시키고 있다. 그는 "국
가를 결정하고 국가의 조직과 목표를 자본주의 발전의 특정 단계
에서의 물질적 생산관계와 일치하도록 맞추는 것이다. 따라서 마르
크스의 시민사회는 '역사적으로 특수한 생산형태'라는 뜻으로 "생
산관계의 총화' 또는 '물질적 토대'로 파악하고 있는데 반해, 그람
시에게서 시민사회는 하부구조적 요소에 속하는 것이 아니라 상부
구조의 한 요소인 것이다. 그리고 그 상부구조 내에서 시민사회라
는 구조 위에 정치사회라는 국가가 위치하고 있다. 이른바 마르크
스의 '정치적, 법적 상부구조'가 시민사회라는 구조 위에 존재한다.
이와 같은 두 개의 주요한 상부구조적 차원에 사적, 유기체적 총체
인 시민사회(상부구조의 토대)와 국가(상부구조의 위층)라는 정치사
회가 바로 그것이다.[7] 이 상부구조의 두 차원은 하나는 지배집단이
사회 전반에 행사하는 헤게모니의 작동에 해당하고, 다른 하나는
국가와 사법적 정부를 통해서 행사되는 직접적 지배나 명령에 해
당한다. 그는 이러한 시민사회가 '비권력적 헤게모니가 형성, 작용
하는 영역'이라는 점에서 국가와 구별하고 있다.

---

6) Norberto Bobbio, 1979, "Gramsci and Conception of Civil Society", in Chantal Mouffe, 1979, *Gramsci and Marxist Theory*, London: Routledge and Kegan Paul. p.28.

7) Gramsci, 1971, *ibid*, p.12.

Ⅲ. 그람시의 헤게모니와 국가

1. 헤게모니란

1차세계대전 이후 상대적으로 많은 정치적 자유가 향유 되던 상황에서도 노동계급의 정당들은 보수적인 그들의 경쟁자들보다 상대적으로 정치적 활동이 부진하였다. 이러한 사태를 설명하기 위해서 그람시는 헤게모니 개념을 도입하여 시민사회에서 지배계급이 피지배계급에 대해서 지니는 이데올로기적 우세를 말한다.[8] 특히 그람시의 독창적인 문제의식으로서는 체제의 실질적인 경고성은 지배계급의 폭력이나 국가 기구의 탄압 능력에 있는 것이 아니라 지배계급이 가진 '세계에 대한 관념'을 피지배계급이 받아들이는 데 있다. 즉 피지배계급이 어떻게 낡은 질서를 전복하고, 보편적인 자유라는 새로운 질서를 창출시켜야 하는지를 밝히는 문제에 두고 있다.

2. 보비오의 그람시가 전통적인 마르크스주의 이론을 전도시킨 두 가지 우월성

1st, 이데올로기적 상부구조가 경제적 하부구조에 대해 가지는 우위성을 강조한 점이다.

2nd, 시민사회(동의)가 정치사회(무력)에 대해서 우위를 강조한 것이다.

그람시에서 역사발전의 적극적, 긍정적 요소들을 대표하는 것은

---

8) *Ibid*, p.238.

경제구조의 생산관계를 발하는 하부구조가 아니라, 이데올로기적 문화적 관계, 정신적 지적 생활, 그리고 이 관계들의 정치적 표현의 복합체 등인 상부구조이다.9)

3. 마르크스 엥겔스의 생산수단의 지배사상: 『독일 이데올로기』

"모든 역사시대에서 지배계급의 사상이 지배적 사상이었고, 물질적 힘으로써 사회를 지배하는 계급은 동시에 지적인 힘으로도 사회를 지배하게 된다.", "물질적 생산수단을 마음대로 할 수 있는 계급은 동시에 지적 생산수단도 마음대로 지배하고 있다. 따라서 지적 생산수단을 갖지 못한 계급의 사상은 그것에 종속되기 마련이다."10) 그람시는 이러한 마르크스 – 엥겔스의 생산수단의 지배사상에 추가하여 헤게모니의 개념을 도입하였다. 그에게서는 자본주의적 생산이 지배하는 무력 혹은 논리로서는 자본주의적 생산이 피지배계급에서 향유하는 동의가 설명될 수 없었다.

4. 부시 – 글락스만의 적극적 동의를 얻기 위한 전략의 기초

1st, 시민사회에서 지배계급의 한 분파가 도덕적, 지적 지도성을 통하여 지배계급의 다른 동맹분파를 지배하는 과정이 중요하다.

2nd, 지배계급과 피지배계급과의 관계이다. 지배계급이 그들의 정치적, 도덕적, 지적 지배력을 사용하여 자신의 세계관을 포괄적이며 보편적인 것으로서 확립하고, 피지배계급의 이해와 욕구를 구체

---

9) Martin Carnoy, 1984, *The State and Political Theory*, New Jersey: Princeton University Press. p.69.

10) Robert C. Tucker eds., 1978, *Marx and Engels Reader*, 2nd edition, New York: W. W. Norton, p.172.

화하는 성공적인 시도들을 내포하고 있다.[11]

5. 『옥중수고』에 나타나는 헤게모니와 국가, 시민사회 위치에 관한 정의[12]

1st, 국가와 시민사회 사이에 반대되는 관계가 존재한다. "헤게모니(지도)는 시민사회에 속하고, 강압(지배)은 국가에 속한다."는 것이다.

2nd, 국가에 시민사회가 포함된다. "국가가 시민사회를 둘러싸고 있는 것이다." 일반적인 국가개념은 시민사회라는 개념에 돌려져야 할 요소를 포함하고 있다. 즉 국가＝정치사회＋시민사회, 즉 강압적으로 무장한 헤게모니라고 말할 수 있다.

3rd, 국가와 시민사회가 동일하다. 따라서 동의와 강압이 국가에 공존하게 되고, 헤게모니는 국가기구 자체로부터 분리될 수 없다. 국가와 시민사회는 보다 더 큰 통일체로서 부상한다.

국가는 사회구성체 자체와 동일하며, 정부적인 기구와 사적인 기구를 포함한다. 이는 알튀세(Althusser)가 '이데올로기적 국가기구', 즉 모든 이데올로기적 정치적 상부구조로서 가족, 노동조합, 개량주의 정당, 사적인 통신수단 등을 포함하는 헤게모니 국가기구로 정의된다.[13] 이러한 헤게모니적 국가기구는 그에 대항헤게모니를 탄생, 발전시키는 과정에서 위기에 직면하게 된다. 이 대항헤게모

---

11) Henry A. Giroux, 1981, "Hegemony, Resistance, and Education Reform", in *Curriculum and Instruction: Alternatives in Education*, ed., Berkley: McCutchan Publishing. p.418.

12) Perry Anderson, 1977, "The Antimonies of Antonio Gramsci", *New Left Review*, No.100, pp.5 − 78.

13) Martin Carnoy, 1984, *op.cit*, p.73.

니는 풀란차스(Nicos Poulantzas)가 지적하듯이 좌익이 선거에서 승리하기 위해서는 국가기구 내에서 대항헤게모니를 구성하여, 시민사회의 지배적 계급의 헤게모니에 대한 주요한 평형력으로 작용하여야 한다.[14]

그람시는 국가를 헤게모니기구가 확장된 것으로 간주한다. 즉 계급투쟁 속에서도 사회에 대한 그들의 지배력을 확장, 영구화시키기 위해 부르주아지가 발전시킨 체계의 일부로 간주한다. 지배계급의 헤게모니 속에 국가가 통합되는 것은 부르주아계급 그 자체의 성격으로부터 유래한다.

6. 수동적 혁명(passive revolution)

그람시가 정치적, 이데올로기적, 사회적 관계에서의 변화와 경제적 변화를 연결시키는 개념이다. 그는 지배계급이 헤게모니를 유지하고, 대중들이 정치, 경제 제도에 영향력을 발휘하는 것을 배제하기 위해, '지속적으로 국가권력을 재조직화하는 행위', 지배계급과 이런 행위와의 관계를 가리키기 위해 이러한 용어를 사용하고 있다.[15] 이와 같은 수동적 혁명이론을 통해서 그람시는 자본주의의 존속 가능성을 헤게모니라는 개념과 연관시킨다. 바로 이러한 점에서 그람시는 후기 마르크스주의의 알튀세로 이어지는 경제주의와 결별을 하게 된다. 그람시는 자신의 이론적 기반을 구성할 때 노동자 계급이 국가권력을 장악한다는 것도 결국 민중 대다수를 통합시킬 수 있는 헤게모니를 확산시킨다고 하는 노동자계급이 가지고

---

14) *Ibid*, p.74.

15) *Ibid*, p.76.

있는 고유한 소명을 달성하는 것이다.[16]

Ⅳ. 급진적 변혁의 과정

1. 헤게모니의 위기

그 사회를 지배하고 있는 지도이념이 위기에 처한다는 것은 그 사회가 크게 동요되어 변화한다는 것을 의미하는 것이다. Buci-Glucksmann은 헤게모니의 위기론을 "모든 구조주의적 기능주의 모델로부터 그람시의 혁명적 변증법적 탈출은 그가 통합 모델을 사용할 때 항상 '분해'의 모델을 환상시키는 것처럼 보이게 된다. 요컨대 헤게모니의 위기(유기적 위기)에 관한 이론 없이 헤게모니 이론이 있을 수 없고, 이전에 종속적이던 계급이 헤게모니 계급이 되도록 해 주는 계급 구성, 원자화의 이론 없이 종속적 계급의 지배계급에 대한 통합을 분석할 수 없으며, 새로운 전략적 전망을 재정립함이 없이 국가의 확대를 논할 수가 없다."[17]고 본다.

그람시는 부시-글락스만의 양극적 이론에서 사회계급이 그들의 정치정당으로부터 분리되는 역사적 시대가 존재한다고 주장한다. 이러한 사태가 발생하면 폭력적 해결책이 사용되거나 지배계급의 헤게모니를 유지하기 위하여 국가를 이용하는 전통적 수단이 더 악화되므로 상황은 위험하게 된다. 이 순간 여론과는 독립적인 사회-관료주의의 요소(교회, 고급 재정, 기타 제도 등)들의 권력과

---

16) 사쓴(최우길 역), *op.cit*, p.219.

17) Christine Buci-Glucksmann, 1979, "State, Transition and Passive Revolution", in Chantal Mouffe, *Gramsci and Marxist Theory*. p.75.

자율성이 증대된다. 이러한 위기는 어떻게 발생하는가? 그것은 지배계급의 반민중적 행동 혹은 이전의 수동적 민중들의 정치적 능동성이 성장한 결과이다. 어느 경우에나 그들은 모두 '권위의 위기'를 동반한다. 이것이 바로 그람시가 말하는 '지배집단의 헤게모니의 위기' 혹은 '국가의 전반적 위기'이다.[18]

"지배계급이 동의를 상실한다면, 즉 강압적 힘만을 사용하여 지배할 뿐 지도적이지 못한 상태가 된다면, 이것은 틀림없이 대다수의 대중들이 그들의 전통적 이데올로기로부터 분리되어 예전에 믿었던 것을 더 이상 믿지 않게 되는 것을 의미한다. 그 위기는 낡은 것은 죽었으나 새로운 것이 태어날 수 없는 상태로 이루어져 있다."[19]

마르크스와 레닌에게서는 부르주아 국가란 부르주아 권력의 강압수단이라 해도, 그람시에게서는 국가는 또한 부르주아 이데올로기의 도구이기도 했다.

2. 새로운 전략으로서 '진지전'

그람시는 '국가에 대한 전면적 공격', 즉 '기동전'[20](war pf maneuver)에 대체되는 전략으로서 '진지전'[21](war of position)이라는 개념을 발전시킨다.[22] 국가를 점령하는 것(국가를 전복, 지배하는 것)은 그 자체로는 사회를 지배하는 것이 되지 못한다. 즉 대체될 수 있는 프롤레타리아 헤게모니가 확립되지 않은 것이기 때문이다.

---

18) *Ibid*, p.210.

19) *Ibid*, pp.25 - 6.

20) 사쑨(최우길 역), *op.cit*, p.22. 기동전에 대한 구체적 설명을 잘 해 놓고 있다.

21) *Ibid*, p.26. 역시 진지전에 대해 설명하고 있다.

22) Martin Carnoy, 1984, *op.cit*, p.80.

부르주아 헤게모니와 대결하는 전략, 즉 진지전의 중요한 요소를 다음 네 가지[23]로 본다.

1st, 개별국가를 정확히 검토하는 것이 필요함을 강조한다. 1848년 '영국혁명'의 공식은 정치과학에서 '시민 헤게모니'의 공식으로 확대되고 지양되어 왔다.

2nd, 진지전은 노동계급의 대중조직과 발전하는 노동계급의 제도와 문화에 의해 만들어진 대항헤게모니로 국가기구를 포위한다는 개념에 기초해 있다. 부르주아적인 존재의 비전에 대항하기 위해서 새로운 세계관, 새로운 생활양식, 새로운 사고방식, 새로운 도덕성, 새로운 사상들로 무장해야 한다.

3rd, 의식을 변혁과정에서 핵심적 요소로 주목한다. 노동계의 의식 획득을 위한 싸움을 세 단계로 파악한다.

① 의식의 제1단계는 직업적 동일시하는 단계 ② 의식의 제2단계는 한 사회계급의 모든 성원 간에 이해관계가 일치하는 단계 ③ 의식의 제3단계는 개인들은 자신의 조합주의적 입장을 동일한 경제적 계급의 조합주의적 한계를 뛰어넘어, 모든 종속적 집단으로 확대되는 것을 자각하는 단계이다.

4th, 이데올로기 발전의 지형학을 행동으로 옮긴다.

3. 지식인의 역할

그람시는 카우츠키에 대한 레닌의 비판에 근거하고 있다. 카우츠키(Karl Kautsky)는 "사회주의 운동에서의 노동자와 지식인의 관계를 지도자와 피지도자의 관계, 즉 지식인들이 이론적 이데올로기적

---

23) *Ibid*, pp.81-84.

지도력에서 가장 뛰어난 능력에 기초한 위계적 분업질서로 본다.”[24]

그람시는 카우츠기의 위와 같은 개념을 거부한다. 계급과는 무관한 하나의 독특한 사회적 범주로 해석하여 ‘지식인’ 개념을 신화라고 주장한다.

“경제적인 생산관계에서 필수적인 기능을 수행하며 독자적인 영역기반 위에 존재하는 모든 사회집단은, 자기집단과 동질성을 가지며 경제적 영역뿐만 아니라 기능을 자랑하는 하나 이상의 지식인계급을 자기계급과의 유기적인 관계 속에서 창출시킨다.”[25]

지배집단의 대표자들로서 사회적 헤게모니와 정치적 통치에 있어서 부관적인 기능을 수행하는 중요한 역할을 함과 동시에 혁명과정에서도 핵심적인 역할을 한다. 유기적 지식인들이 정치전략에 토대를 제공해 준다.

---

24) *Ibid*, p.85.
25) Antonio Gramsci, 1979, *op.cit*, p.5.

참고문헌

유팔무, 1991, "유로코뮤니즘의 위상과 전망", 『동향과 전망』, 여름호.

유팔무, 1989, "현대 사회 변혁운동의 성격 ― 서독의 환경 평화운동을 중심으로", 『문학과 사회』, 가을호.

사쑨(최우길 역), 1984, 『그람시와 혁명전략』, 서울: 녹두.

Anderson, Perry. 1977, "The Antimonies of Antonio Gramsci", *New Left Review*, No.100.

Bobbio, Norberto. 1979, "Gramsci and Conception of Civil Society", in Chantal Mouffe, *Gramsci and Marxist Theory*, London: Routledge and Kegan Paul.

Buci-Glucksmann, Christine. 1979, "State, Transition and Passive Revolution", in Chantal Mouffe, *Gramsci and Marxist Theory*. London: Routledge and Kegan Paul.

Carnoy, Martin. 1984, *The State and Political Theory*, New Jersey: Princeton University Press.

Giroux, Henry A. 1981, "Hegemony, Resistance, and Education Reform", in *Curriculum and Instruction: Alternatives in Education*, ed., Berkley: McCutchan Publishing.

Gramsci, Antonio. 1971, *Selections from Prison Notebook*, New York: international Publishers.

Hegel, in Chantal Mouffe eds., 1979, *Gramsci and Marxist Theory*, London: Routledge and Kegan Paul.

Tucker, Robert C. eds., 1978, *Marx and Engels Reader*, 2nd edition, New York: W. W. Norton.

제4장

하버마스의 토의민주주의와 시민사회

Ⅰ. 토의민주주의

토의민주주의란 자유롭고 평등한 시민들 간의 토론을 통한 공적 의사결정[1]을 위한 절차를 중요시하는 민주주의 한 기제(mechanism)이다. 민주주의에서 자유롭고 평등한 개인들에 의한 공적 의사결정의 형태가 토의만이 있는 것은 아니다. 공적인 합의와 결정에 이르는 방법은 논쟁(arguing), 타협(bargaining), 투표(voting)가 있으며, 논쟁과 타협은 투표와는 달리 '의사소통' 또는 '언어의 행위'의 형태들이다.

하버마스는 자유주의와 공화주의의 민주주의 한계를 극복하기 위한 대안으로서 절차적 민주주의(procedural democracy)를 제시한다.[2] 자유주의와 공화주의를 바탕으로 하는 절차적 민주주이란 '토의정치(deliberative politics)' 또는는 '토의민주주의(deliberative democracy)'의 이념과 실천을 토대로 하며, 개방적 참여가 보장되는 의사소통 구조의 확보를 통해 사적 자율성과 공적 자율성이 동시에 보장되는 민주주의의 한 형태이다.

절차적 민주주의는 공화주의적 체계적 목적 합리성과 자유주의

---

1) Jon Elster eds., 1998, *Deliberative Democracy*, Cambridge: Cambridge University Press.

2) Jürgen Habermas, 1996, "Three Normative Models of Democracy", in S. Benhabib eds., *Democracy and Difference*, Princeton: Princeton University Press.

적 생활세계적 합리성 사이의 불균형을 해소하기 위한 적극적 대안의 성격을 갖는다. 이러한 절차적 민주주의는 자유주의와 공화주의의 이념을 동시에 실천하고자 고안된 것이다. 이러한 자유주의와 공화주의는 시민과 정치에 대한 개념에서 차이가 있다. 그 차이점은 먼저 자유주의적 관점에서는 사적 이익을 추구하는 개인을 논의의 출발점으로 삼는다. 시민의 지위는 그들이 국가와 다른 시민에 대하여 갖는 소극적 권리와 자유에 근거해서 규정한다. 자유주의적 정치과정은 사회의 다양한 이익의 수렴과 공적인 행정기구를 통한 중재와 관련하여 이해한다. 자신의 선호를 표현하는 유권자들의 선택에 의존한다. 토론하는 시민들의 자율적인 결정에 기초하는 것이 아니라 개인적인 선호를 중첩시킴으로써 본질적으로 비정치적인 공동선을 보장하는 경제사회의 법적 제도화에 의존한다.

공화주의적 관점에서는 자율적인 시민들이 공동으로 행하는 이성의 공적 사용을 제도화함으로써 민주주의 본연의 의미를 보전한다는 장점을 가지고 있다. 정치를 중재기능에 국한시키지 않고 전체로서의 사회를 형성하고 통합하는 과정에서 중추적 역할을 담당하는 실체적인 윤리적 삶의 형식으로 이해한다. 시민들이 사적 개인으로서 주장할 수 있는 소극적 자유에 의해 규정된다기보다는 정치적 참여와 의사소통의 권리를 포함하는 적극적 자유에 의해 규정된다. 공론의 장과 의회에서의 정치적 의사형성은 시장의 원리와 구조가 아니라 상호 이해를 지향하는 공적 의사소통에 내재하는 원리와 구조를 기반으로 한다. 공화주의적 정치 패러다임은 개인의 선호가 아니라 윤리적 가치문제가 경쟁하는 대화의 장이며 사회 전체의 정치적 자기조직화로 이해한다. 따라서 공론의 장의 토대인 시민사회와 더불어 전략적 중요성을 갖는다.

절차적 민주주의의 개념은 자유주의적 공정성으로서 입헌주의적 원리와 공화주의적 의사형성과정으로서 민주적 공론장의 요소들을 수용하여 이들을 토론 및 의사결정을 위한 이상적 절차라는 개념 속에 통합함으로써 구성된다. 따라서 궁극적으로 사회를 규제하는 규범의 내용은 바로 의사소통 행위의 구조에서 도출되고 정당화되는 것이다. 이러한 의사소통적 권력의 최종적 체제적 합리성을 갖춘 것이 행정적 절차로서 행정적 권력, 즉 법의 제정이 되는 것이다. 따라서 의사소통적 권력과 행정적 권력의 양자 관계를 살펴보기로 하자.

Ⅱ. 의사소통적 권력과 행정적 권력

하버마스는 토의민주주의에서의 권력을 의사소통적 권력과 행정적 권력으로 구분하여 논의하고 있다. 이 두 가지 차원의 권력개념을 이해하고 그 양자의 관계를 정립하는 데서 토의의 장으로서 공공영역의 중요성을 강조하고 있다.

그에게서 이 두 가지 권력은 분리되고 서로 균형을 이루어야 한다. 그리고 후자는 전자에 기반을 둘 때, 즉 후자가 전자의 형성을 방해하거나 그것의 결정에 어긋나지 않을 때, 권력은 정당한 권력이 된다. 행정적 권력은 의사소통적 권력을 획득, 유지, 이행하기 위한 전략적, 합목적적인 것으로서 의사소통적 권력의 발생, 순환을 도와주기 위한 것이며, 그것을 억압하는 경우 그것은 다시 폭력으로 전락한다. 이런 점에서, 행정적 권력과 의사소통적 권력은 상호 반대되거나 갈등적인 분리가 아니다. 다만 그것들은 권력이 정

당성과 실제성을 갖도록 해주는 권력의 두 측면이다.[3]

의사소통적 권력과 행정적 권력 사이의 경계선을 연결해 주고 그 둘 사이의 균형과 통합성을 유지시켜 주는 매개체는 바로 법(law)이다. 법은 "의사소통적 권력이 그것을 통해 행정적 권력으로 번역되는 매개체"이다.[4] 의사소통적 권력은 의사소통 행위를 통해 사회의 규범을 만들고 궁극적으로 그 규범들이 사회적 구속력과 비강제적 실행력을 갖기 위해 법을 제정하는 데 그 존재 의의가 있으며, 반면에 행정적 권력은 의사소통적 권력을 통해 제정된 법에 따라 이행하는 데 자신의 임무가 있다. 따라서 하버마스의 권력개념은 법과 연결 지어 이해되어야 한다. 그리고 정당한 법이 제정되고 집행되기 위해서는 의사소통 행위가 잘 이루어지도록 공공영역(public sphere)이 발달해야 하며, 또한 의사소통 행위가 활성화될 수 있도록 토의민주주의(deliberative democracy)가 성립되어야 한다. 이제 의사소통적 권력과 그 최종 지향점인 법과의 관계를 보기로 한다.

Ⅲ. 의사소통적 권력과 법

의사소통적 권력의 최종 지향점은 법의 제정이다. 의사소통 행위는 그것이 권력적 행위가 되기 위해 '법의 제정'이라는 과정을 거쳐야 한다. 의사소통적 행위는 서로의 의사표출과 의견교환을 통해 사회적 규범들을 형성한다. 그러나 그 규범들은 개개인에게 도덕적

---

3) 이동수, 2001, "하버마스에 있어서 두 권력", 『정치사상연구』, 제5집, pp.153-178.

4) Jürgen Habermas, *Between Facts and Norms: Contributions to a Discourse Theory of Law and Democracy*, tr. William Rehg(Cambridge: The MIT Press, 1996), p.150.

으로 내면화되어야 할 뿐만 아니라 사회적으로 표면화 내지 체계화되어야(systemized) 한다. 그래야만 그 규범들이 담고 있는 인간의 권리나 도덕적 내용들이 사회적으로 실제적 힘을 가질 수 있기 때문이다. 또한 규범들이 가시적으로 체계화되어야만 행정적 권력이 그것에 근거하여 규범적 요소들을 집행할 수 있게 된다.[5]

하버마스에 의하면, 법의 제정은 단순히 강제적 규율을 규정하는 것이 아니라 인간의 주체적 권리(subjective right) 혹은 자연권(natural right)을 체계화시키는 과정이다. 자연권은 일반적으로 주체로서의 개인적 권리만을 지칭한다. 특히 자유주의적 전통에서 자연권은 개인의 의사(will), 권리(right), 이해관계(interest)를 표명 내지 보호해 주는 것과 관계가 있다. 개인의 권리를 앞세우는 자유주의적 사회는 개인의 권리들의 계약 내지 타협관계로 이해된다. 이러한 개인적 권리에 중심을 둘 때 사회적 결정, 정부, 국가의 의미는 부차적인 것이 된다. 그러나 사회적 결정이 자신의 의사나 이해관계와 갈등을 일으킬 때 개인들은 사회에 통합되지 못하고 사회로부터 분리된 존재로 남게 된다. 이때 주권은 개인적 주권과 사회적인 인민주권(popular sovereignty) 사이에서 갈등을 일으키게 된다. 그 결과 자유주의자들은 개인의 주권을 더욱 강조하고, 공화주의자들은 인민의 주권에 우선성을 두게 된다.

이러한 개인적, 주체적 개인의 주권과 인민의 주권 사이의 갈등을 극복, 통합시키기 위해서는 개인 그 자체가 주체로서의 자연권을 갖는다고 가정할 것이 아니라, 인간은 다른 사람과의 상호 주관적 관계 혹은 상호 협력적 행위 속에서 자기 자신이 주체로 되어가고 자신의 권리와 사회적인 인민주권의 갈등 관계를 넘어서서

---

5) 이동수, 2001, 전게서, pp.153-178.

진정 '평등하게 자유로운 주체'가 될 수 있다고 상정되어야 한다. 따라서 나의 권리는 단순히 개인적, 주체적 권리의 차원에서만 논의되어서는 안 된다. 인간의 권리는 사회적 차원에서 체계화되어야 하며 이때에만 개인의 권리와 인민의 주권 개념은 상호 갈등 없이 인간의 통합된 권리로 이해될 수 있다. 이와 같이 개인적, 주체적 권리들이 체계화되는 것이 바로 법의 제정 과정이다. 우리가 법의 제정에 참여하고, 법 속에 인간의 권리들이 체계화됨으로써 법은 개인과 사회를 도덕적으로 매개할 수 있다. 법은 단순히 법적(legal) 차원을 가질 뿐만 아니라 도덕적(moral) 차원까지 본래적으로 내포하고 있으며, 도덕은 법적인 부호로 번역되어야만 그 효력을 발휘할 수 있는 것이다.[6]

법을 제정하는 힘은 시민들의 의사소통적 권력에서 나온다. 의사소통 행위 속에서 시민들은 각자 자기의 의사, 권리, 이해관계를 넘어서서 사회적으로 합의된 의사를 체계화시킨다.[7] 따라서 법의 제정은 근본적으로 도덕적 행위이며, 또한 이것이 시민들의 의사소통적 권력에 의해 제정될 때에만 그 법은 정당한 법이 되는 것이다.

이에 비해, 행정적 권력은 의사소통적 권력에 의해 만들어진 그

---

6) Habermas, *op.cit*, p.110.

7) 이동수, 2001, 전게서, pp.153-178. 이동수 교수는 "이러한 의사(will)에 관해서는 칸트와 루소가 이미 언급한 바 있다."고 하면서 "그러나 하버마스는 자신의 공동의사가 칸트의 '일치하며 통일된 의사(concurring and united will)'나 루소의 '일반의사(general will)'의 경우와 차이가 있다고 주장한다. 칸트는, 일치하며 통일된 의사의 주권이 도덕적으로 근거 지어진 인간의 자연권에 의해 구성된다고 간주함으로써 여전히 자유주의적인 시각에서 사회적 의사를 논하고 있다. 이에 비해 루소는, 공화주의적 전통에 입각하여 일반화될 수 없는(non-generalizable) 개인들의 특징들은 배제시킨 채 모든 사람들의 동등한 자유를 보장하기 위한 규제들만을 인정하여 결국 공동선(common good)을 논하고 있을 뿐이다. 이들과 달리, 하버마스는 자신이 말하는 정치적, 사회적 의사는 개인들의 특성이 전제된 후 그들의 의사소통 행위를 거쳐 탄생되는 합의된 의사로서 개인적이거나 전체적인 것이 아니라 상호주관적 특성을 갖는다고 주장한다."고 설명하고 있다.

법을 집행하는(execute) 임무를 수행한다. 행정적 권력은 법을 제정하는 대신에 여러 종류의 규제, 법령, 규칙, 가이드라인, 명령을 만들거나 기타 행정적인 일들을 수행한다. 이때 집행되는 일들은 모두 '법에 종속되어(subject to law)' 있다.[8] 법은 행정적 권력에 우선한다. 법이 우선성을 갖는다는 것은 행정적 권력이 어떤 결정을 집행하는 데 있어서 규범적인 전제조건들을 자신이 만들거나 그러한 과정에 접근하지 않는다는 것을 의미한다. 즉 행정적 권력은 입법(legislation), 판결(adjudication)의 과정에 개입하거나 그것을 대체해서는 안 된다. 만일 행정적 권력이 법의 집행을 넘어서서 개입하게 되면, 의사소통적 권력이 상호 주관적 의사소통을 통해 입법을 하고 규범을 만드는 법적 담론을 수행하는 것을 방해하게 되어 의사소통적 권력의 기능을 침해하게 된다. 이 경우 시민들은 더 이상 그러한 법에 정당성을 부여하지 않을 것이며 시민상호간의 의사소통을 통한 이해에도 도달하지 못하게 된다. 따라서 결국 행정적 권력은 다시 폭력으로 전락하고 사회는 체계에 의한 '생활세계의 식민화 현상(the colonization of life-world by system)'이 계속될 것이다. 따라서 행정적 권력은 자의적으로 그 권력을 해석하고 행사해서는 안 되는 것이다.

두 권력의 분리와 균형은 행정적 권력이 자신의 일을 수행하는 데 있어서 가능한 한 전문적으로(professionally) 수행할 것을 요구하게 된다. 이것은 자신의 임의로, 자의적으로 집행하는 것이 아니라 규범적 전제인 법에 따라 수행해야 한다는 것을 의미한다. 행정부의 권한은 법에 따라 자신의 행정적 권력을 전개하도록 제한된다. 이렇게 함으로써 시민들의 의사소통적 권력은 행정적 권력의 정당

---

8) Habermas, *op.cit,* p.173.

한 집행과 적용에 따라 사회 전체를 순환할(circulate) 수 있으며, 따라서 계속 변하는 생활세계의 다양한 욕구와 요구들에 따라 스스로 변하며 자신들의 규범과 법을 다시 제정할 수 있게 된다.

그러나 행정부가 법에 묶여 있어야 한다는 것이 권력을 제한하는 다른 종류의 메커니즘이 필요하다고 제안하는 것은 아니다. 또한 이것은 권력들 사이의 견제와 균형(check and balance)이라는 원칙을 따르는 것도 아니다. 두 권력의 분리와 균형은 이미 성립된 권력기관들 사이에서 기능의 다양화로 인한 기능상의 분리로 권력을 분열시키거나(split) 혹은 광범위하게 퍼트리는(spread out) 것이 아니라, 법이 정당성의 규범적 원천이 되어야 하는 만큼 또한 그것이 단순히 정치권력의 행사를 위한 매개체가 아닌 만큼, 행정적 권력이 의사소통적으로 발생되는 권력에 묶여 있어야만 한다는 것이다.[9]

따라서 행정적 권력의 규범성은 입법행위나 판결행위에서의 그것과는 다르다. 입법행위와 판결행위는 직접 규범을 만들고 판단해야 하는 임무가 주어져 있지만, 집행행위는 구성적으로든지 혹은 재구성적으로든지 규범적 이성을 다루는 것이 허락되지 않는다. 오히려 집행행위의 규범성은 자기 자신의 사적인 혹은 부분적인 이해관계나 선호에 따르지 않고 의사소통행위에서 구성된 규범과 그 규범을 표면화한 법을 잘 따르는 것이다.

Ⅳ. 공공영역과 토의민주주의

의사소통적 권력과 행정적 권력의 균형은 새로운 구조하에서만

---

9) Habermas, *ibid*, p.188.

가능하다. 하버마스는 이 균형이 생활세계의 시민들이 간주관적으로 의사소통 행위를 하여 합의를 만들어 내는 공공영역에서 공공의견(public opinion)을 만드는 데 참여하는 구조가 형성됨으로써 이루어진다고 본다.[10]

하버마스는 우리의 삶이 영위되는 세계를 세 가지 영역으로 나눈다. 첫째, 한 개인으로서 자신의 개인적인 이해관계와 의사를 갖고 있는 영역이 있다. 이것은 사적 영역(private sphere)에 해당된다. 둘째, 각 개인들이 자신의 이해관계와 의사를 넘어서서 다른 사람들과 의사소통을 통해 공공의견을 상호 주관적으로 형성하는 지평인 공공영역(public sphere)이 있다. 셋째, 체계(system)의 차원으로서 경제체계, 행정체계 등이 제도화되어 있는 국가의 영역이 있다. 여기서 하버마스 논의의 특징은 국가와 공공영역, 즉 사회를 구분하고 있다는 점이다.

하버마스는 이것을 '국가와 사회의 분리 원칙(the principle of separation of state and society)'이라 부른다.[11] 이 분리는 우리로 하여금 근대 자유주의자들의 국가와 시민사회(civil society)의 분리를 상기시킨다. 그러나 하버마스의 국가와 사회의 분리는 근대 자유주의자들의 그것과는 다르다. 근대 자유주의자의 경우는 개인들이 자기들의 권리와 이익을 보존하고 보호받기 위해 시민사회를 건설하고 국가는 이러한 개인들의 이해관계와 의사를 보호하는 역할을 하기 때문에 시민사회란 개인적 이해관계와 의사가 모여 있는 영역이라고 할 수 있다. 이에 비해 하버마스에게 있어 사회의 영역은 공공영역으로서 개인의 이해관계와 의사를 뛰어넘어 상호 주관적

---

10) 이동수, 2001, 전게서, pp.153-178.

11) Habermas, *op.cit*, p.174.

공공의견이 형성되는 영역이다. 국가는 여기서의 합의 사항을 이행
하는 영역이 되어 국가와 사회는 서로 역할을 분담하는 것이다. 따
라서 시민들은 공공영역에 적극적으로 참여하여(participate) 자신의
개인 의사를 넘어서서 공공의견을 형성하는 것이 요구된다. 이는
한편, 국가 체계들의 행정적 권력의 규범적 근거를 제시해주고, 다
른 한편 그 권력이 남용되는 것을 막는 역할을 하는 것이다.

하버마스는 이러한 공공영역을 '새로운 의미의 시민사회'라고 부
른다. 근대 자유민주주의자들의 시민사회는 부르주아적 사회로서 헤
겔이 말하는 소위 '욕구들의 체계(system of needs)'에 불과하다. 부르
주아적 시민사회는 곧 시장(market)을 의미하며, 시장에서의 자유로
운 경제활동은 사회를 부르주아(bourgeos)와 프롤레타리아(proletariat)
로 분리시키고, 결국 사회의 통합을 이루어 내는 데에는 실패하고
만다. 그러나 이와 달리, 하버마스적 의미의 공공영역으로서의 시
민사회는 비경제적, 비정부적, 비공식적, 자발적 모임들로 구성된
다. 이 새로운 시민사회는 의사소통적 구조를 일컫는 것으로서 다
양하고 다원적인 개인의 의견들을 토론(debate)과 토의(deliberation)
를 통해 공공의견(public opinion)으로 합의해 가는 언어적 구조이
다. 이것은 일종의 토론장(forum)[12] 혹은 경연장(arena)이라 할 수
있다.[13] 이것은 개인들의 다양한 의견과 의사에 개방되어 있으며,
정치적 공적 의견을 형성하기 위해 참여자들(participants)이 상호

---

12) 이동수, 2001, 전게서, pp.153-178. 이동수 교수는 "하버마스는 시민사회의 기능을 시
    장(market)으로서가 아니라 토론장(forum)으로 이해하려 한다. 그러나 고대 그리스적
    의미에서 이 두 기능은 사실 분리될 수 없다. 하버마스도 이것을 인식하고는 있는 것
    같다. 다만 근대 자유민주주의의 발달과정에서 밀(J. S. Mill), 듀이(John Dewey) 등이
    강조했던 토론장으로서의 시민사회적 속성이 쇠퇴하고 있음에 착안하여 시장보다 토
    론장의 기능을 상대적으로 더욱 강조하고 있는 것처럼 여겨진다."고 한다.

13) Habermas, *op.cit*, p.361.

협력하는(collaborating) 공간적 개념이다.

따라서 하버마스는 시민사회 자체를 부정하는 것이 아니라 단지 시민사회가 규범적 차원을 갖기 위해 그 성격을 바꾸어야 한다고 제안하는 것이다. 근대 자유주의에서 보이는 것처럼 시장으로서의 시민사회는 개인의 이해와 의사에는 봉사해 주지만 그 구성원들이 국가의 권력행사나 법의 집행이 자신의 이해관계나 의사에 반하였을 때 거기에 정당성을 부여해 주기 힘들기 때문에 시장은 규범적 성격을 가질 수 없다. 이에 비해 시민사회가 개인들의 의견들을 토의, 협의과정을 거쳐 공공의견으로 만들어 내는 토론장의 역할을 수행한다면, 그 공공의견에 입각한 법의 이행은 시민들에게 규범적으로 받아들여질 수 있다. 그럼으로써 결국 사회통합을 이루어 낼 수 있다는 것이다.

이런 점에서 하버마스는 토의민주주의(deliberative democracy)를 제안한다. 이것은 자유주의자들의 이해관계들 사이의 단순한 타협(compromise)이나 거래(bargaining)도 아니며, 공화주의자들이 주장하는 공동선(common good)에 대한 추구도 아니다. 토의민주주의는 한편으로, 시민들이 공공영역에서 자신의 개인 의사를 말하고 서로 논쟁하는 의사소통적 행위를 통해 공공의견을 합의해 내는 데 직극적으로 참여함으로써 그 의사결정의 주인공이 되며, 다른 한편이 의사소통적 권력에 의해 만들어진 법을 행정적 권력이 이행하려고 할 때 그것을 규범적으로 받아들이는 시민의 역할을 동시에 수행할 것을 요청한다.

이러한 토의민주주의하에서만 근대 이후 이미 세속화된 사회에서, 그리고 다양성과 분화성으로 인해 이미 탈중심화된 사회에서, 낯선 개인들이 공동의 삶을 갈등적이지 않고 협동적으로 살아갈 수 있게 해 주는 규범적인 규칙들이 생길 수 있는 것이다.[14] 하버마스는 이를 위해 시민들이 적극적으로 공공영역에 참여할 것을 제안한다. 그리고 이것을 의사소통적 권력이라 명하고 거기에 규범성과 정당성을 부여한다. 그 대신, 이미 존재할 뿐만 아니라 계속 우리의 삶을 영위하는 데 필요한 행정적 권력의 행사를 인정해 주고 그것의 규범적 근거를 의사소통적 권력에서 찾으려고 한다. 따라서 이 두 권력은 순환적(circular)이다. 우리의 삶 속에서 사실적 차원과 규범적 차원의 분리를 경험하지 않고 우리의 실제가 규범적 타당성을 가지려면, 규범을 만드는 힘과 현실을 유지시키는 힘이 기능상 분리되어서 다시 그 힘들의 균형으로 두 차원이 통합되어야 하는 것이다.[15]

하버마스의 토의민주주의에서의 의사소통적 권력과 행정적 권력 양자의 권력관계 형성을 간단히 요약해 보면, 첫째, 해방의 가능성은 사회를 통합하는 데 있으며, 권력이 정당한 권력일 때에만 억압적이지 않고 사회통합에 기여한다. 둘째, 권력이 규범적이고 정당한 것으로 간주되려면, 그 권력은 시민들이 상호주관적 의사소통을 통해 공공영역에서 합리적 방식으로 공공의견을 형성하는 힘으로서의 의사소통적 권력이어야 한다. 셋째, 의사소통적 권력 그 자체는 정당성은 있을지언정 집행력 혹은 구속력을 갖지 못하기 때문에 사회에서 직접적으로 우리에게 행사될 수 없다. 따라서 의사소통적 권력은 입법과정을 거쳐 행정적 권력으로 변형된다. 넷째, 분리된 두 권력을 매개해 주는 실체는 법이다. 그런데 법을 집행하는 주체인 국가는 근대국가의 기능이 확대되면서 행정력의 강화를 초

14) Habermas, *ibid*. p.308.

15) 이동수, 2001, 전게서, pp.153-178.

래하고 그럼으로써 행정적 권력이 의사소통적 권력을 반영하기보다는 의사소통적 권력의 발현을 왜곡시키고 억압하여 왔으며 따라서 그 정당성을 잃어 왔던 것이다. 다섯째, 이에 시민들은 자신들이 원래 생활세계에서 언어적으로 구성해 온 의사소통적 행위를 바탕으로 공공영역에서의 토의, 토론과정에 적극적으로 참여함으로써 다시금 정당한 법을 만들고 행정적 권력의 남용을 견제하는 의사소통적 권력을 균형적으로 형성함으로써 사회통합과 인간해방에 기여해야 한다.

V. 공공영역으로서의 시민사회

킨(John Keane)은 공공영역을 의사소통의 수단에 의해 연결된 둘 또는 그 이상의 사람들이 주어진 상호작용의 환경 내에서 작용되는 권력관계들에 관하여 비폭력적 논쟁을 분출시키는 어떤 특수한 유형의 공적 관계라고 한다.[16)

하버마스는, 공공영역으로서 시민사회는 시민사회를 공적 심의와 합리적 대화 그리고 공익추구의 일환으로 적극적 시민권이 행사되는 하나의 장, 즉 공공영역으로 본다. 공공영역이란 사회적 차이, 사회문제, 문화적 정체성, 공공정책, 정부의 결정과 공동체의 업무들이 개발되고 심의되는 비입법적, 초사법적, 공적 공간이다.[17) 하버마스는 시민사회를 시민들이 자유, 평등, 비폭력적 상호작용의 조

---

16) John Keane, 1998, *Civil Society: Old Images, New Visions*, Stanford: Stanford University Press. p.169.

17) L. McClain and J. Fleming, 2000, "Some Questions for Civil Society Revivalists", *Chicago-Kent Law Review*, 75(2), pp.301-354.

건하에서 공동관심사들을 얘기할 수 있는 '담론적 공공영역(discursive sphere)'의 존재로 파악하고, 승자는 제일 큰 목소리를 내는 사람이 아니라, 특수한 합리성의 근거가 되는 최고의 생각들을 가지는 사람들이 될 것이라고 본다.[18] 그에게서 공공영역은 대의민주주의 제도하에서처럼 직접민주주의와 심의민주주의, 참여민주주의 혹은 담론정치(dialogue politics)에 관심이 부활하는 기초가 된다.

'이방인들이 서로 만나서 칼을 빼지 않은' 어떤 장소로서, 무례가 비폭력적 방식으로 행해질 수 있도록 허용한 어떤 지정 장소로서, 지속적으로 자기 자신과 싸움을 벌이면서도 평화롭게 갈등을 타개하는 모종의 사회로서의 특성들을 가지고 있다.[19] 토의정치와 공공영역으로 유명한 하버마스는 앞장에서 살펴본 그람시가 정치사회로 규정하고 있는 것을 공공영역이라는 개념으로 대체하고, 시민사회를 공공영역과 생활세계로 규정함으로써 그람시의 정치사회를 보다 구체화하여 삼분법적 모델을 제시하고 있다. 그의 공공영역은 다양하게 나타나지만 특히 부르주아 공공영역의 경우는 언론, 결사, 집회의 자유의 보장을 그 내용으로 하고 있다. 이러한 자유의 보장은 정치적 자유의 발달을 의미하게 된다.

---

18) Jürgen Habermas, 1996, *Between Facts and Norms: Contributions to a Discourse Theory of Law and Democracy*, Cambridge: MIT Press.

19) John Keane, *op.cit*, p.169.

＃ 참고문헌

이동수, 2001, "하버마스에 있어서의 두 권력", 『정치사상연구』, 제5집, 153-178.

Elster, Jon eds., 1998, *Deliberative Democracy*, Cambridge: Cambridge University Press.

Habermas, Jürgen, 1996, "Three Normative Models of Democracy", in S. Benhabib eds., *Democracy and Difference*, Princeton: Princeton University Press.

Habermas, Jürgen, *Between Facts and Norms: Contributions to a Discourse Theory of Law and Democracy*, tr. William Rehg(Cambridge: The MIT Press, 1996).

Keane, John, 1998, *Civil Society: Old Images, New Visions*, Stanford: Stanford University Press.

McClain, L. and J. Fleming, 2000, "Some Questions for Civil Society Revivalists", *Chicago-Kent Law Review*, 75(2).

제5장

사회적 자본과 시민사회

Ⅰ. 사회적 자본의 개념

사회적 자본(社會的 資本: Social Capital)은 종전의 인적, 물적 자본에 대응되는 개념으로 "사회구성원들이 공동의 문제를 해결하는데 적극적으로 참여하는 사회의 조건 또는 특성"을 지칭한다. 이것은 사회구성원들이 힘을 합쳐 공동목표를 효율적으로 추구할 수 있게 하는 사회생활의 특성으로서 공동이익을 위한 상호 조정과 협력을 촉진하는 사회적 조직의 특성이라고도 정의할 수도 있다. 여기서 사회생활 또는 사회적 조직의 특성이란 상호 신뢰, 친사회적 규범 그리고 협력적 네트워크이다. 이러한 특성들이 사회적 자본의 핵심적 구성요소이다. 사회적 자본의 정의는 연구자의 관점에 따라 매우 다양하다.

퍼트남(Robert Putnam, 1995)은 현대적 고전으로 읽히고 있는 그의 『사회적 자본과 민주주의』에서 사회자본을 상호 이익을 증진시키기 위한 조정과 협력을 촉진시키는 네트워크, 규범 그리고 사회적 신뢰와 같은 사회조직의 특징들이며, 그리고 사회자본의 원천으로서 사회적 연계망, 규범, 신뢰 등을 제시하고 있다.[1]

제임스 콜먼(James Coleman, 1990)은 합리적 선택 이론에 의해

---

1) Robert D. Putnam, 1994, *Making Democracy Work: Civic Traditions in Modern Italy*, New Jersey: Princeton University Press.

사회자본을 한 개인이 그 안에 참여함으로써 특정한 행동을 하는 행위의 동력과 그 동력을 가능하게 만들어 주는 행위의 개인적 차원과 집단적 차원간의 연결문제를 설명해 주는 행위의 사회구조 혹은 사회적 관계의 측면으로 파악하고 있다.[2]

피에르 부르디외(Pierre Bourdieu, 1986)는 전통적인 경제학의 개념의 울타리를 넘어서 사회적 자본의 개념을 사회와 문화라는 포괄적인 사회과학의 영역으로까지 확장시키면서 그는 사회적 자본을 현실적 또는 잠재적 자원의 결합으로써 상호 면식과 인식이 제도화되고 지속화된 관계망을 소유하는 것으로 본다. 그러한 제도화된 관계망은 집단적으로 소유된 자본의 후원, 즉 신용을 부여해 주는 보증을 소속원에게 제공하는 것이다.[3]

프란시스 후쿠야마(Francis Fukuyama, 1997)는 사회자본을 그룹과 조직에서 공통의 목적을 위해서 함께 일하도록 하는 사람들의 능력이며, 이러한 사람들 사이의 협력을 가능케 하는 한 집단의 회원들 사이에 공유된 어떤 일단의 비공식적인 가치 또는 규범 내지는 신뢰의 존재로서 정의하고 있다.[4]

브렘과 랜(Brehm & Rahn, 1977)은 사회자본을 집단행동 문제들에 대한 해결을 촉진하는 시민들 사이의 협동직 관계망(사회적 연계망)이라고 하였으며, 페나(Pennar, 1997)는 사회자본을 개인적 행태에 영향을 주고, 따라서 경제적 성장에 영향을 주는 사회적 관계망이라고 하였다.

---

2) James Coleman, 1990, *Foundations of Social Theory*. Cambridge: Harvard University Press.

3) Pierre Bourdieu, 1986, "The Forms of Capital", *Handbook of Theory and Research for the Sociology of Education*, edited by J. G. Richardson. Westport, CT: Greenwood Press. pp.241 − 258.

4) Francis Fukuyama, 1997. *Trust: the social virtues and the creation of prosperity*. New York: Free Press.

Ⅱ. 사회적 자본의 종류

후쿠야마는 사회자본이 사회 내에 존재하는 신뢰로부터 나오는 것으로 종교, 전통 또는 역사적 관습 등과 같은 문화적 메커니즘에 의해 생겨나고 전파되기 때문에 다른 형태의 자본과는 다르다고 주장한다.

사회자본은 시민들 사이의 협력 관계망이며(Brehm & Rahn, 1977), 사회적 관계에서만 존재한다. 현대 및 전통사회, 권위주의 및 민주사회, 봉건 및 자본주의 사회 등 어떠한 사회도 공식, 비공식의 사람들 사이의 커뮤니케이션 및 상호교환이라는 네트워크에 의하여 특징지어진다고 볼 수 있다.

상호 호혜의 규범은 구성원들이 공유하고 있는 규범에 근거를 두는 입장(Adler & Kwon, 2000)이다.

믿음(Beliefs)은 사회자본 형성에서 중요한 역할을 하고 있다 (Nahapiet & Ghoshal, 1998). 공통적인 전략적 생각(vision), 해석 (interpretations), 그리고 의미의 체계(systems of meaning)의 형태인 믿음은 사회자본의 형성에 중요한 역할을 하고 있다.

규율은 공식적인 제도와 규율(rules)들은 사회적 연계망, 규범, 믿음 등에 대한 영향을 통해서 사회자본에 매우 강력한 직, 간접적인 영향을 줄 수 있다.

Ⅲ. 사회적 자본의 주요 속성과 기능

1) 자발적 네트워크: 개인 간 또는 집단 간의 관계를 이어 주는

네트워크가 있다. 그러한 네트워크는 자발적이며 수평적으로 형성되는 것이다.

2) 호혜주의: 사회적 관계는 호혜주의적(互惠主義的) 특성을 지닌다. 구성원들은 자기에게 필요할 때 언젠가는 보답을 받을 것이라는 일반적 기대를 가지고 다른 사람들 그리고 공동체를 위해 봉사한다. 이러한 행태를 '친사회적 행태(pro-social behavior)'라 한다.

3) 상호 신뢰: 구성원들 사이에 상호 신뢰가 있어야 한다.

4) 친사회적 사회규범: 친사회적 행태를 강화하는 사회적 규범이 있다. 사회적 규범은 비공식적, 사회적 통제력을 지닌 것이며 공식적, 법적 제재와 구별된다.

5) 공동체주의: 사회관계는 공동체주의적 지향성을 지닌다. 공동체가 핵심적 위치를 차지한다.

6) 정치, 경제발전의 윤리적 기반: 사회적 자본은 정치, 경제의 발전을 지지해 주는 윤리적 기반(ethical infrastructure)이 된다.

7) 국력과 국가경쟁력의 실체: 1990년대 들어서는 인적, 물적 자본보다 사회적 자본이 국가경쟁력이나 국력의 실체로서 작용하며 심지어는 경제발전에도 중요한 영향을 미친다.

위에서 본 것처럼 사회적 사본에 대한 기본 개념을 갖추고서, 다음에 사회적 자본에 대한 퍼트남의 논문 한 편을 소개한다. 이 논문에서는 사회적 자본이라는 개념이 경제학이나 경영학의 범위를 넘어서 문화적, 정치적인 영역에까지 개념의 확장이라는 측면의 중요성을 강조한다. 특히 퍼트남은 정치사회적 측면에서 사회자본의 개념을 더욱 구체화시켜 주면서 이론적 범위를 넘어서 적용의 논의를 강조하고 있다.

Ⅳ. 퍼트남의 사회적 자본과 제도적 성공

1. 집단행동의 딜레마(dilemma of collective action)

1) 게임이론의 다양한 논리들

(1) 흄(David Hume: 18세기 영국의 철학자)의 단순한 우화: 합리
   적 공익정신을 혼란시키는 기본적 딜레마

"당신의 옥수수가 오늘 익고 나의 옥수수가 내일 익는다. 우리
둘의 이익을 위해서는 오늘 내가 당신과 추수하고 내일은 당신이
나를 도우면 될 것이다. 내가 당신을 위해 친절을 발휘할 아무런
이유가 없고 당신 또한 나를 위해 그럴 이유가 없다. 나는 당신의
수지 타산에 아무런 신경을 쓰지 않을 것이다. 내가 당신이 노동으
로 갚을 것이라는 기대하에 오늘 당신을 돕는다면, 반드시 나는 내
일 당신에 대해 실망하게 될 것이고, 당신의 친절함에 의존해야 하
는 허망한 경험을 하게 될 것이다. 그 결과 나는 당신이 혼자 추수
하도록 내버려 둘 것이고, 당신도 나와 똑같은 방식으로 행동할 것
이다. 계절이 바뀌고 상호 신뢰와 믿음의 부족으로 인해 우리 둘
모두 수확의 상당한 부분을 잃어버리게 될 것이다."[5]

(2) 공유지의 비극(tragedy of the commons): 무제한한 방목으로
인해 모든 이의 생존이 걸린 공유자원은 파괴되고 말 것이다. 배반
에 대한 신뢰할 처벌이 없다는 사실이 중요하다.

"어떠한 목동도 다른 목동이 방목하는 가축으로 인해 자신이 방
목하는 가축을 제한할 수 없다. 만약 자신만이 공유지에서 방목을
줄인다면, 혼자서 손해를 보아야 하기 때문이다. 하지만 무제한적

---

5) Robert Putnam, 1994, *op.cit*, p.163.

인 방목으로 인해 모든 사람의 생존이 걸린 공유자원은 파괴되고 말 것이다."6)

(3) 공공재(public goods): 공급에는 무심하고 사용에는 무임승차

"깨끗한 공기, 안전한 이웃 등과 같이 생산에 공헌 여부와 관계 없이 누구나 누릴 수 있는 재화이다. 따라서 정상적인 환경에서도 아무도 이러한 공공재를 생산, 공급할 유인체계를 갖지 못하게 되고, 아주 적은 양의 공공재만이 생산, 공급된다. 그 결과 모든 사람이 고통을 받게 된다."7)

(4) 집합행동의 논리(logic of collective action): 무임승차 이론

"만약 모든 노동자가 동시에 파업한다면 목적을 달성할 수 있을 것이다. 그러나 파업에서 주동자는 다른 혜택을 추구하는 배신자에 의해 착취당할 수 있기 때문에 모든 사람들이 다른 사람의 강경한 노선에 무임승차하려고 파업에의 참여 여부를 유보하고 관망하게 된다."8)

(5) 죄수의 딜레마(prisoner's dilemma)

"모든 당사자가 서로 협력할 수 있다면 보다 나은 결과를 가져올 것이다. 하지만 상호 신뢰가 부재한 상황에서는 개인을 배신하고 무임승차하려는 유인체계를 가시게 된다. 여기에시는 합리적인 개인들을 전제로 한다."9)

(6) 감베타(Diego Gambetta) 신뢰받고 있다고 믿는 것

"협력적인 행동을 하기 전에 자신이 상대방을 신뢰하는 것만이 중요한 것이 아니라 자신이 상대방으로부터 신뢰를 받고 있다고

---

6) *Ibid*, p.163.

7) *Ibid*, p.163.

8) *Ibid*, pp.163 – 4.

9) *Ibid*, p.164.

믿는 것 또한 중요하다."[10](Can we trust in trust?: making and breaking cooperative relations)

2) 집합행동의 딜레마에 대한 해결책

(1) 홉스(Thomas Hobbes) 고전적 해결책: '제삼자 개입(third-party enforcement)'을 제시한다.

"자신들의 약속을 강제할 권한을 양도한다면 그들은 질서 있는 삶(civil life)을 영위하는 데 필요한 상호 신뢰를 보상물로 얻게 될 것이다."[11]

(2) 노스(Douglas North)의 '국가개입' 해결책: 제삼자 해결책의 속성으로 현실에서 거의 존재하지 않는 중립적 존재를 상정한다.

"계약의 내용을 비용 없이 측정할 수 있는 능력을 지니고 있어야 하고, 계약을 파기하는 당사자가 계약의 파기로 인해 피해를 보게 되는 상대방에게 보상해 주도록 만들 수 있는 강제력이 있어야 하며, 그 보상의 양이 충분히 커서 계약을 파기할 유인체계를 제공하지 않도록 만들 수 있는 능력이 있어야 한다. 그리고 기본적으로 이러한 능력과 강제력을 갖추는 데 비용이 들지 않아야 한다."[12]

(3) 감베타(Diego Gambetta): 불편부당한 강제 그 자체가 그것이 해결하고자 하는 기본적인 딜레마와 성격을 같이하는 '공공재'라는 사실에 있다.

"폭력과 강제에 의존하는 정도가 큰 사회는 그렇지 않은 다른 수단에 의해 신뢰가 유지되는 사회에 비해 덜 효율적이고 유지비

---

10) Diego Gambetta, 1988, *Trust: Making and Breaking Cooperative Relations*, Oxford: Blackwell, p.216.

11) Putnam, 1994, *op.cit*, p.165.

12) Douglas North, 1990, *Institutions, Institutional Change and Economic Performance*, New York: Cambridge University Press, p.58.

용도 많이 들며, 삶의 질도 떨어진다."[13]

(4) 베이츠(Robert Bates); 공동체와 신뢰와 같은 유연한 해결책

"죄수의 딜레마 상황이 존재하는 세계에서는 협력적인 공동체의 존재가 합리적인 개인으로 하여금 집합적인 딜레마를 극복할 수 있도록 만들어 줄 수 있을 것이다."[14]

2. 사회적 자본, 신뢰, 그리고 계

1) 사회적 자본이란

"협력적 행위를 촉진시켜 사회적 효율성을 향상시킬 수 있는 것으로서 예를 들어 신뢰, 규범, 네트워크 등과 같은 사회조직의 속성"[15]이다.

2) 사회적 자본의 사례들

(1) 콜맨(James Coleman): 농부의 상부상조의 사례

구성원들이 상호 신뢰하고 타인에 대한 믿음 보이는 집단은 그렇지 않은 집단보다 많은 것을 성취해 낼 수 있을 것이다. 농부들이 서로 상부상조하고 농기구의 사용을 서로 공유하는 농촌사회에서는 훨씬 더 적은 물적 자본(physical capital)을 가지고도 자신의 일을 해낼 수 있는 것이다.[16]

(2) 기어츠(Clifford Geertz): 계조직에 관한 자바 사례연구

Arisan이라고 불리는 협력적 노력, 상부상조가 협력적 정신이라

13) Diego Gambetta, 1988, *ibid*, p.221.

14) Robert H. Bates, 1988, "Contra Contractarianism: Some Reflections on the New Institutionalism", *Politics and Society* 16(387 − 401), p.395.

15) Putnam, 1994, *op.cit*, p.167.

16) James S. Coleman, 1990, *Foundation of Social Theory*, Cambridge, Mass.: Harvard University Press. 300 − 321. pp.302, 304, 307.

는 속성을 보여 준다기보다는 노동력과 자본 그리고 삶과 관련된 모든 종류의 소비재의 교환을 관장하는 일련의 명시적이고 구체적인 관례를 반영하고 있다. 협력에 참여하는 구성원들이 지니는 상호 이익에 기초하고 있다.[17]

(3) 벨레즈 이바네츠(Velez - Ibanetz) Confianza

이는 보편화된 호혜성과 상호부조로서 계 조직을 통해 본 멕시코의 사회적 네트워크를 말한다. 콘피엔자에 기초한 유대는 직접적이면서도 간접적이기도 하다. 또한 그 질과 밀도에 있어서 다양하게 나타난다. 많은 경우 구성원들은 다른 구성원들이 신뢰할 것이라는 것을 신뢰하여야만 자신의 의무를 다하게 되고 따라서 계 조직이 유지될 수 있다. 그것은 서로가 서로에 대해서 아는 것이 많지 않기 때문이다. 상호 신뢰는 서로가 만들어 가는 것이기 때문이다.[18]

(4) 허쉬만(Albert Hirschman) 'moral resources'

이는 사회적 자본의 속성으로서 도덕적 자원은 사용하면 할수록 그 공급이 많아지고 사용되지 않으면 고갈되는 속성을 지닌다. 두 사람이 서로에 대하여 믿음을 보이면 보일수록 상호 신뢰는 더 두터워진다. 이와는 반대로 상호 불신이 생기게 되면 신뢰가 올바르다는 것을 알게 되기가 어렵게 된다. 왜냐하면 신뢰는 자기충족적인 성격을 가지고 있기 때문이다.[19]

(5) 제노베시(Antonio Genovesi) 'insight': 야만의 상태

신뢰가 부족한 곳에서는 계약에 대한 확실성이 존재할 수 없고

---

17) Clifford Geertz, 1962, "The Rotating Credit Association; A Middle Rung in Development", *Economic Development and Cultural Change* 10, 241 - 263. p.244.

18) Carlos G. Velez - Ibanez, 1983, *Bonds of Mutual trust: The Cultural Systems of Rotating Credit Associations among Urban Mexicans and Chicanos*, New Brunswick, New Jersey: Rutgers University Press, p.33.

19) Gambetta, 1988, *op.cit*, p.234.

따라서 법도 힘을 발휘하지 못한다. 그러한 상태에 처한 사회는 실질적으로 반야만적인 상태로 회귀하게 될 것이다.[20]

(6) 윌리엄즈(Bernard Williams): 깊은 신뢰 'thick trust'

"이 사람과는 정말 친하다"는 것에 기반을 둔 믿음을 의미한다. 그러나 크고 복잡한 상황에서는 보다 비대면적이거나 간접적인 신뢰의 형태가 요구된다.[21](a belief that rests on intimate familiarity with this individual)

3. 호혜성의 규범과 시민적 참여의 네트워크: 개인적 신뢰를 사회적 신뢰로 (norms of reciprocity and networks of civic engagement)

1) 제임스 콜만의 외부성(externalities)의 효과

사회적 규범은 행동을 통제할 수 있는 권한을 가진 사람이 다른 행위자에게 그 권한을 이전한다. 행동은 외부성을 가지기 때문에 긍정적이든 부정적이든 타인에게 영향을 미치기 마련이다. 콜만은 규범이 발생하게 되는 상황을 다음과 같다고 한다.

1st, 행동이 다른 사람에게 유사한 외부성을 발생시키지만 행동을 통제할 수 있는 권리에 관한 장이 쉽게 형성될 수 없나.

2nd, 어떤 개별행위자도 통제할 수 있는 권리를 획득하기 위한 교환에 참여할 유인체계가 없는 경우이다.[22]

규범은 교육을 포함하는 사회화, 상호작용의 모델, 처벌에 의해 유지, 강화된다. 콜만은 규범에 가장 중요한 요소인 호혜성을 다음 두 가지[23]로 본다.

---

20) Putnam, 1994, *op.cit*, p.170.

21) Gambetta, 1988, *op.cit*, p.8.

22) Coleman, 1990, *op.cit*, p.251.

1st, 구체적 호혜성(balanced or specific reciprocity)으로 그것은 등가의 항목을 동시에 교환하는 것이다.

2nd, 포괄적 호혜성(generalized or diffuse reciprocity)으로 이는 개별이익과 연계성의 갈등을 해소하는 것이다.

2) 키세로(Cicero)의 포괄적 호혜성[24]

"친절을 갚는 것보다 더 불가결한 의무는 없다. 자신이 받은 혜택을 쉽게 잊는 사람을 모든 사람들은 불신하게 된다."고 본다.

3) 그라노베터(Mark Granovetter)의 집단행동 딜레마의 해결책

특정한 형태의 사회적 네트워크는 집단행동의 딜레마를 해결하는 데 도움을 준다. 합의가 개인적인 관계와 사회적인 네트워크의 거대한 구조 속에 내재되어 있을 때 신뢰가 발생하고 이탈행위가 제어된다.[25](Trust is generated and malfeasance discouraged when agreements are embedded within a larger structure of personal relations and social networks.)

강력한 개인 간의 유대(친족이나 친밀한 우정관계)보다 약한 유대(2차 집단에서 멤버십이나 면식)가 공동체의 응집력을 유지하고 집단적 행동을 지속시키는 데 훨씬 더 중요하다.[26] 이것이 시민적 참여의 네트워크가 공동체의 사회적 자본형성에 있어서 중요한 이

---

23) Marshall Sahlins, 1972, *Stone Age Economics*, Chicago: Aldine – Atherton에서 균형 잡힌 (balanced)과 일반적인(generalized) 것으로 분류하고 있다. Robert Keohane, 1986, "Reciprocity in International Relations", International Organization 40, 1 – 27. p.21에서 구체적인(specific) 것과 포괄적인(diffuse) 것으로 구분한다.

24) Putnam, 1994, *op.cit*, p.172.

25) Mark Granovetter, 1985, "Economic Action and Social Structure: The Problem of Imbeddedness", *American Journal of Sociology* 91, p.489.

26) Mark S. Granovetter, 1973, "The Strength of Weak Ties", *American Journal of Sociology* 78, p.1376.

유 중 하나이다.

개인적 접촉으로부터 다른 행위자의 신뢰도에 대한 정보가 지속적인 사회관계로부터 신뢰도에 대한 유인체계를 발생시킨다.

4) 네트워크의 종류[27]

(1) 수평적(혹은 거미줄 같은) 네트워크

동등한 지위나 권력을 가진 행위자들을 결정하는 시민적 참여의 네트워크는 다음과 같은 효과를 가져온다.

1st, 거래비용의 배신자가 지불하여야 하는 잠재적 비용을 증가시킨다. 반복적 요소와 게임 간의 상호 연계성을 증가시킨다.

2nd, 호혜성과 관련된 강력한 규범을 만들어 낸다. 약속을 지키고 행위를 관장하는 지역공동체의 규범을 받아들인다는 평판을 쌓아야만 하는 관계의 네트워크에 의해 강화된다.

3rd, 의사소통이 원활해지고 개인의 신뢰도에 관한 정보의 흐름도 향상된다. 참여자들 사이에 의사소통이 활발하면 상호 신뢰가 증가하게 되고, 협력하기 쉬워지게 된다.

4th, 과거의 성공적 협력을 구체화하고 있으며 이를 기초로 미래에서의 협력을 기능하게 하는 문화적으로 규정된 지형이 형성될 수 있다.[28]

(2) 수직적(혹은 기둥 같은) 네트워크

동등하지 않은 행위자를 위계질서와 종속의 비대칭적 관계로 연결하는 수직적 네트워크의 특징은 다음과 같다.

1st, 후견 – 피후견 관계(Patron – client relations), 이는 개인 간의

---

27) Putnam, 1994, *op.cit*, p.173.

28) *Ibid*, pp.173 – 4.

교환과 호혜적인 의무를 동반하지만 교환은 수직적이고 비대칭적이다. 피트 리버즈(Pitt - Rivers)는 후견주의를 '불균형적 우정관계'라고 한다. 그들은 포괄적 호혜성의 규범을 발전시킬 기반이 없으며, 상호 협력의 역사 또한 가지고 있지 못하다.[29]

2nd, 집합적 행동의 딜레마를 해결하는 데 수직적인 네트워크가 수평적인 네트워크보다 도움이 되지 못하는 이유를 가지고, 자본주의가 봉건주의보다, 그리고 민주주의가 전제주의보다 효율적임을 설명할 수 있다.(Capitalism is more efficient than feudalism in the 18 century, and democracy more effective than autocracy in 20 century.)

4. 역사와 제도의 성과: 두 가지의 사회적 균형[30]
(history and institutional performance - 2 social equilibria)

1) 집합행동의 딜레마가 방해요소

1st, 상호 이익을 위해 협력하는 데 집합행동의 딜레마가 방해요소로 등장한다.

2nd, 제3자에 의한 강제는 부적절한 해결책이다. 계와 같은 자발적 협력은 사회적 자본의 변수이다.

3rd, 포괄적 호혜성의 규범과 시민적 참여의 네트워크는 사회적 신뢰와 협력을 촉진시킨다.

4th, 배반 유인체계를 감소시키고, 불확실성을 감소시키며, 미래의 협력을 위한 모델을 제공하기 때문이다.

---

29) Julian Pitt - Rivers, 1954, *The People of the Sierra*, London: Weidenfeld and Nocolson, p.40.

30) Putnam, 1994, *op.cit*, pp.177 - 9.

2) 두 가지의 사회적 균형

1st, 사회적 자본(신뢰, 규범, 네트워크 등)은 자기 강화적이고 축적적이다.

2nd, 선순환은 높은 수준의 협력, 신뢰, 호혜성, 시민적 참여와 집단적 복지라는 사회적 균형을 가져온다.

(1) '절대 협력하지 않는' 전략('never cooperate' strategy)

밴필드(Edward Banfield)는 "비도덕적 가족주의가 비합리적인 것이 아니라 이러한 상황에서 생존을 위한 유일한 합리적 전략이 되는 것이다."고 한다. 이러한 상황에서는 집단행동의 딜레마 해결을 위해 홉스적인 위계적 해결책(강제, 착취, 종속)이 지배적인 양식이 된다.[31]

노스(Douglas North)는 "기회주의, 사기, 배반에 의존하는 정도가 복잡한 사회에서 더욱 증가한다."[32]고 하였다.

(2) '과감한 호혜성' 전략('brave reciprocity' strategy)

숙덴(Robert Sugden)은 "당신과 협력하는 사람과 협력하고, 먼저 배신하지는 말아라.(cooperate with people who cooperate with you, and don't be the first to defeat.)"고 한다. 상호부조 게임(상호부조 모임, 협동조합, 게, 그리고 흄의 농부 등)에서는 협력이 무한정 시속될 수 있다는 것을 보여 준다.[33]

항상 배반하는 전략과 서로 돕는 전략은 사회유지에 유효하다. 하지만 그 효율성과 제도적 성과는 차이가 날 것이다.

---

31) Edward Banfield, 1958, *The Moral Basis of a Backward Society*, Chicago: the Free Press, p.85.

32) North, *op.cit*, p.35.

33) Robert Sugden, 1986, *Economics of rights, Co—operation and welfare*, Oxford: Basil Blackwell, p.162.

3) 경로의존성(path dependency)

경로의존성에 의해 공식적 제도, 자원, 상대적 가격, 그리고 개인의 선호체계가 유사한 두 사회의 성과에 지속적인 차이가 발생할 수도 있다.

노스(Douglas North)는 "미국은 지방분권적이고 의회주의적인 영국의 유산에서 혜택을 본 반면, 남미제국은 중앙집권적 권위주의, 가족주의와 후진주의라는 중세 스페인의 유산을 받았다. 즉 북미는 시민적 전통을 상속하였던 반면, 남미는 수직적 종속과 착취의 전통을 물려받은 것이다. 북미와 남미의 개인적 선호도와 취향이 달랐다는 것이 아니라 역사적으로 도출된 사회적 상황이 다른 종류의 기회구조와 유인체계를 만들었다는 점이다."[34]고 한다.

퍼트남(Robert D. Putnam)은 "북부 이태리는 북미와 유사하고, 남부 이태리는 남미와 유사한 기회구조와 유인체계를 가지고 있다."고 한다.

5. 퍼트남의 결론

1) 지방정부의 성공과 실패의 차이의 요인

지역 정부조직이 너무 흡사하기 때문에 정부조직의 차이, 정당정치, 정치적 이데올로기, 자원과 경제적 풍요, 사회적 안정과 정치부문의 조화 등으로는 직접적인 설명을 해 주지 못한다고 본다.

그는 시민적 유대의 전통으로서 투표율, 신문구독자 수, 합창단과 문학서클, 라이온스클럽, 축구모임의 멤버십 등 시민참여와 시민사회 활동으로 보았다.

---

34) Putnam, 1994, *op.cit*, p.179.

2) 이 성공요인이 이태리의 남부지방과 북부지방에 특징적으로 나타
   난다고 한다

북부의 에밀리아, 로마그나, 투스카나에서 정부가 효율적으로 운
영된 지방의 공통점은 왕성한 공익활동을 벌이는 많은 공동체 조
직들이 존재한다고 한다. 예) 공동관심사, 사회적 정치적 수평적 네
트워크 등이 단결과 시민참여, 통합을 소중히 여기는 풍토를 가진
다고 한다.

남부의 칼라브리아, 시실리 지역의 공통점은 비시민성의 문제로
사회, 문화 관련 조직 참여율저조, 준법정신 미약, 그에 엄격한 제
도에 대한 의존성이 상대적으로 강하다고 본다.

3) 사회적 자본인 시민적 유대의 네트워크가 이 정치적 성공과 경제
   적 번영을 가져오게 하는 요인이다.

1st, 보편화된 상호 의존의 건전한 규범을 촉진한다.

2nd, 조정과 커뮤니케이션을 용이하게 하고, 남과의 신뢰성에 관
한 정보를 증폭시킨다.

3rd, 협력의 성공적 경험은 미래의 협력을 가능하게 하는 문화적
바탕이 된다.

4) 결론

역사적 전통이 플로렌스, 볼로그, 제노아 등지에서 자치공화국들
이 건립, 이들이 오늘날의 높은 시민참여와 성공적인 정부를 가진
바로 그 공화국들이다.

시민적 전통의 핵심부에는 중세의 길드, 종교단체들, 자력방위를
위한 요새공동체, 20세기의 노동조합, 상조회, 주민단체 등의 조직
화된 상호 연계와 시민적 유대를 이루는 풍요한 네트워크가 있었

다고 한다.

시민성의 풍요로 경제적 풍요를 누린다고 결론을 내린다.

Ⅴ. 퍼트남의 사회적 자본 비판

1. 비판의제기

퍼트남의 사회적 자본에 대한 연구를 비판적으로 연구한 학자들도 있다. 비판적 논지를 전개하는 이들은 "사회경제적 성공과 정치적 성공의 등식을 파괴하여야 한다."35)는 것이다.

퍼트남은 주로 콜만으로부터 빌려 온 사회적 자본 개념을 토크빌의 자치규범에 관한 논의와 연결시킨 후, 이를 이탈리아 지방자치제도의 경과에 대입시켰고, 이 연구는 이후 사회적 자본 개념의 확산에 큰 영향을 미쳤다. 사회적 자본에 관한 그의 논문들에서 개념 자체에 대한 비판적 정리작업은 보이지 않는다. 그 가장 큰 후과(后過)는 그의 논리가 자기반증적이라는 점이다. 이 문제 역시 사회적 자본이 무엇이냐가 아니라 어떤 사회적 자본을 말하고 있는지를 정확하게 하지 못했다는 데서 비롯한다.

퍼트남은 사회적 자본을 "협력된 행동을 촉진함으로써 사회의 효율을 개선시켜 주는 신뢰, 규범, 네트워크와 같은 사회적 조직의 요소들"이라 정의하는데(Putnam, 167), 그는 사회적 자본의 구성 요인인 신뢰와 네트워크를 각각 구체적(balanced, specific)/포괄적(generalized, diffuse), 수직적/수평적인 것으로 나눔으로써, 사회적 자

---

35) 김상준, 2004, "부르디외, 콜만, 퍼트남의 사회적 자본개념비판", 『한국사회학』 제38집 6호, pp.80 - 88.

본의 성격이 복합적임을 스스로 암시하고 있다(Putnam, 1993:172 - 73). 글의 전후 맥락을 보면 포괄적 신뢰와 수평적 네트워크의 선택적 결합이 그가 말하는 사회적 자본을 형성하게 되는 것으로 보인다. 그러나 레비와 포르테스가 날카롭게 지적하였듯이, 구체적 신뢰와 수직적 네트워크 역시 상호성(reciprocity)과 협동(cooperation)을 낳으며 특정 집단의 효율적이고 '합리적인' 작동과 친화성을 가질 수 있다(Levi, 1996; Portes, 1998). 이러한 구체적 - 수직적 관계 규범이 왜 그가 정의한 사회적 자본의 개념틀 내에 왜 포함될 수 없다는 것인지 퍼트남은 해명하지 못한다.

또한 퍼트남의 사회적 자본 개념은 국가와 정치 영역을 시민사회의 수동적 반영으로 환원시켜 정치활동의 고유성과 국가영역의 주도성을 탈각시키고 있으며, 이러한 경향은 그가 기반하고 있는, 토크빌 - 아몬드와 버바(Almond and Verba)로 이어지는 자유주의 정치문화 전통의 이념적 한계에 기인한다는 비판도 제기되고 있다 (Tarrow, 1996; Skocpol, 1996; Skocpol and Fiorina, 1999; Edwards, Foley, Diani, 2001; Scott, et al., 2002). 이러한 비판은 사회적 자본 개념이 초국적 자본이 주도하는 세계화의 이념적, 문화적 도구가 되고 있는 것이 아니냐는 의혹과도 연관된다(Finc, 2001). 퍼트남에 의한 이 개념의 대중화야말로 이 개념이 이데올로기화되는 데 결정적인 공헌을 한 것으로 간주되는 것이다.

이러한 비판들에도 불구하고 사회적 자본 개념을 공적, 정치적 영역과 연결시켰다는 점에서 퍼트남은 중요한 이론적 기여를 했다. 그 결과 부르디외와 콜만의 사회적 자본론에서 제대로 설명되지 못했던 비영리적, 공공적 측면이 퍼트남의 이론틀에서는 어느 정도 포착된다. 그러나 이 진전에는 아직 많은 불명료함과 미진함이 남아 있다. 이 불명료함과 미진함의 근원에는 질적으로 전혀 다른 두 철학 전통의 애매한 동거가 있다. 먼저 방법론적 개인주의 전통으로 이는 합리적 선택론, 게임이론, 신제도주의이론이다. 다음은 政體(polity) 우선적 전통, 즉 시민적 덕성(또는 민주적 관습)은 좋은 정체에서 유래한다는 공화주의적 전통인데, 퍼트남은 이를 토크빌을 경유해서 자유주의적 형태로 받아들였다. 이 두 이론전통은 상극적이다. 이런 상극을 개념적 정리작업 없이 뒤섞어 놓았으니 여러 문제제기와 비판과 혼란이 이어졌던 것은 오히려 당연한 일이다.

2. 개인주의적 시각

먼저 방법론적 개인주의 시각에서 퍼트남이 사회적 자본을 공적 영역으로 확장한 사실을 비판하는 견해가 있다(Portes, 2000). 우리가 보기에 이 비판은 초점이 빗나간 것이다. 개념적 엄밀성의 수준에서 포르테스는 퍼트남보다 우월하다. 그러나 개념 전반의 지형, 그리고 발전 방향에 있어서 포르테스는 퍼트남이 이른 지점에서 오히려 후퇴하고 있다. 포르테스가 보기에 사회적 자본이란 결국 개인적 차원의 속성(attributes of individuals)일 뿐인데, 퍼트남은 이를 집단적 차원의 속성(attributes of collectives), 즉 시민적 정치문화(civic political culture)로 확장하고 있지만, 이 집단적 차원의 사회적 자본이란 그 인과적 근거가 통계적으로 의심스럽다(spurious)고 지적한다.

포르테스는 부르디외와 콜만, 특히 부르디외의 사회적 자본이론을 충실하게 받아들였다. 그 결과 직접적인 자기이해의 추구가 명확히 드러나지 않는 사회관계를 사회적 자본으로 받아들이기 어려운 것이다. 이는 사회적 자본을 부르디외적, 콜만적 시각으로만 보기 때문에 필연적으로 발생한 색맹 현상일 뿐이다. 시민적인 것(the civil, the civic), 이는 집단속성이면서 동시에 구체적인 개개인 간의 관계 속에서 표현된다. 이 지점에서 개인속성과 집단속성의 구분은 기계적, 분절적이다. 우리가 보기에는, 포르테스는 퍼트남이 사회적 자본을 정치문화 영역으로 확장한 것을 문제 삼을 것이 아니라—즉 개인적 속성의 사회적 자본만이 사회적 자본이라고 주장할 것이 아니라—사회적 자본에는 다양한 유형이 존재하지만, 이렇듯 다양한 사회자본을 측정할 퍼트남의 척도(measure)에 문제가 있다고 지적했어야 옳았다.

물론 퍼트남은 사회적 자본을 측정할 척도를 먼저 제시해 왔던 점에서도 선구적이다. 그러나 포르테스가 지적했듯 이 척도에는 문제가 존재한다. 먼저 그의 사회적자본에서는 이 척도가 정치적, 경제적 성취로 제시된다. 그러나 성공적 결과가 사회적 자본의 척도가 된다면 이는, 포르테스가 정확히 지적한 것처럼, 동어반복에 불과하다. 정치적, 경제적으로 성공한 나라의 사회적 관계는 모두 사회적 자본이 되는 셈이고, 반대로 낙후된 나라에는 사회적 자본이 미약하거니 부재하다는, 이무런 분석적 의미기 없는 결론에 이르게 된다. 이렇듯 결과론적 입장을 취하는 한, 종교와 자본주의 간의 관계에 대한 소위 '베버 테제'의 널뛰기식 운명이[36] 보여 주는 바

---

36) 김상준, 2004. 전게서. 김상준은 '베버 테제'란 특정 종교윤리와 자본주의 발전을 직접적인 인과관계로 연결하는 입장을 말한다. 이 입장은 막스 베버의 저작을 그런 도식으로 이해한다. 이러한 '테제'를 아시아의 경제발전과 유교에 적용하고자 했던 입장이 처했던 난점을 아주 간략히 말하자면 이렇다. 동아시아 경제가 침체했던 것도 유교 탓이고, 네 마리 용 이래 약진했던 것도 유교 탓이며, IMF를 맞아 다시 수렁에 빠진 것도 유교 탓이고, 이제 앞으로 회복하여 다시 성장 가도를 달리면 또다시 유교 탓일 것이다. 이 '베버 테제'에서 유교는 천사와 악마의 역할을 숨 가쁘게 바꾸어 하기에 너무 바쁘다. 이 널뛰기는 물론 유교만의 운명은 아닐 것이다. 가톨릭이 이미

와 같은, 이론적 파산을 면할 수 없다. 이 문제를 해결하기 위해 퍼트남은 신문 구독률, 타인 및 제도에 대한 신뢰도 조사, 자발적 결사체에의 참여 정도를 대안적 척도로 제시했다(Putnam, 1996). 그러나 여전히 정치경제적 성공을 종속변수로 놓음으로써 그 인과 관계가 의심스럽다는 포르테스의 날카로운 비판을 초래했다. 정치 경제적 성공을 설명하는 요인은 매우 다양할 것이기 때문에, 퍼트 남이 제시한 몇 가지 척도가 반드시 정치경제적 성공을 유도했을 것이라고 말할 수 없기 때문이다(Portes, 2000).

결국 퍼트남의 사회자본론의 대중적 성공의 비결인 '사회적 자본＝ 정치경제 성공'이라는 등식구조 자체가 폐기되어야 한다. 이런 틀 은 이데올로기를 만들 수는 있지만, 과학적 이론은 산출하지는 못 한다. 정치경제적 성공을 설명하기 위한 수단(독립변수)으로써 사회 적 자본을 설정한 후 그 목적에 맞추어 측정기준을 조작(operation) 하는 순서는 옳지 못하다. 먼저 그 개념이 정확히 무엇을 의미하는 지가 이론적으로 정리되어야 하며, 그 이후에 경험적 측정 기준을 찾는 것이 바른 순서일 것이다.

이렇듯 근본적인 문제를 내포하고 있기 때문에 퍼트남의 사회적 자본 개념과 척도를 적용했을 때 많은 문제가 발생한다. 그 일례로 국내 상황에 그의 틀을 적용해 본 연구들 중 장수찬과 이선미의 연 구에서 한국의 참여민주주의적 시민단체 회원들의 '타인 및 제도에

그런 논란에 휩싸였었고, 앞으로 불교, 이슬람, 힌두교도 동일한 경로를 밟지 말라는 법은 없을 것이다. 베버 저작에 대해 권위 있는 해석을 내려 온 텐부룩은 베버의 저 술 전 체계의 핵심 논지는 위와 같은 '베버 테제'와는 무관하다고 주장해 왔다 (Tenbruck, 1980). 베버의 저작에는 소위 '베버 테제'로 통속화될 수 있는 요소가 충 분히 산재해 있기 때문에 그 관련을 전적으로 부인하기는 어려울 것으로 보이지만, 베버의 문제의식을 종교(또는 넓은 의미의 문화)와 경제(또는 자본주의 발전)의 인과 관계로 좁혀 보는 것은 확실히 너무 협소해 보인다는 점에서 텐부룩의 주장은 경청 할 가치가 있다."고 한다.

대한 신뢰도'가 동창회, 계모임 참여자들의 그것보다 오히려 낮거나 또는 큰 차이가 없다는 사실을 보여 주었다(장수찬, 2002, 2004; 이선미, 2004). 이러한 경험적 조사결과는 연구자들을 당황시키는 것이었고, 이러한 예상 불일치의 결과를 이들 연구자들은 서구의 기준이 한국적 특수성에 부합하지 않기 때문에 발생한 것으로 풀이하였다. 그러나 문제의 근원은 퍼트남의 사회적 자본의 개념과 그 측정 척도 자체에 있었던 것이고, 이 문제는 서구든 한국이든 적용할 때 동일하게 드러날 수밖에 없다. 특수성이 아니라 이론이 문제였던 것이다. 좋은 이론은 특수성을 충분히 담아 주면서 보편으로 접근한다.

결국 가장 기본적인 문제는 퍼트남이 말하고자 하는 사회적 자본은 사회적 자본 일반이 아니라 어떤 특정한 사회자본을 지칭하고 있다는 것으로 귀착되는데, 퍼트남은 이 점을 분명히 하지 못했다.

3. 공화주의적 시각

또 하나 중요한 문제는 사회적 자본이란 개인의 의식이 아닌, 사회적 관계 속에서 다시 말하면 의식이 아닌, 행동 속에서 측정해야 한다[37]는 것을 퍼트남은 인식하지 못하고 있다. 이 점은 모든 유형의 사회적 자본에서 동일하다. 이 문제를 각각 살펴보자.

---

37) 김상준, 2004. 전게서. 김상준은 "의식 속의 신뢰는 일정한 문화적 상황 속에 있고, 이 지표는 실제 행동 속의 신뢰도와는 상당히 다를 수 있다는 경험적 연구로는 야마기시(Yamagish, 1988), 김용학·손재석(1998) 참조. 이 연구의 한계는 이론모델을 최대수익을 얻기 위한 게임이론에 근거하고 있다는 점이다. 따라서 공공적인 시민행동의 신뢰도를 측정하기에는 적절하지 않다. 사회적 자본과 마찬가지로 신뢰 역시 어떠한 성격의 신뢰냐에 따라 측정대상과 척도가 달라질 것이다. 여기서 신뢰란 물론 사회적 자본의 구성부분이므로, 사회적 자본에 대해서도 동일한 논리가 적용된다."고 한다.

먼저 그가 말하고 있는 사회적 자본이란 말하자면 시민적, 정치 참여적 사회자본이라고 부를 수 있는 어떤 특정한 사회자본이다. 이렇게 좁혀 본다 하더라도, 그가 이러한 특정의 사회자본의 척도로 제시한 신문 구독률이나 신뢰도는 그 특정한 유형의 사회자본뿐 아니라 다른 어떠한 사회자본을 측정하는 데도 정확한 척도가 되지 못한다. 왜냐하면 이들은 그 자체로 어떤 사회적 관계도 나타내 주지 않기 때문이다. 많은 종류의 신문 잡지를 구독하면서 외톨박이로 지내는 사람도 있겠고, 자기 사회의 '타인 및 제도에 대한 신뢰'가 낮기 때문에 적극적으로 개혁적 시민행동에 나서는 사람도[38] 적지 않다. 이렇게 본다면 퍼트남이 제시한 사회적 자본의 척도 중에서 그나마 유일하게 의미 있게 남는 것은 자발적 결사체에의 참여 정도일 것이다. 시민사회 내의 자발적 결사체나 시민행동에의 적극적 참여는 사회적 관계 속에서 유통되고 있는 신뢰를 표현해 주기 때문에 사회적 자본의 척도로서의 의미가 있다. 그러나 이 차원에서도 여전히 남는 문제는 어떤 성격의 결사체인지, 어떤 성격의 시민행동인지가 밝혀져야 한다. 사회적 자본 자체가 분류되어야 한다면, 그러한 서로 다른 사회적 자본의 성격에 따라 활동하는 결사체의 성격도 달라질 것이기 때문이다.[39] 결국 사회적 자본의 측정을 위한 척도는 지금보다 훨씬 분화된 수준에서 정밀하게

---

38) *Ibid.* 장수찬과 이선미의 '의외의' 연구결과가 실제로 지적해 주고 있는 점은 바로 이러한 측면들이다. 그러나 이러한 사실은 한국에만 국한된 특수한 현상이 아니며, 유럽과 미국의 사회운동 연구자들에 의해서도 이미 지적되어 왔다(Snow, et al., 1986).

39) *Ibid.* 스카치폴과 피오리나가 지속적으로 제기해 온 문제의 핵심이 바로 이 점이다 (Skocpol, 1996; Skocpol and Fiorina, 1999). 시민사회 내의 결사체에는 풀뿌리 차원의 참여에 기반하고 민주주의의 확장에 기여하는 것도 있지만, 상층 엘리트 간의 대표성 없는 권익주창 단체도 있고, 극우적인 인종주의나 근본주의적 종파주의 단체도 존재하기 때문에 단순히 결사체의 활동 양적 빈도만을 가지고 사회적 자본을 측정하고 이를 민주주의 성취와 연결시키는 것은 문제가 있다는 것이다.

다시 고안 될 필요가 있다.

　이러한 여러 문제점들이 발생하게 된 근원은 두 가지 상이한 이론전통 ― 방법론적 개인주의(합리적 선택론)와 政體 우선적 시각(공화주의) ― 의 모호한 병렬에 있다고 앞서 지적하였다. 이 점을 명확히 밝혀 보기로 하자. 퍼트남의 주저인 사회적 자본론의 핵심주장은 '시민적 전통＝사회적 자본'이라는 등식, 그리고 이 '시민적 전통＝사회적 자본'이 '민주 제도의 성공'을 결과했다는 인과론, 두 가지다. 그 서술 순서를 보면, 먼저 1 ― 4장에서 이탈리아 지자체의 제도성취를 양적 지표를 통해 '북＝성공, 남＝실패'로 갈라놓고, 그 원인을 '근 일천 년 전'으로 소급되는 '공동체적 공화제 전통' 또는 '시민적 전통', 즉 르네상스 도시국가의 역사에서 찾으며(5장), 결론에 이르러 이 '시민적 전통'을 사회적 자본의 개념으로 설명하려고 시도한다(6장). 이 책이 오늘날까지 읽히는 유일한 이유가 된 '사회적 자본'의 개념은 결론 이전에는 한 번도 등장하지 않다는 이상한 사실은, 한편으로는 이 책의 논증구조의 부자연스러움을 말해 주지만, 다른 한편으로는 논증 방식에 대한 필자의 고심을 읽을 수 있게 하기도 한다. 먼저 그의 사회적 자본 개념이 제도적 성공의 원인으로 미리 설정되었다는 데 대한 문제는 앞서 지적하였으므로 반복하지 않는다. 더 근본적인 문제는 그의 사회적 자본 개념의 논리적 상충성, 불완전성에 있다. 이러한 결함은 그가 20세기 후반의 사회현상의 원인을 '근 일천 년 전'의 역사적 사실에서 찾는다는 증명방식의 무리함과, 그러한 역사적 전통을 합리적 선택이론의 논리로 결국 설명하지 못한다는 사실에서 뚜렷이 드러난다.

　르네상스 공화제 전통을 현대 정치문화의 기원으로 직접 연계시키는 것은 대단히 시대착오적일 뿐 아니라, 역사적 사실을 그 역사가 놓인 구체성의 풍부한 맥락으로부터 탈각시키는 또 하나의 환원론이라는 점에서 이중의 오류다. 퍼트남의 북부 이탈리아 중세 도시국가에 대한 묘사는 현대 민주주의 사회의 시민적 정치문화를 강력하게 연상시킨다. 그러나 이러한 묘사와 암시는 시대착오적(anachronistic)이다. 중세 이탈리아의 도시국가가 르네상스의 터전이었음은 사실이지만, 당시의 '시민적 전통'이라 하는 것은 오늘날 말하는 시민적 정치문화와는 크게 다른 것이었다. 중세 이탈리아의 도시국가 정치체제는 순수한 공화제라기보다는 오히려 군주정적 귀족제에 가까운 것이었고, 시민들 간의 사회적 관계는 신분적인 후견인주의(patron-clientenlism)에 의해 강력하게 지배되고 있었다. 퍼트남에 의하면, 수직적/구체적 관계가 수평적/포괄적 관계를 압도하고 있던 사회였다. 이는 시민적 관계뿐 아니라, 가족관계에서도 마찬가지였다(Trexler 1991; Weissman 1982). 퍼트남의 이 시기에 대한 묘사가 크게 의존하고 있는 하이드와 웨일리의 저작들이 70년대에 이루어진 비교적 오래된 연구라는 한계도 있지만, 중세 도시국가 연구는 아직 많은 점에서 밝혀지지 않고 있다는 이들 저자들의 신중한 경고를 퍼트남이 너무 쉽게 뛰어넘고 있다는 문제가 더 커 보인다. 위에서 참고로 제시한 트렉슬러와 와이즈먼의 저작들은 당시 시민들 간에 교환된 서신들에 기초한 것으로 당시의 사회적 관계의 성격을 미시적 차원에서 소상하게 밝혀 주고 있다.

이러한 특정한 제도의 제정, 출범을 자기 이해의 동기만으로 설명하기 어렵다는 것은 퍼트남 자신이 인정하고 있다. 그는 '신제도주의(new institutionalism)'가 그러한 시도를 했다고 보면서도, 이 입장이 "어떻게 그리고 왜 집합행동의 문제를 극복하게 하는 공식적인 제도가 실제로 제공될 수 있었는가?"라는 의문에 결국 답하지 못한다. 왜냐하면 신제도주의의 시각에서 보면 "그런 제도를 최초로 필요하게 되는 바로 그 이유들이 그런 제도의 창출을 불가능하게 하기 때문"이고, 따라서 이 입장에서는 "공평무사한 '입법자'란 공평무사한 홉스적 군주(또는 주권 sovereign)만큼이나 문젯거리"이기 때문이라고 하였다(Putnam, 1993:166). 아쉽게도 퍼트남은 이러한 문제제기에서 그쳤을 뿐, 이러한 문제의식을 이 글에서 지적하는 '자기 이해의 단일동기론'에 대한 보다 근원적인 문제의식으로 발전시키지 못했다. 그 대신 그는 사회학자들에 의해 제기되어 온 사회적 자본 개념을 끌어들이면서 '신제도주의'가 설명하지 못한 문제를 설명하겠다고 하였다. 그가 빌려 온 사회적 자본 개념 자체야말로 '자기 이해의 단일동기론'에 근거하고 있음을 의식하지 못한 채, 그 결과는 그가 지적했던 '신제도주의'의 한계를 그 자신이 되풀이하는 것이었다.

그는 자기 이해(self－interest)와는 구분되는 사회적 관계 자원으로 연대(solidarity)를 지적하고 이 양자 간에는 갈등이 존재하는데, 이 갈등을 해수할 수 있는 개념적 매개는 '일반적 호혜성(generalized reciprocity)의 규범'이고, 이 일반석 호혜성의 규범은 "일정한 기간 동안 반복되는 교환(repeated exchange over a period of time)"에 의해 발달하게 된다고 하였다. 그렇다면 이렇듯 자기 이해를 넘어서는 호혜적 행위를 일정한 시간을 통해 가능하게 하여 주는 그 제도적 장치는 어떻게 시발 되었는가? 그는 여기에 대해 "5장에서 살펴보았듯, 북부이탈리아의 시민적 전통이 협력의 다양한 형태의 역사적 저수지를 제공했다."라고 대답한다. 결국 '근 일천 년 전으로 소급되는' 역사적 시원에 의지한다.

우선 연대를 자기 이해와 갈등관계에 있다고 본 것은 정확했다. 그러나 이를 매개한다는 '일반적 호혜성'을 간단히 '단기적 이타주의(short－term altruism)와 장기적 자기 이해(long－term self－interest)의 조합'으로 정리해 버림으로써, 그는 결국 궁극적으로 '자기 이해의 단일동기'라는 이론적 함정에 빠지고 말았다. 갈등의 심층을 해부해 보기보다는 갈등을 쉽게 봉합하는 데 너무 바빴던 것이다. 자기 이해의 동기와 이를 넘어서는 연대의 문화와 제도, 그는 이 문제를 역사와 제도 또는 문화와 구조 간의 관계 문제라고 부르는데, 몇 쪽에 걸쳐 설명을 시도하다가 결국 이 둘 간의 관계를 엄밀히 규명하는 것은 "닭과 달걀의 논쟁"처럼 "생산적이지 못하다." 하면서 덮어 버린다. 그는 그의 사회적 자본 개념이 한쪽으로는 '자기 이해의 단일동기론'과 다른 한쪽으로는 '협력적 전통의 역사적 저수지를 제공해 준 역사적 기원'이라는 두 가지 근거에 의지하고 있고, 이 양자가 '닭과 달걀의 논쟁'처럼 공회전하고 있음을 느끼고 있지만, 그 자신의 이론적 수단으로는 이 문제를 도저히 해결할 수 없었던 것이다.

퍼트남의 이런 문제는 환원론의 확대에 근원한다. 사회과학적 설명이 역사적 사실에 근거한다는 사실 자체는 약점이라기보다는 강점이 될 수도 있다. 그러나 퍼트남의 '전통'은 시대착오적, 탈맥락적이며, '자기 이해의 단일동기론'과 꼭 같은 이론적 구조, 즉 환원론에 기초하고 있다. 부르디외와 콜만이 인간 행위동기의 심연으로 들어가 자기 이해라는 궁극적인 제1동기를 추출해 냈던 것처럼, 퍼트남은 역사를 거슬러 올라가 어떤 제1결정인적 역사시점을 추출했던 것이다.

동기의 환원론은 비구체적이고, 역사적 환원론은 탈맥락적이다.

행위 동기에서 환원론이 실제의 인간 행위 동기를 단순화시키는 왜곡을 범했다면, 역사적 환원론은 특정한 역사 시기를 환원론의 입맛에 맞게 단순화, 왜곡시킨다. 원래 환원론에서 제1인은 하나일 수밖에 없다. 두 개의 제1인이란 형용모순이다. 두 환원론 자체가 오류일 뿐 아니라, 그 양자는 결코 화합될 수 없다. 이 화합될 수 없는 것을 퍼트남은 그의 사회적 자본 개념 속에 애매하게 병렬시켜 놓고 그사이를 왔다 갔다 한다고 본다.[40]

40) 김상준, 2004. 전게서.

참고문헌

김상준, 2004. "부르디외, 쿨만, 퍼트남의 사회적자본개념비판", 『한국사회학』 제38집6호: 63 - 95.

김용학·손재석. 1998. "미시적 신뢰와 거시적 위험", 『계간사상』, 가을호: pp.115 - 131.

이선미. 2004. "자원결사체, 신뢰, 시민사회의 분절", 2004년 한국NGO학회, 한국비영리학회 춘계학술대회 발표논문.

장수찬. 2002. "한국사회에 나타난 악순환 사이클 - 결사체참여(civic engagement), 사회자본(social capital), 그리고 정부신뢰(confidence in political institutions)", 『한국정치학회보』, 36(1): pp.87 - 112.

Banfield, Edward. 1958, *The Moral Basis of a Backward Society*, Chicago: the Free Press.

Bates, Robert H. 1988, "Contra Contractarianism: Some Reflections on the New Institutionalism", *Politics and Society* 16, pp.387 - 401.

Bourdieu, Pierre. 1986. "The Forms of Capital", *Handbook of Theory and Research for the Sociology of Education*, edited by J. G. Richardson. Westport, CT: Greenwood Press.

Coleman, James. 1990, *Foundations of Social Theory*. Cambridge: Harvard University Press.

Fukuyama, Francis. 1997. *Trust: the social virtues and the creation of prosperity*. New York: Free Press.

Gambetta, Diego. 1988, *Trust: Making and Breaking Cooperative Relations*, Oxford: Blackwell.

Geertz, Clifford. 1962, "The Rotating Credit Association; A Middle Rung in Development", *Economic Development and Cultural Change* 10, pp.241 - 263. p.78. p.91. p.40.

Granovetter, Mark S. 1973, "The Strength of Weak Ties", *American Journal of Sociology* 78.

Granovetter, Mark S. 1985, "Economic Action and Social Structure: The

Problem of Imbeddedness", *American Journal of Sociology* 91.

Keohane, Robert. 1986. "Reciprocity in International Relations", *International Organization* 40.

North, Douglas. 1990, *Institutions, Institutional Change and Economic Performance*, New York: Cambridge University Press.

Pitt－Rivers, Julian. 1954, *The People of the Sierra*, London: Weidenfeld and Nocolson.

Putnam, Robert D. 1994, *Making Democracy Work: Civic Traditions in Modern Italy*, New Jersey: Princeton University Press.

Sahlins, Marshall. 1972, *Stone Age Economics*, Chicago: Aldine－Atherton.

Skocpol, Theda. 1996. "Unravelling From Above", *The American Prospect* 25: pp.20－25.

Skocpol, T. and Morris Fiorina eds., 1999. *Civic Engagement in American Democracy*. Brookings Institution Press.

Snow, David, Burke Rochford, Steven Worden, and Robert Benford. 1986. "Frame Alignment Processes. Micro－mobilization, and Movement Participation", *American Sociological Review* 51: pp.464－481.

Sugden, Robert. 1986, *Economics of rights, Co－operation and welfare*, Oxford: Basil Blackwell.

Velez－Ibanez, Carlos G. 1983, *Bonds of Mutual trust: The Cultural Systems of Rotating Credit Associations among Urban Mexicans and Chicanos*, New Brunswick, New Jersey: Rutgers University Press.

Yamagishi, Toshio. 1988. "The Provision of a Sanctioning System in the U.S. and Japan", *Social Psychology Quarterly* 51: pp.265－271.

NGO와 한국 시민사회운동

제6장 '뉴 거버넌스'의 문명국가 건설 | 제7장 민주화 이후의 한국 시민사회 | 제8장 기업의 사회적 책임과 공헌 | 제9장 효율적인 거버넌스 형성을 위한 문제점과 과제 | 제10장 한국 시민사회운동의 새로운 과제

'뉴 거버넌스'의 문명국가 건설

Ⅰ. 시작하는 말

한국의 민주주의는 1945년 8월 15일 일본 식민지 지배에서 벗어나 해방을 맞으면서부터 서구식 민주주의의 도입이 본격적으로 실현을 보게 되었다. 그것도 더 정확하게는 1948년 8월 15일 정부수립에서부터라고 할 수 있겠다. 그러나 이렇게 한국 민주주의의 기원을 시간적으로 획일화한다는 것은 쉬운 일이 아니다. 우리 민족의 역사에서 긴 역사와 정치사를 돌아볼 때 민주주의적 요소가 정치 속에서 없었는가 하는 문제를 제기할 경우 반드시 없었다고 단언할 수는 없을 것이다. 그것은 여론정치의 기원으로 보는 붕당정치, 그리고 지방자치의 기원으로 볼 수도 있는 향약과 같은 지방자치 규약, 의회의 기원이 될 수도 있는 鄕會, 村會, 儒會 등이 거론될 수도 있다.

그러나 본 논의에서 제기하고자 하는 것은 '뉴 거버넌스'라는 개념으로 축약적으로 사고할 경우, 그러한 거버넌스는 단순한 통치의 의미인 거버넌스와는 구별되는 이른바 정부조직과 국민 간의 관계에서의 양자 간의 공유된 목적에 의한 정치질서구조의 개념으로 이해하고자 한다.[1] 구한말의 정치질서구조로서의 관계라는 의미의

---

1) B. Guy Peters, 1995, *The Future of Governing: Four Emerging Models*, Lawrence Kansas: University of Kansas Press: R. A. W. Rhodes, 1997, *Understanding Governance: Policy*

'뉴 거버넌스'는 당시의 절대군주제하에서는 논의가 조심스러웠던 것이기는 하나 정치개혁의 차원에서 새로운 질서체제로 파악할 수 있을 것이다. 즉 군(君)과 신(臣) 혹은 군(君)과 민(民)의 통치와 같은 지배자와 피지배자가 어떠한 관계의 질서체제를 유지하려고 노력하고, 또 개혁하려고 하였는가에 초점을 두고 전개하고자 한다. 이 시기의 정치개혁논의 방향이 지배자와 피지배자가 공동으로 정책을 논의해서 다스리는 정치체제[2](the political systems to govern between the ruling and the ruled)로 가정할 경우를 전제로 한다.

그렇다면 19세기 구한말의 개화정치에서 그 기원을 찾을 수 있을 것으로 보고 본 논의를 시도한다. 그렇다. 구한말의 개화정치는 우리 민족의 정치사에서 오랫동안 유교적 정치기반을 형성해 왔던 유교정치질서를 변혁하여 새로운 정치개혁이요, 혁명적 성격을 보이고 있는 점이 다분히 있다. 개화기에는 대내적으로는 서구문명의 전래에 따른 봉건적 탈피와 인민의 권리보장이라는 과제와 대외적으로는 주로 청나라의 속박으로부터 탈피하려는, 즉 수공국(受貢國)과 증공국(贈貢國)의 관계를 벗어나는 종속적 관계를 청산하고 세계만국과 평등한 관계개선이라는 작업이 정치개혁의 핵심을 이루고 있었다.

구한말 개화기의 정치개혁의 방향으로 제시되고 있었던 정치질서체제의 논리로 작용하고 있었던 사상들, 특히 개화의 대표 주자

Networks, Governance, Reflexivity and Accountability. Buckingham: Open University Press. Peters는 시장적 정부, 참여적 정부, 유연적 정부, 탈규제적 정부 등 네 가지 유형으로 제시하면서 기업가적 행정부 개념으로 파악하고 있다. 이러한 의미에서 '뉴 거버넌스'는 '행정개혁, 시장원리' 등으로 요약되는 '신공공관리론'과 논리적 연계성을 가지고 있다. 그러나 Rhodes는 '뉴 거버넌스'를 '신공공관리론'과는 다른 '정부와 사회 간의 새로운 상호작용'이라는 관계론적 정치적 개념으로 파악한다.

2) James N. Rosenau and Ernst Otto Czempiel, 1992, *Governance Without Government*, Cambridge University Press. pp.1-9.

였던 兪吉濬(1856－1914)이 제시한 君民共治制에 천착하여 그것
이 과연 우리 한국정치사에서 자리할 만한 민주적 '뉴 거버넌스'로
서 지배와 피지배의 정치질서구조로서 타당성이 있는가를 검토하
고자 한다. 그리고 이러한 연구가 오늘날의 지구화, 세계화와 같은
맥락에서 어떤 함의를 우리에게 주는지를 검토해 보고자 한다. 이
러한 논의의 전개를 위하여 첫째, 개화기의 정치개혁논의 둘째, 뉴
거버넌스의 형성, 즉 조선적 민주주의 셋째, 군민공치 질서체제 넷
째, 지구화 시대에 주는 함의의 순으로 하기로 한다.

Ⅱ. 개화기 정치개혁 논의

앞서 언급한 바와 같이 이 시기에는 주변 열강의 한반도에 대한
지배권을 물리치는 것이 국정을 돌보는 위정자들의 입장에서는 중
요한 사안이었다. 이 개화정치개혁 논의는 개화의 입장에서 볼 때
미개화, 반개화, 개화 등 개화의 정도의 차에 의해서 그 논의가 설
정되기도 하고, 일인 지배에 의한 군주제의 옹호냐 아니면 민의에
의한 민주제이냐, 아니면 양자의 적절한 조화에 의한 정치체제냐에
초점을 맞추기도 한다.

먼저 개화의 정도의 차이로 구분하는 경우, 서구문물을 아시아적
전통사회의 유교적 삶의 질서를 대신하여 받아들이는 정도에 따라
차이를 설정하고 있는 이러한 개화의 방향은 대개 다음과 같은 세
방향으로 나누어져 있다.3) 그 첫째가 東道東器論의 입장이다. 이

---

3) 장현근, 2003, "중화질서 재구축과 문명국가 건설: 최익현, 유인석의 위정척사 사상",
『정치사상연구』, 제9집. 정현근은 당시의 지식인들은 위기의 조선을 구하기 위해 다양
한 노력을 기울였는데 크게 세 가지로 요약하고 있다. 서양근대문명을 받아들여 물질

는 개화사상가들에게는 미개화의 입장이 되는, 어디까지나 동양적 유교사상이 중심이 되어야 하며, 서양사상은 동양의 전통에 비해 미개한 것으로 본다. 이른바 위정척사론을 주장하는 이들은 중화질서를 재구축함으로써 문명국가 건설을 지향하려는 것이다. 둘째는 東道西器論의 입장이다. 이는 동양의 전통적 유교사상을 바탕으로 하여 그 위에서 필요에 따라 서양문물을 도입하자는 取長保短의 방향을 취한다. 셋째는 西道西器論의 입장이다. 이는 개화사상가들의 주장대로 유교적 전통을 미개한 것으로 보고 서양문물을 개화한 것으로 인정하는 문명사론적 입장에서 서세동점론을 취하여 전면 개방하는 것이다.

다음으로 이러한 개화의 물결을 타고 정치체제의 변화를 이루려고 하는 정치개혁논의는 다음의 세 가지 방향으로 전개되고 있었다.[4] 그중 하나는 기존의 유교사상의 전통에 바탕을 두는 군주 일인의 지배하에 두는 절대군주제이고, 다른 하나는 왕과 국민이 같이 통치하는 체제로서 의회제도의 중요성을 강조하는 영국의 내각제와 같은 입헌군주제, 그리고 또 다른 하나는 미국의 대통령제와 같은 합중공화제로 국민이 국가권력을 맡아서 통치하는 방식 등을 대상으로 하고 있다. 이러한 정치체제에 대해 구한말의 정치개혁의 방향에서 논의되었던 그 구체적인 논의들을 살펴보기로 한다.

적으로 서구식 부국강병을 이루려는 일종의 西道西器論, 도덕주의를 다시 구축하여 정신적으로 동양식 문명국가를 건설하려는 東道東器論, 정신은 전통적인 유교의 길을 지키되 물질적 수단과 방법은 서양의 것을 채용하여 새로운 국가를 수립하자는 東道西器論 등으로 나누고 있다.

4) 이나미. 2002. "개화기의 정치체제 논쟁", 최상용 외 공저. 『인간과 정치사상』, 서울: 인간사랑. pp.335-358.

1. 東道東器論과 위정척사파의 절대군주제

　이는 근본적으로 전통적 동양의 유교적 질서를 최고의 문명국가로 규정하고 서양문물을 야만으로 치부하여 그들을 배격하고 개화파의 개혁사상을 받아들이지 않는다. 따라서 그들은 이상적 중화질서에 의한 도덕국가만이 문명국가로 보는 것으로 유교적 중화질서를 재구축함으로써 서양과 일본의 침략에 대응할 수 있다고 판단하는 수구적 전통유학사상을 지극한 통치의 이념으로 생각한다. 이러한 사고하에서 당연히 그들은 개화, 즉 서양과 일본식으로 문물을 변형하여 받아들이는 것을 야만이라고 보고 중화문명만이 세상의 지도이념이 되어야 함을 고수하는 입장을 취할 수밖에 없는 집단이다. 이와 같은 위정척사 운동의 전개는 대략 크게 세 단계로 나누어 볼 수 있다.[5]

　제1단계는 丙寅洋擾(1866)와 辛未洋擾(1871)를 거치면서 대원군이 국정을 맡아서 쇄국정책을 펼친 시기이다. 이와 같은 대표적인 내용은 華西 李恒老와 蘆沙 奇正鎭의 상소에 잘 표현되어 있다. 그들은 당시의 세계사의 흐름과 조선에 대한 외세의 침략에 대해 인식한 정도가 한계가 있기는 하나, 한편 날카로운 통찰력도 엿볼 수 있다. 첫째, 그들은 서양을 부모와 자식 간이나 임금과 신하 간의 윤리라든가 태극과 같은 근본적인 원리에 대한 이해가 없는 물질과 여색만을 중시하는 서양의 오랑캐로 인식하고 있었다. 이것은 병자호란 이후 기호학파의 노론들이 지켜 온 화이 사상의 연장으로 보인다. 둘째, 서양의 상품은 모두 사치품으로 본 것에 대해서는 인식의 한계성을 보이나, 서양의 상품이 공산품인 데 반해 조선

---

5) 한국철학사상연구회, 2005, 『강좌 한국철학』, 서울: 예문서원, pp.220-222.

의 상품은 농산품이기 때문에 통상을 그들이 요구하는 대로 하면 조선의 경제가 피폐해질 것이라는 점에서는 상당히 예리한 인식을 하고 있었다. 셋째, 이들은 대외적으로는 국방력강화를 통해 척화를 할 수 있으며, 대내적으로는 인심수습과 같은 나름대로의 내수대책을 내놓고 있었다.

제2단계는 정권이 대원군에게서 고종으로 넘어가면서 일본과 병자수호조약(1876)을 맺은 전후의 시기이다. 이때가 전통군주제를 가장 강력하게 주장하는 위정척사론이 전개된 시기이다. 이 당시의 위정척사론의 핵심은 고종이 대원군으로부터 정권을 물려받아서 민씨 일족을 중심으로 하여 일본과의 통상정책을 받아들인 것에 대한 불만을 표출하는 척왜이다.

이 시기에는 화서 이항로의 문하생인 재야유생의 대표 勉菴 崔益鉉과 의병대장 毅菴 柳麟錫 등이 대표적으로 구축하려는 중화문명국가의 모습이 그것이다.[6] 중화문명국가의 핵심은 역시 전통유교의 衛正을 堯,舜,禹,湯,文武와 孔孟으로 이어지는 선왕의 도가 시공을 초월한 만고의 진리이며, 이러한 正을 생래적인 것으로 보는 인식관을 말한다.[7] 이들은 "공자님은 하늘이시니 하늘을 어찌 어길 수 있으며, 백성을 낳고 기르신 만고의 대종사이시다. 천하를 안정시키는 기술이 어디에 있는지를 아시니 그 가르치심을 하나의 길 삼아 돌아가야 한다."[8]고 한다. 그들에게서는 理想, 精神, 道德을 現實, 物質, 暴力보다 더 중요시하는 철저한 이상적 주자학이

---

6) 장현근, 전게서.

7) 정현근, 2004, "도덕군주론: 고대유가의 성왕론", 『한국정치학회보』, 제38집 1호 참조.

8) 유인석 저(김영덕 외 역), 1990, 『유인석전집』(1), 흑룡강: 조선민족출판사, p.141. "孔子其天天可違 生民萬世大宗師 安天下術知何在 敎一爲塗化一歸" 장현근(2003)에게서 재인용.

있었다. 이러한 점에서 폭력으로 조선을 위협하고 조공국가와 수공국가로서 朝淸關係를 종속적 관계임을 주장하는 청을 배격하고 大明을 숭상하는 송시열을 추종하면서 중화의 가치를 높여 조선의 정신적 우월을 자처하고 나왔다. 이때의 최익현의 대표적인 주장이 '五不可疏'인 '持斧伏闕斥和議疏'를 들 수 있다.

의암 유인석은 의병을 지휘하면서 무력으로서 왜양에게 적대하기에 이르게 되었다. 의암은 그의 『우주문답』에서 중화의 문명국가 건설이 최대의 목표임을 이렇게 표현하고 있다. "중국은 천하에 도덕국이고, 조선은 그 다음가는 나라이다."9) 이 제2단계의 위정척사운동 때부터는 일본과의 통상주장을 이전의 서양과의 통상과 같이 보는 倭洋一體論을 내놓은 것이다.

면암과 의암은 일본과 구미 각국과의 통상, 즉 조선의 개국은 中華, 王道, 正學에 대한 夷狄, 覇道, 異端의 도전으로 보았다.10) 결국 이들에게서는 개화는 야만이며, 중화가 문명이며, 도리로서 중화가 형기로서 서양을 앞서는 도덕국가 건설을 목표로 하는 동양의 정신문명에 대한 자부심을 기반으로 삼고 있다.

제3단계는 김홍집이 제2차 수신사로 일본을 다녀오면서 청국공사 黃遵憲의 『朝鮮策略』을 가져온 후 고종의 윤음이 내려진 1880년에서 1881년 사이의 시기이다. 조선에 대한 정책개략을 집약하고 있는 황준헌의 이 『조선책략』은 당시의 조선 지식인들에게는, 그것도 위정척사론을 주장하는 전통유교주의자들에게는 일본과 외세에

---

9) 서준섭 외 역, 1984, 『의암 유인석의 사상: 우주문답』, 서울: 종로서적(이는, 『의암집』, 1973, 서울: 경인문화사를 번역한 것임).

10) ≪書經≫ 舜典: 堯舜의 四凶을 闢異端의 원류로 보고 있다. 전통의 이상국가건설의 모델로 보는 堯舜禹 삼대에서 流放竄殛을 그 기원으로 삼고 있다. 流共工于幽洲, 放驩兜于崇山, 竄三苗于三危, 殛鯀于羽山.

대한 배척을 규탄하는 소리가 영남, 관동, 경기, 호서, 호남 등 지역과 사상을 초월하여 전국의 유생들을 자극하게 되었다. 이때에 영남지역과 관동지방에서 올라온 전국에서 집결한 유생들은 전국적 규모로 척사운동을 확산, 전개하였다. 이들은 일본의 조선책략이 조선의 정통한 유교적 삶의 방식과 조선의 유교적 우월성에 대한 도전으로 보고 일본의 대조선 이단행위를 적극적으로 처단하자는 운동이었다.

이러한 운동은 국력의 쇠퇴와 함께 그 뜻을 이루지는 못하였으나 뒤이어서 나타난 재야유생과 평민들이 중심이 된 최익현, 유인석, 신돌석 등이 전개한 의병활동의 정신적 지주역할을 하였던 것이다. 일본의 식민지배시대에는 우리 조선의 독립운동의 원동력으로 작용하기도 하였다.

전통적 유교질서를 중요시하는 위정척사파들이 군주제를 절대시하는 이유는 군주는 천자로서 천자를 대신할 백성이 없으며 서구의 정치사상은 전통적 主理的 '理' 사상에 비해서 主氣的 '氣' 사상으로서 전통에 비해 야만적인 것으로 보았다. 따라서 특히 최익현, 유인석 등은 중화의 질서 재건으로 문명한 국가를 창조해야 한다고 주장한다. 이를 좀 더 구체화해 보면 대략 다음과 같이 요약할 수 있다.[11]

첫째, 전통유학사상에서 군주는 절대적 존재였다. 그들에게서 군주는 천자, 즉 하늘의 아들로서 하늘을 대신하여 백성을 다스리도록 명을 받은 존재이다. 그러니 군주 위에 다른 사람이나 다른 집단이란 있을 수 없는 것이다.[12]

---

11) 이나미, 전게서, pp.338-344.

12) 유인석, 1913, 『우주문답』(서준섭, 손승철, 신종원, 이애희 역, 1984, 『의암 유인석의

둘째, 서양의 정치체제는 조선의 정치체제에 비해 열등하다고 본다. 정통성리학에서 주리론의 입장을 취하는 것이다. 理가 氣를 지배한다고 보는 주리사상은 조선이 理요, 서양은 氣이다. 따라서 우월한 우리 것을 지키면 자연히 외세는 이길 수 있다고 본다. 재야 유생의 대표인 최익현은 1868년 조선의 理의 근본인 임금의 몸과 마음을 보호하는 상소를 올렸다.13)

셋째, 군주의 옹호는 정통성리학의 전통을 잇는 것뿐만 아니라 이전 조선 선왕의 전통을 잇는다는 생각이 강하였다. 고종이 서양 정치제도 도입을 반대한 이유로는 영, 정조 대왕들의 선왕들에 의한 정치개혁의 교훈에 대한 믿음을 가지고 있었기 때문이다. 그 대표적인 예가 統理機務衙門을 두어 국왕중심의 개혁정치를 펼친 것이다.14) 이러한 고종의 믿음을 백성들도 공유하고 있었다.15)

넷째, 군주제가 아닌 다른 정치체제는 사회혼란을 초래할 수 있다고 인식하였다. 그들은 특히 서양 여러 나라의 정당정치의 분란에서 그 같은 예를 들면서 다른 정치체제에 반대하였다. 유인석 역시 미국의 합중공화제와 같은 것도 미국과 같은 개인의 평등을 강

사상』, 종로서적). 위정척사의 대표적 인물인 의병대장 유인석은 입헌군주제를 다음과 같은 이유에서 반대하고 있다. "입헌하여 듣는 것을 임금으로부터 하지 않고, 상하의원으로부터 먼저 의논하여 정한 후에 임금에게 이르니, 임금은 가부취사를 정하지 못하고 허락만 할 뿐이다. 이는 아래로부터 위로 미칠 뿐이며, 위로부터 아래에 미치지 못하게 되어, 임금의 자리란 이름은 높지만 명령을 내리지 못하는 백성의 심부름꾼밖에 안 된다."

13) 최익현은 그가 임금에게 올린 소에서 "임금의 한 몸은 하늘과 땅, 신명과 사람의 주인으로서 관계되는 바가 매우 크니 반드시 정신과 지기가 총명하고 완고한 연후에야 만기에 응하여도 어지럽지 않을 것이요. 근본인즉 전하의 마음 하나에 있으니 전하의 마음이 바르게 되면, 강토가 아무리 넓고 신민이 비록 많고 사물이 비록 번잡하더라도 조용히 왕위에 계시어 운영하시기 쉬울 것입니다."

14) 이태진, 2000, 『고종시대의 재조명』, 서울: 태학사. p.25.

15) 상게서, pp.30-31. 동학교도들이 1893년 교조신원을 위해 올린 상소에서 고종이 그들의 기대를 실현시켜 줄 것이라는 기대감을 버리지 않고 있었다.

조하는 합중국의 나라에서는 합당하지만, 유교적 정치공동체와 같은 하나로 통합된 중국이나 조선과 같은 동양의 유교질서 정치체제에서는 이러한 제도는 명분이 서지 않는다고 하여 반대하였다.[16]

2. 東道西器論과 立憲君主制

국민과 더불어 與民同樂하는 정치 형태를 지향하고자 하는 입헌제도로는 입헌군주제인 군민동치와 공화제로서 합중공화 두 종류의 정치형태가 개화기의 사상가들이 논의하기 시작한 듯하다.[17] 합중공화는 다음에 공화제를 논의할 때에 구체적으로 검토하기로 하고 이 절에서는 여민동락하는 입헌군주제를 살펴보기로 한다. 19세기 후반 조선에 소개된 서구의 입헌군주제의 특징은 왕과 민이 함께 통치하는 체제, 즉 君民同治 또는 君民共治 하는 것과 권력을 국왕 일인이 독점 전횡하는 것이 아니라 권력을 입법, 행정, 사법으로 분립하는 정부형태로 한성순보에서 소개하고 있다. 개화파들의 소식지인 한성순보는 군민동치와 삼권분립을 영국의 정치체제 모델로서 다음과 같이 소개하고 있다.

> "영국의 정체는 군민동치, 즉 입헌군주제를 주지로 하는데, 군주의 지위는 세습적이며, 남녀가 모두 왕위를 잇는다. 또한 政令을 출납하는 데는 삼권이 있으니, 입법권은 상원과 하원 양원에 있으며, 행정권과 사법권은 모두 내각에 있는데 총재는 국왕이 된다는 것, 그리고 상하 양원이 모든 제도, 政刑도 의정한다."[18]

---

16) 유인석, 전게서. pp.7-8.

17) 한성순보, 1884.1.3. 〈구미입헌정체〉.

18) 한성순보, 1883.11.21. 〈영국지략〉.

물론 이보다 앞선 18세기 말 조선조의 실학자인 茶山 丁若鏞 (1762 – 1836) 선생이 社會契約論的 政治體制 改革을 주장하기도 한 바 있다.

> "태초에는 왕이 없었고 백성들만 있었는데, 이들이 자신들 간의 다툼을 해결하기 위해 통치자를 세우기 시작하였다. 왕은 하늘에서 내려 보낸 것이 아니라 백성들이 추대해서 생긴 것이다."[19]

다산의 이러한 사회계약론적 정치체제의 구상은 전통적으로 국왕은 하늘의 아들이라는 天子思想에서 벗어나서 백성들이 추대한 것으로 인식한다. 유교질서에 의한 전통적 인재선발기준과는 완전히 다른 대대적인 사고의 전환을 주장하고 있다. 그러나 이러한 개혁은 개화기의 입헌론적 개혁의 그것과는 다소의 차이점을 보이고 있는 부분이 없지 않다. 다산은 백성이 천자를 선출하는 추대제는 堯舜으로 거슬러 올라가는 尙古의 원형으로 인식한 듯하다.[20] 아니면 국가기원에 대한 설명을 하려는 것으로도 보인다.

한편 입헌제에서 헌법은 군주가 제정하거나 군민 간 공의로 정하는데, 헌법이 삼부의 권리를 확정하는 것이며, 서양의 정체 관행은 군주제, 민주제를 막론하고 의원을 선출하여 여기에서 의결한 것은 군주라도 자기의 뜻에 따라 독행할 수 없다는 것이다. 즉 일단 헌법이 전제된 후에는 용이하게 바꿀 수가 없다[21]는 것이다. 전통 조선의 군주명령제인 군주의 뜻이 만고의 결정사항을 초월하는 종래의 통치사상적 측면에서 볼 때, 군주 일인의 전권을 제한하고

---

19) 정약용, 『原牧』의 내용을 현대적 표현으로 정리함.

20) 금장태, 2005, 『실천적 이론가 정약용』, 서울: ㈜ 끌리오, pp.372-379.

21) 신용하, 1986, "19세기 한국의 근대국가 형성문제와 입헌공화국 수립운동", 한국사회사연구회 편, 『한국의 근대국가형성과 민족문제』, 서울: 문학과 지성사, pp.26-29.

백성들 가운데서 학식과 덕망 있는 자를 선출하여 의정을 논의하게 하여 헌법이라는 것을 두어, 군주의 독단을 견제하는 정치체제의 정립은 당시의 정치체제를 전면적으로 개편하는 것으로 인식의 전환을 필요로 하게 된 것이다.

3. 西道西器論과 合衆共和制

공화제란 어떤 정치체제인가. 이 공화제에 대한 정의와 의미를 전해 주는 자료들을 챙겨 보면, 당시 개화사상의 대변자 역할을 했던 한성순보, 유길준의 『서유견문』, 유인석의 『우주문답』, 대한신민회의 장정, 대한매일신보 등에서 그 근거를 찾을 수 있다.

먼저 한성순보 논설 〈구미입헌정체〉를 보면, 공화제를 "유럽과 아메리카에는 입헌정체가 있는데, 그 종류로는 군민동치와 합중공화가 있다. 그러므로 합중공화, 즉 공화제의 특징은 입헌정체로서 군민동치가 아닌 체제, 즉 어떤 형태로든 국왕이 통치하지 않는 체제"[22]로 설명하고 있다.

유길준의 『서유견문』에서는 합중정체의 의미를 "국왕이 공화하는 정체이며, 남북아메리카에 존재하는 정체이다. 합중정체는 구왕, 귀족, 군빈이 지배하는 체제가 아닌 국민이 지배하는 체제이므로, 국왕과 귀족의 지배가 배제된 정체이며, 공화제는 입헌정체이지만 국왕이 지배하지 않으며, 국민이 지배하는 정체"[23]로 설명한다.

위정척사파의 한 사람인 의암 유인석은 그의 『우주문답』에서 공화제를 "황제가 없는 대총통 제도"로 설명하고 있다.

---

22) 한성순보, 1884.1.3. 〈구미입헌정체〉.
23) 유길준, 『서유견문』, 제5편 〈政府의 種類〉.

개화기에 이러한 공화제를 지지하는 사람들은 독립협회 내의 급진적 소장파들의 모임인 평민회의 만인공동회 사람들이 중심이었다. 이들이 1907년 신민회라는 비밀결사조직을 결성하게 되었으며, 이 신민회가 공화제를 공식적으로 그들의 목표로 설정하게 되었다. 이러한 신민회의 목표설정은 한국 역사에서 처음으로 군주제를 폐지하고 공화제 수립을 공식 목표로 삼았다는 점에서 정체의 변화에 커다란 일대 변혁을 초래하게 되는 계기가 되었다고 평가할 수 있다.

> "본회의 목적은 조선의 부패한 사상과 관습을 혁신하여 국민을 새롭게 하며, 이러한 국민으로 연합하여 새로운 자유문명국을 세운다고 심의하는 조선으로 하여금 열국의 보호하에 공화정체의 독립국으로 함에 있다."[24]
> "서양은 중세 암흑기를 거쳐 다시 황금시대를 회복하면서 문명의 기운이 팽창되어 장족의 진보를 이룩하여, 국가의 이익과 인민의 복이 커져서 전제봉건이 사라지고, 입헌공화가 널리 퍼져서 국가는 인민의 낙원이 되고 인민은 국가의 주인이 되었다."[25]

이러한 신민회가 미친 영향은 민족의 독립운동과, 3·1운동, 계몽운동에 많은 긍정적인 평가와 함께 부정적인 평가도 남기고 있다. 이 신민회의 공화제의 정신은 독립운동을 주도하는 세대에게 정신적 지주로서 영향을 미쳤다고 할 수 있다. 3·1운동과 임시정부의 핵심적인 정신이 되었다. 3·1운동의 봉기와 더불어 임시정부 수립운동이 대두되었을 때 신민회 계열의 인사들이 주도한 각종 임시정부안이 모두 입헌공화정부의 수립을 추진한 것은 신민회의 입헌공화국 수립운동의 연장선 위에서 이루어진 것이라고 할 수 있다. 이러한 신민회는 애국계몽운동의 사상적 전환을 가져다주었

---

24) 박명규, 1984, "도산 안창호의 사회사상", 신용하 편, 『한국현대 사회사상』(서울: 지식산업사, 1986) p.117.

25) 대한매일신보, 1910.2.23. 신용하, 1986, 전게서, p.99.

다고도 볼 수 있었다.

기존의 급진개화파에 의해 주장되었던 입헌군주제와 공화제는 한편으로 국권회복과 근대국가의 건설이라는 긍정적 의미를 보여 주기도 하였다. 그러나 한편 독립협회와 같은 급진 개화파들의 운동은 진정한 민의의 대표로서의 의회를 주장한 것도 아니고, 또한 왕권과 국권을 약화시킬 가능성과 더불어 국민적 공감대를 널리 얻기 어려운 정치체제로 받아들이는 시각이 많았다.[26] 그런데 이들 계몽운동단체들은 이러한 독립협회의 활동과 사상들을 이어받아 문명개화론을 신봉하여 제국주의적 전략에 대해 비교적 순응적인 반응을 보였다. 그리고 의병의 항일투쟁에 대해서도 비판적 태도를 보이는 등 독립협회가 주장하는 공화제는 왕권과 국권에 대한 악화라고 하는 부정적 의미를 던져 주기도 하였다.[27] 이처럼 당시의 공화제는 시기, 외적 환경, 정치적 동기에 따라 긍정적 입장과 부정적 입장을 동시에 가지게 되었다.

위에서 살펴본 구한말의 정치개혁적 체제의 논의들 중에서 국왕의 권세를 법률과 제도로 제한하고 인민의 정치참여를 불가피한 것으로 보는 새로운 거버넌스를 유길준은 생각하고 있는 것 같다. 이제 그의 구체적 '뉴 거번너스'의 형성을 위한 방안들을 살펴보기로 한다.

---

26) 독립협회가 민의를 대표하는 기관인가? 이 문제는 부정적인 시각이 강하다. 광무 2년 12월 9일 안태원의 상소문에 의하면 "백성이란 것은 온 천하를 두고 말하는 것이므로 모든 마을의 인구에 따라서 사람을 뽑고 이들의 모임을 갖게 하여 조정의 정사를 의론해야 민의를 대표하는 것이지 이들 민회는 장사치의 자식들에 지나지 않고, 더러 외국종교에 물들은 권세 있는 자들의 집에 드나드는 자들로서 서로 모여 패거리를 지은 것에 불과하다."고 비판을 하고 있다(『고종실록』, 38권 전 참서관 안태원 상소).

27) 당시 일본에 유학하고 있는 학생들이 독립협회에 대한 인민의 대표성에 대해 문제를 제기하고 있었다. 일본유학생들은 "독립협회가 의미하는 바는, 의회 설립이라는 외견상 민주적으로 보이는 운동의 실상은 왕권을 약화시키기 위한 일본의 목적을 위해 생겨난 운동"이라고 하였다(이태진, 2000, 『고종시대의 재조명』, 서울: 태학사. p.49).

Ⅲ. '뉴 거버넌스' 형성: 朝鮮的 民主主義

유길준이 주장하는 문명론적 개화사상은 조선이 근대화의 길목
에서 인민의 권리를 억압하고 결과적으로 국가의 부국강병을 저해
하는 정치체제의 존재를 극복하고 또한 그러한 체제를 비판하는
것으로부터 출발한다. 이러한 새로운 문명론적 개화사상은 1884년
갑신정변과 1888년 박영효의 상소문인 「建白書」을 효시로 하고
있다. 그리고 이러한 사상을 보다 더 이론적으로 체계화하여 접근
한 1889년 유길준의 『西遊見聞』과 같은 문명론적 개화사상이다.

박영효의 「建白書」에 담긴 사상의 핵심은 서구식 민주주의로 일
거에 바꾸면서 체제의 개혁을 강조하고 있는 데 반해, 유길준은 전
통적 군주제를 일거에 폐지하기가 곤란함을 파악하고, 군주제를 유
지하면서 민의 정치적 능력과 교양을 쌓아서 개혁의 필요성을 강
조하는 朝鮮的 民主主義야말로 조선이 실질적으로 개방하는 방향
이라고 주장한다.

현실적 입장에서 볼 때 유길준의 이러한 생각이야말로 잘 성공
되기를 기대할 수 있는 유일한 대안일 수 있었다. 현실주의적 입장
은 군주를 중심으로 정치의 구심점을 마련하여, 오랜 전통적 군주
제에서 정책결정에서 제외되어 있었던 민의 능력을 함양하여 그것
을 바탕으로 하는 민의에 따른 정치를 추진하여야 하는 과제를 달
성해야 하는 입장을 고려하지 않을 수 없었던 것이다. 이제 유길준
이 구상하는 새로운 민주적 거버넌스의 문명국가건설의 틀을 살펴
보기로 한다.

1. 인권보장

　유길준은 오랜 세월 속에 지배계급에 의한 억압을 받아 왔던 인민의 권리보장이 없는 정치는 결코 개화한 정치라고 보지 않았다. 그는 인민의 권리를 '자유'와 '통의'라고 하고, 이 자유와 통의는 스스로 훼손하기 전에는 "萬乘의 威와 萬夫의 勇"이라도 빼앗을 수 없는 "不可奪, 不可撓, 不可屈한 것"이라고 하였다. 여기에서 通義는 정직, 정리, 권리, 도리를 의미한다. 즉 천부인권에 해당한다.[28] 그가 말하는 통의라는 천부인권은 '天然 對 人爲', '無係 對 有係'로 구분하고 있다. '天然의 自由'와 '無係의 通義'를 '一人의 身에 在하여 他關係가 更無한 것'[29]이라 규정하는 이른바, 천부의 자유와 권리로서 어떠한 이유에서도 빼앗기지 않는 것이다. '人爲의 自由'와 '有係의 通義'는 '世俗에 居하여 世人을 交하여 互相 關係하는 것'으로써 인간관계를 원활하게 하기 위하여 조절되어야 하는 영역으로 간주한다. 유계의 통의는 교제의 직분에서 법의 간섭과 보호를 받는 데 대해, 무계의 통의는 지나치게 되면 금수의 자유가 되어 버린다. 이러한 방탕한 천연의 자유를 제어하여야 하

---

28) 《孟子》 滕文公章句 上4: "有大人之事 有小人之事 且一人之身而百工之所爲備 如必自爲而後 用之 是 率天下而路也 故 曰 或勞心 或勞力 勞心者 治人 勞力者 治於人 治於人者 食人 治人者 食於人 天下之通義也"(대인(政治家)의 일이 있고, 소인(百姓)의 일이 있으며, 또한 사람의 몸에 백공의 하는 일이 구비되어 있으니, 만일 반드시 자기가 만든 뒤에야 쓴다면 이는 천하 사람을 거느려 분주하게 하는 것이다. 그러므로 옛말에 이르기를 혹자는 마음을 수고롭게 하고, 혹자는 힘을 수고롭게 하니, 마음을 수고롭게 하는 자는 남을 다스리고, 힘을 수고롭게 하는 자는 남에게서 다스림을 받는다고 하였으니, 남에게 다스려지는 자는 남을 먹여 주고, 남을 다스리는 자는 남에게 얻어먹는 것이 천하에 공통된 의리이다.)라고 하여 '通義'를 '天下의 共通된 義理'라고 한다.

29) 유길준의, 『서유견문』, 제4편의 〈人民의 權利〉에서 '無係의 通義'는 한 사람에게만 소속되어 다른 사람과는 관계가 없는 것을 말하며, '有係의 通義'는 세속에 살면서 세상 사람들과 사귀어 서로 관계되는 것이라고 한다.

는 것이 유계의 통의이다. 그는 천리, 정리, 사단, 오륜으로 상징되는 인륜이라는 요소를 천부인권이라는 개념에 포함시키고 있다.

또 다른 견해는 유길준은 인권을 법률의 유보하에 두어 천부인권론을 실질적으로 포기하고 법에 의한 지배를 주장하였다고도 할 수 있다.[30] 따라서 아무리 절대적인 강권을 가진 군주라고 하더라도 인민의 천부적 권리나 법에 의한 지배를 거부하는 전재나 독재의 정치체제를 부정한다. 개화기의 조선의 인민은 어떠한 권리하에 있었던 것인가를 생각하면 이러한 인권의 보호를 위해서 제도적 보장이 될 수 있도록 국가의 사회제도와 질서체계를 바꿀 것을 주장한다.

2. 교육계몽

유길준은 그가 삶을 영위한 조선은 아직도 개화가 이루어지지 않은 半開化의 상태로 간주한다. 따라서 조선은 그가 구상하는 서구식의 立憲君主制나 合衆共和制를 행하기에는 아직도 民智가 충분히 개발되어 있지 않다고 본다. 인민의 지식이 부족하기에 인민이 국정에 참여하는 것은 국정에 참여할 수 있는 지식을 먼저 보급하는 것을 선결해야 할 과제로 삼아야 한다고 본다. 그래서 그는 범국민적 교육의 개혁을 이루어 교육받고 문명화되는 국민교육을 위해서 초등교육의 의무화를 주장한다.[31] 그래서 최종적으로는 모든 국민의 선비화 정책을 주장한다. 이를 그의 말로 표현하면 국민개사(國民皆士)화이다. 모든 국민을 선비화하려는 작업으로 먼저

---

30) 김봉렬, 1998, 『유길준 개화사상의 연구』, 서울: 경남대학교 출판부, pp.72-77.
31) 유길준은, 『서유견문』, 제3편 〈人民의 教育〉에서 교육의 목적은 새로운 변화에 변통할 수 있는 알게 하여 사물의 이치에 통달하고, 기계학의 취지를 깨우쳐 시대의 변천에 순응하여 자기의 직업을 바꿀 수 있는 능력을 기르는 일로 삼았다.

흥사단을 조직하여 국민을 선비와 같은 문명화된 국민으로 육성하는 데에 노력하겠다는 것이다. 국민개사는 전 국민을 선비로 만든다는 의미보다는 전 국민에게 士風을 일으키려 하는 운동이다. 그일환으로서 흥사단을 조직하게 되는 것이다. 이러한 사풍이 진작된 계층에 의해 국가의 제반 산업을 담당케 하여 국가를 부강케 하고자 하려는 것이다. 이때의 선비는 전근대적인 士民工商의 士가 아닌 근대의 문명화된 지식과 도덕을 갖춘 士를 일컫고 있다.[32]

"오늘날의 士가 옛날의 士와 다른 까닭은 옛날의 士는 四民의 하나에 위치하여 하나의 특수한 계급을 이루니 이는 당시에 교육을 받아 士가 되기에 족한 지식과 도덕을 홀로 가진 자로 士라는 명칭을 향유하였으나, 오늘날의 士는 그렇지 않고 농공상 중 어떠한 직업에 종사하든 士의 지식과 도덕을 갖춘다면 역시 士가 될 수 있는 것이니 하필 그 업무에 따라 그 명칭을 구별하리오. 세간의 수만 가지의 사업을 불문하고 士의 자격은 염치를 중히 하며 지력이 풍부하여 그 이익이 자기 자신에 그치지 아니하고 국가 전체에 미치는 것이니 세계의 여러 나라가 일신하고 흥륭을 이룬 것은 이에 연유함이라."[33]

이러한 그의 지적에서 볼 때 士의 지위적 모형은 '근대적 지식'과 '전통적 도덕'을 함께 구비한 그런 모형인 것이다. 이러한 근대적 문명화된 국민의 수준을 유길준은 어디에다 두고 있었는가? 그것은 자치할 수 있는 민지를 갖춘 수준에 두고 있다. 이러한 민지의 계발에 국민교육의 목표를 두고 인격의 형성을 국민교육의 방향으로 삼고 있었다. 민지가 갖추어진 국민을 교육하기 위해서는 지방자치의 중요성을 강조한다. 그래서 그는 민지 계발의 차원에서

---

32) 유길준은 그의, 『서유견문』, 제3편의 〈人民의 教育〉에서 교육의 덕목을 道德, 才藝, 工業 교육으로 나누는 것이 좋다고 한다. 이것이 교육의 三大綱인 正德, 利用, 厚生 의 커다란 취지를 밝힌 것이다.

33) 유길준, 1995, 『유길준 전서』, 제2권, 서울: 일조각, p.364.

지방자치교육을 위해 소자본가 계급 이상을 중심으로 하는 지방자치훈련을 통해 민주주의를 교육하고 훈련시켜 나가려고 한다. 그러한 전초 단계로서 1908년 5월 '한성부 민회'를 조직하여 그 조직의 회장으로 취임하여 국민의 자치사상을 계발하는 門路를 여는 훈련을 시작하기도 한다. 그는 민의 정치적 자치를 급진적이지 않고 점진적인 훈련을 통해 君民共治의 체제를 확립하려고 하였던 것이다.

3. 행실의 개화

유길준은 '행실의 개화'를 바탕으로 하는 문명국가건설이 아니면 부국강병의 이상국가건설이 불가능하다고 생각한다. 그의 개화는 문명사관을 바탕으로 하고 있다. 그의 이러한 문명사관은 인간의 역사가 야만에서 문명상태로 진보해 가는 역사발전으로 인식하고 있다. 유길준은 역사의 진보를 개화로 보는 단계를 3단계로 구분하고 있다. 그 3단계는 미개화, 반개화, 개화의 3단계이다.[34]

> "개화란 사람의 천사만물이 가장 선하고 아름다운 경지에 이르는 것을 말한다. 그런 까닭에 개화하는 경지란 사실상 한정하기가 어렵다. 세계의 어느 나라를 돌아보든지 개화가 극진한 경지에 이른 나라는 없다. 그러나 대강 그 등급을 구분해 보면 개화한 자, 반개화한 자, 미개한 자 등의 세 가지로 나누어 볼 수 있다."[35]

유길준은 당시 조선에서는 지금까지 야만이라고 불러 왔던 서양을 문명이라고 부르고 있다. 그는 앞에서 개화기에 논의가 되어 온 정치개혁 논의 가운데서 위정척사론자들과는 완전히 다르게 그 자신이

---

34) 그는, 『세계대세론』에서 문명의 개념을 야만, 미개, 반개, 문명 등의 4단계로 구분하기도 하였다.

35) 유길준, 『西遊見聞』, 제3편 〈人民의 敎育〉.

처하고 있는 조선을 서양보다 낮은 것으로 보는 시각(perspective)을
보이고 있다. 즉 그의 개화하는 근대화의 개념은 서구적 근대화의 문
명국가론이다. 그런데 그는 개화를 여러 가지의 유형으로 나누고 있
다.36) 행실, 학술, 정치, 법률, 기계, 물품 등의 개화로 분류하고 있다.
이러한 모든 면에서 구비되어야 진정한 개화가 이루어지는 것이라고
본다.

> "오륜의 행실을 純篤히 하여 사람의 도리를 알게 되는 행실의 개화, 학술
> 을 궁구하여 만물의 이치를 소상하게 밝히는 학술의 개화, 국가의 정치를
> 정대하게 하여 백성의 태평한 낙이 있는 정치의 개화, 법률을 공평히 하여
> 백성이 억울한 일이 없도록 하는 법률의 개화, 기계의 제도를 편리하게 하
> 여 백성들의 사용에 이롭게 하는 기계의 개화이다. 이처럼 여러 조목의 개
> 화를 합한 연후에야 개화했다고 말할 수 있다."37)

유길준의 행실의 개화는 오륜에 근거한 사람의 도리를 말한다.
그의 『노동야학독본』에서 사람 노릇 하는 6대 근본의 첫 번째로
사람의 도리를 들고 있다. 가족의 윤기는 부모의 자애, 자녀의 효
도, 부부의 화순, 형제의 우애, 국가의 윤기는 임금이 임금의 일을
행해야 하고, 신하와 백성이 임금에게 충성을, 그리고 사회의 윤기
로 사람간의 신의, 귀천, 상하의 차례에 있다고 한다. 그의 전통 윤
리인 오륜에 바탕하고 있는 도리는 변화하지 않는 영원한 진리요,

---

36) 박영효의 경우에는 그의 상소문 「건백서」에서 개화를 '옛것을 따르고 의지하는 것(依
賴守舊)'과 대립되는 개념으로 '새로운 것으로 나아가 자립하는 것(就新自立)'으로
파악하고 개명과 미개에 대한 개념을 '文明之人'과 '愚昧之人', '文明之人'과 '野蠻
國之人', '開明識理之民'과 '未開無識之民'과 같은 개념을 대립하면서 인간적 차원
에서, '文明開明之政'과 '野邦未開之政' 등 정치적 차원에서, 그리고 '近代文明之
國', '文明强大之國', '歐洲文明之邦' 등과 '亞洲未開弱小之邦' 국가적 차원에서,
문명과 미개의 개념을 대비시키고 있다. 그러면서 문명, 개화하여 조선을 '자립자존의
힘(自立自存之力)'의 형성을 목표로 하여야 할 당위성을 강조하고 있다.

37) 유길준, 1995. 『유길준전서』 제2권, 서울: 일조각, pp.375-376.

가치라고 보고 있다.

그의 개화는 서구의 것을 무조건 따른 개화의 모델이 아니다. 그가 바라는 참된 개화란 서구적 물질적 개화가 아니라 행실의 개화를 통하여 만세를 두고 세계의 모든 나라에서 변할 수 없는 행실을 말한다. 그것은 역사의 변화에도 변하지 않는, 즉 가치판단의 기준을 말한다. 그의 가치판단의 기준은 유교적 세계관에 두고 있다. 그의 유교적 세계관은 唐虞三代(夏殷堯舜禹)를 역사의 이상으로 설정하고 그 시대를 재현 尙古하는 경향을 가지고 있는 그런 것이다. 그러면서도 서양의 물질적인 장점을 취하고 동양의 상고주의적 미덕의 행실을 따르는 그런 개화사상이다. 즉 유길준의 취장보단 개화사상은 위정척사파의 하은주의 예의회복에 주력하는 상고주의와는 근본적으로 차이가 있다.

4. 권력분립

유길준이 바라는 정치체제는 입헌군주제가 현실적인 조선의 바탕 위에 설 정치체제라고 할 수 있다. 유길준은 그의 『서유견문』 제5편에서 〈정부의 종류〉를 다음과 같이 소개한다. 그는 정체를 첫째, 군주 일인이 마음대로 하는 정체. 둘째, 군주가 명령하는 정체. 셋째, 귀족이 주장하는 정체. 넷째, 군민이 함께 다스리는 정체(입헌군주제). 다섯째, 국민이 공화하는 정체(합중정체). 이들 중에서 첫째와 셋째는 하고 있지 않는 것이고, 아시아 국가들은 대부분 둘째의 군주가 명령하는 정체를 갖추고 있으며, 유럽은 군민이 함께하는 정체이며, 남북미는 국민이 공화하는 합중정체를 많이 행하고 있다고 설명하고 있다. 그는 君民共治인 立憲政體를 가장 좋은

규모의 정체라고 평가하고 영국을 가장 대표적인 국가로 들고 있
다. 유길준은 이러한 정치체제는 다음과 같이 설명하고 있다.

> "……그 나라의 법률과 정치에 관한 모든 권리를 임금 혼자서 마음대로
> 하지 않고, 의정에 참여하는 여러 대신들이 반드시 먼저 작정한 것을 임금
> 이 명령하여 시행하는 체제를 가리킨다. 대개 의정에 참여하는 여러 대신들
> 은 국민이 천거하여 정부의 의원이 되기 때문에, 대신들은 자기를 천거해
> 준 국민을 대신하여 사무를 집행하는 셈이다. 또 임금의 권세도 일정한 한
> 계가 있어서 법으로 지정된 한계 밖으로는 한 걸음도 나갈 수 없다. 임금으
> 로부터 서민에 이르기까지 가장 공평한 도리를 따라야 하는데, 비록 아무리
> 작은 일이라도 사사로운 감정으로 처리하지는 않는다.
> 또 사법을 맡은 대신들과 행정을 맡은 대신들은 자기 임금의 명령을 받들
> 어 직무를 수행하며, 모든 정사와 법률은 의정에 참여한 여러 대신들이 작
> 정한 것을 시행한다. 그러므로 이 정치체제의 실상은 의정, 행정, 사법의 삼
> 권으로 나누어져 있는데, 임금은 삼권을 통괄하는 원수이다."38)

그러나 어느 나라든 이 같은 정치체제를 취할 수는 없는 것으로,
인민을 교육하여 국정참여의 지식을 가지도록 한 후에39) 이 정체
를 의논하기 시작할 수 있는 것이며, 조선도 궁극적으로는 이러한
정치체제를 가질 필요가 있다고 한다.40) 당시 개화정국에서 권력분
립에 의한 입헌군주제의 필요성은 다음과 같다.

첫째, 개화의 변화, 즉 입헌군주제의 필요성은 전제군주제의 폐
해를 막기 위해서이다. 다시 말해서 그는 비록 조선 조정의 상황에
서는 조심스럽기는 하였지만 그래도 헌법을 만들고, 삼권을 분립하

---

38) 유길준의, 『서유견문』, 제5편 〈政府의 種類〉.

39) David Beetham and Kevin Boyle, 1995, *Introducing Democracy: 80 Questions and Answers*,
Polity Press Published in Association with UNESCO Publishers, p.xiv. 현대 대의 민주
주의를 설명하면서 Beetham and Boyle은 "민주주의를 유지하고 실천하기 위해서는
무엇보다도 지식과 정보가 갖추어진 시민이 요구된다."고 한다.

40) 이태진, 2000, 『고종시대의 재조명』, 서울: 태학사, p.40.

여 일인 군주의 명령에 따라야 하는 폐단을 막을 수 있다고 판단한
다. 당시 개화의 설명을 대변하고 있는 한성순보에서 헌법과 삼권
분립의 필요성을 이렇게 설명하고 있다.

> "헌법이 있은 이후는 입법관은 입법만 할 뿐 행정을 할 수 없고, 행정관은
> 행정만 할 뿐 입법을 할 수 없으므로 사욕을 품는 자가 그 욕망을 마음대
> 로 펴지 못하고, 죄 있는 자 및 소송하는 자가 모두 사법관의 관할을 받되,
> 사법관은 입법관과 행정관의 지시와 촉각을 받지 않고서 오직 법률에 의해
> 형벌을 시행하고, 이에 의해 일을 처리하기 때문에 무고한 사람을 벌 주려
> 는 자가 감히 그 독을 부리지 못하게 할 수 있다."[41]

이러한 삼권분립의 타당성은 후기 개화파의 대변지 역할을 한
독립신문에서도 권력분립의 이유를 사람의 재능이 각자 다르다는
것을 들고 설명하고 있다. 즉 사람의 머리와 수족의 역할이 다르듯
이 그 각각의 신체적 부위에 따라 하는 역할이 있다고 강조함으로
써 머리가 하는 일을 수족이 하려면 안 되고, 수족이 하는 일을 머
리가 할 수 없다고 한다.[42]

> "생각하고 방책을 내는 일은 외국에서는 議會院이라는 곳에서 하며, 의회
> 원에서 작정한 방책과 의사를 행하는 곳은 내각이라 하는 곳에서 하는 것
> 이다."[43]

둘째, 또 다른 입헌군주제의 필요성으로는 문벌로 사람을 뽑는,

---

41) 한성순보, 1884.1.3. 〈구미입헌정체〉: 신용하, 1986, "19세기 한국의 근대국가 형성문
제와 입헌공화국 수립운동", pp.30-31.

42) Thomas Hobbes, *Leviathan*(London: J. M. Dent and Sons Ltd., 1959), p.1.
이러한 국가의 권력분립의 개념은 근대주권국가의 개념을 설명하는 홉스가 그의 명
저, 『리바이어던』(Leviathan)에서 국가를 '인공적인 인간(Artificial Man)'에 비유한 것과
같이 설명하고 있다.

43) 독립신문, 1898.4.30.

즉 과거제에 의하는 것보다는 민선에 의해서 사람을 뽑는 선출제
에 의하기 때문에 능력 있는 사람이 뽑혀서 일할 수 있다는 점이라
고 판단한다. 당시의 개화를 설명하는 한성순보나 독립신문의 사설
의 내용을 보면 다음과 같다.

> "예로부터 재상들이 흔히 적임자가 아니어서 바른 정치가 행해지지 못하고
> 백성이 편안하지 못했던 것은 문벌이나 黨與로 사람을 등용하고 일찍이 군
> 자를 널리 선출해서 정치를 맡기지 않았기 때문으로 입헌정체는 민선을 근
> 본으로 삼아 일체 그들의 뜻에 따르기 때문에 國中에 현능한 자는 누구나
> 그 의원이 될 수 있고 또한 누구나 그 재상이 될 수 있으니 어찌 군주를 불
> 의에 빠뜨리는 일이 있겠는가."44)

> "혼잡하고 규칙 없는 일을 없애려면 불가불 議政院이 따로 있어서 國中에
> 학문 있고, 지혜 있고, 좋은 생각 있는 사람들을 뽑아 그들에게 행정하는
> 권리를 주지 말고, 의론하여 작정하는 권리만을 주어 좋은 생각과 좋은 의
> 론을 날마다 공평하게 토론하게 해야 한다."45)

이상의 군민공치의 거버넌스로서의 군주 일인의 권세에 맡겨져
있던 의정에 관한 것을 분리하여 민선에 의한 의정대신들에게 맡
기는 입헌군주제의 필요성은 요약하면 전제군주제의 폐해방지와
문벌보다 민선에 의한 인재선발 기쥰이 개화정국 당시의 정치체제
변화의 핵심이 된 것이나.

---

44) 한성순보, 1884.1.3. 〈구미입헌정체〉: 신용하, 1986, "19세기 한국의 근대국가 형성문
　　제와 입헌공화국 수립운동", pp.30-31.
45) 독립신문, 1898.4.30.

5. 문명국가건설 — 새로운 거버넌스가 형성된 국가

1) 수공, 조공의 새로운 정립 독립 민족국가

유길준은 만국공법의 논리를 주장하여 청국의 부당한 처사를 막으려고 하였다. 그는 〈邦國의 권리〉에서 受護國과 贈貢國이라는 개념을 들어 조선이 청에 대해 조공을 바치는 증공국이지만 종속국은 아니라는 것을 주장하였다.

> "나라의 크기와 강약에 따라 그 형세를 이겨 내지 못하여 이따금 강대국이 국제공도를 돌보지 않고 그 힘을 휘두르게 된다. 이러한 때에 약소국이 자기 나라를 보존하려는 방법으로 다른 나라의 보호를 받게 되는데 이러한 나라가 受護國이다. 또 다른 나라에 공물을 보내어 또는 예전에 맺었던 조약이나 새로 맺은 조약에 따라 빼앗긴 국토를 돌려 달라고 하거나, 뒷날 침략당할 것을 면하려고도 하니, 이러한 나라가 贈貢國이다."46)

또한 유길준은 從屬國은 나라의 정령과 제도 일체가 上國을 따르며 내외의 제반 사무에 자주적 권리가 없으나, 贈貢國은 受貢國과 적대하기에는 힘이 약하여 강대국에게 침략을 면하기 위해 본심과 달리 약장을 지키고 공물을 바치지만 독립주권을 가진 당당한 독립국가임을 강조하였다. 비록 조선의 입장이 청에 대해 힘이 약하여 조공을 바치고는 있지만 타국과의 관계에서는 엄연하게 독립국가로서 지위를 갖는다고 주장한다.

1882년 '朝淸商民水陸貿易章程'이 체결된 이래로 기존의 외교관계인 '事大字小'의 유교적 도덕적 명분이 사실상 붕괴되고, 그 대신에 힘에 의한 현실주의적 관계로 변질되었다. 그 후 청국은 조선에 대해 영약삼단(另約三端)47)을 제시하여 조선의 자주적 외교권

---

46) 유길준, 『서유견문』, 제3편 〈邦國의 權利〉.

을 제한하려고 하였다. 이에 대해 유길준은 조선과 청국 사이에는 동등하지 않은 體禮, 즉 사대관계가 있으나, 조선과 타국은 동등한 體禮, 즉 交隣의 관계를 인정하여야 한다고 주장한다. 결국 미국에 전권대사로 파견된 박정양이 이에 구애됨이 없이 자주외교를 펼치고, 유길준의 타국과의 동등한 체례를 주장하는 등으로 조선은 청으로부터 불평등 관계를 강요당하면서도 서구열강과는 자주독립국가로서 근대 공법질서에 따라 평등한 관계를 맺고 있었다. 유길준의 시각으로는 이러한 앞뒤가 서로 맞지 않는 관계를 兩截體制論[48]으로 보고 있다.

그는 또한 인간 평등의 개념을 국가 간의 국제사회에서의 평등으로 연계하여 국권의 평등성을 강조한다. 그가 처한 당시의 조선은 청국이 종주권을 내세워 속국화하려는 상황에서 조선이 자주할 수 있는 방도를 찾아야 했다. 그래서 유길준은 국가주권을 천부적 국가권력으로 제시하여 국가와 국가 사이에는 간섭이 있을 수 없음을 강조하고, 비록 조선이 청국에 대해 조공국이라고 해도 조선

---

47) 청의 리홍장이 파견한 조선의 외교고문인 Owen N. Denny(1838-1900)가 조선의 자주독립에 관심을 갖고서 그가 조선에 체류하는 동안(1886-1890) 러시아와 밀약을 2차로 맺게 하고 미국 등 구미제국에 사절파견을 조선 조정에 조언하였다. 이러한 조선외교 변화에 대해 조선을 청국의 속방으로 인정할 것을 조건으로 하는 문서를 강요받았다. 이것이 영약삼단이다. 그 내용은 조선과 타국과의 외교관계에서 ① 조선 공사는 임지에 도착하는 대로 그곳의 청국공사를 방문해야 하고 청국공사와 함께 주재국의 외무성을 방문해야 한다. ② 주재국에서 의식과 연회 등이 있을 때에는 청국공사의 뒤를 따라야 한다. ③ 중대한 외교상의 안건은 미리 청국공사와 의논해야 한다는 등의 특별한 조건이 강요되었다. 그러나 주미전권대사 박정양은 이러한 조건에 구애받지 않고 자주외교를 실시하였다. 그러다가 1889년 박정양은 귀국하였다.

48) 이종은, 2004, "유길준의 국가건설사상", 『한국정치학회보』, 제38집 제1호, p.39. 원세개의 방자한 행동으로 인해서 수공국인 청국은 구미제국에 대해서는 '동등의 예도'를 취하면서, 조선에 대해서는 '독존하는 체모'를 행하여 속국처럼 대하려고 하였다. 이렇게 함으로써 청국은 증공국 조선으로 하여금 청국에게는 속국처럼 하고, 구미제국에게는 자주독립국으로서의 관계를 맺어야 하는 체제를 가지게 하였다. 이러한 양절체제를 인정하는 것은 결국 청국도 조선이 독립국가임을 인정한 것으로 본다고 주장한다.

의 주권이 있다고 주장하여 국가 간의 평등을 제시하였다. 그리고 그는 확실하게 주권국가 수립을 위해 청국에 대해 조공관계를 타파해야 한다고 생각하였으나 현실적인 문제를 감안하여 조공국은 독립국가이기 때문에 중립할 권리가 있다[49]는 논리를 주장하였다.

따라서 앞에서 본 바와 같이 공도를 무시하고 강대국이 자행하는 행위를 벗어나기 위해서 약소국이 자보하기 위하여 수호국이 되며, 강대국의 침략을 면하기 위해 곡물을 받치는 자국 보존방책에서 증공국이 생기게 되는 것이다. 따라서 약소한 국가가 강대한 국가에 사대를 하여도 강대국의 속국이 되는 것이 아니라 자주 독립의 주권국가이다.[50] 이로써 조선이 청국과의 관계에서 비록 증공국이기는 하지만 속국은 아니며 엄연한 자주 독립의 민족국가임을 강조한다. 이는 『청한론』(China and Korea)의 저자 데니(Owen. N. Denny)도 동일한 논리를 제공해 주고 있다.[51]

2) 유교주의 도덕 국가

유길준에게서 영원한 불변의 진리는 유교의 도덕관념이다. 유교

---

49) 유길준의 증공국가와 속국의 차이는 정용화의 『문명의 정치사상: 유길준과 근대한국』 (서울: 문학과 지성사, 2004)의 p.213을 참조. 박영효는 고종에게 상소한 건백서(1888) 에서 그는 갑신정변(1884)에 실패한 후 일본에 망명하면서 정치적 과제는 세계적 정세에 당시 국제정세의 현실주의적 힘의 우위를 대처하고 자립할 수 있는 힘을 길러야 할 것을 제시하고 있다. 그의 정치적 과제로는 興法紀安民國, 經濟利潤民國, 養生以健殖人民, 治武備保民護國, 敎民財德文藝以治本, 正政治使民國有定, 使民得當分之自由以養元氣 등을 제시하고 있다.

50) 유길준, 『서유견문』, 제3편 〈邦國의 權利〉.

51) Owen N. Denny, 1888, *China and Korea*, Shanghai: Kelly and Walsh Ltd., Printers, p.5. "Sovereignty is the supreme power by which any state is governed: this supreme power may be exercised either internally or externally. Internal sovereignty is that which is inherent in the people of any state or is vested in its ruler by its municipal constitution or fundamental laws. External sovereignty consists in the independence of one political society: and it is by the exercise of this branch of sovereignty that the international relations of one political society are maintained in peace and in war with all other political societies."

의 가치 중 삼강이 강조되지 않고 있다는 것이다. 그에게서는 삼강
은 수직적 위계의 질서라면 오륜은 상대적, 수평적, 호혜적 관계를
강조하는 규범으로 간주한다. 그에게서 유교적 전통을 부정하는 것
이 아니라 그 도리는 보전하는 가운데서 근대적 개혁을 구상하는
것이다. 다만 時宜에 맞는 그러한 변화를 추구하는 것이다. 시대의
요구에 응변하지 못하는 허구적인 유학을 비판할 뿐 유교의 가치
와 유용성은 견지되어야 할 것으로 본다. 그는 "공자는 정치도덕의
성이고, 나의 구주는 종교도덕의 신"이라고 하여 기독교를 수용하
면서 유교의 가치를 포기하지 않고 있는 것이다.52)

그는 앞서 본 바와 같이 개화의 조건으로서 "인생의 도리를 지
키면서 사물의 이치를 궁구하여 천사만물이 지선 극미한 경지"53)
에 이르는 것이다. 물리를 탐구하여 물질문명의 발달은 물론 유교
의 윤리를 기초로 하는 도리의 세계, 즉 '도덕적 가치의 구현을 동
시에 추구'하고 있다. 그래서 그는 "부강하나 도덕적으로 풍요롭게
하지 않으면 그 부강은 참부강이 아니요, 사회가 도덕으로써 바로
서지 않으면 그 문명은 또한 참문명이 아니다."54)고 한다.

유길준은 禮儀와 廉恥를 강조하는 덕을 주로 하고 법을 보조적
인 것으로 간주한다. 즉 德主法保와 禮本刑末의 태도를 견지함으
로써 예의와 염치의 겸양과 교화를 우선시하는 근대화와 개화를
주장한다. 아무리 법치가 중요해도 인치를 중요시하고 있다. 그는
'법은 그야말로 최소한의 도덕'이기 때문이라는 법 원리를 강조하
고 있다. 그러나 유길준은 개인의 권리보장을 위해서 전통적인 유

---

52) 『유길준전서』, 2권, p.397.
53) 유길준, 『서유견문』, 제14편 〈開化의 等級〉.
54) 『유길준전서』, 2권, p.322.

교의 미덕을 도덕과 법의 조화를 추구하고 있다. 이렇게 볼 때 그는 전통적 유교윤리와 서구의 근대적 실정법의 논리를 동시에 추구하는 복합적으로 융화하려고 하는 듯하다. 절차적 제도적으로 서구문명이라는 신지식을 추구하면서 유교공동체적 원리의 유용함을 끝까지 포기하지 않고 개인의 인격적 도덕적 자율을 배제하지 않는 이른바 東道와 西器의 가치를 취사선택적으로 복합하려는 새로운 창조의 과제를 세우려 한 것이다.

3) 군치에서 법치하는 국가

유길준은 법치주의 사상의 실행을 촉구하고 있다. 인민의 권리를 조선시대의 국왕과 고을 수령들과 같은 권력자들에 의한 자의적인 판단이 허용되는 군왕의 자행에 의한 통치에서 모든 인민의 권리는 법에 의해 보장되어야 하는 실정법주의를 강조하고 있다. 인민의 권리가 법의 지배를 통해 실현되어야 한다는 것은 인권의 진정된 의미는 군주 일인의 주관적 자의적 판단이 아닌 객관적 실정적로 법률과 제도적으로 보호되어야 함을 강조하고 있는 것이다.

또 한편에서 그는 이러한 실정법주의 사상의 법치를 죄형법정주의의 실행으로 구현하려고 한다. 그래서 그는 "귀한 바가 공경에 이르고, 부유한 바가 왕후에 이르는 자리라도 법관이 아니면서 그 위세를 빙자하여 빈천한 자를 마음대로 私刑에 처하고 체포하는 것은 국권을 남용하고 왕권을 난용한 것"이라고 한다. 그는 私刑을 금할 것을 강력하게 주장한다.[55] 백성이 죄를 범했다고 하더라도 법을 집행하는 자만이 법에 의해 처벌할 수 있을 뿐 '萬乘의 威'에 있을지라도 법으로 백성을 처벌하는 것 이외에는 다른 방도가 없

---

55) 유길준, 『서유견문』, 제10편 〈法律의 公道〉.

다고 한다.[56] 실제로 그는 갑오개혁에서 이러한 실정법주의 사상을 실행하였다. 따라서 갑오개혁에서는 죄형법정주의와 연좌제 폐지, 잔혹형 금지 등을 직접 시도하기도 하였다.

이와 같이 그는 군왕 일인의 자의적 주관적 판단으로 사람을 죄 주는 것에서 객관적 제도적 실정법에 의한 통치를 이룩하는 국가야말로 진정한 문명개화한 국가이며 이것이 개화의 핵심이라고 주장한다. 그는 방국의 권리를 보수하는 대본이 법률과 교육이라고 본다.[57] 법이야말로 대중의 질서를 유지하는 큰 도구로서 법의 본의는 정직한 도를 권하며, 자연한 도리에 기초하여, 인간세상의 기강을 세우고, 원통하고 억울한 일을 평정하는 데에 있다. 법률은 권리와 의무를 정하고 倫紀와 俗趨를 시정하는 기능을 수행하는 것으로서 公道의 부당한 침범을 방어해 주는, 즉 '도의의 확립'을 주요 기능으로 인식한다.[58]

4) 국방과 경제 개혁에 의한 부강국가

그는 국가를 부강하게 하는 핵심은 경제적으로 발전하고 국방의 강화를 통해서만이 이루어질 수 있다고 인식한다. 그는 養兵이야말로 국가가 스스로를 지키기 위해 긴요한 것으로써 자보권을 확립하기 위해 국가에 상비군을 둘 것을 주장한다. 그는 양병을 위한 방법으로써 징병을 지원제와 공징제 두 가지를 제시하기도 한다. 또 한편으로 양병에는 군의 기강 확립에 역점을 두고 있다. 그는 군인은 행실이 단정해야 군의 목적을 달성할 수 있다고 본다.[59] 병

---

56) 유길준, 『서유견문』, 제4편 〈人民의 權利〉.
57) 유길준, 『서유견문』, 제3편 〈邦國의 權利〉.
58) 유길준, 『서유견문』, 제10편 〈法律의 公道〉.
59) 유길준, 『서유견문』, 제9편 〈養兵 制度〉.

장기가 우수해야 하며, 유사시에는 모든 백성이 다 군인이 될 준비가 되어 있어야 한다고 주장한다. 무엇보다 중요한 것은 부강한 국가건설에는 병력의 강화와 유사시의 국민의 군인화와 같은 국민과 연계와 유대를 중요시한다.[60]

경제에서는 봉건경제제도의 모순과 외국자본의 유입에 따른 적절한 '농업의 생산성 확대'와 '세제의 개혁'을 통해 국가재정의 확립과 상공업의 발전을 통해 부강한 근대국가 건설을 목표로 하고 있다. 그의 경제정책은 '중상주의정책'의 추진을 주된 것으로 인식한다. 이러한 농업의 생산성 향상과 세제의 개혁을 위해서 자유방임을 전제로 하는 地主佃戶制를 실시함으로써 부의 자본축적과 근대화를 위한 재정확보를 통해 상업에 종사를 장려하였다. 따라서 농업인구를 상업인구로 전용하는 정책을 추진하였다. 이는 자본의 축적과 상업의 장려로 중상정책에 의한 경제 개혁을 부국강병책으로 인식한 데에 근거하고 있다.

5) 정부의 정치제도의 혁신 – 봉건군주제에서 근대자유주의로

그는 문명화한 개화정치의 서구 모델을 소개하면서 국민이 자유롭게 직업을 선택할 권리, 종교의 자유 보장, 기술과 학문을 장려, 국민교육의 중요성, 국민의 신뢰와 안민, 그리고 병원, 빈민구제소 등을 세우는 등의 정부의 정책개혁과제를 제시하고 있다. 그가 제시하는 서구의 문명개화된 정치의 모델은 다음과 같다.[61]

제1조 自由任意(국민들이 자유롭고 임의롭게 행동하도록 해 준다): 이는 국가의 법률이 엄격하고도 분명하며 관대하고도 너그러

---

60) 이종은, 2004, "유길준의 국가건설사상", 『한국정치학회보』, 제38집, 1호, p.41.
61) 유길준, 『서유견문』, 제5편 〈政府의 治制〉.

워 국민의 권리를 보호해 주는 것이다. 사농공상의 지위를 구별하지 않고 본래 문벌을 논하지 않기 때문에 조정의 지위를 가지고 남을 경멸하지 않는다.

제2조 宗教信服(종교를 믿게 해 준다): 이는 사람마다 신복하는 宗旨를 받들 수 있도록 허락해 주고, 정부가 이를 간섭하지 않으며, 민간에서 일어나는 분쟁을 견제하는 것이다.

제3조 技術과 文學을 勵하여 新物의 發造하는 路를 開함(기술과 학문을 장려하여 새로운 문물을 발명하도록 길을 열어 준다): 이는 나라를 부강하게 하는 커다란 길이며, 국민을 이롭게 하는 묘한 이치이다. 발명품의 전매권을 허락하는 종류이다.

제4조 學校를 建하여 人民을 教育함(학교를 세워 국민을 교육한다): 이는 국민들의 지식을 넓혀 주고, 재주나 기예를 높이며, 공업을 분발케 하는 일이다.

제5조 保任安穩(정부를 믿게 하고 국민을 안정시킨다): 이는 정치가 안정되어 변경이 없고, 국민들이 정부의 명령을 믿어도 속임을 당하지 않으므로, 국민이 국법을 신뢰하며 생업이 안정된 상태를 가리킨다. 당시 정부의 국채보상, 통용화폐, 상법 등의 불이행과 파괴에서 오는 국민의 불신을 예로 제시한다.

제6조 人民의 飢寒, 疾苦를 救濟하는 事(국민들의 굶주림과 추위, 질병과 괴로움을 구제한다): 이는 국민들의 사유재산을 보호하는 데에 그치지 않고 병원이나 빈민구제소 등의 시설을 만들어 가난한 국민들을 구제하는 일을 가리킨다.

IV. 군민공치 질서체제

1. 군주의 위상

앞에서 본 바와 같이 유길준은 정치체제를 다섯 가지로 나누어 설명하고 있다. 그 다섯 가지 중에서 조선은 군주명령체제에 해당한다고 보았다. 군주명령체제에서는 국가의 典章이 일정하지 못하고 明君과 良臣이 국정을 잡아 공도를 행하여도 덕화와 은택은 그 군신의 당대에 해당하는 일시에 머물고, 폭군과 간신이 국정을 잡으면 그들의 私意에 방종하는 제도가 될 것으로 보았다. 반면에 그는 군민공치체제는 군주 일인의 명령에 의해 국정이 전횡되지 않기 때문에 의정대신과 상의하여 국정을 결정하고, 의정, 행정, 사법 등으로 권력이 분립하여, 국왕은 군주의 지위에서 법으로 정해진 범위에 한정하여 권세를 행사하게 된다. 또한 나라의 정령과 법률을 興衆의 공론으로 결정하여 정해진 정부의 법률과 제도는 군주와 국민이 함께 준수한다. 인구비로 의회를 구성하여 군주정치를 찬양, 인민의 권리보수, 사법 행정 직무감찰, 정령과 법률을 논하고, 군민이 공히 법률에 의해 공정하고 私情에 의해 행해지지 않는다[62]는 까닭에 국민 모두가 나라를 소중하게 여겨서 진취적 기상

---

62) 정용화, 2000, "유교와 자유주의", 『정치사상연구』(2000년 봄 2집), pp.73-74.
정용화는 유길준이 제시하는 군민공치체제를 다음과 같이 보고 있다. ① 나라의 법률과 정사를 군주 일인이 독단하지 않고 의정대신들과 반드시 먼저 상의하여 결정하고, 결정된 것은 군주의 명령으로 시행한다. ② 의정, 행정, 사법으로 삼권이 분립되어 있으며, 군주는 그 원수의 지위를 차지한다. ③ 군주의 권세는 법으로 정해진 범위 내에 한정한다. ④ 나라의 정령과 법률을 여중의 공론으로 결정하며 한번 정해진 정부의 제도와 법률은 군주와 국민이 다 함께 준수한다. ⑤ 국민 중에 유덕한 자를 인구비율로 천거하여 의회를 구성한다. ⑥ 의회는 군주의 정치를 찬양하고, 인민의 권리를 보수하며, 행정 사법의 직무를 감찰하고, 정령과 법률을 논한다. ⑦ 군주에서 평민에 이르기까지 모든 사무는 공정하게 처리하고 사정에 의해 행하지 않는다.

과 독립정신이 충만해진다고 보았다. 국민은 또한 정부와 협력하여 나라의 부강과 문명 증진에 노력하게 되고, 법률과 제도화가 되어 있기 때문에 학정과 가혹한 법을 자행하지 못한다[63]고 본다.

그래서 군민공치 질서체제에서 군주의 위상은 군주는 군림하나 법에 의하며, 일군 만민체제이지만 국권을 삼권으로 분할함으로써 전횡하지 않고, 백성의 뜻을 소중하게 여기는 국왕이 될 것으로 생각하였다. 그는 『서유견문』에서 이러한 의미의 군민공치 질서체제의 군주의 위상과 권위를 다시 구성하고 있다.

> "인군의 권세도 한정한 경계가 있어 법 외에는 한 걸음도 나가기 불가능하며, 국왕이 전횡하던 권력을 의정, 행정, 사법의 삼 대강으로 나누어 군주는 삼 대강의 원수로서의 지위를 가진다."[64]

물론 이러한 유길준의 뜻은 1910년 경술의 합방으로 나라의 국운이 일본에 넘어가게 됨에 따라 빛을 발하지는 못하였지만 전통적 유교적 치정의 바탕 위에서 행해진 정치개혁 논의로서 오늘의 민주화 과정을 밟으면서 세계화의 추세에 살아가는 우리들에게도 주는 교훈이 자못 크다고 할 수 있다.

2. 인민의 위상

유길준은 군주의 권세를 제한하고, 정부의 직분을 법률로서 설정하고, 백성이 정치에 참여하는 것을 거스를 수 없는 시대의 대세로 판단하고 민의 정치참여 중요성을 강조하였다. 군주명령체제에서

---

63) 정용화, 상게서, p.74.
64) 유길준, 『서유견문』, 제5편 〈政府의 種類〉.

군민공치체제로 개혁하는 것이야말로 조선이 반개화에서 개화의 상태로 나아갈 수 있는 길이요, 백성들의 보국하는 태도와 애국하는 정신을 끌러 낼 수 있는 길이기 때문에 이것이 개화의 핵심적 과업이라고 보았다. 그가 생각하는 군민공치의 이상적인 체제는 영국형 입헌군주제를 모델로 상정하였지만 '인민의 풍속과 국가의 경황'이 나라마다 다르기 때문에 곧바로 도입할 수는 없고 인민을 교육하여 국정참여의 능력을 갖춘 이후에 그 같은 제도의 도입이 가능하다고 생각했다. 나라마다 시대마다의 시의를 모르고 하는 갑작스러운 정체의 변화는 '어린이의 장난(小兒의 嬉戲)'에 불과하다고 판단하였다.[65] 그래서 그는 조선적 인민의 풍속과 경향에 맞는 조선형 군민공치체제를 모색하였다. 이러한 그의 구상은 갑오개혁과 같은 구체적 현실정치에서 추진되어 나갔다.

그래서 그가 바라보는 인민의 위치는 군민공치의 정치체제를 유지하고 발전시켜 나갈 수 있는 인민의 능력을 중요시 여기게 되었다. 그는 아마도 교육받은 문명화된 국민, 민지가 수준에 오른 국민, 그래서 국정참여능력을 갖춘 국민, 진개화한 국민, 애국심이 고취 된 국민, 이러한 국민이야말로 입헌군주정의 정치체제를 소화 발전시켜 나갈 수 있는 인민의 상이라고 생각했을 것이다.

지금까지 위에서 살펴본 군주의 위상과 인민의 위상을 갖추게 되었을 때 군민이 공치하는 정치체제는 발전하여 그가 구가하는 조선이 개화하여 선진 구미 각국들보다 더 빠른 문명국가로 진입할 수 있을 것으로 판단하였던 것이다. 국왕의 전제권을 낮추어 법률과 제도에 의하게 하고, 인구비례로 선출된 의회라는 제도를 통해서 인민의 정치참여가 이루어지는 정치체제가 그가 생각하는 이

---

65) 유길준, 『서유견문』, 제5편 〈政府의 種類〉.

상적인 입헌군주제요, 군민공치의 정치체제이었던 것이다. 이러한 국왕과 인민이 협력하여 국정을 주도해 나가는 군민공치체제가 본 논의의 시작에서 전제한 구한말 조선의 새로운 민주적 '뉴 거버넌스'의 한 유형이라고 할 수 있다. 이는 오늘날의 시민사회에서 논의되는 거버넌스의 의미와는 좀 다른 느낌이 있다. 구한말의 거버넌스는 정치체제로서의 전통적 국왕의 권세를 이양하여 국민이 정치에 참여하는 정치제도로서 권력의 분립과 권력의 발현의 원동력을 재구성하는 것이었다. 그러나 오늘날 현대 시민사회의 거버넌스는 대의제에서 오는 민주주의의 문제점과 결손을 치유하기 위해[66] 국민의 정책결정에 참여를 의미하기 때문에 근본에서 차이가 있다고 본다. 즉 구한말 개화기의 거버넌스는 제도적 정치질서체계를 수립하려는 것인 데 반해, 현대 민주주의의 시민사회의 거버넌스는 제도권에 대한 견제와 균형의 의미를 중요시한다는 점이다.

---

66) 이종식, 2008, 『현대민주주의와 시민사회』, 서울: 한국학술정보㈜, pp.79-90. 현대민주주의의 문제점으로서 첫째, 국민의 뜻을 보듬지 못하는 의회, 정당, 이익단체 등 민주주의 정치제도에 대한 불신, 둘째, 오일쇼크, 일자리의 다양화 등 경제질서의 불안, 셋째, 1970년대 국제경제적 변수와 정부위기론, 1980년대 신보수주의의 등장, 1990년대 지구화 등 외부환경의 도전, 넷째, 사회운동단체, 지식인, 언론 등의 파워의 증대에 따른 사회 내부적 동향, 다섯째, 국민의 불신과 비판, 그리고 참여의 부재에서 오는 변화에 순응치 못하는 정부정책 등으로 지적할 수 있다.

<표 6-1> 유길준의 민주적 뉴 거버넌스 모델

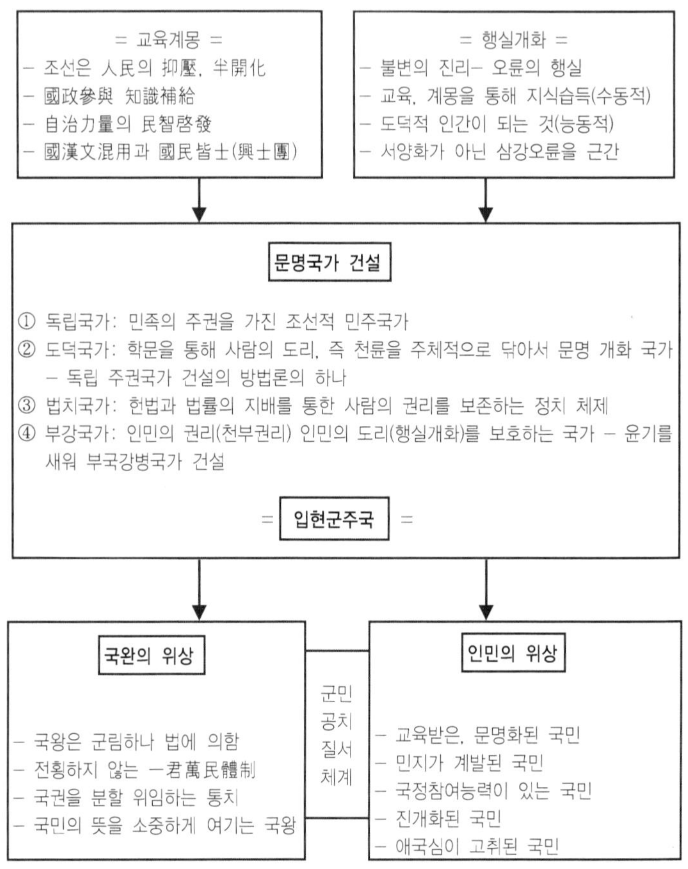

Ⅴ. 결론 ― 거버넌스로서의 타당성과 현대에 주는 함의

지금까지의 본 바와 같이 유길준의 새로운 거버넌스는 군민이 공치하는 정치제도로서 군이 통치하는 데 백성의 민의가 반영되는 입헌군주제로서 군민공치를 강조한다. 이러한 군민공치질서를 형성하기 위해서는 서구문명을 받아들이되 전통적 유교적 사상, 즉 오륜의 도리를 윤리의 기반으로 삼아 西道의 실용성을 가미하는 조선적 민주주의로 개혁을 주장하고 있다. 이로써 군민공치제도는 거버넌스로서 군과 민의 관계를 설정하는 제도로서 정치체제로 받아들일 수 있는 타당성을 갖는다.

이러한 그의 사상체계가 새로운 것으로 받아들여져야 하는 전환점으로서 중요성은 다음과 같다.

첫째, 새로운 정치체제의 구축이다. 동양의 전통적 유교적 삶에서 서양의 물질문명이라는 문명적 충돌에서 새로운 제3의 양상으로[67] 秩序體制를 形成하는 거버넌스 유형의 도출이다. 개인의 인권이라는 자유와 평등의 개념을 받아들여서 군과 민의 의사를 국정에 반영하려고 한 점이다. 이것이 진정한 그의 새로운 개혁의 기운을 불러 넣은 점으로서 높이 평가되어야 할 거버넌스의 전환이다.

둘째, 인민의 지위 향상이다. 교육이라는 개화의 방법론을 통해서 民意가 일정한水準에 달하고, 계급적 유교봉건사회를 타파한 그러한 국가가 진정한 문명국가로 인식한 점이다. 결국 좋은 거버넌스 형성을 위해서는 군주의 자세를 낮추고 국민의 수준을 높여서 전체적인 국가의 수준과 국민의 삶의 질의 향상이 필수적으로 요구된다는 認識論의 轉換을 말한다.

셋째, 새로운 談論의 場의 형성이다. 마치 오늘날의 세계화와 지구화에서 우리는 국가적 삶에서 세계적 삶을 전 인류가 같이 나누어 공유해 나가는 세계공동체체제의 전환과 같이 19세기 구한말이라는 시대에도 전통적 군주 일인의 명령통치체제에서 군과 민의 공통적 의사형성체제를 모색한 점에서 새로운 변화를 감지한 점이

---

67) 이상익, 2006, "정의관의 충돌과 변용", 『정치사상연구』, 제12집 2호: 이상익, 2004, 『유교전통과 자유민주주의』, 서울: 심산.

다. 이러한 담론의 장의 기능은 오늘날 시민사회 속에서 담론의 장과는 차이를 갖는다. 오늘날의 그것은 '여론 형성'과 '국가권력 견제'의 기능을 주로 맡고 있지만, 19세기 유길준의 담론은 정치제도로서의 입헌군주제, 즉 하나의 정체였기 때문에 오늘날 시민사회의 담론의 장과는 차이가 있는 것이다.

그런데 서구적 근대문명국가 모델의 시각에서 볼 때 유길준이 주장하는 개화기에 논의의 대상이 되었던 군민공치 질서체제에 대해 의문점이 전혀 없는 것은 아니다. 그가 주장하는 조선의 근대문명국가 건설의 목표가 영국과 같은 서구적 입헌군주국가라면 다음과 같은 몇 가지 점에서 문제점을 제기할 수가 있다.

첫째, 입헌군주제에서 '人民의 權利'를 중요시하면서 '군주의 통치'를 강조하는 것은 相互茅盾적이다. 인민의 권리는 사적 자유를 의미하는 데 비해 전통적 유교도덕을 강조하는 것은 의리와 정의와 같은 공적 도의를 중요시하는 것이다. 이러한 유길준의 태도에서 마치 근대민주주의에서 개인의 자유를 강조하면서 공적 평등을 유지하려면 상호 모순되는 면이 없지 않다는 점을 간과하고 있는 것이다. 비록 유길준이 '通義'의 개념을 제시하여 '인민의 권리'를 '천부적 인권'으로 설명하고 있지만 역시 통의는 전통적 '도리를 다함'을 강조하는 것으로서, 한말의 '서구식 자유주의적 정의관'과 '전통적 유교적 도리관'이 상합할 수 없었던 것처럼[68] 인민 개개인의 자유주의적 권리를 수용하지 못한 것이라는 생각은 여전히 남아 있다.

이를 혹자는 유길준의 '인권개념의 모순'으로 지적하기도 한다.[69] 즉 주체적 자주적 개인의 확립을 강조하면서 다른 한편으로

---

68) 이상익, 2006, "정의관의 충돌과 변용", 『정치사상연구』, 제12집 2호, pp.51-54.

오륜에 입각한 상하신분질서를 옹호하는 입장에 서 있기 때문이다.
또 다른 이는 이를 '國權과 民權의 대립'으로 이해하고 이러한 대
립에서는 국권을 더 강조한다는 점을 지적하고 있다.[70] 그러나 '인
권의 모순'이나 '국권과 민권의 대립'으로 이해하기 이전에 그가
지향했던 서구적 근대문명국가, 즉 개인의 자유가 국가권력에서 독
립하는 자유주의국가로의 전환체제가 아니기 때문이다.

둘째, 또한 이른바 '東道'를 바탕으로 하면서 '西器'의 장점을
취하는 이른바 '取長保短'하는 것은 체제의 유지를 위한 수단으로
볼 수 있다. 개인의 권리와 개별 국가의 주권을 불가침, 불가양의
천부적 인권과 독립주권으로 주장하면서도, 전통유교에 입각하여
사회적 도덕규범과 시대와 동서를 막론하고 만고의 불변하는 진리
를 '五常'으로 설정하고 이에 맞는 '행실의 개화'를 주장하는 것은
동양인에게 서양인의 큰 옷을 입히는 격은 아닌가 하는 의구심이
든다.

이를 혹자는 '실천성'과 '편의성'을 강조하면서 동양의 전통사상
[71]과 서양의 발달된 물질문명과의 融合으로 설명하기도 하지만[72]
자가당착적 모순이라고 하지 않을 수 없다. 또 다른 일련의 학자들
은 東道와 西器가 각각 그 문화의 완벽성에서 피어난 문화이고,
또한 그 문화의 형성 자체가 독자적이고 원리적으로 통하는 부분

---

69) 정용화, 전게서, pp.355-356.

70) 이종은, 전게서, p.44.

71) ≪孟子≫ 滕文公章句 上4: "人之有道也 飽食煖衣 逸居而無敎 則近於禽獸 聖人
有憂之 使契爲司徒 敎以人倫 父子有親 君臣有義 夫婦有別 長幼有序 朋友有信"
(사람에게는 도리가 있는데 배불리 먹고 따뜻이 옷을 입어서 편안히 거처하기만 하고
가르침이 없으면 금수와 가까우니 성인이 이를 근심하여 설로 하여금 사도로 삼아 인
륜을 가르치게 하였으니 부자간에는 친함이 있고, 군신 간에는 의리가 있으며, 부부간
에는 분별이 있으며, 장유 간에는 차례가 있으며, 붕우 간에는 믿음이 있는 것이다.)

72) 정용화, 전게서, pp.356-357.

이 없기 때문에 융합하기가 곤란하다는 논리를 펴기도 한다.[73]

본 논자의 시각에서도 동양의 예의를 중심으로 하는 문화와 서양의 실정법을 중심으로 하는 근대의 법치사상이 융합한다는 것은 실현가능성보다는 당시의 조선이 처한 입장에서 체제보전을 위한 수단으로서 전통유교 사상인 도덕을 강조하고 있는 것이 아닌가 하는 생각이다. 그 까닭은 만약에 개화기에 이러한 논리가 가능하였다면 오늘날 우리가 살고 있는 한국은 유교적 전통이 살아 있어야 한다. 그래서 유교적 전통 위에서 서구의 물질문명이 발달하여 왔어야 당연한 일이라고 본다. 그런데 오늘날 우리는 전통적 유교문화가 서구의 물질문화를 융합하지 못하고 후자에 의해 대체된 감을 다분히 받고 있지 않는가.

셋째, 國民敎育과 開化의 方法上의 문제이다. 國民皆士나 興士團에 대한 의지는 이해가 가지만 어떻게 국민을 모두 선비와 같은 사풍이 진작된 국민, 오늘날의 말로 표현해서 교육받은 국민으로 설정한다는 것은 실효성이 없는 것으로 보인다. 사회 속에서 사회화와 교육화를 통해 마치 그의 社會進化論과 같이 발달을 이루어 나갈 수 있어야 한다고 본다. 제도적으로는 서구의 문명국가를 지향하는 근대화에 전진하면서도 이념적으로는 전통적 유교사상인 오륜을 통한 행실의 개화를 주장함으로써 비서구화를 지향하고 있는 점에서 그가 강조한 진개화한 서구적 근대 문명국가는 아니지 않는가 하는 문제를 제기할 수 있기 때문이다.

---

73) 이원택, 2008, "개화기 '예치'로부터 '법치'로의 사상적 전환", 『정치사상연구』, 제14집 2호, p.81.

참고문헌

〈1차자료〉

≪論語≫, ≪孟子≫, ≪書經≫
『高宗實錄』, 38권(전 참서관 안태원 상소).
『西遊見聞』(동경: 交詢社, 1895).
『世界大勢論』(유길준).
『兪吉濬全書』(전 5권, 서울: 일조각, 1995).
『原牧』(정약용).
大韓每日申報, 1910.2.23.
獨立新聞, 1898.4.30.
漢城旬報, 1884.1.3. 〈구미입헌정체〉.
漢城旬報, 1883.11.21. 〈영국지략〉.

〈2차자료〉

금장태, 2005, 『실천적 이론가 정약용』, 서울; ㈜ 이끌리오.
김봉렬, 1998, 『유길준 개화사상의 연구』, 서울: 경남대학교 출판부.
박명규, 1984, "도산 안창호의 사회사상", 신용하 편, 『한국현대 사회사
　　　상』, 서울: 지식산업사.
서쥬섭 외 역, 1984, 『의암 유인석의 사상: 우주문답』, 서울: 송보서석(『의
　　　암집』, 1973, 서울: 경인문화사를 번역임).
신용하, 1986, "19세기 한국의 근대국가 형성문제와 입헌공화국 수립운
　　　동", 한국사회사연구회 편, 『한국의 근대국가형성과 민족문제』,
　　　서울: 문학과 지성사.
유인석(김영덕 외 역), 1990, 『유인석전집』(1), 흑룡강: 조선민족출판사.
이나미. 2002. "개화기의 정치체제 논쟁", 최상용 외 공저. 『인간과 정
　　　치사상』. 서울: 인간사랑.
이상익, 2004, 『유교전통과 자유민주주의』, 서울: 심산.
이상익, 2006, "정의관의 충돌과 변용", 『정치사상연구』 제12집 2호.

이원택, 2008, "개화기 '예치'로부터 '법치'로의 사상적 전환", 『정치사상연구』, 제14집 2호(2008년 가을).

이종식, 2008, 『현대민주주의와 시민사회』, 서울: 한국학술정보㈜.

이종은, 2004, "유길준의 국가건설사상", 『한국정치학회보』, 제38집 제1호.

이태진, 2000, 『고종시대의 재조명』, 서울: 태학사.

장현근, 2003, "중화질서 재구축과 문명국가 건설: 최익현, 유인석의 위정척사 사상", 『정치사상연구』, 제9집(2003년 가을).

장현근, 2004, "도덕군주론: 고대유가의 성왕론", 『한국정치학회보』, 제38집 1호.

정용화, 2000, "유교와 자유주의", 『정치사상연구』, 제2집(2000년 봄).

정용화, 2004, 『문명과 정치사상: 유길준과 근대한국』, 서울: 문학과 지성사.

한국철학사상연구회, 2005, 『강좌 한국철학』, 서울: 예문서원.

Beetham, David and Kevin Boyle, 1995, *Introducing Democracy: 80 Questions and Answers*, Polity Press Published in Association with UNESCO Publishers.

Denny, Owen N. 1888, *China and Korea*, Shanghai: Kelly and Walsh Ltd., Printers.

Peters, B. Guy, 1995, *The Future of Governing: Four Emerging Models*, Lawrence Kansas: University of Kansas Press.

Rhodes, R. A. W. 1997, *Understanding Governance: Policy Networks, Governance, Reflexivity and Accountability*. Buckingham: Open University Press.

Rosenau, James N. and Ernst Otto Czempiel, 1992, *Governance Without Government*, Cambridge University Press.

Ⅰ. 문제 제기

'시민사회운동(civil social movement)이란 무엇인가?'라고 질문을 받으면 선뜻 이것이라고 대답하기가 쉽지 않은 것 같다. 아마도 이러한 망설임 뒤에는 시민사회단체나 시민사회운동이라는 용어에 대한 개념화가 재대로 정립되어 있지 않기 때문일 것이다. 그렇다면 '시민사회단체란 무엇이고 그러한 시민사회단체의 운동이란 어떤 목적을 가지고 있는가?'라는 질문을 설정할 수 있다. 이러한 질문에 해답을 찾는 일은 일반적인 시민사회단체나 시민사회운동에 대한 정의를 필요로 하고 있는 것이다. 이러한 시민사회단체의 개념정의를 해 봄으로써 한국 시민사회단체의 운동원리를 설정하는 데에 보탬이 될 것으로 생각한다.

또 다른 한편 앞으로 구체적으로 논의하겠지만 최근 몇 년 사이에 우리 한국의 시민사회단체의 운동경험에서 볼 수 있었던 것은 지역주민이나 시민사회단체와 충분한 사전 협의 없이 추진된 국책사업들, 즉 고속전철 천성산 사건, 외곽순환도로건설의 사패산 터널공사 중단, 새만금 사업의 중단과 재검토 등에서 보는 바와 같이 시행착오로 인해 지지부진해짐으로써 막대한 국고의 손실을 초래한 쓰라린 경험을 겪어야만 하였다. 이와 같은 시행착오를 방지하고 일단 충분한 논의에 의해 계획 입안된 국책사업은 일사 분란하

게 추진됨으로써 국고의 손실을 방지하고 정부의 정책이나 추진사
업에 권위를 부여할 수 있어야겠다는 생각이다.

이와 같은 문제제기로 인하여 본 연구에서 설정하는 연구의 목
적은, 시민사회단체의 정의를 간단하게 살펴보는 일과, 그리고 난
뒤에 한국의 시민사회운동이 나아가야 할 방향에 대해 의견을 제
시하는 두 가지로 집약할 수 있다.

Ⅱ. 이론과 방법

1. 정의

앞의 문제제기에서 설정한 연구목적에 따라 시민사회단체에 대
한 간단한 정의를 살펴보기로 한다. 마치 오늘날의 국가의 개념이
근대 민족국가의 개념에서 그 유래를 찾고 있는 것처럼 시민사회
의 개념도 고대의 왕권이나 중세의 교황권으로부터 개인의 발견을
의미하는 시민사회의 개념에서 찾는 연구들도 있다. 이와 같은 개
념에서의 시민사회의 의의는 근대 초기의 국가와 사회는 교회의
도덕적 명령과는 다른 독자적인 작동의 원리를 가지는 것으로 인
식되기 시작하였다는 점이다.

이와 같은 시민사회의 개념은 헤겔과 마르크스의 시민사회론의
출현까지 지속되어 왔던 것으로 생각된다. 헤겔에게서는 국가는 욕
망과 필요의 체계로서의 시민사회를 윤리적으로 통합하는 역할을
한다. 시민은 욕망의 주체로서 시민사회를 구성하지만 또한 공민으
로서 국가의 일원이다. 시민은 전통적, 봉건적 친족질서로부터 해
방된 욕망의 주체이다. 그러나 헤겔에게서는 시민은 아직 윤리적으

로 불완전한 미완성의 존재로 본다.[1] 마르크스에게서는 시민사회는 욕망과 필요의 체계에서 부르주아 시민사회이다. 이는 역시 헤겔과 같이 부르주아 시민사회가 불완전한 것이기에 지양되어야 하는 것으로 본다. 그는 국가에 의한 윤리적 통합이 아니라 궁극적으로 국가 고사론을 통해서만 시민사회는 지양되어 인간해방의 단계에 이를 수 있다고 보았다. 마르크스는 역사의 종말 이전 단계에서는 국가와 시민사회의 자본주의 사회구성체 안에서 통합성을 강조한다.[2]

그런데 오늘날의 1980년대 이후의 시민사회는 이와 같은 전통적 고전적 의미의 자유로운 시민사회, 사회계약으로서의 국가, 본원적 의미의 시민사회론과 다른 것으로 받아들여지고 있다. 오늘날의 그 개념은 시민의 공론의 장으로서 시민사회를 강조한다. 하버마스에 의하면 시민사회의 공론의 장은 개방되어 있고, 수평적이고, 정보와 개인의 의견을 소통하는 네트워크로 묘사될 수 있다.[3] 여기에서 우리는 오늘날의 시민사회를 공론의 장에서 개방적이고, 수평적이고, 개인적인 의사에 의한 참여를 바탕으로 하는 대중의 조직임을 알 수 있다. 이렇게 볼 경우 시민사회단체는 정치적 비정치적, 당파적 비당파적, 종교적 비종교적 조직을 전부 망라한 개념으로 본다. 이러한 입장에서 오늘날의 한국의 시민사회단체를 정의하면, 정부나 기업에 속하지 않고, 대중적이고, 인간의 기본적인 삶의 가치를 추구하는, 개인의 자발적인 참여의 정신을 바탕으로 하는 조직이라고 할 수 있다. 시민사회단체를 이렇게 정의하면, 우리나라의 최근 시민사회운동은 1987년 6·29 민주화 선언 이후가 되어서

1) W. F. Hegel, 1967, *Hegel's Philosophy of Right*, Oxford: Oxford University Press.

2) Karl Marx and F. Engels, 1972, *The Marx -Engels Reader*, New York: Norton.

3) J. Habermas, 1989, *The Structural Transformation of the Public Sphere*, Cambridge MIT Press.

야 비로소 진전이 있어 왔다는 것을 알 수 있다. 그 이전에는 시민
사회운동이라기보다는 모든 운동단체가 대부분 국가에 의해 조정
되고 운영되어 왔다고 해도 과언이 아닐 정도였었다. 그러나 우리
사회의 사회운동단체들이 그 이전의 전통을 뿌리에 두고 있는 점
은 간과할 수 없는 원리이다. 이러한 뿌리에 놓여 있는 특성을 찾
아내어 진단하고 이것이 우리 시민사회단체들의 운동의 문제점이
되고 있다면 이를 시정하는 방향으로 우리의 시민사회운동에 대한
운동의 방향과 운동의 원리를 설정해야 하는 것은 당연한 일이다.

2. 이론

이러한 시민사회단체의 정의에 맞는 시민사회운동의 바람직한
방향과 운동의 원리를 위한 이론적 구성을 살펴보기로 한다. 앞에
서 문제의 제기에서 언급하였듯이 한국의 시민사회운동에서 보이
는 것이, 무언가 잘못된 정책이나 국가의 의사결정과정에 시민공론
의 장에서 시민의 참여에 의한 충분한 검토가 없었기 때문에 시행
착오를 겪어 왔다고 지적하였다. 이러한 시행착오를 사전에 방지하
기 위해서는 먼저 사업의 계획입안단계에서 또는 정책의사결정의
단계에서 사전에 충분한 공론이 형성되어야 하겠다는 성찰주의적
(reflectivist) 사고이다. 이 성찰주의적 사고는 쟁점(issues)을 중심으
로 현상을 분석하는 원리이다.[4] 앞으로 연구방법론에서 제시되는
방법으로 한국사회의 시민사회운동의 특성과 문제점을 찾아서 그
문제점과 개별 이슈들에 대한 사전에 충분한 공론의 장에서 숙의

---

4) Steve Smith, 2001, "Reflectivist and Constructivist Approaches to International Theory",
   The Globalization of World Politics: An Introduction to International Relations Second Edition
   edited by John Baylis & Steve Smith, Oxford University Press, pp.229-242.

하고, 공감대를 넓히기 위한 정지작업을 수행하는 일이다. 사업계획과 설계단계에서 시민이 배제됨으로써 발생하는 사후의 지지부진해지는 일이 없게 하는 개별 쟁점을 착실하게 하나하나 챙기는 일이다. 이를 우리는 제1의 원리라고 명명하고자 한다.

다음으로는 이와 같은 성찰주의에 의한 쟁점들을 하나씩 사안별로 숙의한 다음에 그것들을 사회적으로 관계있는 집단이나 운동주체들과 충분한 상호 관계 속에서 구성적으로 연계하는 작업이다. 이와 같은 합의와 이해의 공유(shared understanding), 그리고 인식을 같이하는 집단 간에 성찰적인 사고를 바탕으로 한 것들을 연관을 맺는 일이다. 이것이 사회 구성주의적(social constructivist) 사고이다.5) 사회 구성주의적(constructivist) 사고에 의하면 사회구조는 객관적인 물질적 자원(material resource)뿐 아니라 이에 대한 공유된 지식(shared knowledge)에 의해 사회구조 간에 있는 문제점을 해결한다고 본다.6) 이들의 주장에 의하면 인식과 전문적인 지식의 공유가 사회 구성적 문제의 상호 제약적 관계를 풀어 나가는 데에 결정적인 역할을 할 수 있다고 판단한다. 구성주의적 사고로서 인식의 정확한 구성을 이루고 있는 집단의 합의를 근거로 하여 이를 활발하게 추진해 가야 한다. 다시 말해서 상호 주관적인 이해(inter-subjective understanding)가 바탕에 깔려 있지 않는 까닭에서 발생한 지금까지의 우리나라의 국책사업들이 시행착오를 겪을 수밖에 없었던 것으로 이해할 수 있다.

구성주의는 원래가 교육학의 학습지도에서 발달한 이론이다. 교

---

5) *Ibid*, pp.242-246. 구성적 사고는 합리주의 이론(신현실주의 이론과 신자유주의 이론)과 개별적인 쟁점중심의 성찰적 분석을 연결하는 가교적 역할을 하는 원리이다.

6) Alexander Wendt, 1992, "Anarchy is What States Make of It: The Social Construction of Power Politics", *International Organization*, Vol.46, pp.391-426.

육에서 학습을 1) 지식은 인식의 주체와 독립적으로 외부에 존재한
다. 2) 지식구성은 외부의 지식을 발견 또는 수용하여 체계적으로
구조화함으로써 이루어진다. 3) 지식은 개인의 부단한 반복적인 암
기를 통해서 단기기억에서 장기기억으로 저장된다는 객관주의에
대한 반대의 주장으로서, 구성주의는 1) 지식은 기존 경험으로부터
개개인의 마음속에서 구성된다. 2) 지식 구성은 자신이 속한 사회
의 구성원들에 의해 영향을 받는다. 3) 지식은 역동적이며, 개인적,
사회적, 합리적으로 창출된다고 본다.[7] 이와 같은 사회 구성주의적
사고를 우리는 제2의 원리로 설정하고자 한다.

3. 방법

본 연구를 위하여 여러 가지의 방법이 가능하겠지만 연구의 범
위를 한정하기 위해서 한국사회의 6·29 민주화 선언 이후의 한국
사회의 시민사회운동을 연구하기로 한다. 시민사회운동의 특성과
문제점을 보기 위해서 1990년 이후의 한국의 대학에서 시민사회운
동에 관한 박사학위논문을 분석하여, 운동의 특성과 문제점을 찾아
서 이를 분석함으로써 향후의 운동의 바람직한 방향과 문제점 처
방을 위한 방안을 모색하고, 그런 연후에 새로운 운동의 원리를 제
시하고자 한다.

이러한 목적달성을 위해 본 연구에서는 먼저 한국 시민사회단체
운동의 발달 경위를 살펴보고, 한국의 시민사회단체의 운동의 특성
과 문제점을 짚어 본다. 그런 다음에 문제점에 맞는 진단과 처방으
로서 바람직한 방향의 운동원리를 제시해 보고자 한다.

---

7) 황윤한, 1999, 「구성주의와 교과교육」, 초등교과교육연구회 제2회 학술발표회 자료집,
   1-27쪽.

Ⅲ. 한국 시민사회단체운동의 발달

1. 1987.6.29. 민주화 선언

그동안 한국은 중앙집권적인 왕권국가와 식민지시대, 그리고 독재와 권위주의 정권을 거치면서 관료주의적 억압된 사회에서 살아오면서 국가와 시민사회의 서양식 인간중심의 이원적 구분을 경험하지 못하였다. 특히 1970년대의 군사권위주의적 정권하에서는 시민사회 영역의 성장과 팽창을 근본적으로 제약하고 있었다. 1980년대 후반 전두환 정권의 말기부터 민중과 지식인, 학생들의 조직이 그 역량에서 급신장하였다. 이 시기에 당시 집권당의 대통령 후보가 '6·29 민주화 선언'을 하게 됨으로써 민주화에 대한 욕구는 크게 분출되었다.

한국에서 시민사회단체가 주요한 행위 주체로 등장한 시기는 1987년 6월 민주항쟁 이후의 일로서 보는 것이 보편타당하다.[8] 한국에서 대중에 의해 정치가 권위주의 체제에서 민주주의 체제로 전환된 계기를 마련해 준 것이 6월 항쟁이다. 그러한 이 6월 항쟁은 크게 우리에게 주는 두 가지의 함의가 있다. 그 하나는 사회적으로 우리 사회가 군부권위주의 체제에서 민주주의 체제로 바뀐 점이고, 나른 하나는 성지적으로 우리나라가 절차적 민주화를 달성하게 된 점이다. 먼저 우리 사회가 권위주의 체제에서 민주주의 체제로 전환됨에 따라서 시민사회의 역량이 제고되기 시작하였다. 따라서 사회운동은 다양한 형태의 역동적인 사회운동이 펼쳐지기 시

---

8) 박상필, 2002, 『NGO와 정부 그리고 정책』(서울: 아르케), 63쪽: 김영래, 2003, "한국 시민사회운동의 현황과 발전과제", 『NGO 연구』, 창간호(제1권 제1호), 17쪽.

작하였다.

1989년 7월에 창립된 경제정의실천시민연합(이하 '경실련'으로
약함)의 창설을 시작으로 환경운동연합, 참여연대 등 한국 시민사
회운동을 이끌어 온 주요 시민사회운동단체들이 등장하였다.

2. 1993.2.25. 김영삼 문민정부

김영삼 문민정부의 시작은 시민사회에 다음 두 가지의 기회를
제공해 주었다. 그것은 하나가 시민사회에 정치적 기회공간을 더욱
확대시켜 주었다는 것이다. 문민정부가 들어서면서 전통적인 계급
적 이데올로기를 지향하던 일부 정치 엘리트에 의해서 움직여지던
민중운동의 정치적 기회가 탈이념적이고 초계급적인 시민계급에게
확장되었다. 따라서 일반 시민계급이 특권계급만이 하던 민중운동
(예: 학생운동, 노동운동)을 대신하여 시민운동(예: 주민운동)을 주
도하기 시작하였다는 점이다. 일반 시민계급이 주도하는 시민사회
단체운동은 국가정책의 감시자로서, 비판자로서 또는 정책 대안자
로서 다양한 공익적 시민단체들의 출발을 가져오게 하였다.

다른 하나는 시민단체의 활동영역을 신장시킬 기회를 제공해 주
었다는 것이다. 이는 지방자치제의 실시를 통해 계급적, 이념적 이
슈보다는 지역적 이슈나 특수 이익의 이슈에 더 많은 관심을 집중
하게 되어 이슈의 지방화와 다양화를 보임으로써 시민사회단체들
의 활동영역을 넓혀 주는 기회를 제공하였다는 점이다. 예를 들어,
핵폐기물 처리장 선정문제와 쓰레기 매립장문제와 같은 지역주민
운동이 전개되기도 하고,[9] 노사문제와 한의사와 약사 간의 이익집

---

9) 정근식, 1991, 「주민운동의 구조와 역학에 관한 연구 — 1980년대 전남지역 개발사례
   를 중심으로」, 서울대학교 문학박사학위(사회학)논문. 그는 1980년대의 우리나라의 농

단 간의 갈등문제 등 이슈의 다양화와 더불어 시민운동의 활동공간영역이 신장되었다는 점이다.[10] 1994년 제정된 「시민단체신고에관한법률」은 종래의 「시민단체등록에관한법률」을 대체함으로써 배타적 조합주의적 통제기제에서 벗어나 자율적인 시민사회의 성장을 위한 제도적 장치로서의 역할을 할 수 있었다.

3. 1998.2.25. 김대중 국민의 정부

김대중 국민의 정부가 들어서면서부터 시민사회운동은 더욱 성숙된 모습을 나타내고 있었다. IMF금융위기의 한가운데에서 집권한 국민의 정부는 시민사회단체와의 정책적 연대를 통해 소수정권으로서의 지지기반의 취약성을 만회하려는 정책을 수행하게 되었다. 이와 같이 김대중 정부는 재야운동에서부터 원초적으로 시민사회단체의 성원에 바탕을 가지고 탄생하였던 것이다. 그래서 이 정부는 시민사회운동에 지대한 관심을 보이고 있었다. 이때 제정된 '비영리민간단체지원법'을 국회에 통과시켜 시민사회 운동을 더욱 법적, 제도적으로 보장받게 하였다.

4. 2003.2.25. 노무현 참여정부

이 참여정부는 역대 어느 정권보다도 시민사회운동단체들과 친

어촌을 배경으로 주민운동의 구조와 동학을 연구하고 주민운동의 유형을 저항형, 대응형, 요구형, 자조형으로 구분하였다. 특히 운동조직이 가진 자원(resource)으로 조직의 힘과 리더십, 운동자금, 동원을 위한 정당성, 외부의 지원으로서 정치적 기회공간 등이 주민운동의 주된 동력원이라고 본다.

10) 조대엽, 1995, 「한국의 사회운동과 조직유형의 변화에 곤한 연구: 1987-1994」, 고려대학교 사회학 박사학위논문, 263-307쪽 참조. 1990년대 초반 한국의 시민운동은 주로 지역주민운동의 양상을 많이 띠고 있었다. 조대엽은 한국의 1990년대 초반에 지역주민운동을 '정체 도전적 공동체형과 정체 성원적 공동체형'으로 분석하고 있다.

화적 성격을 나타내고 있다. 이 정부의 출범부터 네티즌들의 '노사모 인터넷 동호회' 등의 지원을 받아 탄생하게 되었다. 노무현 대통령 자신이 정권인수시절부터 인수위원회에 '국민참여센터'를 설치하여 시민사회운동단체들로부터 여론 수렴에 적극적이었다. 현재는 청와대 비서실에 시민사회 수석실을 두고 시민사회단체들의 의견을 받고 있다. 심지어 지난 3월에는 외교통상부에 정부정책을 대외에 홍보하고 관련국제회의에 참석하는 등 정부의 외교활동을 지원하는 'NGO담당대사'를 임명하기도 하였다.[11]

참여정부와 시민사회운동과의 관계는 노무현 정부가 2003년 들어서면서부터 양자 관계는 개혁에 적극적인 참여연대를 강조하는 측면과 시민사회단체는 정부의 정책에 비판적인 태도로 견제를 강화해야 한다는 주장이 강하게 대두하고 있다. 집권 3년에 접어든 지금도 개혁연대론과 견제강화론은 확연하게 구분되고 있지 않은 것 같다.[12]

개혁연대론은 대통령자문정책기획위원회 위원장인 이종오 교수 등이 주장하는 일측면이다. 그는 한 대담에서 "시민운동단체들도 제도정치에 적극적으로 참여하는 것이 필요하다. 정치적 중립이라는 문제 때문에 밖에서 감시만 해서는 한국정치가 더 이상 발전할 수 없다. 시민운동진영에서도 자신들의 정치적 지향을 분명하게 밝히고 적극적으로 참여해야 된다. 그런 의미에서 이제 시민운동의 정치적 중립화는 제고되어야 한다."고 주장하여 시민운동단체들이 정치의 중심부에 진입하여 정치개혁세력들과 연대하여 적극적으로

---

11) 한국NGO학회, 2005, 「가교」(한국NGO학회 소식지 제4권 제1호), 9-10쪽 참조.

12) 김영래, 2003, "한국 시민사회운동의 현황과 발전과제", 「NGO연구」(제1권 제1호: 창간호), 23-26쪽 참조.

개혁에 동참할 것을 주장하고 있다.

이에 비해 시민사회단체들의 정부에 대한 정치적 중립을 유지하고 정부의 활동에 견제세력으로서 충실해야 한다는 주장이다. 이러한 주장의 측에 있는 손봉호 교수는 이종오 교수와의 대담에서 "지금 시민들은 정치를 매우 불신하고 있다. 이러한 때에 상대적으로 깨끗하다는 이유로 국민들의 신뢰를 받아 온 시민사회단체가 정치판에 들어가면 시민들은 그러한 시민사회단체들까지도 더러워 질 수밖에 없다고 생각한다." 시민사회운동단체들의 적극적 정치참여에 대하여 유보적인 입장을 보이고 있다.[13]

2년 정도가 지난 지금에 와서(2003년 2월 – 2005년 5월) 보면, 참여정부 탄생 당시에 비해 상당한 시민운동단체의 핵심적 간부들이 정부의 정책결정의 핵심부서에 참여를 하고 있다. 또한 대통령을 탄생시킨 핵심 주체세력들인 시민사회단체뿐만 아니라 국회의원들도 행정부의 핵심적인 자리에 포진하고 있다. 이와 같은 적극적 참여연대론을 주장한 측의 입장이 현실화되어 가고 있는 감이 강하다. 그러나 이것이 좋다고 할 수 있는지는 판단하기가 이른 것 같다. 이들의 적극적 참여가 과오나 실책이 나오면 견제강화론은 또다시 강하게 대두될 위험성은 배제할 수 없기 때문이다.

1940년부터 2002년에 이르는 기간 동안에 한국의 시민사회단체 설립을 연도별 비율을 보면 1990년대에 설립된 것이 전체의 49.4%로서 62년간 최근의 10년 동안에 절반 정도가 설립되었다.[14] 숫자

---

13) 한국사회포럼(2003.2.7), 참여연대, 민주화를 위한 변호사 모임 등 40여 개 시민사회단체가 개최한 포럼 주제발표에서 "노무현 정부는 시민사회의 지지를 극대화하고자 할 것이고 이는 시민운동단체의 지지를 얻는 것과 궤를 같이한다. 시민운동이 정부와 인위적 거리를 두는 것보다는 감시와 견제, 협력과 비판을 탄력적으로 적용하는 것이 옳다."고 하였다.

14) 김영래, 2003, 전게서, 19쪽 참조.

적으로나 내용적으로나 이제 한국의 사회는 시민사회단체가 주도
해 가고 있는 것은 분명한 사실이다.

Ⅳ. 한국 시민사회단체운동의 특성

한국 시민사회운동의 특성을 파악하기 위해서 지난 1987년 6·
29 민주화 선언 이후에 우리나라 대학에서 연구 발표된 박사학위
논문 중에서 시민사회운동을 주제로 한 논문을 국회전자도서관에
등록된 자료를 통해 분석해 보았다. 이들 논문에서 연구된 시민사
회단체의 운동에서 지적되는 한국의 시민운동의 주제별 특성을 정
리하면 다음과 같다. 이 중에서 시민사회로 검색하여 나타나는 논
문 중에서도 몇 가지 시민사회연구 중에서 본 연구의 목적에서 벗
어나는 다섯 개 정도의 논문은 제외하였다. 〈표 7-1〉에서 보면 전
공별로는 정치학 6/14, 행정학 3/14, 사회학 2/14, 교육학 1/14, 신
문방송학 1/14, 공공사회복지 1/14로써 그 내용이 정치학에 관한
것이 많다. 민주화, 참여성, 자발성, 효율성의 문제를 가장 많이 개
선되어야 할 과제로 지적하고 있다.

<표 7-1> 시민사회운동을 주제로 하는 박사학위논문의 시민운동의 특성

연구자	발표년	논문명	문제점과 특성	운동역량과 극복
김수철	2003 정치학	한국 시민사회운동에 관한 연구	대중성, 자율성, 효율성의 부족	시민의 참여, 정부와 관계, 정보화와 네트워크 구축
배정아	2003 행정학	NGO의 민주성에 관한 연구	의사결정구조의 분권성, 개방성, 대응성	민주적 의사결정 과정
유영달	2002 공공사회복지	시민단체(NGO)와 정부 및 시민간의 발전 관계에 관한 연구	자율성, 참여의식 결여(연대성)	정부의 중립성 유지, 기부금 문화의 활성화
홍성구	2001 신문 방송학	인터넷과 정치적 공론영역의 복원: 숙의 민주주의를 중심으로	공론장과 숙의민주주의, 인터넷과 분절화, 민주주의 지체현상, 시민사회 내부갈등	시민사회의 활성화, 의사소통적 네트워크 확산
김구현	1999 정치학	한국에서 시민운동단체의 성장과 쇠퇴 경제정의실천시민연합의 사례 -	사회운동의 부족한 동원능력(사회운동의 성쇠요인)	정치적 기회와 운동단체의 동원능력
박상필	1998 행정학	시민단체의 자주성과 공익활동 능력	전통적으로 자주성, 공익성의 결여	시민단체의 자주성과 공익활동능력
배성인	1997 정치학	한국의 산업화와 민주화 과정에 관한 연구: 제1공화국에서 제6공화국까지	권위주의적 정치체제(산업화 촉진), 제한적인 민주주의(민주화 지연)	민중부문의 역량성숙과 중간층과의 연대강화
이기호	1997 정치학	한국의 민주화 과정과 사회운동 네트워크: 1987 - 1996	민주화 운동 네트워크의 확립	정치적 기회공간과 이슈운동의 정치참여
엄기형	1996 교육학	한국 사회운동조직의 교육 프로그램 성격에 관한 연구	운동적 사회교육 프로그램 미비	이론, 정책, 실천적 교육프로그램 개발
조대엽	1995 사회학	한국의 사회운동과 조직유형의 변화에 관한 연구	민중운동, 시민성 결여, 탈권위주의 국가의 확대된 민주하	정치적 기회공간과 운동조직의 공동체형과 시장형
유영국	1995 정치학	한국 민주주이와 지반자치에 관한 연구	민주주이와 지방자치	지방자치의 운동공간 확대
이행봉	1994 정치학	현대 시민사회론에 대한 비판적 연구: 시민사회와 민주주의의 관계	시민사회와 민주주의 관계	비판능력을 가진 새로운 민주주의론
권해수	1992 행정학	사회운동과 공공정책의 역동적 관계 연구	공공정책결정과정에 주민의견 배제	정치적 기회구조, 운동의 정당성
정근식	1990 사회학	주민운동의 구조와 역학에 관한 비교연구 - 1980년대의 전남지역 개발사례를 중심으로 -	지역주민운동은 개발이익의 분배 및 계획에서 주민의견 배제	운동조직의 자원동원 능력

한국에서의 시민사회운동이 일반적으로 위에서 본 시민사회운동
이 수행해야 할 활동과는 좀 다르게 발달하여 온 점이다. 한국 시
민사회운동이 전통적인 문화적 배경을 바탕으로 인하여 야기되는
특성이 일반적으로 서구사회의 시민사회운동과의 차이점을 보이고
있다. 이와 같은 차이점들이 한국시민사회단체의 운동의 특성이라
고 지적할 수 있을 것이다. 이를 좀 더 구체화하면 다음과 같다.

첫째, 제도권이나 현실 정치에 저항하는 운동권적 활동성격이 강
하다. 그것은 과거 군사권위주의정권을 견제하고 이를 시정하려는
민주화 운동을 바탕으로 하던 조직의 형태가 그대로 오늘날의 시
민사회 단체들의 운동정신으로 전수되어 이러한 정신을 바탕으로
시민사회운동을 주도해 나가고 있기 때문이다. 그 사회운동조직원의
속성이 그대로 남아 있기 때문이다. 이를 학자들에 따라서는 주민운
동,15) 민중운동,16) 전선운동,17) 요구운동18)이라고 표현하고 있다.

둘째, 한국 시민사회운동은 인간의 기본적 가치추구의 시민운동
보다는 자원봉사단체 중심적 활동성향이 강하다. 그것은 해방을 맞
아 한국전쟁과 같은 어려움을 겪으면서 당면한 생계유지의 문제에
시달리고 있었기 때문이다. 미군에 의한 구호사업과 같은 굶주린

---

15) 정근식, 1990, 전게서. 그는 지역주민운동을 저항형, 대응형, 요구형, 자조형으로 구분
    하고 있다.

16) 조대엽, 1995, 전게서. 그는 한국의 사회운동을 민중운동(공동체형과 정체 도전형)에
    서 시민운동(시장형, 정체성원형)으로 발달하였다고 한다.

17) 이기호, 1996, 「한국의 민주화 과정과 사회운동 네트워크: 1987-1996」, 연세대학교
    박사학위논문.
    그는 한국의 민주화 과정운동을 전선운동 네트워크(민중운동)에서 이슈운동네트워크
    (시민운동)으로 발달하였다고 한다.

18) Costis Hadjimichalis, 1987, *Uneven Development and Regionalism*, Routledge: Croom Helm Ltd.
    그는 지역운동을 방어적(defensive) 유형과 요구적(demand) 유형으로 구분하고 있다.
    전통적 소지주계급(Petit Brougeoisie)을 방어적 유형의 예로, 그리고 노동계급(농민)을
    요구적 유형으로 구분하고 있다.

국민에게 삶을 위한 직접적인 지원을 미국으로부터 받으면서 우선 기본적인 인간의 욕구의 충족을 위해 의식주 해결이 급선무였기 때문이다. 어떤 재난이 발생하면 긴급구호(urgent relief)운동을 중심으로 성장한 조직단체들이 시민사회운동의 중심에 서 있기 때문이다.

셋째, 정치문제에 주로 관심이 집중되어 있다. 위에서 1987년 민주항쟁 이후에 한국 박사학위논문의 주제 분석에서 보여 주는 것과 같이 주로 정치학에서 연구가 집중되고 있다. 뿐만 아니라 우리가 주로 관심을 많이 가지고 있는 미국, 일본학계와 비교해 봐도 미국, 일본에서는 시민사회운동이 주로 비영리적 측면, 즉 경제, 환경, 소비자보호 등 각종 사회복지단체 운동이 주인 데[19] 비해 한국의 시민사회운동은 주로 정치문제에 논의의 초점을 두고 있다. 이와 같은 현상은 한국의 정치현실이 자유민주주의가 충분히 뿌리를 내리지 못하고 있음을 반영하고 있다고 볼 수 있다. 그와 같은 사례가 2000년 16대 총선과 2004년 17대 총선 과정에서 보여 준 총선시민연대의 낙천, 낙선운동이다. 이 운동은 의회 내에서 의사결정 주권자인 국민의 의견과 의지를 재대로 반영하고 있지 못하고 있음을 지적하고, 의회의 재구성을 위한 인적, 제도적 결함을 시정할 것을 요구함으로써 이 같은 취지가 받아들여졌던 것이다.

뿐만 아니라 한국의 시민사회운동단체로서 경실련의 경우 서구사회와 같이 특정한 이슈를 운동의 내재적 가치(endogenous quality of life)나 정체성(identities)으로 활동하는 것으로 보기가 어렵다. 이 운동단체가 가지는 이슈의 개수는 서구사회의 사회운동단체가 갖는 단일 이슈에 비해 다양하게 취급하고 있다.[20]

---

19) 김영래, 2005, "일본NPO학회 연차학술회의 참가단상", 「가교」, (제4권 제1호), 11-13쪽.
20) 김구현, 1999, 「한국에서 시민사회운동의 성장과 쇠퇴 — 경제정의실천시민연합의 사

넷째, 급진적 획일적 변화를 추구하는 경향이 강하다. 한국 시민사회운동은 좀 심하게 말해서 급진적이고 획일적으로 하루아침에 무엇을 달성하려고 하는 경향이 강하다. 아울러서 어떤 목적을 좀 달성하고 나면 곧 그 같은 정신이 금방 사그라지는 냄비근성이 강하다고 할 수 있다. 이런 경향이 오래되면 우리 국민성에도 영향을 미칠 것으로 보인다.

다섯째, 보수와 진보의 구별, 즉 흑백의 논리가 강하다. 일반대중들은 특히 국가보안법 폐지나 대북지원문제 등에 있어서 보수와 진보 양분되는 이념화와 갈등의 구조를 확연하게 보이고 있다. 이 문제에 대해서는 정치 엘리트보다도 일반대중이 더 보수와 진보적 색채가 강하다고 보인다. 이 경우 정치엘리트가 색채가 약하게 보이는 것은, 그들이 정책과 법안 입안과정에서 자신들의 이데올로기나 신념과는 상관없이 지역주민이나 소속정당의 눈치 보기로 정략적으로 접근하는 경향이 많기 때문인 것으로 보인다.[21]

지금까지의 한국 시민사회운동을 특성을 중심으로 분석해 보았다. 이제 시정해야 할 문제점을 종합해 보면 다음과 같이 요약할 수 있다.

첫째, 시민 없는 시민운동의 경향이 많았다. 한국 시민사회운동은 '시민 없는 시민운동'이라고 할 수 있다. 솔직한 마음으로 한국의 시민사회운동은 운동조직은 많은데, 그것이 풀뿌리 민중의 필요에 의해서 조직된 운동단체라기보다는 소수 엘리트와 명망가에 의해 조직된 사회운동단체가 중심이 되어 활동 전면에 나서고 있기 때문이다.[22] 즉 최근에 들어서 보여 주고 있는 '여중생 추모 촛불

례 ―」, 195쪽 참조.
21) 장수찬, 2005, "한국사회의 보수 ― 진보의 갈등구조와 정치 엘리트들의 역할: 경험적 분석을 중심으로", 제10차 한국NGO포럼 「한국사회의 갈등과 NGO」, (2005.1.14), 29-30쪽 참조.

시위'나 지역운동과 같은 풀뿌리민중의 욕망에 의해 형성된 단체가 중심이 되지 못해 왔다는 것이다. 한국의 시민사회운동은 한 조사에 의하면 참여연대의 경우 시민 대중성 측면에서 공동대표, 자문위원, 운영위원회 등의 기관을 구성하고 있는 인사들 중 학계, 변호사, 언론인 등 사회지도급 명망가나 엘리트가 차지하는 비율이 77%를 점유하고 있다.[23]

둘째, 국민의 참여와 자발성 부족, 재정의 부실, 운동단체의 전문성과 책임성의 부재, 국제적 연대성의 부족과 비효율성 등으로 요약된다. 이제 다음 장에서는 이러한 문제점과 특성에 대한 바람직한 방향을 설정해 보고자 한다.

V. 한국 시민사회단체운동의 방향과 원리

1. 시민사회운동의 역할

시민사회단체운동의 올바른 방향에 대해서 논의하기 이전에 우리는 먼저 시민사회단체가 어떠한 일과 역할을 해야 하는지 일반적인 논리의 정립이 필요하다. 시민사회단체가 어떤 방향으로 운동을 지향해야 할 것인가 하는 이 질문에 대한 시민사회단체운동의 바람직한 방향에 대해서는 여러 학자와 보는 관점에 따라 혹은 그 시민사회단체운동이 갖는 목적과 가치에 따라 역할이 다양하게 제기될 수 있다.[24] 그러나 그러한 다양성에도 불구하고 이들 시민사

---

22) 김영래, 2003, 전게서, 26-27쪽.

23) 김수철, 2003, 「한국 시민사회운동에 관한 연구」, 동국대학교 정치학 박사학위논문, 167쪽.

24) 김수철, 2003, 상게서. 그는 한국 시민사회운동의 과제로서 대중성, 자율성, 효율성의

회단체운동이 보편적으로 수행해야 하는 역할이 있을 수 있으며, 또한 있어야 한다. 이러한 관점에서 시민사회운동의 역할에 대해서 정리해 보면 대략 다음과 같은 몇 가지로 요약할 수 있다.

첫째, 오늘날 시민사회의 보편적인 다원적 가치와 기능을 보존하고 옹호하는 역할을 수행해야 한다. 우리 사회에는 다양한 조직과 사회단체가 있으며 이들은 그들 자신의 다양한 목적과 가치를 가지고 있다. 이러한 가치가 어느 한 방향으로나 어느 한 집단에게 유리하고 다른 집단에게는 불리한 방향으로 전개되는 것이 되어서는 안 된다는 것이다.

둘째, 정책결정과정에 시민사회운동단체가 참여할 수 있는 기회를 확대해 나가는 일이다. 시민사회운동은 일반시민의 보편적인 바램과 희망사항을 정치권력이나 경제 권력에 전달되도록 하는 역할을 수행하여야 한다. 일반시민이 정치적, 경제적, 사회적 의사결정에 직접적으로 참여할 수 있는 기회의 증대를 위해 노력해야 한다. 한국의 그 실천운동 사례로서는 민주시민운동, 소비자 시민운동, 소액주주운동 등과 같은 기회의 활용을 통한 일반 소수의 정치적, 경제적, 사회적 직접 의사결정에 참여를 활발하게 증대시키는 역할이다.

셋째, 특수한 쟁점영역을 확장함으로써 사회과학의 학문적 연구영역을 확대하는 역할이다. 인권, 환경, 교통통신, 의료 등 일반 시민사회의 일상생활의 중요한 영역을 확대해 나감으로써 이들의 일

문제를 지적하고, 대중성은 시민참여와 대중적 기반 구축을, 자율성은 정부와의 관계 정립을 통한 자율성 유지와 우량재정 구조 확립을 그리고 효율성 증대는 정보화 운영방식의 개발과 인적자원의 효율성과 대내외 운동네트워크 구축을 들고 있다. 유영달, 2002, 시민단체(NGO)와 정부 및 시민 간의 발전 관계에 관한 연구, 대전대학교, 공공사회복지학 박사학위논문. 유영달은 한국 시민사회단체의 문제점을 자율성과 참여의식의 결여로 보고 이를 제고하는 방안으로서 정부의 중립성 유지를 통한 자율성 확립과 기부금 문화의 활성화를 통한 참여제고 방안을 제시하고 있다.

반적인 법칙을 도출하여 생활화 또는 생필품화를 통한 생활양식의 풍부화는 물론 이를 학문적으로 방법론을 형성하여 체계화하는 역할이 중요하다.

넷째, 환경, 인권, 교통, 핵문제 등 오늘날 전 지구적인 문제에 대해서는 새로운 공론의 자리를 활성화함으로써 인류의 보편적 가치를 실현시켜 나가는 생활세계(life－world)의 공간을 확보해 주는 일이다.

다섯째, 정치적, 경제적, 사회적 인간의 가치실현을 위해 이 연속선상에 놓여 있지 않는 일반시민과 소외된 사람들을 교육시켜서 동참하게 하는 사회적 역할 등이다.

2. 시민사회단체운동의 방향

지금까지 살펴본 전통적인 한국 시민사회의 문화적 특성과 대학에서 발표된 박사학위논문에서 지적되고 있는 과제와 문제점을 중심으로, 한국 시민사회운동의 문제점을 시정하고 새로운 바람직한 방향을 모색하고자 한다.

첫째, 풀뿌리운동을 활발하게 전개해 나가야 한다. 먼저, 대중에 기반을 두는 시민사회단체들의 운동조직을 갖는 일이다. 이와 같은 시민사회운동의 대중성은 초기에는 전문직 중심의 소수 엘리트중심 운동이었으나 시민사회운동이 더욱 발전하기 위해서는 이러한 소수 엘리트 운동에서 탈피하여 '시민 없는 시민운동'이 아닌 풀뿌리 대중을 기반으로 하는 시민운동이 요구된다. 되돌아 생각해서 시민운동단체들은 건방진 자기 출세지향적 엘리트는 없는지를 다시 한 번 생각해 봐야 할 것이다. 시민이 중심이 되는 사회운동이 무엇보다 필요하다는 것은 재론의 여지가 없는 원초적 공리이다.

둘째, 시민운동은 제도권의 개혁과 중립성의 유지를 위해서 전문성을 가지고 기술적 고도화된 차세대의 시민운동으로 발전하기 위해서 적극적인 감시활동이 요구된다. 그렇게 하기 위해서는 시민사회의 목소리를 정부정책결정에 연결하는 매개체로서의 시민사회단체의 활동도 요구된다. 이와 같은 연대성의 원리는 정부와의 지속적인 제도적 연계망(network)의 구축과 독립된 재정확보이다. 전문성(professionalism)과 자원성(voluntarism)의 조화가 여기에서는 필요하다 할 것이다. 많은 참여를 유도하기 위한 대중성의 확보를 위해서는 자원성이 중요하다. 그러나 이와 아울러서 효과적인 프로그램의 확보와 수행을 위해서는 전문성 또한 절실히 요구된다.

셋째, 시민의 적극적인 참여이다. 시민사회운동단체들의 자율성 있는 참여활동이 시민사회운동의 성패의 관건이다. 이와 같은 자율적 참여를 제고하기 위해서는 조직 자체의 재정적 독립, 구성원의 응집력(cohesiveness), 간부의 지도력(leadership) 등이 요구된다. 간부들의 지도력은 고귀한 임무(noblesse oblige)를 다하는 길이 되기 때문이다. 간부는 우선에 그들의 추종자들이 목표하는 방향으로 따라오게 하기 위해서는 선명한 방향제시와 추진능력이 필요하다. 지도자는 이와 같은 지도력과 자질이 요구된다.

넷째, 시민사회운동단체들의 국제적 연계활동 강화이다. 국제연계활동은 국제기구와 같은 국제적 협력체제의 구축과 세계화의 시대적 흐름에 순응하는 일이다. 먼저 국제기구 등에 대해서 우리는 의무 분담금 불이행과 같은 문제나 없는지 살펴 볼 일이다. 이러한 분담금에 충실하여야 하는 것은 다음 사업에 대한 국제적 자본의 축적이요, 사회적 자본 내지 투자(social capital or investment)이기 때문이다.

국제적인 연계활동은 〈표 7-2〉에서 보는 바와 같이 한국 시민
사회운동단체들도 어느 정도의 경험을 가지고 있다. 그 예로서 새
만금사업 반대운동은 1996년 호주 Brisbane, 1999년 코스타리카
San Jose, 2002년 스페인의 Valencia 등에서 개최된 습지보존운동인
국제 람사협약(Ramsar convention) 당사국회의에 참석하여, 새만금
사업을 람사협약과 연계하고 그것을 국제무대에 알리는 운동으로
발전시킨 일종의 부메랑효과를 거두게 된 초국적 국제연계활동의
한 예로 들 수 있을 것이다.

〈표 7-2〉 한국 시민사회운동단체들의 국제활동에 참가현황

대회명	주제	참가규모	일시 및 장소	대회의 특성
1992 리우 환경회의	환경문제	2,400명	1992.6.3 - 14. 리오데 자네이로	리우선언 발표
1993 비엔나 인권회의	인권신장	171개국, 800여 개 단체	1993.6.14 - 25. 오스트리아 비엔나	개발도상국 인권신장계기 마련
1994 카이로 인구회의	인구성장, 환경친화적 개발	113개국, 1,500개, 4,200명 참가	1994.9.5 - 13. 이집트 카이로	인구개발문제 협의
1995 코펜하겐 사회개발회의	빈곤퇴치, 고용창출, 실업근절, 사회통합	811단체, 4,500명 참가	1995.3.6 - 12. 덴마크 코펜하겐	각종 세미나 개최
1995 북경 세계여성대회	여권신장	2,100개 단체, 5,000명 참가	1995.8.30 - 9.8. 중국 북경	각종 워크숍과 전시회개최
1996 이스탄불 세계주거회의	환경친화적 주거개발	2,400개 단체, 8,000명 참가	1996.6.3 - 14. 터키 이스탄불	제2차 UN Habitat II 병행
1999 헤이그 평화회의	평화유지	300개 단체, 5,000명 참가	1999.5.11 - 15. 네덜란드 헤이그	헤이그 국제평화회의
1999 서울 세계 NGO대회	21세기 NGO의 역할	350개 단체, 4,000여 명 참가	1999.10.10 - 15. 한국 서울	UN과 공동주최
2002 브라질 세계사회포럼	또 다른 세계는 가능하다	150개 국 50,000여 명 참가	2002.1.31 - 2.5. 브라질	세계 각국 NGO 대표참가
2002 요한네스버그 세계정상회의	지속가능한 개발에 관한 세계정상회의(WSSD)	180여 개국 대표 참가	2002.8.26 - 9.4. 남아공 요한네스버그	정부 기구 및 NGO 대표

* 자료: 김영래, 2003, "21세기 새정치의 화두 ― 시민운동", 김영래 외, 「한국정치 어떻게 볼 것인가」(서울: 박영사), 334쪽 참조.

3. 한국 시민사회운동의 원리

전통적인 한국의 시민사회운동의 추세에서 보는 바와 같이, 시민
사회운동의 역할과 나아가야 할 방향과 비교할 경우, 한국의 시민
사회단체들의 운동의 문제점을 시정하고 시행착오를 줄이기 위해
서 중요한 두 가지의 원리를 제시하고자 한다. 제5의 권력기관이라
고까지 말하는 사람들이 있을 정도로 위상이 높아진 한국의 시민
사회단체들의 운동의 특성과 문제점으로 최근 지적되고 있는 것으
로는, 시민 없는 시민운동, 풀뿌리 운동의 부재, 사회단체들의 전문
성과 책임성 있는 참여의식의 부재 등이다.[25] 특히 시민단체에 대
한 진정한 시민의 참여가 없다는 비판의 소리가 높고, 시민이 소외
되고 있다는 지적은 명망가와 상근운동가 중심체제와 의사결정과
정에서의 비민주성 등으로 행위 주체가 되어야 할 참된 시민들은
동원의 대상이나 계몽과 설득의 대상으로 전락되어 있다는 점이다.
이러한 현상을 우리나라의 문화적 현상으로 특수한 상황으로 과도
적 현상으로 보려는 시각도 있다.[26] 그러나 이는 현상을 합리화시
키는 것일 뿐 시민사회운동이 풀뿌리에 근간을 두어야 함은 아무
도 부정할 수 없는 일이다.

현금의 한국사회의 시민운동 중에서는 국가의 국책사업 등에서
나타나는 비효율성은 엄청난 국력과 세금의 낭비를 가져왔던 것을
알 수 있다. 이러한 중대한 국책사업 등은 제1의 원리로서 성찰주
의적 사고에 의해 계획수립 이전 단계에서 철저하게 분석하고, 충
분한 시민사회단체들의 의견을 종합하여 결정하자는 주장이다. 제2

---

25) 이성록, 2004, "시민사회와 시민소외: 행위 주체자 중심적 접근 필요", 「시민사회」
    (2004년 봄호), 54쪽 참조.
26) 상게서.

의 원리로서는 이 성찰적 사고를 합리성과 연결하여 문제점을 해결한다는 구성적 사고의 원리이다.[27]

제1의 원리는 경험주의적 시각에서 사실을 하나하나 정확하게 분석할 수 있어야 한다고 본다. 즉 객관성(objectivity)을 바탕으로 해서 우리의 현실에 주어진 쟁점들을 정확하게 분석하자는 주장이다. 새만금사업 반대운동, 동강댐건설 반대운동, 천성산고속도로 철도공사 환경영향평가 문제 등 그 동안의 우리의 현실적인 국책사업의 시행착오를 경험하였다. 이러한 쟁점화된 이슈를 사업설계 단계에서 정확하게 분석하기 위해 각종 이해관계자들의 충분한 의견을 수렴하고, 분석, 평가하자는 것이다.

이러한 성찰주의적 사고와 제2의 원리로서 사회 구성주의적 사고를 한국의 시민사회운동의 원리에 적용하여, 막대한 국고의 손실을 몰고 온 경험적 사례들을 다시는 초래하지 않기 위해서 문제점을 줄이자는 주장이다. 그 제1의 원리와 제2의 원리를 정리해 보면 다음 표와 같다. 〈표 7-3〉에서의 경험적 사례는, 제1의 원리는 절차적으로 합의와 충분한 숙의로 사업계획단계에서부터 정당하게 형성되지 못한 사례들이다. 이에 비해서 제2의 원리는 합의 민주주의와 숙의 민주주의의 절차에 의해 정당성을 어느 정도 갖춘 사례들이라고 말할 수 있다.

---

27) Steve Smith, 2001, *op.cit*, p.228.

<표 7-3> 한국 시민사회운동의 제1의 원리와 제2의 원리

	제1의 원리 (primary principle)	제2의 원리 (secondary principle)
1. 원리의 규정	한국 시민사회운동의 문제점으로 지적되고 있는 쟁점들의 영역을 성찰적(reflectivist) 사고의 원리로서 분석하는 작업이 선행되어야 한다.	한국 시민사회운동의 문제점을 사전에 충분한 검토가 이루어진 뒤에 구성주의적(constructivist) 사고의 원리로서 문제를 해결하려는 과감한 추진능력이다.
2. 문제점과 해결책	문제점(참여의식의 부재, 시민 없는 시민운동, 풀뿌리 운동기반 부재, 전문성과 책임성의 부재 등 전근대성, 비연대성, 비민주성, 비자율성, 비국제성)을 분석하는 원리이다.	해결책(풀뿌리 대중성, 전문성 구비, 도덕성 회복, 자율성과 재정자립, 공공성과 정당성의 확립, 네트워크화, 추진력 등)을 강구하는 행동의 원리이다.
3. 경험적 사례	1) 새만금사업 반대운동 2) 동강댐건설 반대운동 3) 천성산고속도로 철도공사 환경영향평가 문제 등의 시행착오	1) 2000년과 2004년의 총선시민연대의 낙천, 낙선운동 2) 여중생 추모 촛불시위 3) 지역운동과 같은 풀뿌리 민중에 의해 형성된 운동

VI. 결론

한국 시민사회운동의 전통적인 분석이나 시민사회운동에 관한 과거의 박사학위논문(1990 - 2004)을 분석한 결과 시민사회단체의 운동역량은 조직 자체의 역량보다는 정치적 기회구조(opportunity structure)나 정치적 민주화(democratization)에 의해 대부분이 더 성공적이라고 결론을 얻고 있다.[28] 운동의 성공적인 결과를 얻기 위해 정치적 기회구조의 활용이나 정치적 민주화가 중요할 수도 있다. 그러나 시민사회운동이 진정한 운동의 원리로서 발전하기 위해서는 먼저 쟁점을 성찰하는 분석을 철저하게 하여야 한다. 그리고 난 뒤에는 구성적 사고를 바탕으로 해서 그것을 과감하게 추진할

---

28) 권해수, 1992, 「사회운동과 공공정책의 역동적 관계 연구」, 서울대학교 박사학위(행정학)논문, 153쪽 참조. 그는 사회운동의 정치적 기회구조도 중요하지만 정치사회의 민주화는 운동의 정당성 측면이 보다 중요하다고 본다.

수 있어야 한다.

여기에서 한국 시민사회단체들의 운동원리로서는 제1의 원리로 성찰적 사고(reflective thinking)의 원리로 문제를 분석하고, 제2의 원리로 합리성과 성찰적 사고의 원리를 아우르는 구성적 사고(constructive thinking)를 바탕으로 하여 해결방안을 모색하는 행동의 원리로 설정하고자 한다. 이와 같은 시민사회운동의 원리는 자유주의와 사회주의의 이념을 체계적이고 통합적인 것으로 그 양자의 간격을 좁혀 주는 이론인 롤즈(John Rawls)의 정의론의 개인의 평등한 자유를 강조하는 제1의 자유와, 목적론적 정의로서 사회적, 경제적 불평등의 정당화와 공정한 기회의 균등을 강조하는 제2의 자유와도 일맥상통하는 것이다.[29]

---

29) John Rawls, 1971, *A Theory of Justice*, Cambridge Mass.: Harvard University Press. 그는 제1의 자유는 개인의 평등한 자유를, 제2의 자유는 차등의 원칙(최소 수혜시민들에게 최대의 이익을 가져다줄 사회적, 경제적 불평등을 정당화하며, 그렇지 못할 경우 평등 분배를 내세우고 있다.)과 공정한 기회의 균등(단지 직업이나 직책의 기회만이 아니라 삶의 기회들까지 평등화하자는 원리)의 자유를 강조한다.

참고문헌

권해수, 1992, 「사회운동과 공공정책의 역동적 관계 연구」, 서울대학교 박사학위(행정학)논문.

김구현, 1999, 「한국에서 시민사회운동의 성장과 쇠퇴: 경제정의실천시민연합 사례」, 서울대학교 박사학위(정치학)논문.

김수철, 2003, 「한국 시민사회운동에 관한 연구」, 동국대학교 박사학위(정치학)논문.

김영래, 2003, 「한국정치 어떻게 볼 것인가」, 서울: 박영사.

______, 2003, "한국 시민사회운동의 현황과 발전과제", 「NGO연구」, 제1권 제1호.

______, 2005, "일본 NPO학회 연차학술회의 참가단상", 「가교」, 제4권 제1호.

박상필, 1998, 「시민단체의 자주성과 공익활동 능력」, 경북대학교 박사학위(행정학)논문.

______, 2002, 「NGO와 정부 그리고 정책」, 서울: 아르케.

배성인, 1997, 「한국의 산업화와 민주화 과정에 관한 연구: 제1공화국에서 제6공화국까지」, 단국대학교 박사학위(정치학)논문.

배정아, 2003, 「NGO의 민주성에 관한 연구」, 전남대학교 박사학위(행정학)논문.

엄기형, 1996, 「한국 사회운동조직의 교육 프로그램 성격에 관한 연구」, 연세대학교 박사학위(교육학)논문.

유영국, 1995, 「한국 민주주의와 지방자치에 관한 연구」, 부산대학교 박사학위(정치학)논문.

유영달, 2002, 「시민단체(NGO)와 정부 및 시민간의 발전 관계에 관한 연구」, 대전대학교, 박사학위(공공사회복지학)논문.

이기호, 1996, 「한국의 민주화 과정과 사회운동 네트워크: 1987 – 1996」, 연세대학교 박사학위(정치학)논문.

이성록, 2004, "시민사회와 시민소외: 행위 주체자 중심적 접근 필요", 「시민사회」(2004년 봄호).

이행봉, 1994, 「현대 시민사회론에 대한 비판적 연구: 시민사회와 민주주의의 관계를 중심으로」, 부산대학교 박사학위(정치학)논문.

장수찬, 2005, "한국사회의 보수 ― 진보의 갈등구조와 정치 엘리트들의 역할: 경험적 분석을 중심으로", 제10차 한국NGO포럼(2005.1.14). 「한국사회의 갈등과 NGO」.

정근식, 1991, 「주민운동의 구조와 역학에 관한 연구―1980년대 전남지역 개발 사례를 중심으로」, 서울대학교 박사학위(사회학)논문.

조대엽, 1995, 「한국의 사회운동과 조직유형의 변화에 관한 연구: 1987―1994」, 고려대학교 박사학위(사회학)논문.

홍성구, 2001, 「인터넷과 정치적 공론영역의 복원: 숙의 민주주의를 중심으로」, 고려대학교 박사학위(신문방송학)논문.

황윤한, 1999, 「구성주의와 교과교육」, 초등교과교육연구회 제2회 학술발표회 자료집.

Habermas, J. 1989. *The Structural Transformation of the Public Sphere*. Cambridge MIT Press.

Hadjimichalis, Costis. 1987. *Uneven Development and Regionalism*, Routledge: Croom Helm Ltd.

Hegel, W. F. 1967. *Hegel's Philosophy of Right*. Oxford: Oxford University Press.

Marx, Karl and F. Engels. 1972. *The Marx―Engels Reader*. New York: Norton.

Rawls, John. 1971. *A Theory of Justice*, Cambridge Mass.: Harvard University Press.

Smith, Steve. 2001. "Reflectivist and Constructivist Approaches to International Theory", *The Globalization of World Politics: An Introduction to International Relations Second Edition* edited by John Baylis & Steve Smith. Oxford University Press.

Wendt, Alexander. 1992. "Anarchy is What States Make of It: The Social Construction of Power Politics", *International Organization*.

자료

중앙일보, 2005.5.3. "정부혁신 세계 포럼".

 기업의 사회적 책임과 공헌
(corporate social responsibility and contribution)

I. 기업의 사회적 책임

기업의 사회적 책임(corporate social responsibility)이란 기업이 합법성의 확보를 전제로 스스로의 책임하에 기업을 둘러싼 환경 주체의 제반 기대에 자발적으로 부응하고, 그에 의해 보편성을 갖춘 기업의 이상을 실현함과 동시에 사회제도로서의 기업의 존속을 도모하는 것이다(松岡 紀雄, 1992).

엘스(R. Eells)와 월튼(C. Walton)은 기업의 활동으로 인해 발생하는 문제에 대한 관점 및 기업과 사회의 관계를 지배하게 되는 윤리원칙의 관점에서 생각될 수 있으며, 이러한 문제의 해결과 윤리의 준수가 곧 기업의 사회적 책임이라고 보았다(Ells & Walton, 1961). 아울러 기업의 사회에 대한 경제적 및 법적 의무를 넘어서 전체사회에 대한 책임이라는(McGuire, 1963) 정의와, 기업의 사회적 책임이 개인·조직·사회제도 간의 상호 의존성의 인식과 그러한 인식을 도덕적·윤리적·경제적 가치의 틀 안에서 행동으로 옮기는 것으로 보는(McFarland, 1982) 견해 등 매우 다양하게 존재하고 있다.

결국 기업의 사회적 책임의 의미는, 사회구성원으로서의 기업이 가져야 할 기본적인 철학이며 행동이다. 그리고 기업의 본질인 이윤극대화는 물론 보다 장기적인 관점에서 지속가능한 사회를 가꾸어 가고자 하는 실질적인 기업의 행동이다. 이것은 기업과 관계하는 이해관계자를 위한 것임은 물론 궁극적으로 기업을 위한 전략적인 선택이라 할 수 있다.

기업의 사회적 책임을 보다 구체적으로 구분해 보면 다음과 같다. 대체적으로 크게 4가지[1]로 구분할 수 있다(Archie Carroll, 1991, 松岡 紀雄, 1992).

1st, 이윤창출을 통한 기업의 경제적 책임으로서 사회가 필요로 하는 재화와 서비스를 생산하는 것,

2nd, 가장 기본적으로 법을 지켜야 하는 법적 책임으로서 이는 기업이 사회적 합의인 법을 지키고 이 테두리 안에서 경제적 사명을 수행하는 것,

3rd, 좋은 기업시민이 되는 사회공헌적 책임으로서 기업의 장기적 역할을 고려하여 행동하는 것,

4th, 기업경영상의 윤리를 확보해야 할 윤리적 책임, 즉 법적 책임을 초월한 행동 등이다.

Ⅱ. 기업의 사회적 책임에 대한 요구와 반대급부

1. 요구의 증대

기업의 사회적 책임에 대한 시민의 요구가 점증하고 있는바 구체적으로 정리해 볼 필요가 있다.

---

1) Archie B. Carroll, 1979, "A Three-Dimensional Conceptual Model of Corporate Performance", *Academy of Management Review*, Vol.4(4), 497-505. 기업이 사회에 대해 갖는 임무의 완전한 영역을 설명하기 위해서 기업의 사회적 책임범주를 경제적, 법적, 윤리적, 그리고 재량적인 것으로 구체화하고 있다.(It must embody the economic, legal, ethical, and discretionary categories of business performance.)

첫째, 기업은 건전하게 운영되어야 한다. 주주구성의 건전함과 함께 예컨대 불법적인 자금을 동원하여 기업을 창립하거나 가공의 자본을 만들어 이를 유지는 것 등이 포함된다.

둘째, 기업은 공정하고 투명하게 운영되어야 한다. 이것은 경쟁을 도모하되 시장경제의 본질적인 모순을 감안하여 공정한 경쟁이 이루어지도록 하고, 중소기업 등의 약자에 대한 배려가 이루어져야 한다는 것이다. 아울러 최소한 현행의 법률과 제도의 테두리 속에서 경영활동을 해야 한다는 의미이다. 기업들이 이러한 법을 지키지 않고서는 사회적 책임을 다하고 있다고 볼 수 없기 때문이다.

셋째, 기업은 보다 많은 사회공헌을 하여야 한다. 소외계층의 보호와 함께 기업으로부터 발생하는 사회적 비용을 최소화하기 위한 노력을 해야 한다는 의미이다.

넷째, 기업은 소비자보호에 최선을 다해야 한다. 기업이 생산한 제품 및 서비스를 사용하는 소비자의 만족을 위해 사후관리 등을 철저히 할 것을 요구받고 있다.

다섯째, 기업은 환경보호를 충분히 할 것을 요구받고 있다. 환경파괴는 결국 우리의 터전을 파괴함은 물론 우리의 생명의 일부인 자연을 소멸시키는 것이기 때문이다.

여섯째, 종업원을 만족시킬 것을 요구받고 있다. 그리고 기업 본연의 활동인 연구개발과 생산 및 효율성강화를 통한 이윤창출을 요구받고 있다. 이러한 것은 모두가 기업이 지속가능한 사회(sustainable society)를 위한 책임 있는 주체로서의 그 역할을 다해야 한다는 것을 의미한다.

이와 같이 도덕적 법적 윤리적 책임을 다할 것을 요구받는 배경에는 기업은 사회를 구성하는 구성원으로서 그 어느 개인과 조직보다 효율적이고, 거대한 자본과 정보망을 가지고서 실질적인 의사결정을 내리는 등 우월한 존재이기 때문이다. Dowling & Pfeffer(1975)는 사회는 기업의 커진 영향력 행사의 대가로 기업에 대해 보다 큰 책임을 요구하고 있다고 하였다. 즉 기업의 정당성이 경제사회의 환경변화로 자본주의 초기보다는 훨씬 약화되어가고 있으며, 기업의 정당성 약화는 기업이 비윤리적인 행동으로 사회적인 물의를 일으킬 때 발생한다.

2. 기업의 사회공헌에 대한 반대급부

일반적으로 기업의 사회공헌을 촉구하는 측에서는 기업의 사회적 책임은 필요한 것이고, 이것이 도덕적·윤리적으로 당위성을 갖는다고 주장해 왔다. 그러나 이것은 어디까지나 윤리·도덕적 관점이고 모든 기업이 반드시 행해야 할 의무는 없다. 특히 기업은 봉사단체가 아닌 영리조직이기 때문이다. 또 이 같은 당위성과 함께 제시되어야 할 사회공헌활동의 기업에 대한 긍정적 영향을 준다는 뚜렷한 근거는 제시하지 못하였다. 많은 경우 기업의 사회공헌 활동에 따라 기업 측이 받을 반대급부로는 기업근로자의 만족도 제고와 종업원의 기업충성도제고, 지역사회에서의 기업의 평판세고와 함께 소비자의 인식전환에 따라 제품구매증가, 이것이 기업이익의 증가로 연결될 것이라는 주장이다.

나아가 윤리경영을 하는 기업이 그렇지 못한 기업에 비해 주가상승률이 높다는 조사나, 매출액이 높았다는 기존의 조사를 보면 모두 실증분석이 결여된 것들이다. 일부 실증분석을 시도한 것도 있지만, 기업가치의 대리변수를 실제기업가치와는 다른 것을 선정하거나, 일부 대기업의 이익 신장률과 매출증가에 한정하는 이른바 부분적인 분석을 해 왔음을 확인할 수 있었다.

그러나 합리성과 효율성을 중요시하는 기업은 단순한 조사나 주장을 쉽게 인정하지 않을 것이다. 왜냐하면 사회공헌활동 등에는 비용이 수반되는바, 기업의 자금이 단기적으로는 비생산적인 곳으로 흐르기 때문이다. 즉 사회공헌의 시기와 그것의 반응시기 간에는 시간차(time lag) 및 효과가 가시적으로 나타나지 않기 때문이다.

Ⅲ. 기업의 사회적 책임 이론과 연구

1. 기업의 사회적 책임 이론

기업의 사회공헌행위에 대한 이론적인 근거는 매우 다양하다. 그간 기업의 사회적 책임과 활동이 어떤 형태로든 기업의 성과와 연관되어 있다는 주장과 연구들이 진행되어 왔으며 보편화되었다. 따라서 이제는 참여 형식과 방법, 규모 그리고 효과 등이 연구의 핵심사안으로 등장하고 있다. 기업은 사회 각 분야의 이해관계집단으로부터 많은 요구를 받고 있다. 기업의 모든 활동은 이와 같은 외부로부터의 요구와 함께 기업 본연의 역할을 충실히 수행함으로써 사회적 요구에 부응하고 있다.

이러한 논의가 발전되어 기업의 사회적 성과(corporate social performance)에 대한 학술적 연구가 최근에 이르러 진전되고 있다. 워틱과 코크랜(Wartick & Cochran)은 1985년 이전까지 주요한 개념으로 연구되어 온 기업의 경제적 책임과 공공적 책임, 사회적 반응의 개념을 통합하여 기업의 사회적 성과개념을 주창하였고, 우드(Wood,

1991)는 이를 비판적으로 재검토하여 기업의 사회적 성과모형을 원칙(principles), 과정(processes), 성과(outcomes)라는 세 가지 차원에서 규정짓고 있다(홍길표, 2002).

중요한 것은 개념정리보다는 현장에서 구체적으로 기업의 사회적 책임 및 사회적 성과에 대한 주장과 그러한 측정이 지속적으로 이루어져 오고 있다는 사실이다. 이것은 주로 선진 구미국가에서 구체적이고 현실적으로 이루어져 온 데 반하여 한국에서는 이러한 논의가 충분히 이루어지지 못하고 있음은 물론, 성과측정에 있어서도 충분하지 않다. 미국의 경우 1969년에 시작한 CEP(the council on economic priorities), KLD(Kinder, Lydenberg, Domini & Co.), 그리고 1971년에 시작한 Ernst & Ernst 회계법인, 미국경제발전위원회, 미국공인회계사회, 1977년에 시작한 프랑스의 Bilian Social, 그리고 경실련의 경제정의연구소 등에서 이를 진행하고 있다.

학계에서는 기업의 사회적 성과와 재무적 성과 사이에 정(+)과 부(-)의 관계 또는 중립적이라는 연구결과를 제시해 왔으나 최종적인 결론은 여전히 논란거리로 남아 있다. 아울러 기업의 공헌활동이 지역사회와 우리 사회에 도움을 준다고 하는 사실은 구체적인 분석이 필요하지 않은 데 반하여 기업이 불특정 다수를 상대로 또는 특정한 목적을 가지고 장기간 진행히는 과정은 맹목적으로 방치할 수 없을 뿐만 아니라 실질적인 분석을 통해 기업의 이러한 공헌활동을 이론적으로 뒷받침할 필요가 있다. 그러나 결과도 다를 뿐만 아니라 분석에 있어서도 매우 부분적이고, 기업에 미치는 효과에 대한 분석은 충분하지 못한 것이 현실이다. 이러한 배경은 연구자의 연구방법과 시기, 그리고 목적 등이 서로 다르기 때문인 것으로 보인다.

1) 기업의 사회적 역할

왈튼(C. Walton)은 기업의 사회적 역할에 관한 분류를 기업활동의 주 관심(main concern)대상을 준거로 여섯 가지로 분류하고 있다. ① 주주이익극대화를 기업의 제1의 사회적 책임으로 하는 엄격모형(austere model), ② 기업의 사회적 책임은 기업내부의 수준에서 1차 적으로 이루어져야 한다는 관점에서 종업원에 대한 책임을 강조하는 가계모형(household model), ③ 기업의 사회적 책임은 소비자의 권리 및 기호에까지 확장되어야 한다는 판매자 모형(vender model), ④ 기업의 사회적 책임의 활동은 궁극적으로 기업의 장기생존적 관점에서 전략적으로 이루어져야 한다는 투자모형(investment model), ⑤ 기업의 사회적 책임은 기업의 장기적인 이윤을 극복하여 자유민주주의체제를 유지하여야 한다는 관점의 시민모형(civic model), 그리고 마지막으로 ⑥ 기업조직을 고도의 문화·문명을 창조하는 봉사조직으로 보고 문화적 가치 구현에 대한 사회적 책임을 우선시하는 예술모형(artistic model) 등이다.

통상적으로 우리의 경우 기업마다 주안점을 두는 부문을 달리하고 있는 것이 확인되고 있지만 한국적인 기업문화의 토양과 시스템 아래에서는 위의 투자모형 ④에 더욱 가까운 것으로 파악되며, 이러한 틀 속에서 시민모형과 예술모형이 부차적으로 수행되는 경우가 다수라고 볼 수 있다.

2) 기업사회공헌의 참여 동기

기업이 사회공헌에 참여하는 동기에 대해서 캐롤(Carroll, 1991)과 우드(Wood, 1991)는 다음의 네 가지로 구분한다. ① 타인에게 혜택을 주기 위한 욕망에서 동기화되는 이타주의(altruistic model),

② 기업의 경제적 혜택을 추구하기 위한 전략적 차원에서 이루어진다는 이윤극대화 모델(profit maximization model), ③ 동기는 이윤극대화 모델과 동일하지만 사회활동 행위는 경제적 이익보다는 정치적 반대급부획득을 추구하는 정치·제도적 권력모델(political and institutional power model), ④ 전문경영인이 이윤극대화와 함께 기업의 사회적 인식(public image) 또는 사회적 평판(social reputation)을 고려한다는 경제·비경제적인 혼합모형으로의 구분이다.

우리와 같은 경우는 이윤극대화 모델에 귀착될 소지가 크다. 즉 기업의 사회적 평판을 제고하기 위한 목적과, 정치적 반대급부를 추구하는 궁극적인 목적을 고려할 때 이것은 결국 기업의 중·장기적인 경제적 이윤극대화를 도모하기 위한 전략적인 선택이 되어 왔으며, 이와 같은 것이 우리 사회에서는 다수 출연하고 있기 때문이다.

3) 기업기부행위에 대한 동기

기업의 기부행위에 대한 두 가지 동기는 기업의 이윤극대화 동기와 경영자의 효용극대화 동기이다(김진수, 1997). 기업의 이윤극대화는 매출의 증가나 비용의 감소를 통해서 달성될 수 있다. 한 기업이 기부금2)을 시출하게 되년 그 기업에 대한 대중의 선호가 더 높아지게 되어 그 기업이 생산하는 제품의 매출이 증가하게 된다. 또한 한 기업이 그 기업이 위치한 지역사회에 기부금을 지출하

---

2) 법인의 업무와 직접적으로 연관 없이 무상으로 재산적 가치를 타인에게 증여하는 행위이고 대체적으로 사회복지, 국민교육, 문화, 종교, 사회사업을 위한 단체에 자유의사에 따라 한다. 후원금, 기부금(간주기부금), 각종 성금, 찬조금 및 헌금 등의 형태로 이루어진다. 한편 세법상의 분류에 의하면 법정기부금(국가지방자치단체 및 이재민 등에 기부하는 금액, 특정연구기관 등 출연금 및 위탁연구비, 사립학교법에 의한 사립학교 등에 지출한 시설비 등, 정치자금), 지정기부금(사회복지, 문화, 예술, 교육, 종교, 자선 등 공익성이 높은 것을 위한 기부금), 비지정기부금으로 구분한다.

여 그 지역사회를 더 살기 좋고 일하기 좋은 지역으로 만들게 되면 그 기업이 지불해야 할 임금이 감소하게 된다. 이러한 과정을 통해서 기업은 이윤을 극대화할 수 있다. 둘째, 경영자의 효용극대화는 Williamson(1963)의 경영자재량모형(managerial discretion model)에 의해서 설명될 수 있다. 경영자는 이윤 가운데 주주에 의해 요구되는 최소한의 이윤을 초과하는 부분을 임의로 지출하려는 경향이 있다. 경영자는 불필요하게 안락한 사무실, 지나치게 많은 직원의 고용, 과도한 낭비, 필요이상의 봉급 등을 위해 이윤 중 일부를 지출함으로써 자신의 효용을 증대시키게 된다.

기부금도 이러한 지출과 마찬가지로 경영자의 효용을 증대시키는 역할을 한다. 경영자는 기부행위가 기업의 사회에 대한 일종의 책임이라고 인식하고 있으며, 기부금의 지출을 통해서 어느 정도의 기업 이윤을 희생하는 대신에 경영자 자신의 효용을 증대시키게 된다.

우리나라 기업의 사회공헌 지출 대부분이 기업 소유자의 의견이 반영된다 할 수 있다. 특히 기업관련 비영리 공익법인을 설립하거나 일정금액이상의 부정기적 지출이 요구되는 활동에 대해서는 더욱 그러할 것이다. 즉 사주(社主) 오너(owner)의 독단적인 판단에 의해서 이루어질 가능성이 매우 크다. 기업이 사회사업의 지원여부를 결정하는 의사 결정은 회장(16.3%), 사장(52.2%) 등 최고 경영 책임자가 절대다수를 차지하고 있으나 임원과 부서장이 결정한다고 응답한 기업도 31.5%에 이른다(김치곤, 1998)는 점에서 90년대 중반 이후 다양한 주체와 폭넓은 참여 및 활동이 되어 가고 있지만 여전히 기업의 최고 의사결정자의 의지에 의해서 이루어지고 있다고 보아야 한다.

2. 기업의 사회적 책임에 관한 연구의 다양화

1) 기업가치 영향

기업의 사회공헌활동과 기업가치 영향에 관한 연구는 그리 많지 않다. 일부 진행되고 있기는 하지만 부분적이거나 공헌활동에 대한 기업의 동기 조사와 종류 및 현장에서 진행되고 있는 기업의 사례 연구가 일반적이다. 아울러 기업과 NGO, 기업과 정부 및 비영리 기구관계에 등에 대한 이론적 연구들이 대부분이며 매우 활발히 진행되고 있다. 그리고 기업의 사회적 성과를 높여 그것이 경제적 성과로 연결된다는 객관적인 증거를 도출하고자 노력하였으나, 그러한 객관적인 증거도출은 잘 되지 못하고 있다. 특히 사회적 성과가 경제적 성과의 직접적인 원인변수라는 점을 입증하는 데 실패했다(Waddock & Graves, 1997; Aupperle, Carroll & Hatfield, 1995).

2) 재무적 성과

최근의 연구들(문귀봉, 1997; Hammond & Slocum, 1996; Waddock & Smith, 2000)은 사회적·윤리적 책임을 충분히 수행하는 기업들이 더 좋은 재무적 성과를 거둔다는 연구결과를 제시하고 있다. 박헌준(2002)은 한국기업의 사회적 성과와 재무적 성과에 관한 시계열 분석에서 사회적성과의 재무적 성과에 대한 영향은 강한 반면, 재무적성과의 사회적 성과에 대한 영향은 상대적으로 약한 것으로 나타내 보이고 있다. 즉 사회공헌활동에 의한 기업성과가 더 높게 나타나는 반면 기업성과가 좋아서 사회공헌을 크게 한다거나 적극적으로 한다는 것을 의미하지 않다는 것으로 풀이된다.

3) 소비자 반응

센과 바타차리아(Sankar Sen & C. B. Bhattacharya)는 기업의 사회활동(CSR: corporate social responsibility)에 대한 소비자반응을 결정하는 변수들에 대해서 살펴본 결과 기업고유요인(company specific factor), 소비자특성요인(individual specific factor), 기업과 소비자의 일체감에 대한 소비자의 인식(C－C congruence) 등이라는 분석을 하였다. 여기서 기업고유요인은 기업이 주력하는 사회공헌의 영역과 기업의 경쟁력 및 제품의 품질을 나타내는 기업능력이며, 소비자특성요인은 사회공헌활동에 대한 소비자들의 개인적 지지도, 소비자들이 기업의 정체성에서 사회공헌활동과 기업의 경쟁력강화에 대해서 생각하는 기본적인 믿음으로 보았다. 그리고 마지막으로 사회공헌활동에 대한 소비자와 기업의 특성이 일치하는 지에 대한 소비자인지도라고 하였다(한동우 외 2. 2003). 이 외에 모르(Lois A Mohr)의 기업의 사회공헌활동의 반응은 소비자 군들의 특성에 따라 다르다는 결론의 연구나, 바론(Michael J. Barone)은 기업이 진행하는 사회공헌활동 의도에 대한 소비자인식이 기업의 사회활동(cause－related marketing)에 영향을 준다는 연구 등이 있다.

4) 경제 정의 지수화

김헌·홍길표(2001)는 보다 광범위한 개념으로서 사회적 성과와 기업가치관계에 대한 분석을 KEJI(korea economic justice index)를 가지고 시도하였다. 이 지수는 사회적인 공헌활동뿐만 아니라 공정성, 건전성, 소비자보호, 종업원만족도, 환경보호, 경제발전기여도 등 경제정의기업을 선정하는 7개 분야의 10년 평점을 추출하여 한국신용평가(주)의 KIS신용평점과 비교하였다. 즉 사회적으로 존경

받는 기업은 경제적으로도 그 가치를 믿을 만한 기업인가를 확인
하는 것으로서 변수 간의 상관분석과 회귀분석을 하였다. 그 결과
조정된 R2 값은 낮았지만, 통계적으로 유의성을 갖는 가운데 사회
적 성과가 높은 기업이 경제적으로도 믿을 만한 기업일 가능성이
높다는 결론을 내리고 있다.

5) 기업이미지

한편 기업의 사회공헌활동과 기업이미지 관계에 대한 연구도 있
다. 사회공헌활동은 기업이미지를 개선하여 각종 직·간접비용을
감소시킨다는 것이다. 주로 3가지 방향에서 이루어져 왔는데, 첫째,
기업이미지제고수단의 영향력 분석, 둘째, 기업이미지 구성요인분
석, 이미지가 구매의사결정에 미치는 영향분석이다(하봉준, 1999).
하봉준(1999)은 대기업 4개 계열사와 해당기업의 주요제품 5개를
설정하여 연구한 결과 제품관련 이미지가 기업전체 이미지에 미치
는 영향력이 비제품 관련의 그것보다 크다는 결론을 내리고 있다.

6) 기부행위에 미치는 영향

슈발츠(Schwartz)는 기부의 가격, 광고, 현금흐름, 수익 등의 경제
변수가 기부행위에 미치는 영향을 1936년부터 1961년까지 시계열
자료로서 실증분석하였다. 기부행위는 가격에 대해 탄력적이며, 소
득에 대해 비탄력적이라는 결과와 함께 기부행위는 기부 가격과
정(＋), 소득과는 부(－)의 상관관계가 있다고 분석하였다. 아울러
레비와 샤토(Levy and Shatto)는 기업의 기부행위는 정부의 조세정
책에 영향을 받는다는 결론을, 나바로(Navarro)는 이윤극대화 동기
가 기업의 기부행위의 결정에 영향을 미친다고 하였다.

7) 경영자 효용극대화

김진수(1997)는 1988~1996년간 제조업 6,505개의 기업의 자료를 통합하여 횡단면자료(cross section)로 이용하여 기업의 기부행위가 기업의 이윤극대화 동기에서 이루어지는지, 경영자의효용극대화 동기에서 행해지는지 분석한 결과, 결론은 효용극대화 모형의 가설을 뒷받침하였다. 즉 경영자의 재량으로 기부금을 지출하는 것은 순이익의 감소로 연결되며, 이는 주주의 재산권을 남용할 소지가 있다는 것이다.[3] 정용철(1998)의 연구도 기부금지출 수준에 영향을 주는 요인분석을 하고 이것에 의한 조세정책의 방향을 제시하는 것 등이다.

이와 같이 대표적인 연구들을 살펴보면 언급한 바와 같이 기업의 다양한 사회공헌활동에 대한 소비자들과 이해관계자들의 반응과 왜 사회공헌을 하는지에 대한 원인 분석이거나, 사회활동에 대한 평가 성과가 과연 사회적으로 신뢰성을 가지며, 이것이 경제적의로 유의미한가에 대한 분석이라고 할 수 있다. 그리고 기부행위에 영향을 주는 원인분석이 일반적이며, 기부금지출 행태에 관한 연구와 조세정책방향, 그리고 실태연구 등이 주를 이루었다.

다시 말하면, 기업의 사회공헌활동이 기업가치에 직접적으로 어떤 영향을 주고, 그 수준은 어떤지에 대한 연구는 드물다. 그리고 기업의 사회공헌활동은 수준에 관계없이 기업에게 항상 이롭다는 주장들이 대부분이다. 아울러 기업가치에 대한 분석이 이루어지기는 하였으나, 기업가치의 대용변수(proxy variable)로 근로자의 만족도를 사용하는 등 직접적인 기업가치 변화에 대한 연구는 국내에

---

3) 독립변수로는 기부금/매출액, 법인세/세전 순이익, 광고비/매출액, 경상이익/매출액, 인건비/(판매비 + 일반관리비), 부채/자산, 당해 연도 배당액 차감, 임원임금/매출액 등 여러 가지 대리변수를 사용하였다.

거의 없는 것으로 확인된다.

3. 기업사회공헌에 관한 연구의 불충분한 이유

이와 같이 연구가 충분히 이루어지지 못한 이유는 첫째, 가장 중요한 것으로 기업의 사회공헌활동의 중요성이 높아진 시기가 우리나라에서는 그리 오래되지 않았기 때문이다. 우리는 전술한 바와 같이 IMF경제위기 이후부터 사회 안전망(social safety network)의 중요성을 인식하였다고 볼 수 있으며, 구체적으로 제도로서 만들어지기 시작했다고 볼 수 있다. 둘째, 사회공헌활동의 의도가 초기부터 순수한 의도에서 이루어지기보다는 기업주 개인의 사적 효용의 만족을 위해서 진행된 바 없지 않기 때문이라고 볼 수 있다. 따라서 이를 학문적이고 이론적으로 분석할 대상이 아니라는 인식도 있었다고 보인다. 셋째, 기업의 사회공헌활동 대한 구체적인 자료가 체계적으로 공개되지 않고 있기 때문이다.

Ⅳ. 사회적 기업과 활성화

1. 사회적 기업이란?

사회적 기업이란 취약계층에게 사회서비스 또는 일자리를 제공하여 지역주민의 삶의 질을 높이는 등의 사회적 목적을 추구하면서 재화 및 서비스의 생산·판매 등 영업활동을 수행하는 기업으로서 노동부 장관으로부터 인증을 받은 자(사회적 기업육성법 제2조)를 말한다.

사회적 기업의 특징은 다음과 같이 요약할 수 있다. 첫째, 조직의 목적이 취약계층에게 일자리, 사회서비스 제공 등 '사회적 목적'을 추구하고 있다. 영업활동 과정에서 창출된 이익은 사업 자체나 지역공동체에 재투자하며, 사회적 기업은 이익분배가 주된 목적이 아니므로 영리 형태의 사회적 기업도 이익의 대부분을 사회적 목적에 사용한다. 둘째, 사회적 기업은 근로자를 고용하여 재화와 서비스의 생산·판매 등 영업활동을 수행하고 있다. 사회적 기업도 민법상 법인·조합, 상법상 회사, 등록된 비영리민간단체 등 다양한 조직형태 구비하고 있다. 단지 자원봉사단체나 순수 공익 목적만을 수행하는 복지시설은 제외한다. 셋째, 사회적 기업도 이해관계자가 참여하는 의사결정구조를 구비하고 있다. 사회적 기업의 의사결정은 주주뿐만이 아니라 근로자, 서비스 수혜자, 지역사회 인사 등 이해관계자의 참여 등 민주적으로 결정되어야 한다.

한국에서의 사회적 기업의 인증요건은 사회적 기업육성법 제8조에 의하면 ① 조직형태, ② 사회적 목적 실현, ③ 영업활동을 통한 수익, ④ 유급근로자고용, ⑤ 이해관계자 참여하는 의사결정구조, ⑥ 정관·규약 등 구비 및 기재사항 준수여부, ⑦ (상법상회사)이윤의 사회적 목적의 재투자 등으로 정하고 있다.

2. 사회적 기업 육성 배경

1) 사회서비스부문 고용확대 필요성

경제 성장 둔화 및 산업구조 변화에 따라 우리 경제의 고용창출 능력이 감소하고, 급속한 고령화와 가족구조 변화 등으로 사회서비스에 대한 사회적 수요의 증가가 고용확대의 필요성을 요구하게 되었다. 2003년 OECD국가의 사회서비스 고용비중은 21.7%나 우리나라는 2005년 13.1%에 불과한 정도였다. 따라서 사회서비스 공급 확대를 통한 고용창출 방안 모색이 더욱 필요하게 되었다.

2) 지속가능한 양질의 일자리 창출

노동부가 취약계층 일자리 제공을 위해 2003년부터 NGO와 협력하여 사회적 일자리 창출 사업(73억 원, 2천 명)을 시작한 이후 사업규모가 지속적으로 확대되고 있다. 2007년 11개 부처, 1조 3천억 원, 20만 명 규모의 사업규모가 되었다. 사회적 일자리 창출사업은 취약계층의 일자리 창출과 사회서비스 확충을 위해 비영리단체가 근로자를 고용할 경우 인건비 및 사회 보험료를 지원하는 사업을 하고 있다. 대부분 사업들이 재정지원에만 의존하여 단기적이고 임시적이며 저임금 일자리의 한계를 극복하지 못하고 있다. 수익을 창출하여 이를 사회적 목적에 재투자하는 사회적 기업으로 육성할 필요성이 높아지고 있다.

3) 기업의 사회적 책임, 사회공헌 활동의 관심 증가

최근 기업들은 이익의 사회 환원차원에서 사회공헌 활동과 나눔 경영에 대한 관심이 증가하고 있다. 그러나 아직은 일시적인 기부나 후원, 이벤트성 기여수준에 머무르고 있는 실정이다. 이에 따라 기업의 사회공헌 활동을 일자리 창출로 연결되도록 할 필요성이 커져 가고 있다.

3. 사회적 기업의 등장과 발전

1) 선행 개념들: 제3섹터, 사회적 경제, 비영리조직

(1) 제3섹터

자본주의 사회를 구성하는 정부부문(제1섹터)과 민간부문(제2섹터)을 제외한 광범위한 민간부문으로서 그 가치중립적 개념에 의의가 있다. 제3섹터로서는 협동조합(Cooperatives), 상호부조조직(Mutuals), 기타 자발적 조직(Associations)으로 구성되고 있다. EU 보고서의 제3섹터 조직들의 특성은 다음과 같다.

① 공공이나 민간부문에서 공급되지 않는 요구를 충족하기 위한 활동을 하는 조직

② 자주적으로 조직되고 관리되는 조직

③ 지역공동체에 기반을 두거나 이를 지향하는 활동을 하는 조직

④ 이윤을 분배하지 않는 비영리조직

⑤ 자원봉사를 포함한 자선에 기반을 둔 활동을 하는 조직

(2) 사회적 경제(Social Economy)

사회적 경제의 개념은 유럽에서 제3섹터라는 개념과 병행하여 1990년대부터 사용되었다. 다음과 같은 원리로 대표되는 윤리적 입장을 갖는 협동조합 및 관련된 기업, 상호부조조직, 자발적 조직들에 의해 수행되는 경제적 행위를 일컫고 있다.

① 목표로서 이윤보다는 구성원이나 지역사회 공동체의 이익을 위해 활동

② 독립적인 운영(공공부문으로부터)

③ 민주적인 의사결정

④ 소득의 배분에 있어서 자본보다는 인간과 노동을 우선 고려

사회적 경제는 포괄범위에서는 제3섹터와 차별성이 거의 없으나 규범적인 함의를 내포하고 있다.

(3) 비영리조직(NPO, Non - Profit Organization)

비영리조직은 유럽에서는 주로 사회적 경제, 미국에서는 전통적으로 NPO 개념으로 사용되어 왔다. NPO를 특징짓는 가장 중요한 요소는 법적으로 면세 혜택을 받는 조직이라는 점(연방 조세법에 26가지 조직 유형 기술)이다. 수익을 조직의 구성원이나 대표의 이익을 위해 사용하지 않으며, 이를 정관에 명시(학교, 병원, 도서관, 미술관, 사회서비스기관 등)하고 있다. 비영리조직의 기본 특징으로는 공식적 조직, 국가로부터 독립, 자율성, 이윤의 구성원·대표·소유자 배분 금지, 자발성 등을 말한다.

제3섹터와 사회적 경제는 거의 유사하며, NPO는 이윤 분배를 제한하기 때문에, 사회적 경제나 제3섹터 중 이윤을 분배할 수 있는 협동조합이나 상호부조조직이 배제되고 있어 NPO의 범위가 가장 협소한 것이다.

2) 유럽의 사회적 기업

(1) 유럽의 사회적 기업의 의의

1990년대 이후 유럽의 사회경제적 변화의 소산이기 때문에 각국 경험에 따라 다양한 형태를 취하나 다음의 공통된 특성을 보유하고 있다.

• 재화를 생산하거나 서비스를 판매하는 지속적 활동
• 높은 수준의 자율성

- 상당한 수준의 경제적 위험을 안고 활동
- 일정수준 이상의 유급 노동
- 지역사회 이익을 명시적으로 추구
- 시민들에 의해 자발적으로 등장
- 제한적인 이윤 배분
- 조직의 활동에 의해 영향을 받는 사람들도 의사결정 참여
- 자본소유에 기반을 두지 않은 의사결정권

영국의 사회적 기업 개념(Social Enterprise: Strategy for success)은 "주주나 소유자를 위한 이윤극대화를 추구하기보다는 우선적으로 사회적 목적을 추구하며, 이를 위해 이윤을 사업이나 지역공동체에 재투자하는 기업"이라고 한다.

사회적 기업이 '기업'이란 명칭을 써도 전통적 의미의 법적인 기업형태를 갖는 것이 아니라, '생산적'이라는 활동의 특성을 의미하는 것으로 매우 다양한 형태의 조직을 포괄하고 있는 것이다. 이런 의미에서는 조합, 상호부조조직, 자발적 결사체뿐만 아니라 영리기업도 포함한다.

유럽에서는 사회적 기업과 분리된 별도의 '사회적 일자리' 개념은 존재하지 않으며, 우리나라의 사회적 일자리에 해당하는 일자리를 생산하는 주체를 '사회적 기업'으로 통칭하고 있다.

(2) 사회적 기업의 등장

1990년대 사회적 경제 범위에는 포함되지만, 각 지역공동체 차원에서 장기실업자나 빈곤계층의 사회적 배제 문제에 대응하거나 사회적 서비스를 제공하는 새로운 조직으로 등장한 것이 사회적

기업이다. 유럽에서의 사회적 기업은 오랜 사회주의적 풍토하에서 자생적으로 발생한 조합 등 공동체 조직으로서, 구성원들에게 필요한 사회서비스 등을 제공하며 지역단위 고용을 창출하는 과정에서 정부에 필요한 지원을 요구하기도 하고, 정부도 복지재정 절감을 위하여 국가의 기존 복지서비스를 민간에 위탁하면서 상기 조직들을 지원하기 위해 시작하게 되었다.

(3) 사회적 기업의 종류(활동 유형)

지역사회에 필요한 사회적 서비스를 제공하는 유형, 취약계층에게 일자리를 제공하는 노동시장 통합을 위한 활동으로 구성되고 두 가지 활동을 통합적으로 수행할 수도 있다. 이탈리아에서는 사회적 기업이 두 가지 기능을 동시에 수행하지 못하도록 법에서 규정하고 있다. 구체적으로 이탈리아에서는 사회적 협동조합에 관한 법(1991)에서 '취약계층 고용 사회적 협동조합'과 '사회서비스 제공 사회적 협동조합'을 구분하고 두 가지 활동 병행 금지하고 있다. 대부분의 국가에서 두 가지 기능 병행하나, 이 경우 취약계층 고용과 질 높은 서비스 간에는 모순이 발생할 수도 있다.

노동시장 통합형 사회적 기업의 기능으로서는, 경과적 일자리 제공, 장기적 자립을 지향하며 한시저 지원, 장애인 등 고용에 내한 항구적 지원, 생산 활동을 통한 재사회화(알코올·마약 중독자, 전과자) 등을 들 수 있다.

3) 미국의 사회적 기업
(1) 사회적 기업의 의의
사회적 기업은 영리적인 기업 활동을 통해 수익을 창출하고 창출된 수익은 사회적 목적을 위해 환원하는 기업이다. 이들은 '영리적 이윤 창출'과 '사회적 사명 수행'의 동시 추구와 그리고 재정적 수익이라는 경제적 가치와 사회적 목적 달성이라는 사회적 가치 창출을 목적으로 한다. 사회적 목적은 취약계층의 직업훈련, 일자리 창출, 사회복귀를 위한 프로그램 제공, 지역사회에서 필요한 서비스 제공 등을 말한다. 영리적 수익 활동은 그 자체가 목적이 아니며, 사회적 목적을 위한 자원 창출의 수단으로 사용된다. 루비콘(Rubicon) 관계자의 말에 따르면, 미국의 사회적 기업은 "우리는 빵을 팔기 위해 고용하는 것이 아니라 고용하기 위해 빵을 판다."

(2) 특성

미국의 사회적 기업은 시장지향적인 '기업'의 성격이 강하며 민간 자원 활용(기업참여 등), 민간시장과의 경쟁 등이 특징이다. 민간, 특히 비영리기관이 주도하면서 정부 보조금에 대한 의존도가 상대적으로 낮은 편이다. 사회적 기업의 약 70%가 수익성이 있거나 손익분기점에 와 있는 것으로 조사되고 있다.

미국의 사회적 기업은 '사회적 임무 수행'이라는 원칙을 굳건히 견지하면서 수익 사업의 경쟁력도 높여 나가는 것이 사회적 기업의 성공 열쇠, 즉 상업적 수익성과 사회적 미션 수행 간의 '역동적 긴장감'도 조성하고 있다.

이와 유사 개념들의 차이가 일부 나타나고 있다. 영리적 활동을 추구하지만 기업주나 주주의 이익을 최대화하려는 일반기업과는 달리 '사회적 목적'을 위해 이윤을 재투자하는 경우와, 전통적 비영리기관은 정부, 재단의 보조금 혹은 기업, 개인의 기부, 자원봉사에 의존하여 공공시장에만 관심, 사회적 기업은 수익창출을 위해 자금원을 개척하고 상업적 시장에 높은 관심을 보이고 있다.

사회적 기업의 스펙트럼

⇐ 사회적 가치 창출			경제적 가치 창출 ⇒		
전통적 비영리기관	수익창출 비영리기관	사회적 기업	사회적 책임 기업	사회적 책임 활동 기업	전통적 기업
– 사회적 목적 – 이해관계자에 대한 책임성 – 수익은 프로그램이나 운영비에 재투자			– 이윤 축구 목적 – 주주에 대한 책임성 – 주주에게 이익 환원		

　사회적 책임 기업은 주주이익을 목적으로 하는 영리기업이나 사회적 사명도 추구, 이윤의 상당 부분 사회적 목적에 사용(기업 미션에 사회적 사명 포함)하는 기업이다. 사회적 책임 활동기업은 경영상 이익을 위해 사회공헌 활동을 전략적으로 활용(직원 자원봉사, 기업 기부, 보조금 제공 등)하는 기업이다.

(3) 미국에서 사회적 기업이 각광받는 배경
① 1980년대부터 정부의 지원금이 급격히 감소하면서 비영리기관들이 재정적 불확실성에 직면
② 정부의 공공서비스들이 민영화되면서 영리기업과 비영리 서비스 제공자들 사이에 정부계약을 따기 위해 경쟁 심화
③ 사회문제 해결에 있어서 전통적인 형태의 '자선적 접근'의 효과성에 대한 관심 증대. 수혜자들의 의존성을 높이고 굴욕감까지 준 것은 아닌지 반성

④ 기업과 맺는 파트너십의 폭과 깊이가 다양화. 지역사회에 대한 기업의 책임성과 참여가 확대되고, 사업방향 또한 기업경영에 도움이 될 수 있는 전략적인 형태 모색

4. 사회적 일자리, 사회적 기업에 대한 기업의 참여현황

1) 현황

■ 기업 연계형 사회적 일자리 창출 사업

노동부는 '06년부터 NGO와 기업, 지자체 등이 연계하여 적절한 역할분담과 협력을 통해 자립을 지향하는 기업 연계형 사회적 일자리 사업을 추진하고 있다.

기업 연계형 사업은 NGO-기업-지자체가 사회적 일자리 창출 사업의 운영을 위한 인적·물적 자원의 출연 및 역할분담을 통해 사회적 일자리를 제공하는 사업이다.

주체	비영리단체	기업	지자체
역할	사업의 기획·운영 및 고용의 주체, 정부 지원금 수령	재정·경영지원, 교육·훈련, 인력파견 및 자원봉사 등 지원	재정·시설·행정지원

SK텔레콤(행복도시락사업), 교보생명(다솜이 간병봉사단), 현대자동차(노인과 복지)등 '06년 7개(640명) 시범사업으로 시작한 기업 연계형 사업은 '07년 9월 말 현재 61개(4,184명) 사업으로 증가하고 있다.

■ 사회적 기업으로 발전

기업 연계형 사업은 경영능력 향상 등을 통해 상대적으로 높은 사업성과를 거두고 있으며, 사회적 기업으로 발전 가능성이 높다.

기업 연계형 사업 중 (사) 안심생활(구 노인과 복지, 현대자동차와 연계)과 (재)다솜이재단(교보생명과연계), (주)나눔공동체, 실업극복국민운동본부 급식센터(SK레콤과 연계), (주)조이비전(박준뷰티랩)이 사회적 기업으로 인증 받고 있다.

2) 기업의 참여 시 애로사항

기업이 사회공헌 활동에 참여하고자 하는 이유는 CEO의 강력한 의지와 기업 이미지 제고 효과인 반면, 사회적 기업 등 일자리 사업에 참여하지 않는 최대 장애요인은 지속적 재정부담이다. 사회공헌활동 참여 이유는 사회적 책임인식, CEO의지, 직원자부심 제고 순이다. 사회적 기업에 참여하는 데 가장 큰 장애 요인은 재정적 부담 > 지출대비 홍보효과 낮음 > 사회공헌참여 이해부족의 순이다.[4)]

3) 기업의 사회공헌 실태

2006년 기업의 사회공헌실태조사(전경련) 내용을 보면 국내 주요 202개 기업들이 2006년 한 해 동안 사회공헌 활동에 지출한 금액은 총 1조 8천억 원에 해당한다. 기업 사회공헌에 대한 국민의식조사결과 '기업의 사회공헌 필요성'에 대해 응답자의 97.3%가 해야 한다고 답변하고 있다.

5. 정부의 사회적 기업 육성정책

1) 인증현황
■ 2008년 현재 220개 단체가 신청하여 총 84개소 인증
- 일자리 제공형 34개, 서비스 제공형 10개, 혼합형 21개, 기타

---

4) 사회적 공헌 관련 노동부 자체조사 결과는 일반기업 100개 중 33개 기업의 응답 및 노동부 정책고객대상 PCRM 조사는 1,447명 중 137명 응답.

형 19개

- 조직형태별: 민법상 법인(17개), 상법상회사(37개), 사회복지법인
  (11개), 생활협동조합(5개), 비영리단체(13개), 영농조합법인(1개)
- 분야별: 환경(19개), 간병·가사지원(13개), 사회복지(8개), 교육
  (4개), 보건(3개), 보육(4개), 문화(5개), 기타(28개)

앞으로 사회서비스 분야 외에 낙후지역개발, 지역교통해결 등 보다 넓은 분야에서 대상을 발굴해 나갈 필요가 있다.

2) 지원내용

- (재정지원) 참여자 인건비(78.8만 원/월) 및 사회보험료(인건비의 8.5%), 전문인력(회계·마케팅 등) 인건비(120만 원/월), 시설비 등 지원·융자(20억 원)
- (설립·운영지원) 설립 및 운영 컨설팅(31억), 지역별·업종별 네트워크(10억), 사회적 기업가 양성 과정 설치 지원
- (세제지원) 법인세/소득세 50% 감면('07년 12월, 조세특례제한법 개정), 법인 소득의 5% 범위 내에서 민간기업 기부금 전액 손금(損金) 처리('07년 3월, 법인세법시행규칙 개정)
- (판로지원) 사회적 기업 상품·서비스의 우선 구매 지원

결론적으로 1사1사회적 기업, 기업의 자회사로서의 사회적 기업 등 기업과 사회적 기업을 연계를 통한 기업의 사회적 관심과 참여를 추진하고자 한다. 즉 노동부는 기업 연계형 사회적 일자리 사업의 확대 및 사회적 기업 지원 정책을 통해 기업의 사회공헌 활동이 사회적 기업으로 발전되도록 지원할 계획인 것으로 알려져 있다.

한편 기업의 사회공헌 활동이 일시적 기부 등 일회성 지원이 아

니라, 지속가능한 양질의 일자리 창출과 연계될 수 있도록 사회적 기업에 기업의 적극적인 관심과 참여를 당부하고 있다. 그렇게 할 때에 프랑스 사상가 몽테뉴의 자립정신을 갖추게 될 것을 기대한다. 그는 "세상에서 가장 위대한 것은 자신의 두 발로 설 수 있는 방법을 아는 것"이라고 말했다. '스스로 자신의 두 발로 서는' 것은 문자 그대로 자립이다. 자립은 남에게 기대지 않고 자신의 힘으로 자신을 유지하는 것으로 생계를 유지하는 경제적 의미만이 아니라 한 개인의 자유, 자존감, 자신감과 관련된 것이기에 우리의 인생 여정에서 항상 짊어지고 가야 할 소중한 덕목이기 때문이다.

V. 기업의 사회적 책임수행에 장애요인

기업들이 사회책임을 수행하고자 하였을 때 이를 저해하는 것은 무엇인지 살펴보자. 첫째, 명시적 비용의 지출이다. 현금 기부행위, 물적 지원, 조직 재편성 등에 비용이 발생한다. 사회적 책임 수행을 위한 사회에 대한 각종 지원 및 참여는 물론 기업의 내부관행 변경, 조직의 변화 등이 필요할 수 있으며 이러한 모든 것에 적지 않은 비용이 소요된다. 이 결과 궁극적으로는 기업이윤의 축소나 재무구조에 영향을 주며, 주주배당의 감소 및 투자여력 감소 등으로 연결된다고 이해하고 있다.

둘째, 생산성에 영향을 준다. 기업들이 매월 혹은 정기적으로 외부활동을 직접 수행하는 경우 근무현장을 이탈하는 것이므로 전체 생산일정 혹은 작업일정에 차질이 발생한다. 이는 기업 전체에서의 비효율을 초래한다. 물론 기업 내부 임직원의 애사심을 고취하는 등, 긍정적인 영향이 생산성 하락을 상쇄할 것이라는 추론들이 제기되지만 어디까지나 추론일 뿐 구체적인 실증분석을 통한 입증자료가 없는 상태이다.

셋째, 사회책임 수행의 결과에 대한 정밀하고 과학적인 검증 결과가 극히 드물다. 기업으로서는 사회책임 수행에 따른 기업자원의 투입이 발생하므로 생리적으로 자원투입에 대한 객관적인 산출결과를 요구하게 된다. 그러나 현재까지는 '사회적 책임의 당위성'만 강조되고 있을 뿐 기업의 실무라인, 책임자, 임원 등이 참고할 만한 '투입-산출' 연구 결과가 전무하다. 이러한 결과가 필요 없는 가운데 당위적으로 사회책임이 수행되면 좋겠지만 현실 한국기업사회의 풍토는 보다 더 풍부한 '덕성의 유용함'을 증명하는 결과들이 필요하다.

넷째, 국내 기업들의 사회적 책임 수행에 대한 객관적인 통계자료가 축적되어 있지 못하다. 기업가와 기업, 그리고 근로자들의 사회책임 활동 들이 혼재되어 사용되고 있다. 이런 결과는 한국의 한 대기업의 2005년도 사회공헌 지출액은 4,926억 원으로서 미국 월마트의 약 2,400억 원보다 두 배가 많게 집계되어 있다. 세부적인 내용을 충분히 분석해 보면 다른 결론이 나올 수 있으나 통계자료의 접근이 불가능하며, 이로써 외부의 신뢰가 축적되지 못하고 있다.

다섯째, 시민인식의 왜곡이다. 사회책임에 대한 인식의 왜곡과 수행기업 대한 가치부여가 크지 않다. 순수하게 사회적 책임을 수행하는 것에 대해서도 '대국민 무마용 혹은 로비용'으로 인식하고 있다는 점이다. 이는 일회성 혹은 무계획적인 그간의 기업행위에서 비롯되었다. 아울러 기업이 사회적 책임을 수행하는 것에 대해서 당연한 것으로 수용하고 있는 시민들의 인식도 문제이다. 기업의

본원적인 생리상 영리활동 이외의 행위가 매우 어렵다는 점을 감
안하면 이 부분에 대한 시민인식의 전환이 필요하다. 아울러 사회
책임 수행 기업들에 대한 후한 평가와 지원이 필요하다.

여섯째, 의사결정구조가 문제이다. 기업에서는 사회적 책임 수행
이 최고경영진 혹은 대주주의 순간적 기분과 필요에 따라 좌우되
거나 정치적 판단에 의해서 이루어지는 경우가 일반적이다. 그러다
보니 객관적이고 합리적인 접근을 어렵게 하고 있다. 이는 기업의
의사결정이 오너와 대주주 1인 중심의 의사결정시스템이기 때문이
다. 기업의 규모가 크건 작건 한국기업의 소유구조로부터 비롯된
의사결정 구조의 문제이다.

Ⅵ. 기업의 사회공헌 활동과 기업이윤 창출과의 상관관계

한국에서 기업의 사회공헌활동과 기업이윤창출과의 상관성에 관
한 연구는 양자 간에 상당한 정도의 유의미한 것으로 나타나고 있
다.[5] 기업의 사회적 책임에 대한 규범적, 당위적 주장이 공허하다
는 점에서 객관적이고 학술적인 근거를 제시할 필요가 있고, 아울
러 '덕성의 유용함'을 증명하고자 선행 연구를 통해 기업의 사회적
책임수행이 '진보된 자기이익'을 추구하는 것이 파악되고 있다.[6]
이 과정에서 사회 전체의 공동이익이 극대화된다는 것을 실증하고
자 한다. 기업의 사회적 책임에 대한 정의에서와 같이 기업의 다양

---

5) 위평량, "공익과 사익, 그리고 기업의 사회적 책임과의 관계 고찰", 2008 NGO학회 춘
   계학술회의(공공성의 위기와 시민사회 그리고 기업의 사회적 책임) 발제논문 2008.5.9.
   부산대학교.
6) 위평량, "상장기업의 사회공헌과 기업가치관계에 대한 실증분석", 『경영연구』 제21권
   제4호(한국산업경영학회, 2006.11).

한 행위 가운데 특히 핵심적으로 거론되는 것은 사회공헌(기부 및 자선활동)과 윤리경영추구이며 관련한 기업의 자료를 통해 분석[7]한 것으로써 위평량의 연구가 있다.

기존의 연구들은 기업의 사회공헌과 사회책임을 수행하게 되면 소비자들은 그러한 기업에 대해서 어떻게 인식하고, 그 기업이 생산하는 제품을 사용하겠는가에 대한 설문을 구성하여 소비자의 인식도를 조사, 분석하는 방식이었다. 이러한 기존연구에서는 "기업이 사회공헌을 하면 소비자 혹은 일반인들의 기업에 대한 이미지가 좋아지며 이로써 같은 값이면 해당기업의 제품을 구매하겠다."는 미래의 구매의사가 있음을 나타낸다. 그리고 이로써 기업 사회공헌 혹은 사회책임(윤리경영)은 기업의 매출에 긍정적 영향을 주어 기업의 이익이 증가하므로 기업은 사회적 책임을 수행하여야 한다는 것이다. 이러한 연구들이 기업의 사회적 책임수행(사회공헌 및 윤리경영)에 관한 기여가 적지 않았고, 또한 의미가 없는 것은 아니지만 그럼에도 불구하고 그러한 소비자들의 의견과 생각이 구매행위로 연결되는지 확인하지 못하고 있었다. 특히 사회적 책임수행 비용 대비 어느 정도 효과를 나타내고 있는지는 연구가 이루어지지 못하고 있었다. 따라서 기업들을 설득하기에는 부족함이 많았다.

이에 반해, 위평량의 두 가지 연구는 한국 상장기업을 대상으로 그들의 재무제표와 주식가격의 움직임을 통해 실제로 현시(顯示)된 내용을 통해 결과를 도출했다는 점과, 기업의 사회적 책임수행이 기업에게 어떤 결과로 나타나는가를 경제학과 경영학에서 널리 사용되고 있는 통계적 방법을 통해 객관적으로 제시하고 있어서 기

---

7) 위평량, "윤리경영과 기업가치 간의 관계에 관한 실증분석", 『국제지역연구』 제10권 제1호(국제지역학회, 2006.3).

존연구와는 본질적으로 차이가 있다. 그리고 기업들에게는 사회책임수행에 대한 이론적 근거가 될 것이다. 이러한 점에서 그의 연구결과를 간략하게 소개해 보고자 한다.

우선 사회공헌과 기업가치 회귀분석은 기업의 사회공헌이 진정으로 기업에게 긍정적인 영향을 주고 있는지, 그리고 영향을 어느 정도 주고 있는지에 대한 과학적인 근거를 찾을 수 없었다. 선행연구들은 간접적으로 추론할 수 있는 근거들만 제시할 뿐이었다. 따라서 기업의 사회공헌 비용이 기업가치에 미치는 관계를 직접적으로 분석하였고, 내부자를 포함한 이해관계자, 그 가운데 특히 다양한 주주들의 사회공헌에 대한 관계를 분석하여 시장과 연계할 필요가 있었다.

이러한 필요에 따라 위평량의 연구에서는 상장기업 346개에 대한 지난 11년(1990년~2000년)간을 다중회귀분석(multiple regression)에 의해 분석하였다. 그의 분석방법에는 기업가치(MBR: market value to book value ratio＝(보통주의 시장가치＋우선주시장가치＋부채의 장부가치)/(총자산의 장부가치)를 종속변수로 하고, 독립변수로서 사회공헌(SCR: social contribution ratio, 사회공헌＝(각종 기부금＋공익재단 사업비)/(기업매출액), 내부 지분율(ISR: inner shares ratio＝대주주의 해당 모기업 및 계열사 실질지분율), 은행기관지분율(BISR: bank and investors shares ratio)＝금융기관 등 대규모 기관투자 지분율, 기업규모(SIZ: size＝기업자산규모(Log)), 부채비율(DEBR: debt ratio＝총부채/총자산), DUMY변수(연도더미: 시계열적 영향을 통제하기 위함) 등을 사용하여 분석한 결과를 다음과 같이 제시하고 있다.[8]

---

8) 위평량의 상계논문(2006.11. 한국산업경영학회).

첫째, 사회공헌활동은 증권시장에서 결정되는 종합적 기업가치 (MBR)에 통계적 유의 수준에서 긍정적(＋)인 영향을 주는 것으로 추정되었다.

둘째, 사회공헌활동의 영향은 ① 기업의 사회적 책임수행, ② 기업의 이미지제고, ③ 증권시장주가 상승, ④ 기업가치 상승, ⑤ 주주 및 이해관계자 이익발생이라는 경로가 확인되었다.

다음으로 윤리경영과 기업가치 관계 회귀분석은 많은 선행연구들이 윤리경영을 수행함으로써 그것이 기업의 재무성과에 긍정적인 영향을 줄 것이라는 연구결과를 제시하고 있지만, 단순상관관계분석에 그치고 있었다. 그러나 기업의 재무성과와 윤리경영간의 관계가 상호 영향을 줄 수 있다는 점, 즉 내생변수(endogenous variable)라는 점을 감안하면 다른 분석방법으로 접근해야 할 필요성이 있다. 따라서 각 식의 독립변수의 일부가 방정식 체계 내부에서 결정되는 내생변수들이라는 점은 오차항과의 독립성이 확보되지 않아 단순회귀분석으로는 불충분하므로 연립방정식모형의 하나인 2SLS(two stage least squares)을 사용하여 추정상의 문제를 해결해야 할 필요가 있다.

"윤리경영을 잘해야 기업이 성장하고(기업가치가 높고) 오래 생존할 수 있다."는 주장과 "기업이 잘 성장해야 윤리경영을 잘할 수 있다(윤리경영 수준이 높아진다)."는 주장은 오래된 논쟁점이었다. 윤리경영과 기업성과, 기업성과와 윤리경영 두 관계는 상호 연관이 있을 것이지만, 오랜 주장에도 불구하고 이에 대한 분석을 시도한 사례는 거의 없었다. 이러한 점에 착안하여 위평량은 상장기업 142개를 5년(1998년~2002년) 간에 걸쳐서 위에서 말한 연립방정식 모형 2SLS(two stage least square)을 활용하여 분석하고 있다.

그는 독립변수로서 기업건전성, 기업공정성, 소비자보호도, 환경생태보호도, 경제발전기여도, 사회봉사기여도, 근로자만족도 등을 활용하여, 종속변수로서 장부가에 대한 기업가치(MBR), 사회공헌율(SCR), 윤리경영지수(EMI) 등을 설정하여 기업가치와 윤리경영의 상관관계를 회귀분석 결과 다음과 같이 지적하고 있다.[9]

첫째, 상호 영향은 1% 통계적 유의 수준에서 정(+)의 관계를 나타내고 있다. 즉 윤리경영과 기업가치가 독립적인 것이 아니고 상호보완적이며 상호 긍정적으로 영향을 주고 받는다는 것을 최초로 증명한 것이다. 특히 시장에서 결정되는 기업가치와 윤리경영이 매우 긴밀하게 상호 영향을 주고 받음을 의미하고 있다.

둘째, 기업가치와 윤리경영 간의 영향력 관계에서는 높은 기업가치가 윤리경영에 영향을 주는 정도가 0.805, 윤리경영이 기업가치에 영향을 주는 부분이 0.275였다. 풀어서 설명하면 한 기업의 기업가치가 그 기업의 윤리경영 수준에 약 80%의 영향을 주고 있으며, 윤리경영은 해당기업의 기업가치 형성에 약 27% 정도 영향을 주고 있다는 의미이다.

지금까지 기업의 사회적 책임과 공공성에 대해 살펴보았다. 이를 통해 시장은 공공재이며 시장공유지를 튼튼하게 일구는 깃은 모두가 노력해야 함을 강조하고 있다. 특히 기업의 역할이 중요하며 이러한 기업의 사회적 책임수행은 '진보된 자기이익(progressed self-interest)'의 추구이며, 시장에서의 국가역할 축소를 요구하는 것과 함께 모두가 공익보존에 나섬으로써 국가 역할을 축소시키게 된다는 것을 강조하고 있다. 이 과정은 공공성 보존과 그 달성이 필요

9) 위평량의 전게논문(2008.5.9. 한국NGO학회 발제논문).

하다는 규범적·당위적 주장보다 구체적이며 설득력이 있다는 점이다.

특히, 기업이 사회적 책임수행을 기업이익을 추구하는 전략으로서 가져간다면 그 지속성을 담보할 수 없을 것이라는 일각의 주장이 있다. 그럼에도 불구하고 우리나라의 현실에서는 당위론적 주장보다는 보다 더 객관적이고 과학적인 방법을 동원하여 모든 이해관계자들을 동감하는 것이 필요함을 강조하고 있다. 이 연구자 위평량은 "덕성의 유용함과 희생의 필요함을 증명"해 보이고자 시도한 하나의 노력으로 평가받고자 하고 있다.

그는 '진보된 자기이익'을 실현한 사례라고 주장하고 있다. 기업의 사회책임 수행은 직접적인 수혜자가 발생하는 한편, 그 결과는 기업자신의 이익을 도모하고, 사회 전체적으로 긍정적인 결과를 초래함으로써 기업에게 또다시 이익을 추구할 수 있는 풍부한 토대를 제공하고 있다는 명시적 결과를 제시하고 있다.

결론은 기업의 사회적 책임수행은 그 결과가 단순히 비용의 지출을 통한 기업이익 감소에 머무르는 것이 아니라 시장공유지를 통해 기업 자신에게도 기업가치 상승이라는 형태로 되돌려 받고 있다는 것이다. 물론 이 과정에서 시장공유지가 활성화되는 것은 의심할 필요도 없을 것이다. 따라서 기업의 사회적 책임수행은 아담 스미스(Adam Smith)적인 '동감(sympathy)'적 관점에서, 그리고 토크빌(Alexis de Tocqueville)적 '바르게 이해된 이기주의(interest rightly understood)' 혹은 한국의 윤리경영적인 '진보된 자기이익(progressed self-interest)'을 실현하는 차원 높은 시장(사회)경제를 일구어 나가는 길인 것이다.[10]

---

10) 위평량의 상게논문(2008.5.9. 한국NGO학회 발제논문).

▌참고문헌

곽대석, 2002. "기업과 시민단체 간의 전략적 제휴방안", 한국NGO학회 2002추계학술대회.

권순용, 서대석, 심한택, 1997. "기업의 기부금지출 행태에 관한 실증분석", 「세무학연구」(9).

김종대, 2006, Sustainability Reporting Guideline(G3), "지속가능경영의 국내외동향과 대응", 전경련·UNEP한국위원회.

김진수, 1997. "기업의 기부행위와 조세정책 방향", 한국조세연구원.

김 헌, 2003. "전환기 한국기업의 사회적성과 평가", 경실련경제정의연구소, 『새로운 경쟁력, 기업의 사회적 성과 평가』, 예영.

노한규, 2007, 사회적 책임의 국제표준화 동향과 기업의 대응방향, 경제정의연구소, 제4회CSR포럼 발제문.

박헌준, 2003, "기업의 사회적 성과와 재무적 성과와의 관계, 경실련 KEJI를 이용한 실증분석", 『새로운 경쟁력, 기업의 사회적 성과 평가』, 예영커뮤니케이션.

신유근, 2002, "기업의 사회적 성과와 경쟁력 강화", 「새로운 경쟁력, 기업의사회적 성과」, 경제정의연구소 편, 예영커뮤니케이션.

신유근, 한정화. 1990. "한국기업의 사회활동 참여", 전국경제인연합.

양용희, 2003. "기업과 NGO의 관계: 기업공헌 사회활동을 중심으로", 2003년도 한국NGO학회, 한국비영리학회 공동춘계학술회의 발제문.

육현표, 1996. "기입윤리와 사회적 책임 ― 윤리경영 길게 보면 이익", 삼성경제연구원.

위평량, 2004. "대주주소유와 기업가치관계에 대한 실증분석", 『경제학연구』, 제52집 제1호.

위평량, 2006, "윤리경영과 기업가치 간의 관계에 관한 실증분석", 『국제지역연구』, 제10권 제1호, 국제지역학회.

_____, 2006, "상장기업의 사회공헌과 기업가치관계에 대한 실증분석", 『경영연구』, 제21권 제4호, 한국산업경영학회.

전국경제인연합, 「사회공헌 백서」, 1991년 ─ 2003년 각 호.

정구현, 1996, "한국기업의 사회적 책임과 사회 공헌활동", 연세경영연구(연세대학교), 제33권 제2호.

______, 1999, "정보지식시대의 기업과 사회 — 기업의 사회공헌활동의 새로운 방향", 사회공헌백서(전경련).

정용철, 1998. "기업의 기부금 지출수준 결정요인에 관한 연구", 계명대 박사학위논문.

주성수, 2003, "기업시민 정신과 NGO", 아르케.

한동우, 1999, 한국기업의 사회복지활동 분석: 직접기부행위를 중심으로, 한국사회복지학(한국사회복지학회), 제37권.

한동우·하연찬·문순영. 2003, "사회공헌 활동이 기업에 미치는 영향", 사회복지공동모금회, 조사연구 2003 – 01.

홍길표, 2003. "기업의 사회적 성과 향상을 통한 기업가치의 증진", 경실련 경제정의연구소, 『새로운 경쟁력, 기업의 사회적 성과 평가』, 예영.

Aupperle, K. E. Carrol, A. B. & Hatfield, J. D. 1985. "An Empirical Examination of the Relations between Corporate Social Responsibility and Profitability", *Academy of Management Journal*, Vol.28, No.2.

Bowen, H. R. 1964. "Charity and the Corporation", Greenwood William T.(ed.), *Issues in Business and Society*, Houghton, Mifflin Co.

Carroll, Archie B. 1979, "A Three – Dimensional Conceptual Model of Corporate Performance", *Academy of Management Review*, Vol.4(4), 497 – 505.

Carroll, B. A. 1999, Corporate Social Responsibility, *Business and Society*, 38, 2.

Clotfelter, Charles T., 1990, "The Impact of Tax Reform on Charitable Giving: A 1989 Perspective", J. Slemrpd(ed), *Do Taxes Matter?*, Cambridge: MIT Press.

Ells, R. & C. Walton, 1961, *Conceptual Foundations of Business*, Homewood; Ⅲ Richard D. Irwin.

Freeman, H. L., 1992. "Corporate Strategic Philanthropy", *Vital Speeches of the Day*, February 1.

Held, Virginia(강형기 · 이상용 공역), 1986, 「공익과 사익」(The public interest and individual interests), 서울: 박영사.

Navarro, P. 1988. "Why do corporations give to Charity?", *Journal of Business* 61(1): 65 − 94.

McKaughan, M., 1995. "Is Corporate Philanthropy Drying Up?", *Across the Board*.

Scholes, M. S., and M. A. Wolfson. 1992. *Tax and Business Strategy: A Planning Approach*. New Jersey: Prentice − Hall Inc.

Tocqueville, Alexis de. 2006. *Democracy In America*, Volume2, Chapter Ⅷ: The Americans Combat Individualism By The Principle Of Interest Rightly Understood, Henry Reeve Translate, Release Date: January 21, 2006, www.gutenberg.org

제9장

효율적인 거버넌스 형성을 위한 문제점과 과제

I. 문제의 제기

2007년 12월 19일 제17대 대통령 선거를 치르면서 우리 국민들은 정치에 대해 많은 회의와 좌절과 분노를 느꼈을 것으로 보인다. 그것은 선거가 너무 네거티브적 선전전술에 치우쳐 치러진 점에서 특히 그러하다. 각 후보들은 자신의 정책과 공략으로 승부를 겨루어 보려는 선거운동보다는 상대방의 비리와 부패, 그리고 비도덕성에 초점을 두고 선거전에 임했기 때문이다. 그 결과 국민들은 지난 2002년 대선에서 경험했던 또 다른 제2의 김대엽 사건과 같은 기만적인 선전술에 속지 않으려고 더 많은 전통 보수와 야당 성향이 결집하게 되어 선거전을 오히려 결과론적이기는 하나 여당 측이 집권기간 5년간의 실정과 더불어 네거티브 선거전략이 야당선거운동을 지원해 준 격이 되고 말았다.

참여정부는 2003년 출범하면서 정부정책의 비전과 목표로서 '국민과 함께 하는 정부(governance with people)'를 내세웠다. 국민을 위해 일 잘하는 정부라면 정부의 규모가 약간 커지는 문제는 크게 문제가 되지 않는다고 판단하고, 선진국 지향을 표방하고 정부 재정규모를 키워 각종 재분배 정책을 적극 도입하였다. 이러한 정부의 정책실현은 국민들에게 정치적 구호로서 무척이나 매력적이고 대중 영합적이다.

이와 같은 정책을 지향하는 정부의 경우, 일은 더 잘하면서 비용은 적게 들이는 정부(a government that works better but costs less)의 상징인 작고 효율적인 정부의 비전은 모두 다 던져 버린 것이다. 그 결과 큰 정부는 자원의 엄청난 낭비와 그로 인한 피해는 모두 국민에게 돌아가는 결과를 낳게 되었다. 그래서 국민은 더욱 힘들고, 절망하게 되었다. 국민과 함께 일 잘하는 정부가 아니라 어디로 가고 있는지조차 알 수 없는 방향감 상실이라는 방만한 정부가 되어 버린 것이다.[1] 다행스럽지 못하게도 자유기업원에 의하면 1994년부터 2005년까지 11년 동안 연평균 11.36% 증가율을 보이는 재정지출 팽창률이 OECD 26개 국가의 평균 4.99% 수준인 데 비해 월등 높은 세계 제1위를 차지하게 되었다. 이는 특히 김대중 정부의 9.10%에 비해 참여정부에서 11.13% 더욱 크게 증가하였다는 점이다.[2] 이러한 재정지출의 증가현상은 한국경제가 IMF 발생 이전 상태로 회귀한 것으로서 경제위기가 있었을 때보다도 더 방만함을 실증해 보이는 자료로 해석되고 있다.

참여정부는 기본적으로 일 잘하는 정부를 지향하기보다는 인기영합적인 정책을 지향해 왔다. 규모감축(down sizing) 대신 적정규모(right sizing)를 그 정부의 캐치프레이즈로 내걸었다. 일을 잘하는 정부라면 크든 작든 문제가 안 된다는 주장이었다. 그러나 결과는 급속하게 큰 정부로 나아갔고 일을 잘하는 정부가 아닌 큰 정부가 가져오는 병폐를 고스란히 보여 주는 방만한 정부가 되어 버렸다.

---

1) Baybrooke, David and Charles E. Lindblom, 1970, *A Strategy of Decision*, New York: The Free Press.

2) 전국경제인연합회기관 자유기업원 발표 자료(2007.11.25.)에 의하면 1994-2005 연평균 재정지출팽창률이 11.36%로서 세계에서 OECD 국가 중에서 제1위로 나타났다(동아일보 2007.11.26일자).

이와 같은 방만한 정부에서는 정책결정에서 우선순위를 결정하기가 애매해지고 또 그 대안이 많은 관계로 인하여 대형 국책사업의 지연에서 보여 주는 것처럼 유권자 의사에 따라 지연되거나 결정이 늦어지게 되는 현상을 초래하게 되었다. 이와 같이 유권자 또는 이해 당사자에 의해 정책결정이 지연되는 경우에는 여러 가지의 대안이 발생하게 되어 집단적 선호를 취합해 내기가 불가능하게 될 수밖에 없게 되었다.[3]

이러한 참여정부의 방만한 정부를 운영한 결과는 국민에게 희망보다는 좌절을, 특히 젊은이에게는 도전보다는 안일을 찾게 하고 있다. 참여정부의 실패를 치유하기 위해서 본 연구는 먼저 참여정부의 정책 지향방향과 문제점을 논의하고, 그리고 실패한 큰 정부 형태를 치유하기 위해서 무엇을 어떻게 해야 하는지를 모색하고, 결론적으로 이 글에서 지향하고자 하는 방향을 설정하고자 한다.

Ⅱ. 참여정부 정책의 문제점

참여정부 정책운영의 문제점으로는 여러 가지를 지적하고 있지만 이것들을 모아 다음과 같이 지적해 두고자 한다. 행정적으로 효율적인 작은 정부를 운영하지 못했다. 경제적으로는 신자유주의에 바탕을 두는 정부와 시장의 역할분담을 달성하지 못했다. 정치적으로는 공권력이 무너지고 공동체적 민주주의의 기반을 이루지 못했다.

3) Kenneth Arrow, 1963. *Social Choice and Individual Values*, 2nd ed., New Haven: Yale University Press.

1. 비효율적인 행정

이는 전통적으로는 막스베버의 관료제 이론에서부터 출발하는 윌슨의 행정이원론, 테일러의 과학적 관리기법에 의한 정부의 내부 관리 개선을 통해 제고하려는 노력이다. 현대적 의미로는 합리성과 분권화가 그 책임성에 근거를 둔 정부 내부의 관리의 효율성을 바탕으로 하는 공공관리이론에서 출발하는 것이다. 조직 및 인력의 축소를 통한 절약, 중앙정부의 권한을 지방으로 이양하는 지방분권화 정책 등이 여기에 해당한다. 조직 및 인력의 축소문제는 중요하지만 과거 구조조정 때처럼 무조건적이 아니라 합리적이어야 하며 필요한 부분에 있어서는 조직과 인력을 확대할 수도 있다.

첫째, 방만한 정부위원회의 운영이다. 참여정부의 대통령, 국무총리, 그리고 각부에 두고 있는 각종 정부위원회는 '위원회공화국'이라는 말까지 나올 정도로 역대정권 중에 가장 많은 위원회를 가지게 되었다. 그리고 이 중에는 유명무실하거나 기능이 비슷한 위원회가 너무 많다. 기획예산처에 따르면 정부위원회는 2007년 9월 현재 416개나 된다.[4] 또한 2003년과 2004년 연속해서 단 한 번도 회의를 열지 않았던 위원회는 32개나 된다고 한다. 이 가운데 10개는 지난 2006년 한 해 10억 원의 예산을 배정받아 국민 혈세를 원칙 없이 낭비한 것으로 드러났다. 2000년대 구성된 국가표준심의위원회를 비롯하여 일부 위원회는 설립연도에만 단 한 차례 회의를 가진 뒤, 지금까지 회의 실적이 전혀 없으며 전체위원회 중 20%가량은 지난해는 한 번도 회의를 열지 않았다. 그런데도 대통령 및 국무총리 소속 위원회의 올해 예산은 지난해보다 423억이나 늘었다.

---

4) 동아일보, 2007.9.23.

이러한 정부의 각종 위원회 수의 증가 현상은 공익을 실현해야할 정부기관이 어떤 특수 이익집단에게 포획되어 자기이익에 봉사하도록 요구되는 고객으로 군림하게 된다.[5] 이러한 정부 위원회는 특수이익집단으로서 이들은 결국 분배연합을 형성하게 되어,[6] 정부활동에 대한 수요를 증대시켜 다수의 유권자가 선호하는 재분배정책에 대한 요구가 강화되어 공공지출의 팽창을 초래하고 그에 따라서 비효율성을 높이게 된다.

특히 참여정부 들어 정책자문과 추진 등을 위한다는 명분으로 각종 위원회가 크게 늘면서 예산도 매년 급증하고 있다. 이러한 예산은 고스란히 국민들의 세금으로 돌아간다. 외환위기 이후 중앙행정기관급은 1997년 52개에서 2006년 65개로, 대통령 및 총리 자문위원회는 같은 기간 33개에서 72개로 증가했다.

둘째, 공무원의 수의 증가이다. 행정자치부가 금년 초 밝힌 자료, '역대 정부 및 공무원 수 추이'에 따르면 2006년 말 기준으로 국가공무원과 지방공무원을 합한 공무원 수가 93만 3,663명으로 김대중 정부 임기 말 때보다 4만 8,499명이 늘어난 것으로 되어 있다. 금년 들어서만 1만 3,552명은 더 늘었으며 임기 말을 앞두고 800명 안팎의 공무원을 더 늘인다고 한다.[7] 특히 국민에 대한 직접 봉사와는 별로 관계없는 장·차관급, 정무직 고위 공무원은 이 정권 들어 28.3%나 증가했다.[8]

셋째, 정부부채의 증가이다. 참여정부 들어 지난 4년간 추진한

---

5) Mancur Olson, 1982, *The Rise and Decline of Nations*, New Haven: Yale University Press.

6) Allen H. Meltzer and Scott F. Richard, 1981, "Rational Theory of the State of Government", *Journal of Political Economy*, vol.89, pp.914-919.

7) 서울신문, 2007.10.8.

8) 조선일보. 2007.10.8.

신도시, 혁신도시, 기업도시, 행정도시 등 무리한 대형국책사업으로 인한 부채총액이 2006년 말 기준으로 99조 6,747억 원으로 100조 원에 육박하고 있는 것으로 밝혀졌다. 건교부 13개의 산하기관 부채를 살펴보면 인천국제공항공사, 교통안전공단, 한국감정원, 대한주택보증을 제외한 9개의 공기업의 4년간 부채증가액이 2002년 42조 4,266억 원에서 2006년 88조 6,747억 원으로 공기업의 방만한 경영도 심각하다.

넷째, 심각한 연금문제이다. 공무원 연금기금은 1992년대 적자를 내기 시작해 2002년에 바닥을 드러냈다고 한다. 이 연금의 적자분을 국민세금으로 메우고 있다. 올해에만 8,353억 원을 메우고 내년에는 1조 532억 원을 보전해야 한다고 한다. 참여정부 5년간에 책정된 적자보전규모는 총 2조 5,425억 원에 이른다고 한다.[9] 왜 일반국민이 퇴직공무원의 퇴직 후 보장까지 책임져야 하는지 참여정부에 묻고 싶은 것이다. '방만한 정부'의 부채의 부담은 고스란히 국민의 부담으로 돌아왔다. 국채의 증가는 시장이자율 상승압력으로 작용하여 투자를 저해하고 세 부담의 증가는 노동 및 투자를 억제하여 생산을 저해한다. 또한 정부의 과도한 역할이 시장과 기능이 중복되는 부분에 개입하여 자원배분의 효율성을 지해하고 성장을 압박하는 결과를 낳는다.

참여정부가 지향해 온 방향은 방만하고 비효율적인 방향이 되고 말았다. 그래서 참여정부가 자초한 결과 정부의 실패(failure of government)를 가져왔다.[10] 참여정부의 실패는 결과적으로 큰 정부로 인한 실패라

---

9) 동아일보. 2007.9.21.

10) J. M. Buchanan, R. D. Tollison, and G. Tullock, 1980. *Toward a Theory of the Rent-Seeking Society*, College Station: Texas A & M University Press.

고 볼 수 있다. 정부는 커졌는데 파이를 나눠 줄 시장은 작아졌다. 동서 고금을 통하여 큰 정부, 작은 시장에 국민을 잘살게 한 경우는 없었다. 특히 오늘날과 같이 세계화·정보화 시대에는 '작고 효율적인 정부'가 되는 방안 이외에는 다른 대안이 없다고 본다.

2. 신자유주의의 실패

경제적으로는 신자유주의에 바탕을 둔 시장의 자율화에 의한 정부와 시장 간의 역할 분담을 이루어 내지 못했다. 정부와 시장의 역할에 대한 인식은 아담스미스의 자유주의적 경제에 의한 시장경제의 수요자와 공급자의 각자의 판단에 의해 행동하지만 '보이지 않는 손'에 의해 자유로운 경제활동이 보장된다는 고전적 자유이론11)에서부터, 정부의 개입 없이도 시장에 의한 자생적인 질서의 형성이 가능하다는 신자유주의 사상을 거쳐서, 이에 부응하는 현실 역사적 사건 속에서 의식적으로 결정되지 않고 자생적으로 형성되는 질서를 강조하는 독일식의 질서자유주의12)에 기초하는 정부 불간섭이나 자생력을 강조하는 시장경제에 의한 질서의13) 전개로 나아가야 한다.

첫째, 불안한 일자리 문제

방만한 정부가 오늘날의 젊은이들에게 비추어진 상은 안전하게 정년을 보장받을 수 있는 철밥통 직장이다. 2006년 통계청 사회조사에 의하면 4년제 대학생의 36.9%가 공무원 시험 준비를 위해 휴

---

11) Adam Smith, 1937. *The Wealth of Nations*, New York: Modern Library, Chapter 4 of Book 4.

12) Walter Euken, 1952, *Grundsaetze der Wirtschaftspolitik*, Tuebingen: Mohr.

13) Fredrech Hayek, 1973, *Law, Legislation and Liberty — Rules and Order*, London: Routledge and Kegan Paul.

학을 하고[14] 젊은이들의 직업선호도도 공무원이 33.5%로 가장 높다.[15] 하루아침에 직장을 잃고 거리로 내몰리는 아버지를 보며, 취업원서를 100개씩 들고 다니는 누나의 움츠러진 어깨를 보며 제2의 빌게이츠나 워렌 버핏을 꿈꾸는 대신 적당하게 일해도 정년이 보장되는 철밥통을 찾는 것이다.

둘째, 극심한 양극화

소득의 양극화와 불균형의 심화로 빈곤층이 대폭 증가하였다. 이러한 현상은 경제의 투자 순환구조가 제대로 형성되지 못하여 기업이 불안하게 되고, 따라서 투자는 급감하고, 고용의 감소로 이어지면서 소득이 상위 계층으로 이동하고 빈곤층을 더욱 증가시켰다. 토지와 주택 그리고 금융자산의 소유가 상위계층으로 편중됨에 따라서 무주택자들의 주택소유는 점점 더 멀어져 가는데 다가구 주택의 수는 더 늘어나고 있다. 고액의 순자산 보유자는 2006년 말 기준으로 전년대비 14.1%나 증가한 9만 9천 명으로 추정된다.[16]

셋째, 경제 순환구조의 악화

경제구조가 명목상으로는 국내총생산(GDP) 규모는 세계 13위이고, 교역규모는 세계 11위이며, 외환보유고는 2007년 7월 말 기준으로 2,548억 달러로[17] 일본, 중국, 대만에 이어 세게 4위이다. 그렇지만 국내경제성장률이 너무 낮고 지난 4년 연속 세계의 경제성장률을 밑돌고 있다는 점이다. 1997년 말 IMF 외환위기 이후 10년 동안 기업의 투자가 부진하고 성장 잠재력을 위축시켰기 때문이다. 즉 경제의 선순환 구조, 즉 수출증대가 투자와 고용의 증대로 이어

---

14) 전교학신문, 2007년 7월 31일자.

15) 통계청 사회조사, 2006년도판.

16) 한계레신문, "한국 백만장자 14% 늘었다" 2007.10.16.

17) KTV, 2007.8.3.

져 소득의 증대를 가져오고 내수의 증가로 이어지지 못하여 수출흑
자를 보고도 투자의 기조가 불안하여 경제 부진이 이어지고 있다.

참여정부는 정책운영에서 시장의 자율성을 입으로 강조하면서
실질적인 국가 통제경제로 노동문제, 주택사업, 부동산정책, 금융정
책 등에 개입하여 왔다. 고가아파트 투기 방지책으로 지나치게 고
율의 세금부담과 부동산의 양도소득세를 너무 높게 책정함으로써
선의의 국민 개개인들 간 자유로운 경제활동을 위축시킴으로써 부
동산 경기의 침체를 가져왔다.

그렇지만 정부의 개입 없는 시장의 자생적인 질서의 형성에만
맡기는 것만으로는 우리 실정에 맞지 않는 요소도 있다. 정부와 시
장관계를 이분법적으로 이해하면서 새로운 정부는 시장에 대한 정
부의 간섭을 최소화[18]하되 과거 역대정부가 개혁과제로 추진하였
으나 여전히 숙제로 남아 있는 공기업 민영화, 규제 완화, 정부산
하기관 개혁 및 연기금 개혁은 시급히 추진하여야 할 과제이다.

3. 공권력의 붕괴

정치적으로 공권력이 무너지고 공동체적 민주정치의 기반을 확
립하지 못했다. 공동체적 민주주의는 멀리 고대 그리스의 직접 민
주정치에서부터 기원을 두면서 근대 자유주의적 계몽사상을 거쳐
현대의 자유주의자들에게 계승된다. 계몽주의자들은 권력상호간의
견제와 균형을 현대의 자유주의자들은 국가는 개인의 생명이나 재
산권에 대한 권리를 지켜 주는 한정적인 역할을 하는 최소국가 혹
은 작은 정부로서 충분하다는 것이며, 이는 1980년대 이후 작은 정

---

18) Robert Nozick, 1974, *Anarchy, State and Utopia*, New York: Basic Books.

부론의 이론적 배경이다. 따라서 새로운 정부는 시민사회와의 관계에서 시민의 인권과 재산을 보호하고 시민사회의 자율성을 최대한 신장시키도록 하고 권력기관 상호간의 견제와 균형을 취함으로써 국민의 자유와 인권이 침해되는 일이 없도록 하여야 할 것이다. 국민 모두가 더불어 잘 살 수 있는 민주정치를 확립하여야 할 것이다.

　향후 성립될 정부는 이러한 지난 5년간의 참여정부의 방만한 국가경영을 개선하고, 작지만 효율적인 정부 운영을 달성해야 한다. 그리고 그것은 어디까지나 정부 우선에서 국민 우선으로 나아가야 진정한 21세기 한반도의 새 시대가 열리게 될 것이다.

Ⅲ. 이명박 정부의 과제

1. 국민을 위한 거버넌스 형성

　정부와 정당은 과거처럼 밀실정치의 온상이 되어서는 안 된다. 과거 자유당 정부에서부터 권위주의 시대를 거치면서 대한민국 헌정사상 정부와 정당은 제 기능을 제대로 해 본 적이 거의 없다. 정부와 정당은 정치권력자의 꼭두각시에 불과한 것이었다. 이제 정부는 제 기능을 하는 정부로서 그리고 정당도 이러한 과거의 타락했던 모습에서 일탈하여 의연하게 민주국가의 공당으로서의 역할을 해야 한다. 제 기능을 하는 정부와 정당에서 우리는 객관적인 공신력과 신뢰를 국민으로부터 인정받는 그런 정부와 정당이 필요하다는 것이다. 정당이란 것이 워낙에 정치적 뜻을 같이하는 사람들이 모여 국민의 여론과 요구를 잘 듣고서 이를 정치에 반영하는 그런 정당이 되어야 한다. 그리고 정부는 이러한 공적 의사결정 사항들을 정당하게 추진, 실행해 나가는 기관이 되어야 한다. 이러한 기본적인 가정 위에서 몇 가지 방향을 제시해 본다.

첫째, 정부와 정당은 그 존재 가치가 국민의 뜻을 실현하는 정치의 장이 되어야 한다. 이러한 정치의 장은 오늘날의 사회분류, 즉 국가사회, 시장사회, 그리고 시민사회의 영역 중에서 상호간의 의사소통이 원활하게 이루어질 수 있는 공공영역이 되어야 한다.[19] 이 세 가지의 영역에서 공통적인 영역이 되는 것은 사회 전체의 의사를 최대공약수로 집약함으로써 그 범위를 축소하고, 사회 전체의 정의를 형성하기 위해서이다. 이러한 원리에 입각하여 정부는 공동의 요소를 찾아 유연성과 능률성을 제고할 수 있는 방향으로 조직 간의 공통되는 사항을 통폐합할 수 있는 길을 찾을 수 있어야 한다.

둘째, 정부와 정당은 좋은 거버넌스(Good Governance)를 형성하기 위한 교량역할의 기초가 되어야 한다.[20] 이것이야말로 오늘날 시민사회가 주장하는 정당과 나아가서 정당정치에서 국민의 의사가 국정에 반영되는 치자와 피치자의 좋은 관계 속에서 발전하는 거버넌스의 유형이 되는 길이기 때문이다. 이러한 거버넌스를 발전시켜 나가기 위해서는 정당부터 쇄신해야 한다. 공천기계나 공장역할을 하는 그런 정당이 아니라 국민의 의사와 요구와 지지가 반영되는 그런 정당이다. 이 부문에서 강조되어야 할 사항은 지금까지의 정부혁신이 일자리 창출이나 경제적인 측면에서의 정부혁신을 강조했던 것으로는 불충분하다. 그것은 국민의 신뢰, 부정부패의 방지, 의사전달 체계의 혁신, 국민에게 비전 제시 등에서 민간의

---

19) Jürgen Habermas, 1996, "Three Normative Models of Democracy", in S. Benhabib, ed., *Democracy and Difference*, Princeton: Princeton University Press.

20) Robert Putnam ed., 2000, *Disaffected Democracies*, Princeton: Princeton University Press.

뜻을 반영하기 위해서는 국가의 통치체계 자체를 혁신하는 정부개혁이 되어야 한다.

셋째, 이러한 '공공의 장'과 '좋은 거버넌스'를 위한 정부와 정당의 존재 가치는 국민의 자유와 사유재산과 권리를 보장하고 발전시켜 갈 수 있는 환경을 조성하는 방향으로 개선되어야 한다. 역사의 어떤 국가, 어떤 시대에서도 국민의 자유를 제한하고 축소하려는 정부나 정당도 그 자체의 정부체제를 성공도, 지속도, 발전도 시킬 수 없었다는 점을 명심할 필요가 있다. 이것은 동서와 고금을 막론하고 공통되는 이치인 것이다. 이는 근본에 힘쓰는 정부라는 것이다. 근본에 힘쓰는 그러한 정부는 스스로 그 해결방법을 터득하게 된다는 논리이기도 하다. 그렇게 할 경우 다음에 오는 정부는 비록 국민에게 간섭을 적게 하지만 국민의 뜻을 헤아리게 되는 정부가 되기 때문에 통치의 반석이 서게 될 것이기 때문이다. '근본에 힘쓰는 정부'는 국민 우선의 정부다. 국민의 뜻을 그 근본으로 하기 때문에 지속성이 강하고 또한 국민의 뜻이 반영되기 때문에 국민의 신뢰를 받을 수 있는 것이다.

2. 작고 효율적인 거버넌스

일반적으로 현대민주주의와 같이 민주주의와 자본주의를 지향하는 국가에서의 정부는 국민 전체의 지지와 합의를 바탕으로 공익을 실현하기 위한 강제력을 가지며, 조세 등의 부과를 통해 정부활동의 재원을 형성한다. 개인의 권리보장, 사회질서 유지 등 고전적인 정부 기능 이외에도 강제력과 막대한 재원, 그리고 공신력을 갖춘 관료조직을 기반으로 시장에서 자율적으로 해결할 수 없는 분야에 직접 개입하여 사회의 안정적 유지, 발전을 위해 각종 지원과 규제 기능을 수행하는 것이다. 그러나 정부의 운영이 국민의 일반 이익보다 관료의 사적 이익 혹은 특수 집단의 영향력에 의해서 좌우될 수 있으며, 정부가 국민의 복리증진을 도모함에 있어서 그 규모와 예산을 적정하게 배분하지 못하여 비효율적인 단체로 전락하기도 한다. 즉 비대한 큰 정부는 오히려 그들의 내부구조를 복잡·다기화하여 국가의 운영 및 발전을 제약하는 요인으로 작용하는 것이다. 이제 이러한 점을 감안하면서 작고 효율적인 정부를 구성하는 데 있어서 고려되어야 할 사항을 몇 가지 지적하고자 한다.

첫째, 작고 효율적인 정부를 구성하는 일에는 인위적인 변혁이 아니라 아주 자연스러운 변화를 이루어야 한다. 각 분야는 힘을 통한 변화가 아니라 자유로운 가운데 창의력과 능력을 발휘하며 경쟁하고 스스로 선진화된 규제를 만들어 가는 '자발적 변화'를 통한 극대화된 '효율성'을 요구하는 것이다.

월드컵에서 실제로 경기에 참여하여 전력을 다하는 선수는 11명뿐이다. 나머지 선수들은 자신이 뛸 적재적소의 차례가 올 때까지 라인 밖에서 대기할 뿐이다. 우리 정부 조직 내 공무원들이 여러 가지의 후생복지혜택을 누리면서 경기장 외에서 대기하는 현실은 무척 답답하다. 공무원 사회도 자발적 변화를 통한 효율성이 요구된다. 뛰고 있는 부분에서만 대가를 받을 수 있도록 제도를 바꿀 필요가 있다. 도서관에서 공부하는 대학생 대부분이 공무원 시험을 공부하며 안정된 직장을 구해서 정년퇴직할 때까지 일하겠다는 오로지 그 한 목표만으로 공기업이 가장 좋은 직장이 되는 이런 분위기는 바뀌어야 한다.

관료적 행정 마인드도 바뀌어야 한다. 공기업이 가장 좋은 직장이 되는 관료적 행정 마인드는 이제 사라져야 한다. 이러한 마인드가 만연하는 사회와 국가에서의 젊은이들의 도전 정신이 사라진다. 김대중, 노무현 정부 10년 동안 상당히 개혁적인 정부가 들어섰다고 하면서 공기업이 가장 좋은 직장이 되는, 이런 분위기는 바뀌어야 한다. 공기업도 민간기업과 같은 경쟁력을 갖도록 해야 한다. 정부에 경영 마인드는 전혀 없고 관료적 행정 마인드만 남아 있다. 예산을 잘못 집행해 2, 3배 투자가 되어서 효용이 없게 되어버려도 책임지는 사람이 없다. 성과를 내지 못하면 책임을 지는 풍토로 바뀌어야 한다. 그러나 이러한 변화는 자발적이지 않으면 과거 정권에서 본 것처럼 효과를 기대하기 어렵다.

둘째, 작고 효율적인 정부는 조직 내부의 자생적 변화를 통해 점진적 개혁이 이루어져야 한다. 그리고 그것은 지속적이어야 한다. 합리적이고 효율적인 작은 정부를 지향하는 정치체제는 그 정책결정의 모형이 제한된 합리성(bounded rationality)을 바탕으로 만족화(satisficing)를 추구하고,[21] 또한 점증주의 모델(incrementalist model)을[22] 지향하여야 한다. 비록 초기에는 진흙 속을 헤매는 것과 같은 불연속적인 점이 있더라도 국민에게 충격을 적게 주면서 그 결과는 굉장하게 많은 변화가 있게 되는 이런 변화를 추구하여야 한다. 이는 지난 정부의 큰 정부에서 실패한 요인을 처방하기 위해서 점증주의의 좋은 점을 강조할 필요가 있다는 점에서 간과되어서는 안 될 것이다.

"세상이 빠르게 변화하고 있다. 안 변하는 게 없기 때문에 우리

---

21) Herbert A. Simon, 1957, *Administrative Behavior*, 2nd ed., New York: Macmillan.

22) Charles E. Lindblom, 1959, "The Science of Muddling Through", *Public Administration Review*, 19(2) (March 1959), 79-88.

도 그 변화 속도에 따라가야 하지 않겠느냐. 당이 무슨 '개혁을 한
다.', '혁신을 한다.'는 과거 흔히 사용했던 '개혁과 혁신을 한다.'는
과격한 표현들은 이미 우리의 귀에 익숙한 용어가 되어 버려 국민
에겐 실감이 안 간다. 꾸준히 변화해야 한다고 본다. 정권이 바뀔
때마다 개혁과 혁신을 외쳤지만 결국 다 원점으로 돌아갔다. 지속
적으로 변화를 추구하다 보면 어느 날 보니까 굉장히 많이 변해 있
는 것을 알 수 있다."라는 어느 대선후보의 말은 점진적이고 지속
적인 개혁의 필요성을 정확하게 파악하고 있다고 본다.

셋째, 지난 큰 정부의 실패를 보수주의와 자연주의 사상에 바탕
을 둔 시장의 자유화를 통해 이를 치유해야 한다. 큰 정부·작은
정부는 그 역사가 긴 논쟁으로서 최근 보수, 진보 간 모든 정책논
쟁의 핵심에 자리하고 있다. 보수는 자연권적 자유주의 사상과 더
불어 정부 실패를 강조하며 감세와 작은 정부를 주창하는 데 반해,
진보는 공동체주의를 바탕으로 시장실패를 강조하며 증세와 큰 정
부를 주장한다. '큰 정부·작은 시장'과 '작은 정부·큰 시장'이라
는 대안 중 어느 대안을 선택하느냐에 대해 선험적 판단은 어려우
나 역사적으로 큰 정부·작은 시장이 국민을 잘살게 한 경우는 드
물었다.

선진국들은 복지제도와 재분배정책을 도입할 정도로 정부가 커
지기 이전에 이미 빠른 성장으로 선진국이 되었던 것이다. 선진국
이 되기 전에 큰 정부를 바탕으로 재분배 복지정책을 국가정책으
로 최우선으로 설정한 나라들은 경제 강국들의 뒤안길로 밀려난
것이 작금의 현실이다. 오늘날 선진국들이 재정규모가 크고 복지제
도가 잘 되어 있기에 우리도 정부 규모를 키워 각종 재분배정책을
적극적으로 도입해야 한다는 주장은 앞에서 말한 것처럼 정치적

구호로는 매력적이고 대중 영합적이지만 비대한 정부로 야기되는 국가 자원의 낭비와 그 피해는 고스란히 세금을 부담하는 납세자, 즉 국민에게 돌아간다. 이러한 점에서 우리는 실제 정부가 국민이 부여해 준 공익의 집행자로서 역할을 제대로 수행하고 있는지, 현재 정부가 필요 없는 부분까지 그 규모를 늘리고 있는 것은 아닌지 주시할 필요가 있다.

작지만 강한 정부가 되기 위해서는 기존의 개입주의적 정부에서 시장 친화적 정부로의 전환이 반드시 필요하다. 정부가 할 일과 민간부문이 할 일을 명확히 구분하고 과거 공무원에게 주어졌던 감독 권한을 대폭 줄여 최소한의 감독만 효율적으로 하고 공무원은 모두 민간서비스를 하는 '도우미'가 돼야 한다. 관이 주도하고 감독하고 처벌하는 것이 아니라 규칙을 제정하고 비전 달성을 독려하면서 시장이 최대한 춤을 출 수 있는 장을 마련하는 역할에 집중해야 한다.

넷째, 작고 효율적인 정부는 또한 국가 경쟁력 강화를 선도하는 전략 지식 정부를 지향해야 한다. 향후 세기는 지식기반사회이다. 지식(knowledge)의 생성과 유통, 그리고 사용이 국가의 경쟁력을 좌우하는 시대인 것이다. 또한 21세기는 전 지구적(global)무한 경생 시대이다. 이세 국가 간의 국경은 의미가 없어지고 세계화에 의해 통합된 세계시장을 지배하는 시대가 도래한 것이다. 따라서 새로운 정부는 선진국으로 진입하기 위해 미래의 선도적 지식을 창출하고 21세기형 전자정보기술을 활용하는 전략지식 정부가 되어야 한다. 스위스 국제경영개발연구원(IMD)의 2006 세계 경쟁력 연감에 따르면 우리나라의 국가 경쟁력은 조사대상 61개국 중 38위로 그 전해 (29위)보다 9단계나 하락한 것으로 나타났다.[23] 특히 정부 효율성은 31위에서 47위로, 기업 효율성은 30위에서 45위로 하락해 국가 경쟁력 순위 하락의 주된 요인으로 되고 있다. 방만하고 시대의 흐름을 읽지 못한 무능한 정부조직이 가져온 결과이다.

다섯째, 작고 효율적인 정부는 기업가 정신에 입각하여 정치 상품(political goods)을 소비하는 유권자들에게 자기 정책이 확실하고 분명하게 제시해 주어야 한다.[24] 정부가 국가경쟁력 강화의 걸림이 되지 않기 위해 기업가적 혁신이 창출되고 실행되는 행정조직, 내부유인체계, 조직문화를 가진 정부로 거듭나야 한다. 또한 지식을 창출하고 활용하는 학습정부의 모습과 복잡하고 불필요한 과정이 없이 행정업무가 온라인 정보 기술을 통해 이루어지는 전자정부 구축과 같은 방식이 그러한 정부가 될 수 있다. 지난 정부는 경영 마인드는 전혀 없고 관료적 행정 마인드만 남아 있다.

여섯째, 큰 정부를 지양하고 작은 정부를 지향하는 효율적인 정부는 규제 완화를 구체적으로 제시하여야 한다. 작은 정부는 원래 국민의 조세부담을 낮게 억제하여 운영하는 정부의 존재형태를 가리키는 말이었다. 19세기 말경까지의 정부의 존재형태의 최소 경비에 의한 국정운영, 다시 말하여 저부담의 정부라고 하는 요구를 배경으로 하고 있었다. 그러나 현대국가는 적극적인 시책을 배경으로 하여 복지국가를 목표로 하고 있기 때문에 정부지출이 증대하고, 선진 민주국가에서는 '고복지·고부담'이 일반화되었다.

작은 정부의 개념은 그 사용이 분명하고 필요한 부문에 대한 규모 축소를 의미하는 것이 아니라 정부 기능에 따라 조정이 가능하

---

23) 국제경제개발연구원, 2006. 세계경쟁력연감.

24) C. B. Macpherson, 1977, *The Life and Times of Liberal Democracy*, London: Oxford University Press.

고 가급적 소규모를 유지하여야 한다는 상대적인 의미를 갖는다. 요컨대, '작은 정부'의 개념은 단순하고 외형적, 획일적인 정부 역할의 하향조정에 그치는 것이 아니라, 합의된 공약목표를 효과적으로 달성하는 '효율적인 정부'를 지향하는 것으로 이해하는 것이 바람직하다. 즉 작은 정부는 바람직한 정부의 기능수행 범위와 정부개입 수준을 확보한 경우를 일컫는 말이며, 이것은 정부가 추구해야 할 공익적 가치의 범위와 이를 실현시킬 정책수단의 가용도, 그리고 시장의 성숙도, 시장의 규모 등의 사회 경제적 여건의 변화에 따라 주로 공공선택 과정을 통하여 판단된다. 바로 여기서의 판단 과정은 정부 기능의 재조정 작업과 기본 맥락을 같이한다고 볼 것이다.

그리하여 행정기구의 합리화·간소화로 능률화와 행정효과를 고려한다는 뜻에서 낭비가 없는 정치운영을 기하기 위한 작은 정부(중앙정부 권한의 축소 또는 분권화를 지향하는 정부형태) 또는 값싼 정부(재정지출의 최소화를 지향하는 정부형태)가 각국에서 거론되고 있다. 정부크기의 확대만큼 정부가 시장사회보다 더 효율적인가를 판단해야 한다. 정부의 크기는 계속 확대되어 현재 사회 전체가 만든 가치에서 정부가 사용하는 가치의 크기를 조세 부담률로 보았을 때 약 21% 정도이다 정부의 역할과 규모는 축소되어야 한다. 작은 정부는 효율적 정부, 적은 조세 부담을 전제로 한다. 정부크기를 말해 주는 지표는 공무원 수, 기구와 기능, 예산, 정치체제의 성격, 시장사회와의 관계와 시장에서의 정부개입 수준이다. 우리에게는 작은 정부를 추진해야 할 분명한 이유가 있다. 특히 각종 공사 등 정부투자기관이나 재투자기관 등은 비효율과 방만 경영의 대상이 되고 있다. 애쓴 노력과 얻어진 결과의 비율은 들인 노력에 비하여 얻는 결과가 큰 또는 그런 것이 되어야 한다.[25]

3. 법과 자유를 존중하는 거버넌스

국가와 사회의 신뢰성은 그 국가와 사회의 공적 힘의 소산이 어디에서 유래되느냐에 따라 달라지는 것이다. 막스 베버의 권위에 대한 언급을 새삼 하지 않아도, 국가의 공권력의 권위란 전통에 바탕을 두어 그 힘의 원천을 사회의 신뢰에서 찾는다거나, 합법적이고 합리적인 것에서 바탕을 찾는다거나, 아니면 그의 특별한 능력에 기반을 둔 카리스마적 힘에 근거하든 모두가 다 신뢰와 안정의 큰 틀을 마련하려는 것이다. 이러한 신뢰의 큰 틀이야말로 국민을 섬기는 마음에서부터 시작되어야 한다.

이러한 국민의 신뢰를 얻기 위한 방안으로서는 법에 근거한 제도적 통치를 실천하는 데에서 이루어질 수 있다. 즉 법치주의적 제도에 의한 국가운영이 이루어져야 한다. 이는 사회의 모든 제도운영이 정당한 법적 근거 위에서 행해지는 것을 말한다. 국민의 자유를 제한하거나 새로운 의무를 부과하려 할 때는 반드시 의회가 제정한 법률로 하여야 하고 행정은 이러한 법률을 전제로 하여 그에 따라 행해져야 하며 재판도 법률에 따라 행해져야 한다. 법치주의 목적은 '국민의 자유와 권리의 보장'이고, 그 제도적 기초는 '권력분립'이며, 그 내용은 '법률의 우위', '법률에 의한 행정', '법률에 의한 재판'이다. 특히 국가의 근간이 되는 헌법은 존중되어야 한다. 자칫 참여정부에서 보여 준 것처럼 헌법에 대한 도전은 법치주의의 근본을 흔들 수 있어 상당히 위험하다. 또한 법치주의적 제도운영은 공정하고 투명하여야 한다. 그래야 국민의 신뢰를 얻고 이를 바탕으로 민주적 통합사회를 구현해 나갈 수 있다. 부공정한 방식

---

25) 동아일보 대선후보 특집 인터뷰(2007.9.14).

에 의한 자유경쟁을 방해하는 행위, 제도적 기회균등을 저해하는 행위, 독점에 의한 시장왜곡 등에 대해서는 제도적 통제를 통해 경쟁의 공정성과 효율성을 높여 모두가 수긍하는 법치주의 사회를 실현하여야 할 것이다.

또 다른 공적 신뢰를 얻는 방안으로서는 국민이 무엇을 원하는지를 파악하고 그에 따른 국민에게 봉사하고 실천하는 현실정치의 구현이다. 이는 무엇보다도 행정의 내부 관리적 측면에서 개혁의 지속이 요구된다. 이러한 방안으로서는 무분별한 제도의 추가로 인력의 낭비와 막대한 재정지출로 인한 세출의 방지, 성과 관리체제의 연계 확립과 권력적 시각에서 대통령의 행정권에 대한 법제적 축소, 중앙 행정권의 지방과 국회와 사법부로의 이관, 중앙부처의 슬림화, 시민사회에 의한 중앙정부의 관리 통제, 공공정책간의 쟁점의 조정 등을 통한 작은 정부에 의한 효율성의 증대로 국민을 섬기는 정부가 요구되고 있다.

마지막으로 공적 신뢰를 확보하는 방안으로서는 자유민주주의적 가치를 바탕으로 국민에게 봉사하는 것을 들 수 있다. 이는 역사를 통해서도 자유주의가 가지는 가치를 살펴본 바와 같이 개인의 평등과 자유, 그리고 사유재산의 보장을 개인이 지향하는 인간행동에 비탕을 두고 있기 때문에 자율성이 아주 강조되어 왔다. 이러한 자유주의는 나중에 경제적 자유와 정치적 자유로 나뉘게 되었지만 특히 경제를 중요시하는 관점에서는 사사로운 자유에서 개인의 가치를 존중해야 하는 것이다. 정치적 자유는 사회공동체적 자유를 강조하는 점에서 규제된 자유(bounded freedom)이다.

개인은 공적 사회와 국가를 위해 자기의 개인적인 자유를 양도하여 국가의 공권력을 창조하게 된다.[26] 이에 대해 자유주의적 사상은 그 기반을 전통적으로는 개인의 사고와 심리에 근거하는[27] 것에서부터 현대적 의미인 신자유주의로 발전해 왔다. 가급적 개인의 자유를 적게 간섭하는 자율적인 시장의 원리에 의해 작은 정부를 운영함으로써 국민에게 봉사하는 정부를 희망하는 것이다. 한편 민주화는 거시적으로 국가와 정부권력의 축소를 가져오기 때문에 국민의 권익신장에 기여할 수 있다. 따라서 자유민주주의는 국민을 섬기는 정부의 요체이다. 새로운 정부는 자유민주주의 가치 존중으로 국민을 섬기는 정부가 되어야 할 것이다.

특히 우리나라는 앞으로 5년간 국정을 이끌어 갈 새로운 정부를 선택해야 하는 중대한 시점에 서 있다. 새로운 정부는 참여정부의 실패에 바탕을 삼아 정부 우선이 아닌 국민 우선을 기본으로 하는 국민에 대한 봉사자로서의 최적의 조건을 갖춘 정부이어야 한다고 본다. 정부가 할 일과 민간부분이 할 일을 명확히 구분하여 기존의 통제자(Controller)로서의 역할을 대폭 축소하고 국민에게 실현 가능한 비전을 제공하고 동참하도록 하는 것이다.

이는 통치철학으로는 실사구시의 신실용주의에 바탕을 둔 것으로서 새로운 정부는 '작고 효율적인 정부'를 위해 먼저, 행정적으로 방만한 정부에서 새로운 작은 정부의 운영으로, 경제적으로 시장의 자율화에 바탕을 두되 정부와 시장 간의 역할분담에 초점을 두고, 그리고 정치적으로 지배층과 피지배층, 즉 제도권과 시민사회를 중심으로 하는 비제도권의 새로운 지배구조(governance)의[28]

---

26) John Locke, 1955, *On Civil Government*, Chicago: Henry Regnery.

27) Martin Carnoy, 1984, *The State and Political Theory*, Princeton: Princeton University Press.

28) James N. Rosenau and Ernst Otto Czempiel, 1992, *Governance without Government*, Cambridge: Cambridge University Press.

형성을 위해 탈바꿈할 수 있는 기반조성을 추진해야 한다고 본다. 이러한 기본적 가정하에 새로운 정부가 나아가야 할 방향을 제시하고자 한다.

Ⅳ. 결론

누가 뭐라고 해도 정부는 국민의 신뢰를 얻지 못하면 어떠한 수단과 방법을 동원해도 그 정권을 지속해 나갈 수가 없다. 정부와 국민이 같은 목표를 향해서 서로가 신뢰를 가지고 정책의 결정이나 실천에 참여하는 경우 좋은 거버넌스, 즉 좋은 민주주의를 달성할 수 있기 때문이다. 현재 참여정부가 국민의 신뢰를 얻지 못한 것은 앞에서 살펴본 바에 의하면 다음과 같이 몇 가지로 요약할 수 있다. 첫째, 정부가 국민을 별로 무서워하지 않은 점이다. 둘째, 정부의 효율성이 떨어져 방만하게 운영되고 있는 점이다. 셋째, 자유민주주의의 기본 가치인 법치에 의하지 않고 자의적 편의주의로 흐르고 있는 점이다.

이러한 문제점을 치유하는 새로운 거버넌스로는 각각 다음과 같이 정리할 수 있다. 이렇게 할 때 반이 큰 정부의 실패를 효율적인 정부로, 떨어진 국가기강을 국민이 신뢰하는 강한 정부로, 국민을 가볍게 여기는 정부를 국민을 위한 정부로 변혁시킬 수 있다고 본다.

국민을 섬기는 거버넌스는 첫째, 정부와 정당은 국민의 뜻을 실현하는 장으로 전환하여야 한다. 둘째, 정부와 정당은 좋은 거버넌스의 형성을 위한 국민의 뜻을 정책에 제대로 반영할 수 있는 교량적 역할을 해야 한다. 셋째, 정부와 정당의 존재 가치는 국민의 자유와 재산을 보장할 수 있는 관계 구성을 위해 개선되어야 한다.

효율적인 거버넌스를 위해서는 첫째, 자유로운 가운데 창의력과 능력을 발휘하고, 경쟁함으로써 스스로 선진화된 규제를 만들어 가는 역량을 가진 거버넌스를 형성해야 한다. 둘째, 큰 정부의 실패를 자유주의 사상에 바탕을 둔 시장의 자유화를 통해 치유해야 한다. 셋째, 국가 경쟁력 강화를 선도하는 전략 지식 정부를 지향해야 한다. 넷째, 기업가 정신에 입각한 정치상품(political goods)을 유권자에게 확실하고 분명하게 제시해야 한다. 다섯째, 효율적인 정부는 규제 완화를 구체적으로 제시해 주어야 한다.

자유민주주의 기본가치인 법치의 실현을 위한 거버넌스는 첫째, 국가공권력을 확보하기 위해서 공권력의 합법성, 합리성, 전통성, 전문성 등을 확보함으로써 그 권위를 회복해야 한다. 둘째, 인치가 아닌 법에 근거한 합법적 거버넌스가 이루어져야 한다. 셋째, 정치 현실에서 국민에게 봉사하는 생활정치가 구현되어야 한다.

참고문헌

Arrow, Kenneth. 1963. *Social Choice and Individual Values*, 2nd ed., Haven: Yale University Press.

Baybrooke, David and Charles E. Lindblom, 1970, *A Strategy of Decision*, New York: The Free Press.

Buchanan, J. M., R. D. Tollison, and G. Tullock, 1980. *Toward a Theory of the Rent-Seeking Society*, College Station: Texas A & M University Press.

Carnoy, Martin. 1984, *The State and Political Theory*, Princeton: Princeton University Press.

Euken, Walter, 1952, *Grundsaetze der Wirtschaftspolitik*, Tuebingen: Mohr.

Habermas, Jürgen. 1996, "Three Normative Models of Democracy", in S. Benhabib, ed., Democracy and Difference, Princeton: Princeton University Press.

Hayek, Fredrech. 1973, *Law, Legislation and Liberty - Rules and Order*, London: Routledge and Kegan Paul.

Lindblom, Charles E. 1959, "The Science of Muddling Through", *Public Administration Review*, 19(2) (March 1959), 79-88.

Locke, John. 1955, *On Civil Government*, Chicago: Henry Regnery.

Macpherson, C. B. 1977, *The Life and Times of Liberal Democracy*, London: Oxford University Press.

Meltzer, Allen H and Scott F. Richard, 1981, "Rational Theory of the State of Government", *Journal of Political Economy*.

Nozick, Robert. 1974, *Anarchy, State and Utopia*, New York: Basic Books.

Olson, Mancur. 1982, *The Rise and Decline of Nations*, New Haven: Yale University Press.

Putnam, Robert. ed. 2000, *Disaffected Democracies*, Princeton: Princeton University Press.

Rosenau, James N. and Ernst Otto Czempiel, 1992, *Governance without Government*, Cambridge: Cambridge University Press.

Simon, Herbert A. 1957, *Administrative Behavior*, 2nd ed., New York: Macmillan.

Smith, Adam. 1937, *The Wealth of Nations*, New York: Modern Library, Chapter 4 of Book 4.

국제경제개발연구원, 2006. 세계경쟁력연감.

동아일보, 2007. 대선후보 특집 인터뷰(2007.9.14).

서울신문, 2007.10.8.

전국경제인연합회기관 자유기업원, 2007.11.26. 발표 자료.

전교학신문, 2007년 7월 31일자.

조선일보, 2007.10.8.

통계청 사회조사, 2006년도판.

한겨레신문. 10.16.

KTⅤ. 2007.8.10.

제10장

한국 시민사회운동의 새로운 과제

Ⅰ. 문제의 제기

새로운 정부가 지난 2월 25일 들어섰다. 새로운 정부는 지난 참여 정부의 친시민사회적 관계와는 다를 수도 있다. 물론 새 정부의 정책입안자들의 시민사회운동에 대한 구체적 관계 정립에 따라 달라질 수 있다. 그러나 일단 현 단계에서는 일종의 가상과 시나리오적 입장에서 새 정부의 정책을 예측하고 기존의 시민사회와의 관계를 정립해 보는 것도 비록 가정이기는 하나 일면 의미가 있을 것으로 생각된다. 그러나 그러한 가상적인 비교보다는 기존의 한국 시민사회운동의 특색을 정리해 보고 새 정부하에서 시민사회운동이 나아가야 할 방향과 과제를 연구해 보는 것이 더 실효성이 있을 것 같다.

1. 시민사회의 위기론

기존의 한국 시민사회에서도 시민사회운동의 위기감이 없지는 않았다. 기존의 한국 시민사회의 위기론으로는 다음과 같은 데에서 찾는다. 첫째, 지난 정부에서 친시민사회적 관계가 지나칠 정도로 참여와 연대를 과시한 것에서 찾는다. 그러한 친시민사회적 관계는 시민단체가 순수성을 잃고서 지나치게 정치세력화한 것이 국민의 신뢰를 쇠락시키는 원인이 되었다.[1]

　　"시민사회단체가 국민의 신뢰를 받지 못하는 것은 순수성을 잃은 채 정치
　　세력화한 것이다."(세계일보 2008.1.14.)
　　"참여를 명분으로 이른바 과잉대변(excess of representation)이 발생한
　　것이다. 정치권과 NGO의 상호 관계에서, 의제설정과 결정과정에서 발생한
　　이념적 동질화 현상은 합의를 쉽게 제조하는 데에는 기여했지만 이념적 성
　　향이 다른 사회집단의 승복과 동의를 거친 진정한 합의는 아니었다."(송호
　　근, 2005, 268)

　둘째, 한국 시민사회의 영향력 쇠락에서 찾는다. 시민사회가 그
영향력에서 최고조에 달했던 때가 바로 우리 기억에 아직도 생생
한 2000년 4월 총선 시민연대의 낙천, 낙선 운동, 2002년 12월의
참여정부를 탄생시킨 세력, 2004년 대통령 탄핵반대 촛불시위, 그
리고 2004년 4월 17일 총선에서이다. 이즈음의 시민사회의 영향력
은 한 여론조사의 결과에 따르면, 대통령을 제외하고 한국을 움직
이는 영향력 있는 집단 혹은 세력으로는 시민단체(28.9%), 열린우
리당(23.7%), 언론계(18.1%), 한나라당(17.8%)의 순으로 시민단체가
1위를 차지하였다. 그러나 이러한 여론조사는 2005년과 2006년에
는 시민단체가 각각 5위, 7위로 하락하였다.[2]

　셋째, 한국 시민사회의 위기를 이른바 '시민 없는 시민운동'에서
찾는다. 일반시민들의 관심은 정치나 복지에 있는데 시민사회단체
들은 거대 담론에 치우쳐서 좌파니 우파니, 이념과 이데올로기 또
는 진보니 보수니 하는 곳에 관심을 쏟고 있다면 시민사회단체들
과 시민들 사이에 괴리는 커질 수밖에 없지 않겠는가. 생활정치와
풀뿌리 시민운동에는 너무 소홀하여 왔던 것이다.

---

1) 김영래, 2007, "민주주의와 시민사회 가치의 재정립", 『NGO연구』, 제5집 제1호. p.6.

2) 시사저널, 2004.10.28.

"새로운 아젠다를 찾으려는 노력은 게을리 하면서 잘 팔릴 것만 부여잡고 반복해 오고 있다."(프레시안. 2006.10.12.)

이와 같이 시민과 함께하는 주민과의 결합된 자립형의 시민운동은 진전시키지 못하고 정파적, 중앙 집중적 구조에 매몰되어 생활세계의 정치에 너무나 소홀하여 왔던 것이다. 권력의 중앙 집중화와 남용을 방지하여 개인의 자유를 보호하는 시민사회 본연의 역할을 수행하는 일에 소홀하여 왔고, 시민 없는 시민운동을 극복하지 못하고 시민의 참여와 관심을 이끌어 내지 못하여 왔다. 여기에서 우리는 공론의 장 형성과 생활정치의 소홀을 지적하지 않을 수 없다.

2. 이명박 정부의 등장

이에 비해 새 정부에 대한 시민사회와의 관계를 위해서 새 정부에 대한 시나리오를 다음의 몇 가지로 설정해 볼 수도 있다. 첫째, 이명박 대통령 자신이 대학시절 한일 국교정상화 반대 운동과 같은 반정부적인 전민주화 시대의 개발독재와 권위주의적 시대에서 운동 경험을 지적할 수 있다. 민주화 이전의 권위주의적 운동이 우리 사회의 시민운동의 세력을 주도해 왔던 점을 고려할 때 시민사회에 대해서 옹호의 입장보다는 견제의 입장을 취할 가능성이 높다. 물론 그로 인해서 반대의 입장을 견지할 수도 있다.

둘째, 대통령 자신의 기업가적 자질과 성향에서 신경제개발주의의 성향이다. 새 정부가 신개발주의를 지향하는 것만으로 정책이 펼쳐질 경우 한국 시민사회운동은 기존의 참여적 형태에서 상당히 후퇴하거나 정체될 가능성이 높다. 이 점에서 시민사회 운동단체들은 위축될 가능성이 상존하고 있다.

셋째, 새 정부가 지향하는 신보수주의 정책이다. 신보수주의에서
는 작은 정부를 지향하고자 할 것이다. 작은 정부는 국가가 국가
이외의 시장과 시민사회에 대해 간섭을 최소화할 것이다. 이러한
관점에서는 시민사회는 체제의 변화에 구속되지 않고 벗어나서 자
아실현을 위한 성찰과 반성의 기회를 마련하고 본래의 시민사회의
자기 정체성을 추구할 여지는 충분히 있을 수 있다.

이상에서 살펴본 바와 같이 한국 시민사회운동의 현 위치와 자
기 정체성을 확인하고, 향후 자기 성찰적 차원에서 새로운 한국 시
민사회운동의 미래상을 정립해 볼 필요가 있다고 본 필자는 생각
한다. 이러한 필요성과 문제의 제기(Ⅰ)에서, 본 연구는 Ⅱ에서 시
민사회의 구성을 위해 기본적으로 갖추어야 할 요소를 찾기 위해
기존의 이러한 연구와 그 연구를 통해서 시민사회의 구성요소를
설정한다. Ⅲ에서는 한국 시민사회운동이 지향하고 있었던 기존의
특색과 문제점을 검토하여, Ⅳ에서 자기 성찰적 한국 시민사회운동
의 방향정립을 해 보고, Ⅴ에서 결론을 요약하고자 한다.

Ⅱ. 시민사회의 구성요소

1. 기존연구

시민사회의 구성요소에 관한 기존의 연구에 관해서는 공론의 장
에 대한 주장을 강하게 하고 있는 하버마스, 하버마스의 체계(system)
와 생활세계(life‐world)의 논의를 바탕으로 하고 있는 코헨과 아라
토, 강한 민주주의를 통해서 시민사회를 달성하고자 하는 바버, 그간
의 시민사회와 관련한 연구를 종합한 에드워즈, 그리고 영역과 분야

에 바탕을 두고 있는 최장집 등의 선행 연구에서 시민사회의 정의와 그를 구성하는 주요 핵심적 요소가 무엇인지를 살펴보기로 한다.

하버마스(Jürgen Habermas)는 시민사회를 "시민들이 공공의 문제를 숙의할 수 있는 과정에 자연적으로 나타날 수 있는 공적 공간(public sphere)"으로 정의하고 올바른 공론의 장이 되기 위해 다음의 네 가지 조건을 제시하고 있다. 첫째, 보편적 접근가능성으로 모든 참여자가 동등한 발언기회를 가질 수 있어야 한다. 둘째, 보편적 규범과 합리적 정당화가 이루어지는 공간, 즉 모든 담론의 비판 및 반박 가능성이 열려 있어야 한다. 셋째, 명령, 반대, 허락, 금지 등 규제적 언술행위에 대해 어느 한쪽만이 특권을 갖지 말아야 한다. 넷째, 자기 자신의 태도, 감정, 의도 등을 솔직하게 드러낼 수 있는 공간이어야 한다. 이러한 조건이 갖추어진 공간이어야 올바른 공론의 장을 형성할 수 있다고 본다.[3]

코헨과 아라토(Jean L. Cohen & Andrew Arato)는 하버마스의 체계와 생활세계, 즉 규범과 가치에 논의의 바탕을 두고, 시민사회를 "무엇보다도 친밀한 영역으로서 가족, 결사체들의 영역으로서 자발적 결사체, 사회운동, 그리고 공공의사 소통형태들로 구성된 경제와 국가의 사회적 상호자용의 영역"이라고 징의하고 시민사회를 구성하는 핵심적 요소로서 다음의 네 가지를 제시하고 있다. 첫째, 다원성(plurality)이다. 다원성과 자율성이 생활형태의 다양성을 허용하는 가족, 비공식집단, 자발적 결사체가 허용되는 사회가 형성되어야 한다. 둘째, 공공성(publicity)이다. 문화와 의사소통의 제도가 이루어지는 곳이어야 한다. 셋째, 사생활(privacy)이다. 사적 자아

---

3) Jürgen Habermas, 1989, *The Structural Transformation of the Public Sphere*. Boston: MIT Press.

의 발견과 도덕적 선택의 영역이 확보되어야 한다. 넷째, 법률성(legality)이다. 적어도 국가와 경향적으로 경제로부터 다원성, 사생활, 공공성을 경계 짓는 데 필요한 일반적인 법률과 기본권의 구조를 갖추어야 한다.[4] 아울러 이러한 구조들이 현대의 다양화된 시민사회의 제도적 공존을 모색한다.[5]

바버(Benjamin R. Barber)는 하버마스보다 더 구체적으로 조건을 제시하고 있다. "건강한 시민사회란 담론의 시민성이 유지되는 사회, 즉 공론의 장이 작동되고 있는 사회"로서 대화의 장을 중요시하고 있다. 그는 대화를 공적이고 시민적인 것으로 만들어 주는 아홉 가지 조건을 제시하고 있다. 첫째, 공통의 습속(commonality)이다. 시민들이 갖는 공통의 습속이 시민들의 대화에서 준비되어 있어야 한다. 가시적이고 명확한 공통의 기반, 협력적 전략, 공동의 이해관계, 그리고 공공복리를 바탕으로 할 때 시민적 대화가 가능하다는 것이다. 즉 공동체에 기반을 둔 대화가 이루어져야 한다는 것이다. 둘째, 시민과의 협의(deliberation)이다. 시민들의 공적 목소리는 협의적이고, 자기 반성적이고, 성찰적이고, 비판적인 특징을 갖는다. 인내심을 갖고 반복하여 충분한 시간을 가지고서 비판적으로 교차 확인하는 작업이다. 셋째, 포용성(inclusiveness)이다. 이는 공적 대화는 광범위하고 다양한 목소리를 포괄한다. 민주적인 공동의 습관을 통해 차이를 인정하는 분위기의 필요성을 강조한다. 사적 영역에서의 논쟁은 임의적이고, 자기 선택적이고, 소외당할 수

---

4) Jean L. Cohen and Andrew Arato, 1992, *Civil Society and Political Theory*, Cambridge: The MIT Press. p.346.

5) Jürgen Habermas. 1996, *Between Facts and Norms: Contributions to a Discourse Theory of Law and Democracy* translated by William Rehg. Cambridge: The MIT Press. pp.367-368.

있는 점이 많다. 넷째, 잠정성(provisionality)이다. 공중의 목소리는 항상 임시적이며, 개선과 진보의 과정에 놓여 있고, 심지어 모순적이기도 하다. 공중의 목소리가 갖는 특징은 독단에 저항하는 면역성을 갖게 해 주며, 민주주의의 관용과 개방의 정신을 표현하는 것이다. 다섯째, 남의 말을 듣는(listening) 입장이다. 공중은 목소리를 가지고 있고 귀도 갖고 있다. 사적이익은 확실하게 자기의 필요를 말함으로써 확인할 수 있고 표현될 수 있다. 공적 이익은 사람들이 오직 서로의 이야기를 들을 수 있을 때 비로소 동감하고 조화를 이룰 수 있으며, 확인되고 표출될 수 있다. 여섯째, 배움(learning)이다. 시민과의 대화에 참여하기 위해서는 배움에 대해 개방적인 태도를 가져야 한다. 적과의 대화를 통해 공동의 기반을 발견하고 자신의 입장을 수정할 수 있어야 한다. 일곱째, 수평적 의사소통행위(lateral communication)이다. 공적 대화는 지도자와 시민들 사이의 대화가 아니라 시민들 간의 수평적 대화를 의미한다. 진정한 의미의 공적 대화는 수평적 대화를 통해서만 이루어진다. 여덟째, 상상력(imagination)이다. 공적인 목소리는 이타적인 행위로서가 아니라 상상력을 통해 공동이익을 재구성하여 자기 이익의 산물로서 다른 사람의 이익을 인식할 수 있고, 타인과의 공감대를 형성할 수 있는 사적인 자아를 구성할 수 있는 요소이다. 아홉째, 권한행사(empowerment)이다. 시민성이 권력을 행사한다. 시민적인 대화는 공유되는 대화이고, 공유되는 행위의 기반이고, 대화자를 실천하는 자로 바꾼다. 공적 대화에서 공적인 것은 행동의 결과에서 나타난다.[6]

그리고 바버는 이러한 공적 공간에서의 공적 목소리를 형성해 내기

---

6) Benjamin R. Barber, 1998, *A Place for Us: How to Make Society Civil and Democracy Strong*, New York: Hill and Wang. Chapter 4. pp.116-121.

위해서 입법화를 통해서 시민사회를 지원해야 할 내용을 구체적으로 다음의 여섯 가지를 설정하고 있다. 첫째, 공적 공간의 확대와 강화(enlarging and reinforcing public spaces), 둘째, 새로운 정보통신기술을 시민을 위한 활용방안 강구(fostering civic uses of new telecommunications and information technologies), 셋째, 세계경제에서 국내생산의 촉진과 노동의 민주화(domesticating and democratizing production in the global economy), 넷째, 세계경제에서 국내소비의 촉진과 생산의 민주화(domesticating and democratizing consumption in the global economy), 다섯째, 봉사와 훈련 프로그램의 강화(reinforcing services and training programs), 여섯째, 자유로운 다원주의 사회의 토대가 될 인문학과 예술학의 육성(cultivating the arts and humanities as an indispensable foundation for a free, pluralistic society) 등이다.[7]

에드워즈(Michael Edwards)는 시민사회를 바라보는 시각을 결사체적 삶으로서, 좋은 사회로서, 공적 영역으로서 세 가지 영역으로 구분하고 첫째, 결사체적 삶으로의 시민사회는 토크빌적 시각에서 바라보는 시민사회로 국가 및 시장과 구분되는 사회의 한 부분으로 공동의 이익을 증진하고, 집단행동을 조성하기 위해 형성된 사회, 즉 제3섹터로 불리는 모든 종류의 결사체와 기업을 제외한 가족과 국가 사이에 형성된 각종 네트워크를 포함한다. 둘째, 좋은 사회로서 시민사회는 규범과 가치, 그리고 사회적 목표 달성을 강조하는 시각으로 규범적 측면에서 시민사회를 정의하고, 이기심보다는 봉사의 영역이며, 마음의 습관, 즉 협력, 신뢰, 관용, 비폭력 등과 같은 태도와 가치를 형성하는 기반이 된다. 셋째, 공적 영역으로서의 시민사회는 공적 협의, 이상적 대화, 공동이익의 추구 등

<hr>

7) *Ibid*, Chapter 3. p.75.

적극적 시민성이 행사되는 영역, 즉 공공영역을 말한다. 그는 이러한 세 가지 시민사회의 영역은 상호 독립적이고 분리되어 있는 것이 아니라 상호 교차적이고 연결되어 있는 개념으로 보고 있다.[8]

최장집은, 코헨과 아라토가 규범과 가치의 측면에서 시민사회의 구성요소를 강조하고 있는 데 반해, 영역과 분야에 중점을 두고 있다. 그는 시민사회를 "국가와 개인 및 가족 양자 사이에 존재하는 자율적인 결사체의 활동영역"[9]으로 정의하고 있다. 그는 시민사회가 "국가와 개인을 매개하는 자율적 중간 집단의 영역"이라 한다면 다음과 같은 세 가지 구성요소를 갖추어야 한다고 주장한다. 첫째, 이익집단이다. 이는 의사협회나 약사협회 등과 같이 동질적인 특수 집단의 이익을 증대, 유지하기 위한 자율적 결사체를 말한다. 둘째, 이익집단으로 분류될 수 없는 나머지 비정부적 제도와 기구 내지는 네트워크들이다. 이데올로기와 문화, 의식 등을 다루는 언론, 종교, 교육, 청소년 관련 사회단체들이 대표적인 예이다. 셋째, 운동이라고 할 수 있다. 그것은 비록 제도화의 수준이 낮고 조직화의 범위도 불분명하며 지속성도 짧지만 특정의 가치와 목표의 실현을 위해, 그리고 무엇보다도 공공선을 추구하기 위해 대중동원을 동반하는 집단행동과 그 조직체들을 가리킨다.[10] 그는 이와 같이 시민사회의 구성에는 특수 이익을 위한 자율적 결사체, 비정부성, 공공성이 보장되어야 한다고 보고 있다.

8) Michael Edwards, 2004, *Is Civil Society a Big Idea?* Cambridge UK: Polity Press. pp.91-92.
9) 최장집, 2005, 『민주화 이후의 민주주의』, 서울: 후마니타스. p.215.
10) 최장집, 2005, 상게서, pp.215-216.

2. 시민사회의 구성요소

　기존연구에서 살펴본 바와 같이 시민사회를 구성하는 구체적인 요소를 연구자의 입장에 따라 여러 가지로 설정되고 이해되고 있다. 이러한 내용을 종합하면 크게 두 가지로 집약된다. 그 하나가 공론의 장을 형성하는 일이다. 즉 공론이 자유롭게 형성될 수 있는 분위기의 조성이다. 다른 하나는 그 공론의 장에서 담아내는 공적 목소리의 내용이다. 그것은 시민사회의 생활세계에서 찾는다. 이렇게 설정할 경우 우리는 민주화 이후에 체계에 의한 생활세계의 가중화된 식민화 현상을 재성찰할 필요성을 던져 주고 있다.

　하버마스는 생활세계에서 일정한 규범과 체제를 공적으로 만들어 내는 작업을 체계로 분리하고 이 체계를 다시 국가와 경제로 분리한다고 한다. 그는 생활세계의 식민화 현상을 개인의 성찰성 고양을 통해서 극복할 수 있다고 한다. 그에 의하면, 체계(system)는 권력, 돈과 같은 매개체를 통해 도구적 이성에 기반을 둔 전략적 행위가 작동하는 세계를 말하고, 생활세계(life－world)는 가치, 규범, 상징적 상호작용 등을 매개로 의사소통적 행위가 작동하는 세계를 말한다.11) 올바른 시민사회를 창출해 내는 '공론의 장'을 형성하는 기본 축은 시민성(civility)과 공공성(publicity)이다. 이 공공성과 시민성은 국가나 경제 영역이 그들의 목소리를 내어 주지 못한다. 이제 그 공공성을 담아내는 공론의 장과 시민성을 담아내는 그 내용을 살펴보기로 한다.

---

11) Jürgen Habermas, 1987, *The Theory of Communicative Action*, Vol.2. translated by Thomas McCarthy. Boston: Beacon Press.

1) 공론의 장(public opinion sphere)으로서의 공간

공공성에 대해서 공론의 장은 하버마스는 "모든 참여자가 동등한 발언기회, 보편적 규범과 합리적 정당화, 규제적 언술행위에 대해 어느 한쪽만이 특권이 없을 것, 자기 자신의 태도, 감정, 의도 등을 솔직하게 드러낼 수 있는 공간" 등이 갖추어져야 한다고 본다. 바버는 "공적 공간의 확대와 강화, 정보통신기술의 활용방안 강구, 국내생산의 촉진과 노동의 민주화 그리고 기업의 책임, 노동 안전과 환경보존, 봉사와 훈련 프로그램의 강화, 인문학과 예술학의 육성"을 요구하고 있다. 에드워즈는 "강한 시민사회는 자율과 선택에 위협을 가하는 권력집중을 방지하고, 국가권력의 남용에 대한 견제장치를 제공하면서, 시민들이 참여하는 민주적 공론의 장을 보호하는 역할을 한다."[12) 립셋(Seymour M. Lipset)은 "갈등(conflict)과 합의(consensus) 둘 다 민주주의를 위해서는 필수적인 요소이다."[13) 송호근은 "담론의 세계는 상호 이해의 장이다. 담론 세계는 과거로부터 상대방을 이해하고 상대의 현재 입장을 해석하는 의사소통의 장이다."[14) 이와 같은 논지에서 최장집은 민주주의는 갈등의 표출을 요구하는 한편 합의가 없는 민주주의 역시 존재할 수 없다고 본다.

> "갈등의 부재는 곧 사회의 특정집단이 공공의 집합적 결정과정에서 배제되고 있음을 보여 주는 증거가 된다. 만약 우리가 갈등 없는 사회에서 살고 있다고 한다면, 그것은 곧 사회의 어떤 집단이 경쟁에서 배제되고 있음을 의미하는 것이다."(최장집 2005, 183).

---

12) Michael Edwards, 2004, *op.cit*, p.15.

13) Seymour M. Lipset, 1960, *Political Man: The Social Bases of Politics*. Garden City, New York: Doubleday.

14) 송호근. 2005. 『한국, 어떤 미래를 선택할 것인가』, 서울: 21세기 북스. p.254.

이러한 내용을 종합하면 필자의 소견으로는 다음의 조건을 갖추어야 한다고 본다. 첫째, 공론의 장은 담론에 대한 비판과 반박을 할 수 있어야 한다. 둘째, 시민의 목소리가 협의적이고 자기 반성적이어야 한다. 셋째, 나와 남과의 차이(difference)와 공통성(commonness)이 함께 포용될 수 있어야 한다. 넷째, 남과의 대화를 통해 공동의 기반을 발견하고 자신의 입장을 수정할 수 있어야 한다.

2) 생활세계(life-world)를 중심으로 하는 성찰적 공간

특히 생활세계는 개인의 삶의 공간, 즉 사적 삶의 영역이기 때문에 개인이 자기성찰을 통해서 이를 공적 영역으로 전환시키는 역할을 담당하는 그런 공간으로서 작동하여야 한다. 여기에서는 남을 배려하고, 남의 말을 듣고, 남에게서 배우고, 상상력으로 남을 나와 같이 이해하고, 수직적 의사소통이 아니라 시민과 시민간의 수평적 의사소통으로 타협과 합의를 통한 자기를 실천하고, 자기 판단이 수반되는 그런 공간이다. 무엇보다도 남도 나와 같이 자기 생각을 가지고 있다는 포용성을 가지고 있는 그런 자율성이 인정되는 공간을 통해서 담론의 내용이 형성되어야 하는 곳이다. 시민성에 대해서 코헨과 아라토는 '다원성, 공공성, 사생활, 법률성' 등을 지적하고 있다. 에드워즈는 "수단으로서 결사체적 삶, 규범적 목표로서 좋은 사회, 그리고 앞의 양자를 연계하는 공적 영역을 시민사회의 지향"할 목표로 설정하고 있다. 바버는 "공동체, 시민의 협의, 포용성, 임시성, 듣기, 배우기, 수평적 의사소통, 상상력, 권한행사" 등의 자기 성찰을 통해서 개선할 것을 주장한다.

필자는 공론의 장에서 담아내야 할 그 내용이 되어야 할 것은 다음과 같은 것이라고 본다. 첫째, 거대한 담론에서가 아니라 생활

세계의 문제들로 채워야 한다. 보다 적극적이고 긍정적인 생활세계에서 삶의 질을 향상시킬 수 있는 내용을 갖추어야 한다. 둘째, '시민 없는 시민사회'가 아닌 시민이 주체가 되어야 한다. 제왕의 권력도 상인의 재력도 아닌, 또는 상류층의 지식인도 아닌 보통 시민의 삶을 담아야 한다. 셋째, 시민의 자기 이상과 도덕성과 반성의 내용을 담아야 한다. 규범성과 당위성의 차원을 넘어 보다 구체적인 자기 성찰적 영역을 그 내용으로 담아야 한다. 넷째, 대의제와 정당제와 같은 대의민주주의의 문제점과 한계를 극복할 수 있는 대안적 고민을 찾아야 한다. 그러기 위해서는 좀 전문적 내용을 담아야 한다. 다섯째, 수평적 의사소통에 의해 이루어진 '합의'에 따라 공동체적 삶의 방안을 내용으로 담아야 한다. 여섯째, 시민사회는 '임시성'의 속성을 가지고 있기 때문에 '지속가능한 문제(sustainable problems)'를 찾아 개선할 수 있는 내용을 담아야 한다. 일곱째, 시민사회에서는 사적 영역과 공적 영역이 공존하기 때문에 합의된 사항은 객관적이고 정당한 '권한행사'가 이루어져야 한다.

Ⅲ. 한국 시민사회의 특색과 문제점

1987년 민주화 이래 한국 시민사회의 특색, 특히 최근까지 국민의 정부와 참여정부에서 시민사회가 지향해 온 특색으로는 정치성, 획일성, 당파성, 갈등의 주체와 같은 점들을 지적할 수 있다.

1. 정치성

한국 시민사회의 정치지향적 특성은 별도로 설명이 없어도 우리
는 쉽게 알 수 있다. 모든 일을 정치와 연계하여 이해하고, 해결하
고, 대응하는 경향이 강하다. 필자가 일본에서 생활할 때의 에피소
드로 필자와 같이 일하는 현지 일본인 직원들의 일화가 있다. 당시
전두환 대통령을 백담사로 거주를 제한하였을 때이다. 한국 국민의
강직하고 무서운 마음에 대해 감히 일본인은 생각도 못할 일이라
고 하였다. 그렇다. 필자도 그렇게 강한 마음이 나 자신에게 존재
하는지 알 수 없지만 한국인들은 역시 강력하게 정치에 대해 집착
하는 경향이 강해 심지어는 대통령도 귀양을 보내고 거주를 제한
하고 총으로 살해하는 경우도 있다. 김구 선생도, 이승만 대통령도,
박정희 대통령도 총에 맞아 권좌에서 내려왔다.

과연 한국 사람들은 이렇게 마음씨가 모질고 독한 국민일까. 필
자는 이 모두가 시민사회운동으로 전이된 것은 1987년 민주화 선
언 이후에 — 한국 시민사회운동이 본격적으로 성장하게 된 이후에
— 그 이면에 깔려 있는 시민운동의 정신이 개발 독재시절에 재야
운동권에서 흐르던 민주화 운동에서 출발한 것이 이와 같은 정치
지향적 성향을 갖게 하고 있다고 생각한다. 물론 그 이전으로 거슬
러 올라가 일제치하에서의 민족해방운동이나, 보다 그 이전에 봉건
왕조에서 억압받던 민초들의 자아발견에서 찾을 수도 있다. 그러나
오늘날 한국 시민사회운동의 시민성이나 공공성은 민주화 전후에
서 그 주된 근원을 찾는 데는 큰 문제가 없을 것 같다. 그것은 민
주화를 위해서 노동, 학생, 농민, 시민의 운동이 독재와 민주라는
대립구도 속에 편재하는 정부와 직접적인 상호작용을 상정한 운동

으로 성장하게 되었기 때문이다.[15] 그러나 일본의 시민운동은 자기 마을 가꾸기와 같은 지역단위의 생활 속의 문제를 해결하는 데 초점을 두고 있거나 자원봉사의 차원에서 자기 제한적 성격을 갖고 있다. 이렇게 볼 때 한국의 시민운동은 매우 정치적 성향을 가지고 있는 특징이 있다.

이처럼 민주화 운동에 그 뿌리를 두고 있는 한국 시민사회운동은 중앙집권적 권력의 힘이 비대한 사회정치적 지형 속에서 정치권력에 대한 행동이 정치적으로 자원동원과 영향력 행사에 효율성이 크기 때문이다. 따라서 주요한 정치적 정책적 사안에 대해 개입하려고 하는 시민운동의 성향을 띠게 된다. 그러한 경향이 국민의 정부와 참여정부하에서 2000년 4월 총선 시민연대의 낙천, 낙선운동이었고, 2002년 12월 대통령 선거에서 시민사회의 참여, 2004년 대통령 탄핵반대 촛불 시위운동, 2004년 4월 17일 총선에서 최고조에 달하게 되었던 것이다. 그러나 한국의 이러한 정치 참여적 시민운동을 보고 일본에서도 낙선운동을 벌였으나 그곳에서는 별로 성공을 이끌어 내지 못하고 있다.

한국 시민사회운동도 중앙집권적 권력적 정치성을 지양하고 시민사회의 본연의 덕목인 시민이 참 주인이 되어 생활세계의 문제인 내 이웃의 문제부터 해결하는 자기 성찰적 자세로 변화가 필요하다.

15) 김선미, 2007. "시민운동 위기담론과 발전방안", 한국 NGO학회 제19차 포럼, 『시민사회의 위기론의 실제성과 허구성』(2007.12.21. 국가인권위원회). 김선미는 시민운동의 위기원인을 환경적 요인과 조직적 요인으로 나누고, 이 문제를 조직 구조적 측면에서 첫째, 시기에 맞는 새로운 운동 노선의 부재, 둘째, 시민운동 내부의 재생산의 한계, 셋째, 시민참여의 부재, 넷째, 재장기반의 취약성 등으로 설정하고, 특히 두 번째 시민운동 내부의 재생산의 한계를 시민운동 활동가들이 종래의 학생운동, 노동운동을 하던 활동가로 채워졌던 것이 이들 운동이 쇠약해짐에 따라 이들 활동가들의 충원이 어려워져 재생산의 위기라고 본다.

2. 획일성

2007년 12월 대선에서 진보개혁세력이 실패하게 된 원인으로는 중도 리버럴 정부에 대한 離反과 대안적 프레임의 부재 그리고 친기업적인 신자유주의 경제담론에 대응할 혁신적인 중도개혁담론을 창출해 내지 못한 점을 말할 수 있다.[16] 또한 국민의 정부와 참여정부하에서 지나치게 정치 참여적인 시민운동은 2007년 12월 대선에서 그 반대 세력을 연대화시키고 결속하게 하는 힘이 되었다. 진보성향의 참여정부의 주체들을 한 축으로 하고, 그 반대 보수 세력을 한 진영으로 묶는 데에 일조하였다고 할 수 있다. 2007년 대선에서 진보시민단체 385개가 대선 시민연대를 결성하여 대선에 영향력을 행사하였다. 이에 대응하는 보수시민단체는 250개의 국민연대, 120개의 한국 시민사회단체 연합, 17만 명의 뉴라이트 전국연합 등이 대선에서 활동하였다.[17] 이처럼 시민단체들은 진보와 보수로 나뉘어서 대선에 개입하여 준정치 세력화하였다. 이와 같이 시민사회단체들은 정치적으로 획일화하는 역할을 크게 하였다.

한국 시민사회의 이와 같은 획일성을 탈피하고 민주주의체제하에서 시민사회의 다양성과 차이성을 인정하는 운동, 즉 미래지향적 방향으로 전환이 필요하다.

3. 당파성

한국사회의 갈등구조가 전통적인 시민사회의 개념의 큰 한 줄거

---

16) 조희연, 2008. "신자유주의의 지구화 시대의 정치와 신보수정권 창출: 신보수 정권시대 개막의 의미, 전망, 과제", 〈민주운동연합 포럼〉『2007년 17대 대선 그 이후: 대한민국, 어디로 가나?』, (2008년 1월 4일. 참여연대 느티나무홀).

17) 세계일보. 2008.1.14.

리로서 '국가권력에 대항하는 시민사회'가 아니라 '국가권력에 추종하는 시민사회'로 전락하게 되었다. 국민의 정부와 참여정부하에서는 '정부와 진보시민단체'가 한 축이 되고, '보수시민단체'가 또 다른 한편이 되는 한국 시민사회의 정치적 지형을 재편성하였다.[18] 여기에서 정당체제가 추가되어 '정부와 범여권, 그리고 진보시민단체'를 하나로 묶고, '한나라당과 보수시민단체'를 또 다른 한 축으로 묶어 대립구도를 세우게 하였다. 이와 같이 한국의 시민사회단체는 정치성과 획일성을 띠게 됨으로 해서 시민사회단체의 비당파성의 원칙은 훼손될 수밖에 없었다. 이념적 대립은 정치권의 편향성의 동원에 의해 왜곡되어 보수와 진보의 다양한 하위유형에 대한 구분 없는 수구반동이 아니면 급진좌경이라는 무차별적 파벌을 조장하게 되었다.

이와 같은 한국 시민사회의 당파성을 지양하고 시민사회의 덕목인 비당파성의 원칙을 준수하여야 할 것이다. 편 가르기 형식으로 시민사회를 왜곡하는 세력이 존재하는 한 한국 시민사회는 발전과 비전이 있을 수 없다고 생각한다.

4. 갈등의 주체

이와 같이 한국 정치사회가 시민사회를 편향되게 질서를 재편시킴으로써, 즉 한국 시민사회를 준 정치세력화가 되게 함으로 해서 시민사회를 정치적, 사회적 갈등의 주체가 되게 하였다. 또한 이러한 현상은 시민사회에 대한 시민들의 신뢰를 약화시키는 결과를

---

18) 김선미, 2007. 전게서. 김선미는 시민운동의 조직행태의 측면에서 시민운동의 위기를, 첫째, 정치과잉, 둘째, 편향된 정파성, 셋째, 시민단체 핵심인사의 도덕성의 논란, 넷째, 시민단체 간 권력화 문제 등으로 분석하고 있다.

가져왔다. 또한 시민사회가 덕목으로 삼아야 할 비당파성의 원칙이 파괴됨으로 해서 시민사회의 영향력과 신뢰도는 더욱 나락으로 떨어지게 하였다. 이는 과거의 민주화 이전에 재야 세력들을 중심으로 하는 비밀조직과 밀실에서의 민주화 운동에서 전이되어 온 결과라고 본다. 과거의 이념지향적이고 개발연대를 강화한 군부권위주의적 사고방식에 저항하던 민주화 운동에서 보여 준 시각에서 탈피하여 변화를 이루어 내지 못한 데서 기인한다.

권위주의체제하에서는 단일한 정치적 문제가 사회 전체의 운명을 결정하는 핵심적인 문제로 제기되며 사회는 기득권세력과 민주화세력으로 구분될 수밖에 없었다. 그러나 민주주의체제는 정치적 대립이 다원화되고 사회적 이슈가 통일, 노동, 환경, 여성 등 다양해지면서 한 가지 획일적 기준에 따라 보소주의와 진보주의로 일관되게 구분할 수가 없게 되었다.[19] 시민사회의 대립구도가 권위주의체제에서 민주주의체제로 전환하고, 진보와 보수가 양립할 수 있는 새 시대 새 정부하에서는 이러한 구태를 벗어나야 할 것이다.[20]

Ⅳ. 한국 시민사회운동의 과제

이명박 정부하에서의 시민사회에 대한 과제는 기존의 참여정부에서 보여 주었던 시민사회의 위상과는 다른 시민의 정치적 참여

---

19) 윤성이. 2008. "새로운 정부와 시민사회", 2008년 한국정치학회 특별학술회의. 『이명박 정부의 과제와 시대정신』, (2008.2.15. 한국프레스센터).

20) 김영래, 2007, 전게서(『NGO연구』, 제5집 제1호)에서 김영래 교수는 한국 시민사회의 위기를 다음과 같은 네 가지 특성으로 지적하고 있다. 그것을 정체성(identity), 책임성(accountability), 투명성(transparency), 민주성(democratization), 전문성(professionalism) 등으로 파악하고 있다.

에서 벗어나 국가와 정치권력에 대항하는 견제균형론을 지지하는 시민사회의 위치 정립과 이에 맞는 자기 성찰적 한국 시민사회에 대한 지원의 문제에 있다. 이러한 과제를 해결하기 위해서 필자는 다음과 같이 시민사회의 미래지향적 방향을 제시해 본다.[21]

1. 체계의 변화

한국 시민사회의 체계와 생활세계가 권위주의시대에서 민주주의 시대로 변화하면서 크게 발전하여 왔다. 권위주의시대에서는 중앙 집권적, 획일적 체제에서 주종의 관계였으니 시민사회운동은 주로 재야세력이 중심이어서 지도자들의 지도이념에 따라 움직이는 형 태를 취하여 왔다. 민주화가 선언된 이후 20년의 시간적 공간이 흘 러서도 아직도 한국의 사회질서에는 이러한 갈등구조가 남아 있다 고 할 수 있다. 이와 같은 최근의 한국사회의 중심적 갈등요인을 최장집은 다음과 같이 설명하고 있다.

> "오늘날 한국 사회의 중심적 갈등 요인은 탈냉전과 신자유주의 세계화의 충격이라고 할 수 있다. 냉전 – 탈냉전의 갈등 라인은 단순히 대북한 정책 의 차원에 있는 것이 아니라, 냉전구조라고 할 냉전 반공주의직 정치사회실 서를 둘러싼 것이다."(최장집 2005, 253)

---

21) 김영래(2007, 상게서)는 한국 시민사회가 해결해야 할 과제를 첫째, 감시와 견제의 긴 장조성, 둘째, 책임성 있는 사회갈등 해소와 공동체 의식의 회복, 셋째, 중립성과 비 당파성을 가진 사회공론의 장의 역할, 넷째, 정치사회적 개혁과제의 지속적 추구, 다 섯째, 사회자본 형성, 여섯째, 국제협력을 통한 세계시민사회에 기여, 등을 지적하고, 신뢰성(creditability)과 자발성(volunteering)의 재정립을 강조하고 있다.
김선미(2007, 성게서)는 시민사회운동의 방향과 과제를 첫째, 장기적 비전과 새로운 운동과제의 모색, 둘째, 정치경제 개혁에서 사회개혁으로, 즉 시민사회의 민주화, 셋 째, 시민운동의 외연 확장, 넷째, 창발적 에너지(emergent energy)의 재구성 등으로 파 악하고 있다.

민주화 이후 20년이 지난 이제는 이러한 지도 이념과 같은 것은 제거되어야 한다. 분권적, 자기중심적, 다원적 성격으로 변모함에 따라 정치사회적 체제에서도 많은 변화를 가져왔다. 체제의 변화에 따라 보수와 전통, 혁신과 진보 등이 세력화하여 그들끼리의 이념에 따라 갈등하고, 행동하기에는 너무나 우리 한국 시민사회가 복잡화, 다기능화되어 있다. 진보는 혁신 세력뿐만 아니라 보수 세력도 지향해야 할 목표요, 양자 모두가 지향해야 할 공동의 목표이다. 지금까지의 한국 시민사회는 진보라고 하면 이념적 좌파, 시장경제의 좌파 통제경제, 시장에 국가의 개입, 신자유주의 경제의 거부, 냉전적 이데올로기에서 탈냉전과 북한에 대한 협조적 태도로 비춰진 것도 사실이다. 그리고 보수라 하면 이념적 우파, 시장경제의 우파 자본주의, 신자유주의의 찬양을 강조하는 양자의 대립과 갈등을 조성하는 그런 형태를 취해 온 것 또한 일면 사실이다.

이와 같은 이분법적 사고에서는 타협의 장, 공론의 장이 제대로 잘 형성될 수가 없다. 이제 민주화의 시대에 진입한 지도 20년의 긴 시간의 터널을 통과해 왔다. 이러한 체제의 대립적 구도가 다양화, 다층화되고 있다. 이러한 변화를 빨리 의식하고 이를 행동화할 것이 적극적으로 요구되고 있다.

2. '생활세계의 식민화 현상' 해체

시민사회가 지금까지의 커다란 국가적, 이념적, 논쟁적 이슈에 목숨 걸 것이 아니라 우리 시민이 살아가는 생활 속으로 눈을 돌려야 한다. 생활세계는 행위자의 관점에서 사회통합의 기반으로서 '합의에 대한 해석적 이해'가 이루어지는 일상의 영역을 말한다.

이러한 해석적 이해를 규범으로 보장하고 의사소통을 통해서 재생산되어야 한다. 이러한 재생산을 위해서는 현대 사회의 발달에 따른 체계의 영역이 확장되면서 개인적 생활세계가 축소되고 종속되는 식민화 현상을 해체하여야 할 것이다. 어떤 한 체계에 시민이 종속되고 축소된다면 진보와 발전보다는 퇴보하게 될 것이다. 조직화, 제도화, 법제화가 너무 심하게 되면 규제적으로 사회가 바뀌게 된다. 이렇게 되면 시민사회는 이들에 종속화되는 결과를 초래하게 될 것이다. 여기에서 우리는 아직도 규제 완화가 더욱 필요하다. 규제는 자율성을 해치게 될 것이고 시민사회의 자치는 보다 높은 차원으로 발전하지 못하게 할 것이다. 이러한 자율성의 보장 없이는 민주화 운동의 시각에서 다양성, 다변화, 차이성을 인정하는 자세를 갖추지 못하게 될 것이다. 이러한 시각에서 시민사회운동은 다양성에 근거한 대화와 타협의 방법론이 강구되어야 한다.

또한 생활세계에서는 하버마스가 지적하고 있는 것처럼 자기 자신의 의식, 감정, 태도를 솔직하게 드러낼 수 있어야 한다. 그리고 반대, 명령, 허락, 금지 등 규제적 언술행위에 대해 어느 한쪽이 특권을 갖지 말아야 한다. 여기에서는 지나치게 일차적 집단들이 갖는 연대보다는 조금 느슨한 연대가 더 자기 의사와 태도를 솔직하게 표현할 수가 있다. 자율적이고 개방적인 생활세계를 형성할 수 있어야 한다. 이제는 담론의 차원에서 우리가 과거에 지향해 왔던 민주화, 과거 청산, 이념적 투쟁, 개혁 등에만 몰입할 것이 아니라, 보다 우리 시민들의 생활 주변의 내 이웃과 같은 것들로 눈높이를 낮추어야 한다. 눈높이의 하향조정은 생활세계를 제도화, 규제화 등과 같은 식민화하는 일을 줄여 주게 될 것이다.

3. 역할의 변화

　이제 시민사회가 행해야 할 역할도 과거의 저항, 투쟁, 견제, 비판을 주로 하는 정파적 활동에서 의식 있는 시민을 창출하기 위해 정보제공이나 사회규범 형성을 위해 활동하는 방향으로 전환이 이루어져야 한다. 시민사회가 전문성이나 도덕적 우월성에 의해 독자적으로 의제를 설정하고 판단하여 시민들에게 제시하기보다는 시민들 스스로가 참여하고, 판단하고, 의제를 설정하고 하는 그 같은 기반을 조성해 주어야 한다. 한국 시민사회는 선거에 참여를 낙천, 낙선 운동과 같이 특정후보의 도덕성과 자질을 평가하고 스스로 판단하고 결정하여 국민에게 제시하는 방식으로 주로 하향식(top-down)으로 전개되어 왔다.

　이러한 한국 시민사회의 선거참여방식과 대조되는 미국의 미네소타주의 블랜딘 파운데이션(Blandin Foundation)은 유권자들에게 정확하고 다양한 정보를 제공하고 유권자 스스로 참여하고 판단할 수 있게 지원하는 형태를 취하고 있다.[22] 이 단체는 2006년 중간선거에서 선거 기간 동안 전자민주주의 사이트를 활용하여 주지사에 출마한 6명의 후보자를 대상으로 온라인 토론회를 진행하였다. 각 후보들은 유세발언과 함께 후보들의 의료, 정보화, 미네소타주의 발전 방안, 농촌 및 소도시 문제 등 4개 분야에 대해 정책을 게재하도록 하였다. 후보자들의 의견은 소견서와 동영상으로 게재하여 링크시켜 주었다. 정책토론은 각 후보 간에도 진행되어 타 후보정책에 대한 반박 글도 게재하였다. 유권자들도 각 후보의 발언 내용에 대해 5점 척도의 평가도 하게 하였다. 또한 유권자들에게 자신

---

22) 윤성이, 2008. 전게 학술회의 발제문.

들의 의견을 동영상, 사진, 오디오 등 다양한 형태로 개진할 수 있
도록 하였다. 메일 주소를 등록하면 후보자들의 발언을 메일로도
받아 볼 수 있게 하였다. 이와 같이 우리 한국 시민사회도 정보제
공의 역할로 변하고 시민 스스로가 선택하고 결정할 수 있도록 돕
는 기능으로 전환이 필요하다.

4. 지방화와 분권화

지나치게 거대담론에서 벗어나서 작고 지방적이고 분권화된 생
활의 문제가 가장 큰 세계적인 문제가 될 수 있게 운동의 방향을
전환하여야 한다. 지금까지의 시민운동이 보여 준 대중 동원형 모
델에서 탈피하여 주민 참여적 모델로 전환이 필요하다. 참여가 없
는 정치는 Jean Jacques Rousseau 이래로 현대에 이르기까지 대의제
와 정당제의 결점이 되어 왔다. 루소는 참여를 "주권은 타인에게
양도될 수 없다. 주권은 본질적으로 일반의지(general will)에 산재해
있기 때문에 그것은 대의제를 인정하지 않는다. 동시에 중도적 가
능성도 없다."[23]고 한다.

참여야말로 직접 시민이 자기 권리를 행사하는 것이요, 스스로
결사적 행위를 이룩할 수 있는 시작이다. 강한 민주주의로 나아가
는 첫걸음이기도 하다. 참여가 아니면 진정한 민주주의는 존재하지
않았으며, 또한 앞으로도 존재하지 않을 것이다. 이러한 참여는 시
민사회의 주변에 있는 일부터 시작해야 한다. 모든 국민을 쉽게 한
자리에 소집할 수도 없고 또한 현대적 규모로는 불가능하다. 따라
서 자기 주변에 있는 것에서 시작해야 하는 것이다. 이것은 시민사

---

23) Jean Jacques Rousseau, 1958, *The Social Contract Discourses* Translated with introduction
   by G. D. H. Cole, London: J. M. Dent & Sons LTD. p.78.

회운동이 지방화되고, 분권화되어야 직접 참여가 가능하다. 참여는 권력지향보다는 자기 정체성 지향의 성찰적 대안을 창출하는 데에 초점을 두게 된다. 한국 시민사회도 참여연대와 경실련 등 중앙집권적 구조의 단체보다는 지역중심의 풀뿌리 시민운동이 늘고 있는 추세이다.[24] 시민사회단체의 중앙 집중화에서 지방으로 분권화하는 경향을 보이고 있는 것이다.

5. 대안 제시

한국 시민사회운동은 이제 대안 없는 막연한 목소리를 높이는 시대에서 벗어나 구체적으로 참여정부는 왜 싫었으며, 이명박 정부는 무엇을 잘 못하고 있는가를 제시하여야 한다. 막연하게 대중 속에서 군중심리와 부화뇌동은 없어야 한다. 필자가 지난여름 서울 근교에 있는 산에 산행을 하다가 참여정부의 부동산 정책을 노골적으로 비난하는 등산객이 있어 가까이 다가가서 그 등산객에게 물어보았다. "구체적으로 선생님은 무엇을 어떻게 해드리면 되겠습니까?" 하고 물었더니 대답 대신에 돌아오는 것이 나를 참여정부의 무슨 대변인이나 되는 것처럼 공격하는 것이었다. 이 등산객만이 아니다. 우리 사회에는 막연하게 남들과 함께 비판하는 시민, 정치인, 기업인들이 얼마나 많은가 말이다. 이 모두가 자기 말에 책임 없는 행위이다. 구체적인 대안을 제시할 능력이 없으면 비판의 목소리도 작아야 한다. 그런데 우리 사회에서 과연 그런지 의문이다. 한국 시민사회는 아직 지방화의 경험이나 자기 판단능력이 작다. 규범적 목소리는 많은데 구체적으로 어떻게 해야 하는지 방법이

---

24) 행자부에 신규 등록한 중앙단체는 2006년 64개에서 2007년 43개인 데 비해, 동 기간 시도에 등록한 단체는 426개에서 470개로 증가하고 있다(세계일보, 2008.1.16).

없다. 한강에 여름철에 홍수가 나면 시청 공무원들의 구체적인 행동 지침은 무엇인가? 숭례문 화재가 발생하면 소방당국과 관련부처는 무엇부터 어디에서 어떻게 대처해야 하는가? 요령 숙지가 안 되고 있다. 시민사회도 마찬가지이다. 공무원의 사회는 위계가 있어도 안 되고 있는데 시민사회는 구속력이 약하기 때문에 더욱 행동요령이 체계화되어 있지 않을 것이다.

어떤 연구에 의하면 지방자치단체 간의 협력사업의 문제점을 다음과 같이 지적하고 있다.[25) 첫째, 구체적 목표보다는 포괄적이고 일반적인 교류협력의 수준에 머물러 있다. 둘째, 지방자치체 간의 협력사례는 일반적으로 관주도의 협력사업으로 추진되고 있어 민간부문의 자발적 참여가 성공의 주요 관건인 지역경제 활성화 부문에서는 효과를 거의 내고 있지 못하는 한계를 보이고 있다. 셋째, 교류협력을 위한 예산과 조직의 구성 등이 수반되지 못한 점을 들 수 있다. 그렇다 이러한 결과가 서해안 기름 유출사고가 발생하니 정부에서 지원하는 주민 생활 지원금을 제때에 제대로 활용하지 못하고 기준이 없이 진정으로 필요로 하는 지역주민에게는 오히려 갈등의 불씨만을 제공하는 듯한 인상을 주고 있다. 이 모두가 대안적인 생활양식 속에 자리할 때만이 사회의 발전과 변화를 초래하게 된다.

---

25) 라미경, 2007, "충청권 상생협력과 지역 NGO의 역할", 『NGO연구』, 제5권 제1호 p.165.

Ⅴ. 결론

한국 시민사회운동이 지금까지 좀 거대한 담론적, 이념적, 저항적, 투쟁적, 중앙 집중적, 당파적 측면이 강했던 것이 부인할 수 없는 사실이다. 이제 참여정부에서 이명박 정부로 정치권력이 이양되고 새로운 시대의 전개를 펼치고 있다. 이 새로운 정부에서의 시민사회운동방향은 아직 확실하게 제시되어 있지는 않지만, 기존의 시민사회운동의 특징과 문제점을 검토하면서 좀 생활 세계적이고, 소규모의 지방 분권적인 것에서 시민의 참여를 중심으로 하는 그런 운동이 되게 함으로써 시민의 삶을 보다 한 단계 성숙시켜야 할 것으로 우리는 지금까지 논의하여 왔다. 여기에서 필자는 한국 시민사회운동의 새로운 방향으로서 수혜를 베푸는 입장에서의 정부와 수혜를 받는 입장에서의 시민사회, 이들 양자의 관계에서 다음과 같은 몇 가지를 제안하고자 한다.

첫째, 다양성에 근거를 둔 대화와 타협으로 자신의 입장을 수정할 수 있어야 한다. 이는 공론의 장에서는 담론에 대한 비판과 반박을 할 수 있어야 하며, 찬성의 입장과 반대의 입장에서 대화와 타협을 통해 자기 자신의 입장을 수정할 수 있는 포용성과 아량이 발휘되어야 한다. 현재 한국시민사회에서 담론의 쟁점이 되고 있는 ‘삼성특검’과 ‘한반도대운하‘를 보면 양자 간에는 찬반의 입장이 대립하고 있다. 이 문제를 대화와 타협을 통해서 찬반 양측이 자기입장의 일부를 수정하지 않고 자기주장만 한다면 결론이 나올 수가 없을 것이다. 이 결과는 사회의 혼란 등 또 다른 사회적 불씨를 낳게 될 수도 있는 위험성이 있게 된다.

둘째, 합리성과 정당성에 근거하여 갈등과 합의의 원칙을 준수해

야 한다. 이는 올바른 공론의 장 형성과 민주주의 발전에 필수요소
인 원칙들이다. 지금까지의 시민사회운동에서나 한국인의 성향에서
볼 때 달성하기 어려운 과제이다. 그러나 올바른 공론의 장을 형성
하고 민주주의를 한 단계 더 발전시키기 위해서는 꼭 이루어 내야
하는 과제이다. 이러한 과제를 달성하기 위해서는 낮은 자세를 가
지고, 남의 이야기를 듣고, 남에게서 배우는 자세가 요구되고 있다.

셋째, 공론의 장에서 담론의 중심이 되는 내용은 자기 성찰적 영
역을 담아내야 한다. 모든 시민들의 실질적인 삶의 문제, 즉 생활
세계의 문제를 도덕성과 반성의 규범과 당위성의 차원을 넘어 구
체적인 자기 성찰의 영역의 내용을 담기 위해서는 낮은 자세로 남
의 이야기를 듣고 배우는 자세가 필요하다. 새로운 이명박 정부도
이러한 순수한 시민사회의 활동을 적극 지원하고 협력하여야 한다.

넷째, 대의제나 정당제와 같은 현대민주주의의 모순점과 문제점[26]
이 있는 부분을 극복하고 지속가능한 문제들(sustainable problems)을
내용으로 담아 추진해야 한다. 시민사회에서 쟁점화되는 문제는 잠
정성 혹은 일시성(provisionality)이 상존하는 운동이기 때문에 더욱
그렇다.[27] 정부활동의 공정성이나, 정당 공당화의 지속적 추진을 통

---

26) 이종식, 2008, 『현대민주주의와 시민사회』, 서울: 한국학술정보㈜, pp.79-90. 현대민
주주의의 문제점으로서 첫째, 국민의 뜻을 보듬지 못하는 의회, 정당, 이익단체 등 민
주주의 정치제도에 대한 불신, 둘째, 오일쇼크, 일자리의 다양화 등 경제질서의 불안,
셋째, 1970년대 국제경제적 변수와 정부위기론, 1980년대 신보수주의의 등장, 1990
년대 지구화 등 외부환경의 도전, 넷째, 사회운동단체, 지식인, 언론 등의 파워의 증
대에 따른 사회 내부적 동향, 다섯째, 국민의 불신과 비판, 그리고 참여의 부재에서
오는 변화에 순응치 못하는 정부정책 등으로 지적할 수 있다.

27) 박효종, "정부와 시민사회, 그 건전한 관계에 관한 제언", 한국 NGO학회 2008년도
연례학술회의 자료집, 2008. 정부와 시민사회와의 관계가 국가 공동선을 향한 협의와
공론의 조성이 아니라 극과 극을 달리는 비겁자 게임과도 같은 아슬아슬한 기분을
느끼게 한다. '국가의 공동선'과 '시민사회가 추구하는 선'이 일치하지 않은 점에서
그러하다. 그 같은 불일치의 원인은 첫째, 특정 사안에 관해서는 그 심의와 토의가
시민사회의 영역과 친숙한 형태로 이루어지고 있기 때문이다. 둘째, 시민사회 행위자

해서 맑고 밝은 투명한 정책의 추진이 필요하다. 정부도 이러한 이
슈를 쟁점화하는 시민사회운동을 지원할 수밖에 없을 것이다.

다섯째, 시민사회는 사적 영역과 공적 영역이 공존하기 때문에
합의된 사항은 객관적이고 정당한 '권한행사'가 이루어져야 한
다.[28] 지금까지의 한국 시민사회운동에서 보여 준 것처럼 새만금사
업, 사패산 터널공사, 고속철도천성산공사, 동강댐건설공사의 지연
또는 폐지에서 막대한 국고의 낭비를 초래하였다. 이와 같은 불투
명성, 비효율성, 비합법성 등의 문제를 사전에 방지하기 위해서 합
의가 이루어지기까지는 신중과 공정성을 기해야 하나 합의점을 도
출하였을 경우는 강한 공적 권한을 발휘하여야 한다. 정부나 시민
사회 모두가 국가적 차원에서 더 이상의 낭비요소나 비효율이 발
생하지 않도록 노력해야 할 것이다.

이상과 같이 정부나 시민사회가 각자의 입장에서 성찰하고 반성
하고 추진하여야 할 것이다. 이렇게 될 경우에 시민사회는 본연의
자세에서 정부권력과 사회에 대해 때로는 견제하고, 때로는 협력하
는 자세를 견지할 수 있을 것이다. 더욱 많은 논의가 있어 발전을
기대하면서 발제를 마친다.

들은 현재의 한국정치의 양태보다는 정치적 참여를 더 가치 있는 것으로 평가하고
있기 때문이다. 셋째, 시민단체들은 자신들이 심의한 내용이 국가나 정부에 확실한
영향을 주어야 한다고 생각하는 경향이 강하기 때문이다.

28) 박효종, 상게서. 위험한 관계를 시정하고 건전한 정부와 시민사회 간의 관계를 정립
하기 위해서는 그들에게 주어진 과제가 있다. 첫째, 시민단체들은 그들의 정치 편향
성을 초월하여 정치적 중립성과 독립성을 유지할 것이 요청된다. 시민단체들의 권력
화를 탈피하는 노력이 필요하다고 하겠다. 둘째, 2003년 1월 노무현 대통령이 당선자
시절에 '시민사회단체연대회의'에 출석하여 '시민단체 덕분에 자신이 당선될 수 있었
다'는 식의 위정자들의 정치적 포퓰리즘을 자극하는 언행에서 자유로울 수 있어야 한
다. 셋째, 시민사회단체들은 대의제 민주주의를 대체하기보다는 그 결함을 보완한다
는 자세에서 대의민주주의를 존중하는 절제된 자세로 다시 태어날 필요가 있다는 점
이다.

참고문헌

김선미. 2007. "시민운동 위기담론과 발전방안", 한국NGO학회 제19차 포럼, 『시민사회의 위기론의 실제성과 허구성』(2007.12.21. 국가인권위원회).

김영래. 2007. "민주주의와 시민사회 가치의 재정립", 『NGO연구』, 제5집(1).

라미경, 2007, "충청권 상생협력과 지역 NGO의 역할", 『NGO연구』, 제5권(1).

박효종, 2008, "정부와 시민사회, 그 건전한 관계에 관한 제언", 한국NGO학회 2008년도 연례학술대회 발제 논문집.

송호근. 2005. 『한국, 어떤 미래를 선택할 것인가』. 서울: 21세기 북스.

윤성이. 2008. "새로운 정부와 시민사회", 『이명박 정부의 과제와 시대정신』(2008.2.15. 한국프레스센터, 한국정치학회 특별학술회의).

이종식, 2008, 『현대민주주의와 시민사회』, 서울: 한국학술정보㈜.

조희연. 2008. "신 자유주의의 지구화 시대의 정치와 신 보수정권 창출: 신 보수 정권시대 개막의 의미, 전망, 과제", 〈민주운동연합 포럼〉『2007년 17대 대선 그 이후: 대한민국, 어디로 가나?』(2008년 1월 4일. 참여연대 느티나무 홀).

최장집, 2005. 『민주화 이후의 민주주의』. 서울: 후마니타스.

세계일보. 2008.1.14, 16.

시사저널. 2004.10.28.

프레시안. 2006.10.12.

Barber, Benjamin R. 1998, *A Place for Us: How to Make Society Civil and Democracy Strong*, New York: Hill and Wang.

Cohen, Jean L. and Andrew Arato, 1992, *Civil Society and Political Theory*, Cambridge: The MIT Press.

Edwards, Michael. 2004. *Is Civil Society a Big Idea?* Cambridge UK: Polity Press.

Habermas, Jürgen. 1987, *The Theory of Communicative Action*, Vol.2 translated by Thomas McCarthy. Boston: Beacon Press.

Habermas, Jürgen. 1989, *The Structural Transformation of the Public Sphere*. Boston: MIT Press.

Habermas. Jürgen. 1996, *Between Facts and Norms: Contributions to a Discourse Theory of Law and Democracy* translated by William Rehg. Cambridge: The MIT Press.

Lipset, Seymour M. 1960. *Political Man: The Social Bases of Politics*. Garden City, New York: Doubleday.

Rousseau, Jean Jacques. 1958, *The Social Contract Discourses* Translated with introduction by G. D. H. Cole, London: J. M. Dent & Sons LTD.

NGO와 지역사회의 이해

제11장 지역사회의 이해 ᅵ 제12장 지역혁신체제와 NGO의 역할 ᅵ 제13장 지역주민운동의 동향과 과제 ᅵ 제14장 지역자치역량 참여 거버넌스의 형성

<table><tr><td>제11장</td><td>

지역사회의 이해
— 주민참여, 정치문화, 이익단체 —
</td></tr></table>

I. 지역사회란

지역사회란 일정한 지역을 중심으로 그 지역의 공통된 문제(교육, 치안, 환경, 교통, 보건 등)에 대해 지역의 주민참여, 정치문화, 이익집단, 즉 다양한 지역사회의 주체들 간의 지속적인 상호작용과 네트워크를 통해 그 지역이 추구하는 목표와 가치를 달성하기 위하여 교류, 협력하는 사회를 말한다. 지역사회는 단순한 지역적 의미가 아니라 그 지역의 이해당사자들 간의 상호교류와 네트워크가 작용하여 그들이 추구하는 목적과 가치를 달성하려는 일차적 집단으로서 아닌 이차적 집단으로 설명하고자 한다.

지역사회를 일차적 집단이 아니라 이차적 집단으로 설명하고자 하는 것은 지속적인 상호작용과 네트워크를 통해 그들의 목표와 가치를 추구하는 강한 사회적 힘을 가지고 교류, 협력하는 사회로 이해하기 위해서이다. 일차적 신뢰(강한 연대)로서 종족이나 작은 사회를 기본으로 하는 가족적 조직과 같은 혈연, 계층, 지역 등의 신뢰에만 바탕을 두게 되면 균질적, 독자적 집단으로 되기 때문에 다른 사회구성원에 대해 배타적으로 되어 갈등과 불안을 야기할 수 있다. 이와는 달리 사회단체구성원들 간에 몰인격성과 이차적 신뢰(약한 연대)를 바탕으로 할 경우 이런 조직은 공식적이고 객관적인 힘을 발휘할 수 있기 때문이다.[1]

이러한 사회적 힘을 조직적으로 혁신체제를 형성할 경우 사회적 자본이라고도 한다. 느슨한 약한 연대가 사회적 힘의 발휘를 더 잘 할 수 있다는 것이다.[2] 지역사회를 단순히 지역적 작은 조직으로 가정하게 되면 발전의 지속성이 떨어질 수 있기 때문에 약한 연대에서 강한 힘을 도출해 낼 수 있는 이차적 신뢰에 바탕을 두는 사회로 인식하려는 것이다.

사회적 자본 또한 자발적 참여를 바탕으로 하기 때문에 정치적 집단, 종교단체, 의사협회, 변호사협회 등과 같은 정치적 신뢰, 종교적 믿음, 강제적인 힘, 위계적 조직 등은 제외한다. 이들과 같은 집단에서는 객관적, 자발적, 공식적, 수평적인 네트워크를 그려 내지 못하기 때문에 사회적으로 강한 규범과 신뢰를 형성할 수 없기 때문이다.[3]

Ⅱ. 지역사회의 주민참여

1. 미국의 경우 주민참여에 관한 연구

다음 세 가지의 경우로 분류하여 볼 수 있다.

1) 1930년대 대중참여(public participation)로부터 1960, 70년대의 시민참여(citizen participation)에 이르는 참여연구로 흐름
   - 1930년대 대중참여는 미국연방정부가 추진하는 지역사회개발

---

1) 이동수, 2005, "한국의 정부와 시민사회: 거버넌스를 중심으로", 『NGO연구』, 제3권 제1호, pp.198-200.

2) Mark S. Granovetter. 1973. "The Strength of Weak Ties", *American Journal of Sociology*. Vol.78(6), pp.1360-1380.

3) 이동수, 2005, "한국의 정부와 시민사회: 거버넌스를 중심으로", pp.199-200.

및 주민복지사업의 정책결정에 대한 이해관계 집단의 참여에
대한 연구
 - 1940년대 Friederik 등에 의한 행정책임론에 관한 연구 속에서
행정통제 차원에서 시민참여가 논의
 - 1950, 60년대는 도시 및 지역계획 과정에 대한 시민참여에 초
점을 두고 이루어졌다.

2) 1960, 70년대 신행정학운동의 배경하에서 주민참여 연구
 - 당시의 빈곤과 실업, 질병과 무지의 상황퇴치를 위한 해결방안
으로서 주민참여, 주민통제, 분권화 및 민주적 작업환경의 조
성 등을 제시
 - 관료와 주민을 연결시켜 생각하는 협조 모델(consociated model)
및 고객과 조직 간의 상호작용(client and organization interaction)
을 강조. 마이니, 커크하트, 화이트 등이 연구

3) 정치학의 비교정치 연구과정에서 서구민주주의 제도 개념을 벗
어나 정치체제 전반에 대한 국민 또는 시민의 참가 정도를 연구
 - 보다 보편적인 수준에서 측정하고 비교하려 연구(Gabriel A.
Almond & Sidney Verba(1963), Gabriel A. Almond & G. B.
Powell(1978), Samuel P. Huntington & Joan M. Nelson(1976))
 - 보다 체계적인 연구는 참여의식(정향)에 관하여 참여의 결정요
인(개인적인 특성, 사회경제적 여건, 제도적 환경 등), 참여형
태(참여유형을 기준에 의해 분류, 모형화) 등으로 구체화하는
연구(D. Easton & R.D. Hess(1962), D. Easton & J. Dennis(1967),
Joel Aberbach & Jack L. Walker(1970), William A. Gamson(1968),
Jeffrey M. Paige(1971), Sidney Verba & Norman H. Nie(1972),

John S. Jackson III(1973), M.D. Abravanel & R.J. Bush(1975), Paul R. Abramson(1972))

2. 한국의 경우 참여에 관한 연구

1) 1970년대 주로 정치체제에 관한 연구가 정치의식, 투표행태, 정치문화 등의 차원에서 수행

2) 1980년대 사회집단 및 사회계층에 관한 참여연구로 확대, 즉 참여연구는 농민, 대학생, 도시빈곤층, 서민, 중산층 등 특정사회집단 또는 사회계층에 관한 연구로 전개

3) 1990년대 지방자치가 시작되면서 지방정부 또는 정책기획과정에 대한 주민참여 연구가 등장

 - 지방행정과 지역개발사업 등에 관한 주민참여에 관해 관심
 - 지방자치가 본격화되면서 주민참여에 대한 체계적인 이론서가 발간(이승종) 되기 시작하면서 도시계획, 쓰레기처리장, 환경영향평가, 도시지역환경관리 등에 참여연구가 세분화되어 이루어지는 결과를 초래하였다.

3. 수원의 경우 주민참여

수원지역사회의 주민참여에 대한 이해를 위해 사회조사 방법에 의해 분석한 결과를 살펴보기로 한다.[4]

---

4) 김의식, 장연수, 2005, "수원사회의 주민참여", 박대식, 강경태, 『한국지역사회의 주민참여』, 서울: 도서출판 오름, pp.69-71.

1) 분석 변수들

분석을 위한 변수들로서는 참여결정요인, 시민의식, 참여형태로 대별하고, 그 각각을 다시 세분화하여 참여결정요인에는 성, 연령, 교육, 직업, 소득 등의 사회환경적 변인과 성장지역, 자발적 가입단체, 정당에 관여 등 제도적 변인으로 분류하여 살펴보기로 하였다. 시민의식은 교육, 직업, 소득 등으로 나누어서 검토하였고, 참여유형에는 투표활동, 선거운동, 단체활동, 접촉활동, 집단활동 등으로 세분화하여 수원지역주민들의 참여 수준을 살펴보았다.

2) 분석의 결과

사회환경적 변인(성, 연령, 교육, 직업, 소득)에 따라 지역주민의 참여에 대한 차이는 다양하게 나타난다.

시민의식(교육, 직업, 소득)은 참여수준별 차이가 사회환경적 변인이 어떠냐에 따라 다양하게 나타났다.

집단행동의 경우 지방정부의 일에 반대 서명하는 경우에는 성별, 교육별, 가입단체별, 정당관여별, 시민의식정도에 따라 차이가 있으나 집단시위 참여활동에 있어서는 가입단체별, 정당관여별, 시민의식에 따라 차이가 있었다.

3) 참여유형별로 본 참여수준

		0회		1회		2회		3회 이상	
		빈도	%	빈도	%	빈도	%	빈도	%
1. 투표활동	1998 지방선거	47	22.3	164	77.7				
	2002 지방선거	48	21.5	175	78.5				
2. 선거운동	지방선거 투표권유	163	62.5	43	16.5	21	8.0	34	13.0
	선거정치집회 활동	187	71.9	38	14.6	18	6.9	17	6.6
3. 단체활동	비공식조직을 통한	186	71.3	38	14.5	29	11.1	8	3.1
	공식조직을 통한	210	80.5	29	11.1	11	4.2	11	4.2
4. 접촉활동	지방의회 의원방문	226	86.6	20	7.7	10	3.8	5	1.9
	집행기관 관청방문	225	86.2	24	9.2	5	1.9	7	2.7
5. 집단행동	지방정부 반대서명	152	58.2	67	25.7	28	10.7	14	5.4
	지방정부 항의시위	233	89.3	21	8.1	4	1.5	3	1.1

〈주〉 투표활동(1998, 2002 지방선거)변수에 있어서 0회는 기권, 1회는 투표참가
(박대식, 강경태, 2005:70)

Ⅲ. 지역사회의 정치문화

1. 정치문화의 개념, 요소, 참여형태

1) 정치문화의 개념

- "정치적으로 의미가 있는 상싱불늘에 대한 심리적 정향"(전득
  주 외 1999: 27).
- 정치적 전통, 관습, 풍토, 의식, 신조, 가치관, 감정
- 민족사회의 역사적 전통과 명맥, 상징, 국민의 신념과 정열, 집
  단적 이성, 국민의 가치관, 지도자들의 양식과 행위규범
- 정치체계와 그 외 부문에 대한 태도, 정치체계에 있어서 자아
  의 역할에 대한 태도(Almond & Verba 1963)
- 정치과정에 대하여 질서와 의미를 부여하고 정치체계에 있어

서 행동을 지배하는 기본적 전제와 규칙을 제공하는 태도, 신념 및 감정의 집합(Lician Pye, 1965)

2) 정치문화의 구성요소

한국정치체계에 일반적으로 국민들의 정치적 정향을 이해하는 데 있어 가장 많이 일컬어지는 기본적인 구성요소로는 권위주의, 민족주의, 형식주의, 공동체주의, 국가주의, 시민주의, 복종주의, 의인주의, 정직성, 신뢰성, 평등의식, 관용성, 권리의식, 준법정신 등이 있다.

알몬드와 버바(Almond and Verba)의 구성요소(1963)는 정치체계 일반, 정치체계 내의 다른 사람 및 개인의 정치적 활동에 대한 인지적 정향(질서, 믿음체계), 감정적 정향(느낌, 감성체계), 평가적 정향(의견, 판단체계)으로 구성된다.

3) 정치문화의 참여유형

알몬드와 버바(Almond & Verba)는 향리형(parochial), 신민형(subject), 첨여형(participant)으로 나누었다.

Almond 정치문화유형의 구조

	10	20	30	40	50	60	70	80	90	100
산업화된 민주국가	향리형	향리형	신민형	신민형	참여형	참여형	참여형	참여형	참여형	참여형
과도기적 권위주의	향리형	향리형	향리형	향리형	신민형	신민형	신민형	신민형	참여형	참여형
산업화 이전 민주국가	향리형	향리형	향리형	향리형	향리형	신민형	신민형	신민형	신민형	참여형

워신스키(Woshinsky)는 특정 사회에 속한 개인들의 참여유형과 기본적 가치관에 대한 공유여부에 따라 네 가지의 시회문화 유형으로 구분한다.

정치문화의 참여유형 구분

		시민들의 기본적 가치에 대한 공유여부	
		예	아니오
시민들의 참여여부	예	다원주의 문화 (polyarchial culture)	분할된 문화 (fragmented culture)
	아니오	집단주의 문화 (collectivist culture)	신민형 문화 (parochial culture)

4) 정치문화의 연구분류

마르크스주의자(Marxists)는 정치문화를 정체성을 띠고 있는 자본가 또는 기득권 세력의 이해관계를 보호하기 위한 수단으로 이해하고, 정치문화를 특정사회의 물질적 상호작용의 부산물로서 노동자 계층과 자본가 계층의 생산 및 사회관계를 규정하는 의식체계로 이해한다(Ferguson 1995: Offe 1984: Poulantzas 1980: Althusser 1971: Miliband 1970).

베버주의자(Weberists)는 다원주의 사회 속에서 독립적이고 자생되는 시민의 정치문화. 정치문화의 변화와 정치구조와의 연관관계에 더 많은 관심을 두고 있다. 정치문화를 사회화 및 정치참여의 과정으로 그리고 사회적 토론과 담화의 통로로서 설명하고자 하다(Woshinsky 1995: Putnam 1993: Eckstcin 1988: Inglehart 1987: Pye 1965: Almond & Verba 1963).

포스트모더니스트(Post Modernists)는 정치문화의 보편성과 일반성을 부정하고 문화의 다양성과 창의적인 생활양식이나 가치체계를 선호하는 주장을 피력한다. 가치체계의 다양성은 물론 혼란과 갈등을 야기한다는 비평이 있을 수 있지만 갈등보다 공존의 측면을 강조한다. 과거의 구습 내지 권위적인 체제와의 단절과 파괴를 추구하는 사회성향과 일치한다(Fowler 1997: Bourdieu 1993: Derrida

1992: Connor 1989: Edelman 1988: Lyotard 1984).

2. 한국정치문화의 연구

1) 정치이념

지방화 시대를 맞이하여 지역주민들이 바라보는 세계관 내지는 의식 및 가치체계가 무엇인지를 고찰, 즉 지역사회가 추구해야 한다고 믿고 있는 규범적 정치이념과 같은 것이다.

좌우 스펙트럼의 연속선상에서 개혁과 전통, 자유와 보수, 그리고 중도성향과 같은 이념이다.

지역주민들이 바라보는 민주주의 체제에 대한 신념, 가치, 사회적 권리, 즉 자유와 평등과 같은 천부적 근본이념에 대해 국민들이 가지고 있는 이념체제를 포괄한다(이현출, 길병옥 2000: 김만흠 1997: 최장집 1992: 한배호, 어수영 1967: 길승흠 1985: 차기벽 1978).

2) 문화의 변화양상

특정정부의 정책결정 및 정책결과에 어떠한 영향이 있는가를 살펴보는 것이다.

한국경제성장에 영향을 끼친 정치문화는 유교적 윤리에 바탕을 둔 공동체 의식 및 희생정신으로 본다. 아시아 경제성장과 위기의 동인은 아시아의 가치에 있다고 보는 견해이다.

사회가 발전할수록 물질주의적 성향에서 탈물질주의적인 가치를 선호한다고 주장한다(Inglehart 1997, 1987: Abramson & Inglehart 1995). 성장우선주의나 안보우선주의의 경향에서 환경보호주의로 전환하는 정치문화의 변화를 의미한다.

정보화, 세계화, 다양화 및 지방화는 서구 문화와의 접변을 폭넓은 분야에서 가능하게 하고 특정사회의 문화가 전통적으로 가지고 있던 가치와는 다른 성향으로 전개된다고 주장한다. 전통적인 유교적 공동체주의에서 개인의 사회적 성취나 능력을 중시하는 자아실현주의로 전환되어 간다는 논리이다.

후기 산업사회 및 탈현대 사회에서 특징은 과거의 체제나 문화의 권위적인 정체에서 벗어나 개인의 자율성과 다양성을 추구하는 경향이 있다(Nelson 1995: Connor 1989).

과거사회와의 단절과 타파를 추구하는 사회성향은 획일적 권위주의 체제보다 다양한 창의적인 생활양식이나 가치체계를 선호하는 경향으로 전개되는 문화의식을 의미한다(Derrida 1998, 1994, 1992: Baudrillard 1988: Foucault 1984, 1977: Lyotard 1984: Barthos 1973).

3) 정치행태

정치문화가 지역주민들의 투표행태와 정계개편과 같은 정치권력구조 또는 정치기회구조(political power or opportunity structure)의 변화에 미치는 영향을 분석한다.

정치기회구조의 변화를 주민들의 정치참여로, 집권당 및 야낭의 성계개편 및 정치지도자들 간의 알력과 타협 등과 같은 정치환경의 차원에서 일어나는 구조적 변화를 의미한다(Tarrow 1994).

3. 수원의 정치문화

수원이라는 지역사회의 정치문화에 대하여 지역주민 172명에게 설문한 Q 분석을 서열척도로 측정된 자료를 토대로 살펴본다. 여기에서 얻은 결론은 다음과 같은 것으로 결론지어졌다.[5]

1) 수원시의 주민들은 55.2%가 되는 반수 이상의 주민들이 사회개혁에 적극적인 동참을 바라고 있다. 또한 70.6%가 경제발전이 개인은 물론 사회발전에 기여한다고 보고 있다. 요인A(사회적 협력, 발전 및 전통주의), 요인B(경제성장주의 및 지도자의 리더십), 요인D(경제성장 및 사회적 협력주의)의 의견과 잘 일치되고 있다.

2) 수원지역주민의 69.9%가 정치권력은 공정한 선거과정을 통해서 획득되었을 때만 대표성을 가진다고 믿는다. 53.5%는 정치이념은 정치가가 제시한 것을 국민이 따르면 된다는 식에 반대를 하고 있다. 66.3%의 주민들은 지역차별 및 성차별 등 사회적 불평등을 심각하게 보고 있다. 요인A(사회적 협력, 발전 및 전통주의)의 의견과 일치되고 있다.

3) 현재 우리 사회의 권력자들은 존경심이나 리더십이 아닌 그들의 권위로서 군림하려는 것에 대하여 45.3%의 주민들이 우려를 표현하고 있다.

4) 정치사회에 대하여 65.7%가 혐오를 느끼고, 정치, 경제, 사회 등 기득권층은 부정부패에서 어느 정도 자유롭다는 우려를 표명하고 있다. 사회적 안정을 추구하는 데 주민의 73.3%가 사회구성원들의 상호 신뢰와 협력이 필수적이라고 생각한다. 요인A(사회적 협력, 발전 및 전통주의), 요인B(경제성장주의 및 지도자의 리더십), 요인C(정치적 신뢰성 및 희생정신)의 의견과 일치되고 있다.

5) 가족이나 이웃보다는 나 자신을 우선시하는 개인주의에 대하여 31.4%가 찬성, 35.5%가 반대로 나타나 개인주의 의식이 생각보다 높은 수준이다. 사회생활에서는 인간관계가 중요하다고 보는 이

---

5) 김의식, 장연수, 2005, "수원사회의 정치문화", 박대식, 강경태, 『한국지역사회의 정치문화』, 서울: 도서출판 오름, pp.125-126.

가 77.9%로 나타났다. 요인B(경제성장주의 및 지도자의 리더십)의 의견과 일치를 보이고 있다.

6) 우리가 지향해야 할 이념적 방향 상실에 34.9%가 우려를 보이고 있고, 30.7%는 방향감각을 잃지 않았다고 보고 있다. 요인E (개혁지향 및 사회적 평등주의)의 의견과 일치를 보인다.

7) 수원지역주민들의 64.5% 부당한 방법으로 높은 지위나 사회적 인정을 받는 경우가 있다고 본다. 요인E(개혁지향 및 사회적 평등주의)의 의견과 일치를 보인다.

위의 결과를 종합하면 첫째, 70.6%가 사회개혁에 적극적인 동참을 통해 경제와 사회발전에 기여한다. 둘째, 69.9%가 정치권력은 공정한 선거과정을 통해 획득하여야 대표성이 있다. 셋째, 65.7%가 수원시의 정치인은 기득권층이나 부정부패 차원에서 혐오를 가진다.

Ⅳ. 지역사회의 이익단체

1. 이익단체의 의의, 형성, 유형

1) 개념

이익단체란 개인들의 집합체로서 공유된 목표 또는 가치를 달성하기 위하여 상호 작용하는 단체를 말한다.

2) 존재이유

① 이익단체는 구성원들의 이익을 위하여 만들어진다.

② 이익단체는 정책과정에 영향을 미치기 위하여 만들어진다.

③ 이익단체는 단순한 모임이 아니라 조직이라는 것이다.

3) 이익단체의 발생배경
① 다원주의 사회의 대두와 이익의 다양화
② 대의정치제도의 발달과 대표원리의 변질
③ 정당의 과두제화와 역할의 저하
④ 국가의 역할과 정부통제의 증대
⑤ 참여적 정치문화의 증대와 조직지도자의 출현
⑥ 민주화, 자유화에 따른 정치체제의 변화

4) 이익단체의 형성이론
(1) 벤트리(Arthur Bentley) 갈등이론(conflict theory, 1967)
집단 이론의 지도자인 벤트리는 집단형성을 갈등이론에 입각하여 설명한다. 그는 사회변화란 전체적으로 사회집단 간 갈등의 산물로 본다. 갈등의 기본적 단위가 집단이며, 집단은 활동을 하는 묶음으로 이익＝활동이라는 등식을 제시한다.[6]

이스턴(David Easton)은 '권력의 수압이론(hydraulic theory)'으로 설명한다. 이것은 "개인은 활동을 통해서만이 존재로서의 가치를 인정받는다."(김영래 1997:27).

(2) 투루만(David Truman) 파열이론(disturbance theory, 1971)
투루만은 정치과정론에서 파열이론을 제시하였다.[7] 그린스톤(David Greenstone)은 '안정 − 파괴 − 반항' 모델(stability − disruption − protest: SDP model)이라고 설명한다.[8] 그는 정치현상을 항상 유통하는 과정

---

6) Arthur F. Bentley, 1967(1908), *The Process of Government*, Cambridge Mass.: Belknap Press of Harvard University, p.211.

7) David Truman, 1971, *The Governmental Process*, New York: Alfred A. Knopf, p.24.

8) J. David Greenstein, 1974, "Group Theories", in Fred I. Greenstein and Nelson W.

'집단＝이익＝활동'의 등식으로 벤트리 이론을 재구성하고 있다.

트루만의 접촉관계(tangent relation)에 따른 이익집단의 형성요인은 접촉이 상호작용을 초래, 상호작용이 공유된 태도로 유도, 상호작용의 변화는 집단의 형성을 나타낸다(Truman 1971:40－41). 어떤 시점에서 지금까지 유지되었던 균형상태가 깨지면서 한 사회의 일부 층이 불리한 여건에 처하게 될 때 균형을 찾기 위해서 상호작용을 하게 되며 이런 단계에서 집단이 형성된다(김영래 1997: 28).

(3) 솔리스베리(Robert H. Salisbury) 이익집단의 교환이론(exchange theory of interest groups, 1969)

조직기업가의 능동적인 역할을 강조하여 조직기업가가 잠재적인 집단구성원에게 참여할 수 있는 매력적인 혜택을 준다면 구성원들은 새로운 집단의 형성에 참여한다.[9]

그의 매력적인 혜택의 세 가지 종류[10]는 다음과 같다.

1st, 목적적 혜택(purposive): 이념적 쟁점 지향적 목표의 추구

2nd, 물질적 혜택(material): 물질적 혜택을 부여함으로써 집단에 참여

3rd, 연대적 혜택(solidarity): 사회적 보상을 추구하기 위해 단체를 조직

(4) 올슨(Mancur Olson, Jr.) 합리적 선택이론(rational choice theory) 혹은 선택적 혜택이론(selective benefit, 1965)

경제적 관점에 따른 합리적 인간의 선택기준에 의존한다는 것이

Polsby, *Handbook of Political Science*, vol.2, Reading Mass.: Addison Wesley, pp.265-267.

9) Robert H. Salisbury, 1969, "An exchange Theory of Interest Group", *Midwest Journal of Political Science* 13, pp.1-32.

10) Jeffery M. Berry, 1984, *The Interest Group Society*, Boston, Mass.: Little, Brown & Co., p.69.

다.[11] 그는 이익집단의 발생요인을 자선, 강제력, 선택적 혜택으로 본다. 그의 선택적 혜택이론은 합리적 인간이면 선택적 혜택의 차원에서 이익집단에 참여한다는 것이다. 오직 단체에 가입한 회원에게만 어떤 혜택이 주어지고 반면 그 조직에 속해 있지 않으면 어떤 혜택도 받지 못하기 때문에 단체에 가입하게 된다는 것이다(김영래, 1997:30).

경제원칙을 지나치게 강조하여 비정치적인 개인적 이익에 관심을 두고 있다는 비판과 사회변화와 집단형성의 상관관계를 시장개념에 따라서 설명하고 있다는 점에서 큰 의의를 찾을 수 있다(김영래, 1997:30).

5) 이익단체의 유형

① 솔리스베리의 분류: 이익의 내용에 따라(농업 노동, 실업, 전문직업, 기타), 조직형태에 따라(연합조직집단, 단일조직집단), 회원의 형태에 따라(국제적 노동단체, 초고정상조직) 등으로 분류하고 있다.

② 알몬드의 분류: 아노미 이익집단, 비결사적 이익집단, 제도적 이익집단, 결사적 이익집단 등으로 분류하고 있다.

2. 한국이익집단의 종류와 특성

한국사회의 이익집단을 그 성장과정과 활동형태를 상호 조합하여 종속적 협력, 종속적 갈등, 자율적 협력, 자율적 갈등으로 네 가지로 유형을 분류하고 있다. 종속적 협력은 개발도상국가, 신흥공

---

11) Mancur Olson, Jr., 1965, *The Logic of Collective Action*, Cambridge, Mass.: Harvard University Press.

업국가, 라틴 아메리카 등에서 볼 수 있는 법정단체를 이른다. 한국의 경우 대한상공회의소, 중소기업협동조합, 자유총연맹, 한국무역협회, 한국교원단체총연합회 등이 여기에 속한다. 종속적 갈등은 노동조합과 같은 법에 의해 보호되면서 정부와 이해의 충돌이 자주 발생하는 단체들이다. 자율적 협력은 대한의사협회, 출판문화협회, 문화단체총연합회, 신문협회 등과 같은 단체들이 여기에 속한다. 자율적 갈등은 경실련, 환경운동연합, 기자협회, 민주노총, 변호사협회, 교직원노조 등이 자율적으로 정부와 갈등관계에 있는 단체이다.12) 이를 도형화하면 다음 표와 같다.

이익집단의 분류모형

| | | 이익집단의 성장과정 | |
		종속적	자유적
이익집단의 활동형태	협력적	종속적 협력형	자율적 협력형
	갈등적	종속적 갈등형	자율적 갈등형

한국이익집단정치의 특성을 다원주의적 양태, 민주화 이후의 자율적 갈등의 증대, 1990년대의 한의학분업, 의료분쟁, 검사인사권이양 문제 등 극단적 집단이기주의에 의한 님비(NIMBY: not in my back yard)현상, 1980년대 후반 경실련과 환경운동연합의 출현으로 공익단체의 역할증대, 국가의 방관자적 자세에 의한 관리능력저하 현상을 들고 있다.13)

---

12) 김영래, 1997, 전게서, 74-77쪽.
13) 김영래, 1997, 전게서, 437-442쪽.

3. 수원지역사회의 이익집단[14]

1) 본 연구의 관점에서 집단의 분류(44개 집단)

① 연고집단(12): 고등학교, 대학교 동창회

② 직능집단(11): 상공회의소, 한국노총지부, 민주노총지부, 농협 지역본부, 유흥업 숙박업 중앙회

③ 전문가집단(7): 의사회, 치과의사회, 한의사회, 약사회, 간호사회, 변호사회, 한교조지부, 교통지부, 전교조지부

④ 종교집단(3): 개신교, 천주교, 불교, 유교단체

⑤ 시민단체(11): YMCA, YWCA, 흥사단, 경실련지부, 참여자치 시민연대

2) 상호 영향변수 간 관계

		Y6	Y7	Y8	Y9	Y10	Y11	Y16	Y18	Y19	Y20	Y21	Y26	Y27
1. 인지도 자치단체 관계	Y6							○				○	○	○
	Y7			@		@								
	Y8				@	@	@						○	
	Y9					@	○					○		
	Y10													
	Y11											○		
2. 정책 결정	Y16													○
	Y18										@			
	Y19											○		
	Y20												@	○
	Y21												○	@

14) 김의식, 장연수, 2005, "수원사회의 이익단체", 박대식, 강경태, 『한국지역사회의 이익단체』, 서울: 도서출판 오름, pp.119-120.

3. 활동 전략	Y26										@
	Y27										

* ○ 관련성이 있음
　 @ 관련성이 크게 있음

Y6 단체이익대변정도
Y7 시민의 이익단체인지도
Y8 단체 - 정부 봉사도
Y9 단체 - 정부 연계정도
Y10 정부 - 단체 공정성
Y11 의사결정합리성
Y16 단체의 정부 기여
Y18 불이익행사 효과성
Y19 불이익행사 우려
Y20 관계단체에 불이익행사
Y21 단체유용역할정도
Y26 단체의 선거운동참여
Y27 단체 간 연합활동

3) 이익단체와 지방정부 간의 관계

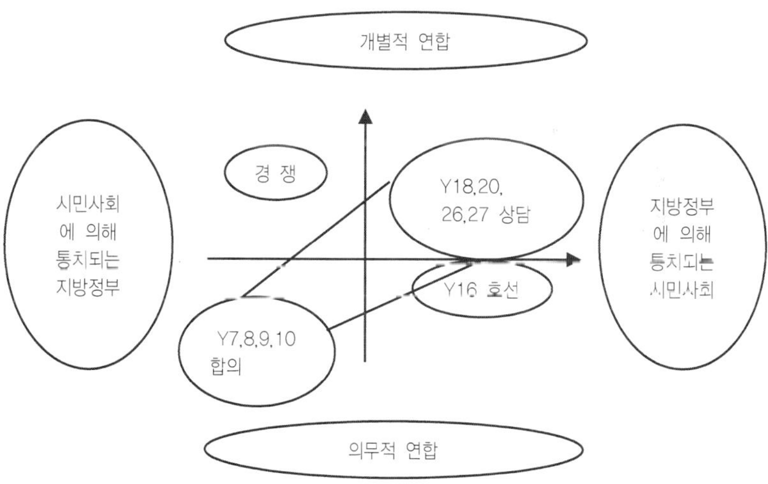

위 그림에서 Y7, 8, 9, 10 자기 이익단체들의 인지도를 높이기 위한 심리적 우호성이 강해서 우측상단으로 이동함에 따라 지방 정부의 정책결정에 영향을 주는 행동을 유발한다.

참고문헌

김영래, 1997, 『이익집단정치와 이익갈등』, 서울: 한울 아카데미.

김의식, 장연수, 2005, "수원사회의 주민참여", 박대식, 강경태, 『한국지역사회의 주민참여』, 서울: 도서출판 오름.

김의식, 장연수, 2005, "수원사회의 정치문화", 박대식, 강경태, 『한국지역사회의 정치문화』, 서울: 도서출판 오름.

김의식, 장연수, 2005, "수원사회의 이익단체", 박대식, 강경태, 『한국지역사회의 이익단체』, 서울: 도서출판 오름.

이동수, 2005, "한국의 정부와 시민사회: 거버넌스를 중심으로", 『NGO 연구』, 제3권 제1호.

Bentley, Arthur F. 1967(1908), *The Process of Government*, Cambridge Mass.: Belknap Press of Harvard University.

Berry, Jeffery M. 1984, *The Interest Group Society*, Boston, Mass.: Little, Brown & Co.

Granovetter, Mark S. 1973. "The Strength of Weak Ties", *American Journal of Sociology*. Vol.78(6).

Greenstein, J. David. 1974, "Group Theories", in Fred I. Greenstein and Nelson W. Polsby, *Handbook of Political Science*, vol.2, Reading Mass.: Addison Wesley.

Olson, Jr., Mancur. 1965, *The Logic of Collective Action*, Cambridge, Mass.: Harvard University Press.

Salisbury, Robert H. 1969, "An exchange Theory of Interest Group", *Midwest Journal of Political Science* 13.

Truman, David. 1971, *The Governmental Process*, New York: Alfred A. Knopf.

제12장

지역혁신체제와 NGO의 역할

Ⅰ. 국가균형발전정책의 이론과 실천

노무현 참여정부는 국가균형발전전략으로 지방을 특성화하는 산업의 육성을 시도하여 왔다.[1] 이명박 정부는 신성장동력산업을 찾을 것을 정부인수위원회에 독려함으로써 국가가 나아가야 할 지방의 산업특성과 문화적 배경을 바탕으로 지역사회를 혁신하고자 하는 것으로 보인다. 이러한 국가의 정책에 따라 지역에 바탕을 두고 있는 시민사회와 그들의 자생적 풀뿌리 민주화의 틀을 추구하고자 한다. 아직 이명박 정부는 정책을 펴려는 초창기에 있기 때문에 깊이 논의할 대상으로는 부적합한 점이 있다. 따라서 여기에서는 참여정부의 국가균형발전전략을 중심으로 지방산업의 활성화를 통한 지역사회혁신과 NGO의 역할을 살펴보고자 한다

참여정부는 징권적 사원에서 지역을 육성하고, 국가 전체의 발전 잠재력을 키우기 위해 2003년 출범 초기부터 국가균형발전정책을 강력하게 추진해 왔다. 지역 스스로의 창조역량과 혁신역량을 키우는 지역혁신사업에 주력을 기울였다. 인재·기술·산업의 결합을 통해 지역전략산업을 육성하는 데 중앙정부와 지방정부의 힘을 집중해 왔다.

---

[1] 국가균형발전위원회, 2007, 『국가균형발전정책의 이론과 실천』, 서울: 국가균형발전위원회 출판부.

또한 지방에 다수의 강력한 발전거점을 조성하기 위해 중앙행정
부처의 지방이전을 통한 행정중심복합도시 건설, 공공기관 지방이
전을 통한 혁신도시 건설도 순조롭게 추진되고 있다고 하였다. 한
편 2007년에는 그간의 정부 및 공공부문 중심의 균형발전정책만으
로는 지역발전이 어렵다는 판단하에 제2단계 균형발전정책을 추진
하고 있다. '기업하기 좋고 살기 좋은 지역' 창출을 목표로 국내외
기업들이 지방에 투자할 경우 법인세를 대폭 감면해 주거나 도시
개발권을 부여하는 등 다양한 지원방안을 담겠다고 하였다.

2007년 참여정부 말기에 발간된 '국가균형발전 정책의 이론과
실천'은 지금까지, 그리고 앞으로 계속 추진되어 나가야 할 균형발
전정책의 이론과 전략 그리고 미래과제를 충실히 담고 있다고 자
랑한다. 대한민국의 균형발전정책을 세계에 알리는 것뿐 아니라 더
넓은 균형발전을 향한 협력의 길을 또 한번 넓히는 계기가 될 것으
로 기대된다고 하였다.

Ⅱ. 균형발전의 패러다임의 변화

1. 전통적 균형발전 이론

전통적으로 정부가 펼쳐 온 국가균형발전정책은 지역 간의 인프
라와 생산 및 고용시설을 분산적으로 투자, 개발함으로써 지역 간
에 균등한 경제성장을 도모하려는 하향적인 국토개발정책을 취하
여 왔다. 토지, 자본, 노동이라는 지역의 생산요소를 종합적으로 엮
어서 지역의 경제를 성장시킨다는 점에서 국토의 균형정책은 공간
을 통한 국가의 시장개입의 의미를 가진다. 하향적 방식(top down

approach)은 계획적인 기제를 통해서 국가가 시장에 개입하는 방식으로서 케인즈주의적 복지국가, 개발도상의 권위주의적 국가가 이러한 전형적인 발전유형이다. 이러한 유형의 국가들은 근대국가의 완성된 유형의 국가로 보기도 한다.[2]

이러한 국가의 공간 개입을 통한 지역균형발전전략은 자본주의에서 구조화되어 있는 불균등한 발전을 근본적으로 극복하지 못한 채 자의적으로 오히려 불균형을 재생산하는 데에 일조하게 됨으로써 역설적으로 지역 간에 더욱 불균형이 심화되어 왔다. 이는 공간경제에 대한 국가의 하향적 개입을 특징짓는 국민국가의 강한 자율성, 강한 국가 약한 시민사회, 중앙에 의한 지방의 지배, 이러한 것을 바탕으로 하는 자본주의의 공간적 조절의 특성을 반영하게 됨으로써 균형이 중앙의 시각에서 반영되는 배분의 의미를 담고 있는 지역경제의 성장을 의미한다.

2. 균형발전 패러다임의 변화

국가균형발전정책은 1970년대 말부터 불기 시작한 신자유주의 물결 속에서 국가의 집중적 통제에서부터 탈피하여 사유화, 민영화와 같은 규제 완화(deregulation)의 기류를 타고서 지방화로 확산되어 왔다. 이러한 분위기에서 국가의 개입은 점차 줄어들기 시작하면서 시장의 기능이 확대되는 가운데 국가, 시장, 시민사회의 역학적 구도가 변화하게 되어 패러다임이 종래의 국가중심에서 시장으로 다시 1990년대부터 시장에서 시민사회중심으로 이동하게 되었다. 이러한 변화는 사회적 자원과 발전의 기회를 지역 간, 부문 간

---

2) 조명래, 2000, "지구화와 국민국가 위기에 관한 재성찰", 『전환시대의 한국사회』, 서울: 세명서관.

에 균등하게 배분하는 전통적인 배분의 의미를 담고 있는 균형발전과는 다른 저발전 지역의 산업기술, 노동시장, 정치제도 전반에 관해서 재조정, 즉 구조조정을 통해서 시장에서 자유경쟁에서 살아남을 수 있는 지역역량강화정책으로 탈바꿈하게 된 것이다.

지역역량강화전략은 지역의 발전조건을 지역 간에 평준화하는 절대적, 정태적 균형보다는 지역의 특성을 살리는 개성화를 통해 지역이 자발적인 자생능력을 갖추게 되는 상대적, 동태적 균형을 추구하여 왔다.[3] 이와 같이 지역균형정책은 인프라와 산업투자를 적절히 배분하면서 종래의 경제적 접근에서 탈피하여 지속적인 지역발전을 이끌어 내는 지역자치역량을 함양해 내는 정치사회적 접근으로 옮겨 왔다. 지역사회의 자치역량증진은 중앙정부에 의한 하향적 정책개입이나 지원으로는 불가능하며 그 대신에 지방정부나 지역시민사회가 스스로의 혁신과 경쟁을 창출해 내는 신성장동력을 만들어 내는 것에 의해 가능해질 수 있다.

종래의 전통적 균형발전정책과는 달리 새로운 균형정책은 분권자치를 바탕으로 하는 중앙과 지방, 공공과 민간 간의 다양한 협력을 통해서 지역사회의 자치역량을 갖춘 혁신을 창출해 나가는 방식을 주요하게 생각하고 있다. 이에 따라서 지역균형발전은 중앙권력의 지방이양이라는 의미의 분권화, 특정발전지역에 집중되어 있는 경제적 활동을 지방으로 옮기는 의미의 분산화, 이러한 통합적 결과를 지역 단위로 기능하는 타 지역과의 유기적 협력관계를 유지하는 의미의 분업화하라는 세 가지 층위로 구성되어 있다고 한다.[4]

---

3) 조명래, 2005, "지역균형발전과 NGO역할의 가능성과 한계", 『NGO연구』, 제3권 제1호, 224쪽.

4) 초의수, 2001, "지방자치와 NGO의 역할", 조희연 외 공저, 『NGO가이드』, 서울: 한겨레신문사. 256-281쪽.

지역균형발전정책의 이러한 변화를 정리해서 종합하면 다음 표와 같이 비교해 볼 수 있다.[5]

<표 12-1> 구지역균형발전정책과 신지역균형발전정책의 비교

	구지역균형발전정책	신지역균형발전정책
배경	- 국가의 강한 자율성 - 강한 국가, 약한 시민사회 - 중앙집권체제와 국가조절 - 대량생산, 산업집적 - 중심과 주변의 불균형 - 국가중심시대	- 국가의 수직적, 수평적 재구조화 - 국가, 시장, 시민사회의 분립 - 분권체제와 거버넌스에 의한 조절 - 유연적 생산, 혁신네트워크 - 중앙과 지방의 상생관계 - 지구화 시대
의미	- 지역발전기회와 조건의 평준화 - 지역경제성장	- 지역별 차별화를 위한 역량강화 - 분산적 자치분권적 발전
방식	- 중앙정부에 의한 하향적 배분 - 관료적 계획에 의한 개입 - 인프라, 투자시설 육성	- 지방정부 주도 - 공공과 민간 간 파트너십 - 지역혁신, 자치분권
주체	- 중앙정부, 건설부처, 개발공사와 같은 관료적 기구 - 하향적 집중화	- 지방정부, NGO, 대학, 기업 등 참여 거버넌스 - 상향적 분권화
성과와 한계	- 자원의 지역적 강제배분 - 지역 간 인프라와 경제력격차완화	- 지역사회의 자치분권역량집중 - 지역 간 협력적 경쟁관계의 심화

Ⅲ. 지역혁신체제와 NGO

1. 지역혁신체제

지역혁신체제(local innovation system)는 1980년대 이후 국가혁신체제론을 국가의 하위수준인 지역에 적용한 개념이다. 2004년 1월 제정된 국가균형발전특별법 제2조 1항에 의하면 지역혁신체제란 "지역혁신을 위하여 대학, 기업, 연구소, 지방자치단체, 비영리단체

---

5) 조명래, 2005, 전게서, 225쪽.

등의 활동을 상호 연계하거나 상호 협력을 촉진하기 위한 지원체계"를 말한다. 영국의 지리학자 필립 쿠크(Philip Cooke)에 의하면 지역혁신체제를 "제품과 생산공정, 그리고 지식의 상업화에 기여하는 기업과 제도들의 네트워크"라고 정의하고, 그 구성요소를 크게 하부구조(infra – structure)와 상부구조(super – structure)로 구분한다. 하부구조는 도로, 공항, 통신망과 같은 제도적 구조를 말한다. 한편 상부구조는 지역의 조직, 문화, 분위기, 규범 등을 포함하고 있다.[6]

국가균형발전의 목표는 전국이 개성 있게 고르게 잘사는 사회건설로 국민통합과 국가 경쟁력 향상에 두고 있다. 국가균형발전의 요체는 자립형 지방화의 구축이다. 지역의 특성화 역량을 확대하고 권역 내 효율을 제고하기 위한 역동적 균형을 지역혁신체제구축을 통한 지역발전을 통해 달성될 수 있다는 것이다. 전국 최소기준의 충족 및 권역간 균형달성을 통한 통합적 균형을 낙후지역개발, SOC 및 생활인프라의 전국 최소기준 충족을 통해 달성하고자 하는 것이다.

지역혁신체제는 지방정부, 지방대학, 기업, NGO, 지방언론 및 지방연구소 등 지역 내 혁신 주체들이 이 지역의 연구개발, 생산과정이나 행정제도 개혁, 문화활동 등 다양한 분야에서 역동적으로 상호 협력하고 공동학습을 통해 혁신을 창조하고 지역발전을 도모하는 유기적 체계이다.

지역혁신체제의 핵심요소는 네트워크(network), 상호작용(interaction), 학습(learning), 혁신(innovation), 역동적 변화발전(dynamic change) 등을 상정해 볼 수 있다. 지역혁신은 지역특성화 분야 선정 및 육성,

---

6) Philip Cooke, 2004, "Introduction", in *Regional Innovation System* edited by H. J. Braczyk and M. Heidenreich, London: UCL Press, pp.1-18.

대학 등 지역혁신주체의 혁신역량 강화협력 네트워크 구축, 산학연관 협력촉진 및 지원인프라 확충, 혁신창출을 지원하기 위한 지역의 정주 여건 개선 등을 정책의 대상영역으로 하고 있다.[7]

2. 지역시민사회와 NGO

자생적 풀뿌리 자치운동의 전개는 지역주민들이 자발적인 결사체를 만들어 하는 경우도 있고, 중앙의 NGO들이 지역조직을 만들어 전개하는 경우도 있다. 풀뿌리 자치운동의 결사적 활동을 엮어내고 매개해 내는 역할자 중 하나가 지역지식인들이다. 지역지식인들은 대개 중앙에서 교육을 받고 지역으로 내려와 지역시민으로 살아가면서 지역사회의 문제를 비판하면서 지역주민을 자의식적으로 결합해 내는 유기적 역할을 수행하는 사람들이다.

지역시민사회는 이러한 지역지식인들의 결사적 활동들이 누적되면서 만들어진 사회적 공간을 말한다. 지역시민사회공간이란 지역의 모순이 중앙권력에 의한 지역사회의 통제에서 비롯됨을 간파하고, 이를 해결하기 위해 지역시민들이 연대하여 중앙권력에 저항하기 시작하면서부터 열리게 되는 공간이다. 중앙에 대한 권력이양과 분권의 요구는 지역시민으로서 자율적이면서 주체적인 삶을 살기 위한 시민권력의식의 발로이다. 시민의식은 지역주민들이 시민사회의 적극적인 성원으로 태어나는 것이며, 이러한 변화의 집합적 결과가 곧 제3영역으로서 지역시민사회의 본격적인 열림이다.

2002년 11월 발족한 지방분권국민운동은 그 목표가 지역균형발전과 민주적 지방자치에 두고, 그 실천 방안으로서 3대 특별법과

---

7) 라미경, 2007, "충청권 상생협력과 NGO의 역할", 『NGO연구』 제5권 제1호, 158-159쪽.

10대 의제를 제시한 바 있다. 3대 특별법은 지방발전특별법, 지방
분권특별법, 지방혁신촉진법, 그리고 10대 의제는 기관위임사무의
폐지 및 특별지방행장기관의 지방이양, 지방소득세 지방소비세 도
입 및 지방교부세 인상, 중앙행정부서 및 행정수도의 지방이전, 주
민투표법 등 주민참여제도의 도입, 지방대학육성특별법 제정 및 인
재지역할당제 도입, 자치경찰제 도입과 교육자치 개선, 지역금융산
업 육성 및 지역발전특별기금조성, 지역과학 진흥과 기술혁신 촉
진, 지역언론육성 및 지역문화 정보 활성화 등을 말한다.

이러한 지방분권운동은 2003년 대선을 앞둔 시점에서 대선후보
들에게 정책선거운동을 벌이게 하는 계기를 제공하게 되어 대선의
결과에 크게 영향을 미치게 되었다.

3. 로컬 거버넌스(local governance)와 지역혁신체제

한국지방정치의 취약성에서 보면 지역시민운동의 문제점으로서
풀뿌리 민주주의의 허약한 정치적 기반과 현재의 한국지방정치 비
경쟁성과 비견제성에 대한 현실에서 지역권력의 배제성, 지역정책
부재, 풀뿌리 대중조직의 취약성 등을 지적하기도 한다.[8] 이러한
문제점을 해결하기 위해서 책임정당정치 모델, 비당파성 중립정당
모델, 시민자치 운동정치 모델, 독자정당 모델 등과 같은 네 가지
의 대안을 제시하는 학자도 있다.[9] 이러한 대안은 로컬 거버넌스를
지방정치에서 찾으려고 한 점에서 일정 부분 일리가 있다.

그러나 지역혁신을 위한 시민사회와의 관계적 측면에서는 지역

---

8) 정상호, 2006, 『NGO를 넘어서: 이익정치의 이론화와 민주화를 위한 탐색』, 서울: 한
   울 아카데미, 255-264쪽.
9) 정상호, 2006, 상게서, 264-270쪽.

혁신체제의 구성요소는 전략적 지식산업, 혁신환경, 네트워크 등으로 지적해 볼 수 있다. 특히 기능적 관점에서는 클러스터의 형성과 발전을 위해 필요한 지역혁신 인프라의 지역 거버넌스로 이루어져야 한다. 그렇지만 우리나라에서 현실적으로 지자체 간 협력사례에는 다음과 같은 문제점들을 노정하고 있다.[10]

첫째, 구체적인 목표보다는 포괄적이고 일반적인 교류협정의 수준에 머물고 있다. 지방자치단체 간 협력 사례는 지역경제의 활성화라는 선언적 단계에 머물러 있다.

둘째, 지금까지는 주로 일방적인 관주도의 협력사업으로 추진되어 왔기 때문에 민간부문의 자발적 참여가 성공의 주요 관건인 지역경제 활성화 부문에서는 효과를 거의 내지 못하고 있는 한계를 지니고 있다.

셋째, 교류협력을 위한 예산과 조직의 구성 등이 수반되어 있지 못한 점 등을 들 수 있다.

지역의 혁신체제는 지역시민사회의 경제 주체들 간의 네트워크 활성화와 사회적 자본형성을 그 토대로 하여 경쟁과 협력의 원리가 조화를 이루어 혁신을 구축하려는 것이다. 지역혁신은 지방분권시책과 균형발전시책으로 대별할 수 있다. 분권시책에는 중앙정부의 권력 및 권한의 지방이양과 그 지방정부의 혁신을 위한 제도적 방안을 강구하려고 하는 것이다. 이에 비해 균형발전시책은 지방혁신을 위한 구체적인 사업들을 예산을 가지고 추진하는 것이다.[11]

2004년 1월 13일 제정된 국가균형발전특별법에는 중앙정부에는 국가균형발전위원회을 대통령의 자문기구로 두고, 지방자치단체에

---

10) 라미경, 2007, 상게서, 165쪽.
11) 조명래, 2005, 전게서, 235쪽.

는 지역혁신협의회를 두어 지자체 내의 협의 및 조정을 담당하는 기구로 설정하게 하고 있다. 이로서 국가균형발전은 지역혁신체제의 구축과 이를 실행하기 위한 지역단위의 지역혁신 협의회의 운영을 축으로 추진하는 데에서 NGO의 참여가 필요하다고 본다. 지역혁신협의회는 시도(제26조)와 시군구(제27조) 지자체를 중심으로 지역의 대학, 기업, 연구소, NGO 등이 참여하여 구성하도록 하고 있다.

4. 각국의 지역혁신정책의 내용과 성과

1) 미·영·프·독의 지역혁신정책의 내용과 혁신 주체, 성과[12]

	미국	영국	프랑스	독일
1. 도입시기	–	1980년대	1970년대	1970년대
2. 정책목표	지역고용증대 지역생산성증대	지역고용증대 지역생산성증대	균형발전 경제위기극복, 지역산업발전과 기술혁신시너지효과창출	경제구조고도화, 기술수준고도화, 응용기술육성, 창업촉진
3. 정책수단	연방정부 R&D기금 특별지원 및 특허제도, 국가협력연구법(NCRA) 제정, 주간 경쟁체제에 따른 선별체제 유지	지역개발청 위주의 경쟁유도, 지역 내 대학역할강화, 조세지원 및 다양한 인센티브 정책패키지 적용, 성과기준의 차등적 지원정책	공공기관(대학, 국립연구소 등)의 지방이전, 테크노폴 설치, 경쟁 거점 도입(2004년부터)	국공립연구소역할강화, 테크노파크사업, 공모사업중심 구공업지역, 구동독지역재개발, 지원사업

---

12) 신동호 외 10인, 2006, 『세계적 혁신지역을 간다: 선진국의 지역혁신정책과 거버넌스』, 서울: 한울 아카데미. pp.452-453.

	미국	영국	프랑스	독일
4. 주요사업	연구기금의 지속적인 확대, 바이돌 법(Bayh Dole act)에 의한 제도적인 기반구축	Business Links, Phoenix Fund, R&D Tax Credit	테크노폴 조성(낭시: 1969년, 메츠:1983년), RTP(Research Triangle Project)사업, 기술이전 사업의 계획계약체결	Exist, Bio－Rgio 중소 기 업 연 구 협 력 (FOKO)
5. 혁신 주체	연방국방성, 에너지성, 경제개발청, 연방연 구 기 관 (I N S F , NASA, 국립보건원: NIH), 연방벤처자본협회	통상산업부(DTI), 9개 권역별 청부청사, DTI 내의 정부조정위원회	국토 및 지역 발전기획 단 (D A T A R) 이 2006년부터 국토경쟁 력 부 처 간 기 획 단 (DIACT)으로 변경, 국립연구개발청(ANVAR), 경제재정산업부, 청년교육연구부, 내무국토계획부 경제사회위원회, EU 관여	교육과학기술연구부, 프 라 운 호 프 연 구 소 , 막 스 프 랑 크 연 구 소 , 연방정부, EU 정부 관여
6. 특징	공공연구기금에 근거한 직접적 지원과 민간부문의 벤처자본 육성에 근거한 간접적 지원	9개 권역별 격차상존, 정부의 조달정책과 지역혁신정책 연계, 중앙정부의 권한 권역별 분권화, 대학의 역할강화	자동차, IT 중심 높은 창업기업 성공률, 정부의 역할이 큼, 정부간 연계, 협력시스템 공공기관의 이전추진	IT, 정밀기계공업 위주 공무사업위주 사업추진, 정부역할 지대, Seed 발견, 창업유도 협회와 단체 역할 지대
7. 성과	대학, 산업계 및 국립연구소의 첨단 분야의 연구, 개발, 상업화 활동과 연방정부의 지원프로그램과 연계	지역혁신정책들이 중앙정부차원에서 조정됨으로써 중복투자의 감소, 효율성 증대, 권역별 자생력 증대	지방기술발전효과가 큼, 창업촉진혁신환경 상당한 수준, 대학 및 연구소 역량 높음, 기업의 기술수준이 높음	기술발전, 창업촉진, 혁신환경 상당한 수준, 대학의 역량 중간 정도, 기업의 기술수준이 높음
8. 종합평가	민간부문의 역동적 활동에 기초한 혁신체제의 유지 및 전파	지방분권화로 지역의 독자적 자생력 증대, 자생력이 떨어지는 지역의 경우 격차가 커질 가능성	기술개발 및 이전증대, 일부 지역 역동적 혁신환경조성, 혁신주체간 교류, 결합 강화	응용 연구 활성화되어 있음, 일부 지역 역동적 혁신환경 조성

2) 한중일 지역혁신정책의 내용과 혁신주체, 성과[13]

	한국	중국	일본
1. 도입시기	2003년	1986 - 1991년	2001년
2. 정책목표	10대 신성장전략산업 육성, 산업구조고도화, 국가균형발전, 내발적 지역개발모형 구축	첨단기술산업의 발전, 과학기술의 성과 확산, 국가경쟁력 향상을 위한 기반조성	수도권 집중완화, 지역균형발전, 산업구조고도화, 기술혁신
3. 정책수단	지역전략산업육성, 공공기관지방이전, 지역혁신체제 구축, 신활력 지역 개발	산업클러스터 정책, 횃불계획과 863계획	테크노폴리스 정책, 리조트 정책, 신국토그랜드 디자인, 클러스터 정책
4. 주요사업	권역별 지역전략산업 육성, 산업단지혁신클러스터 조성, 혁신도시와 기업도시 조성, 지방대학혁신역량강화, 신산학협력사업	국가급 과학공원의 육성(53개의 첨단과학기술 산업 개발구 선정)	테크노폴리스 사업, 플랫폼 사업, 지식 클러스터 사업, 산업 클러스터 사업
5. 혁신 주체	국가균형발전 위원회, 산업자원부, 교육인적 자원부, 자치단체별 지역혁신협의회	중국과학원, 과학기술부, 교육부	문부과학성, 경제산업성, 후생성
6. 특징	중앙정부 차원의 추진특별기구 설립(국가균형발전위원회), 지역별 전략산업선정을 통한 중점 육성, 공공기관 이전을 통한 복합지원체제구축	지역별 첨단과학기술산업, 집적지 발전의 촉진, 과학기술과 산업의 연계, 민간벤처 중소기업의 활성화	지역별 다양한 산업 클러스터 지정, 중소기업지원활성화, 시너지 효과 극대화(기술혁신, 신상품개발)
7. 성과	지역별 전략산업의 경쟁력 강화, 국가산업단지의 혁신 클러스터 전환, 대학의 산학협력 마인드 제고	지역별 첨단과학기술산업의 집적지 형성, 민간벤처 중소기업의 창업촉진, 산학협력의 활성화	지역별로 다름(삿뽀로의 경우 기술혁신, 창업촉진 등에서 높은 성과), 전체적으로 혁신환경의 조성단계
8. 종합평가	지역특화산업의 구조고도화 실현, 지방주도의 내발적 개발모형구축, 가시적 성과도출을 위한 장기적 정책지원 요망	첨단과학기술산업의 활성화를 위한 기반 조성, 민간첨단과학기술기업의 활성화	조직 간 네트워크 형성에 따른 혁신환경 조성

13) 신동호 외 10인, 2006, 상동, p.457.

Ⅳ. 지역 NGO의 역할의 문제점과 한계

1. 지역 NGO의 역할

일반적으로 NGO의 역할은 정책입안자와 이의 수혜자들 간의 정책입안과 실천에 있어서 업무추진에 조정자의 역할과 또한 그 업무가 원활하게 수행될 수 있도록 촉진하는 역할을 하는 것이 그 기본으로 되어 있다. 특히 지역시민사회의 경우에는 사회적 자본을 축적하여 지역시민참여를 독려하는 역할이라고 할 수 있다.

사회적 자본에 대해서는 퍼트남의 경우 사회 효율성을 높이는 신뢰, 규범, 네트워크와 같은 사회조직의 특성을 사회자본으로 정의하고 있다.[14] 콜만은 행위자 간의 관계구조에 내재하는 것, 즉 여러 사람들 간의 관계에서 사람들이 공통의 목적을 위해 조직 내에서 결속하고 함께 일할 수 있는 능력이라고 정의를 하고 있다.[15] 현실적으로는 판단할 경우 공공 서비스에 대한 접근의 동질성, 시민성, 권리로서의 참여의식 등으로 종합할 수 있을 것이다. 지역시민참여의 독려를 통해서 지방민주주의발전을 모색하고, 시민과 자치단체 간의 관계를 중시하는 지방정부중심의 거버넌스 체제를 강화해 나가는 것이다.

2. 지역 NGO의 문제점과 한계

지역사회에 기반을 두고 있는 지역 NGO로서는 우리 사회에서

---

14) Robert Putnam, 1993, *Making Democracy Work: Civic Traditions in Modern Italy*, Princeton: Princeton University Press, p.167.

15) James Coleman, 1990, *Foundations of Social Theory*, Cambridge: Belkanp-Harvard University Press. pp.300-321.

다음과 같은 과제와 문제점을 가지고 있는 것으로 보인다.

1) 지역 NGO는 지방분권과 자치를 구현함으로써 새로운 제도의 구축을 이루어야 하는 과제를 안고 있다.

2) 참여정부하에서 가시화되고 있는 지역균형발전, 즉 지방으로 권력이양과 지방의 내면적 발전을 요구하는 NGO의 시도들은 기껏해야 이에 대한 문제점과 필요성만을 언급하고 있을 뿐, 이에 대한 구체적인 여론 형성을 위한 분위기 조성의 단계에까지 들지 못하고 있다. 다시 말해 '분권공론화의 시기'를 만들어야 한다는 것이다. 분권공론화 시기를 지속시켜 나가야 하나 이 단계를 넘어서지 못하고 있다.

3) 분권과 분산분업으로 분리되고 또한 분권자치권이 제도로 갖추어지지 않은 상태에서 지역혁신을 위한 기술투자, 기업네트워크 구축, 인프라 건설 등 개발사업중심으로 경쟁적으로 추진되면 지역사회가 새로운 개발 필요에 휩싸이게 될 가능성의 문제점이 있다.

4) 지방의 기득권층 인사들로 구성되는 성장연합은 지방의 새로운 지배연합으로 기능, 지역혁신 협의회를 제2건국위원회로 전락하여 관료적 협치기구로 남겨 둘 위험성이 있다.

5) NGO는 국가나 시장을 감시하고 견제함으로써 시민을 보호하는 목적이 일정한 비판적 거리 유지가 필요하다. 그러나 지역주의의 포로가 되어 타 지역과 경쟁하고 갈등하는 모습을 보일 수 있다.

참고문헌

국가균형발전위원회, 2007, 『국가균형발전정책의 이론과 실천』, 서울: 국가균형발전위원회 출판부.
라미경, 2007, "충청권 상생협력과 NGO의 역할", 『NGO연구』, 제5권 제1호.
신동호 외 10인, 2006, 『세계적 혁신지역을 가다: 선진국의 혁신지역정책과 거버넌스』, 서울: 한울 아카데미.
정상호, 2006, 『NGO를 넘어서: 이익정치의 이론화와 민주화를 위하여』, 서울: 한울 아카데미.
조명래, 2005, "지역균형발전과 NGO역할의 가능성과 한계", 『NGO연구』, 제3권 제1호.
조명래, 2000, "지구화와 국민국가 위기에 관한 재성찰", 『전환시대의 한국사회』, 서울: 세명서관.
초의수, 2001, "지방자치와 NGO의 역할", 조희연 외 공저, 『NGO가이드』, 서울: 한겨레신문사.

Coleman, James. 1990, *Foundations of Social Theory*, Cambridge: Belkanp – Harvard University Press.
Cooke, Philip.2004, "Introduction" in *Regional Innovation System* edited by H. J. Braczyk and M. Heidenreich, London: UCL Press.
Putnam, Robert. 1993, *Making Democracy Work: Civic Traditions in Modern Italy*, Princeton: Princeton University Press.

Ⅰ. 최근 주민운동의 동향

1995년 6월 27일 4대 지방선거가 동시에 실시되고, 2006년에는 최초의 「주민소환에 관한 법률」이 제정되면서 지역주민운동도 활동면에서뿐만 아니라 제도면에서도 상당히 활발하게 추진되고 있다. 2005년까지만 해도 지역사회운동이 주로 주민자치활동을 통해 지방권력 감시활동을 주로 하였으나 그 물밑에서의 움직임은 주민들의 참여를 통해 자신들이 살고 있는 지역사회를 변화시켜 나가려는 지역공동체 운동으로 흐름이 변화하고 있으며, 그 기운이 또한 확산되고 있다. 그러한 지역사회운동의 흐름과 지역공동체 활성화 운동에 대한 전국에서의 몇 가지 사례를 찾아 이와 관련된 문제점과 과제를 지적하고자 한다. 아울러 2008년 초부터 전개된 서울시청 앞에서의 미국산 쇠고기 수입반대 촛불집회에서 보이는 시민운동의 비결정성과 이념성에 대해 비판적 태도가 증대하고 있는 분위기 속에 주민자치운동을 비롯한 시민사회운동의 과제를 지적하고자 한다.

2004년부터 2005년까지 주민자치 분야에서는 그 이전의 부안 주민투표운동과 같이 외형적으로 크게 드러난 주민운동이 전개되지는 않았다. 2006년 5월 24일 「주민소환에 관한 법률」이 제정·공포 되었다. 그 이전에는 물밑으로 잔잔히 그리고 꾸준하게 주민들의 참여를 통해 자신이 살고 있는 지역사회를 변화시켜 나가려는 자치의 흐름은 더욱 크게 확산되고 있었다.

지방자치제도 시행 10여 년의 경험은 아직 '자치'라고 부르기에는 너무 부족하고 과도기적이지만, 해당지역 주민들이 단체장이나 지방의원을 직접 선출하는 권한 행사를 넘어서서, 정책생산과 예산 편성에 참여하고 그것을 실행하는 과정을 함께 책임져 나가야 한다는 인식이 확산되고 있다. 참여정부의 지방분권 로드맵(road map)이 가동되면서 주민발의, 주민투표, 주민소송과 같은 주민자치를 위한 기본적인 법, 제도들이 도입되기 시작한 것도 주민자치운동을 위한 유리한 객관적 환경을 조성하고 있다. 새로 도입된 법, 제도의 미비점을 개정하기 위한 운동과 함께 주민소환제와 같은 주민자치 관련 법, 제도 도입을 위한 운동이 지속되어 왔다. 이미 확보된 주민참정권을 활용해 지역의 정책형성과정에 참여하기 위한 노력을 병행하고 있다.

주민자치를 지방자치단체의 구성과 운영에 주민들이 직접 참여하는 제도와 과정이라는 측면에서 볼 수도 있지만, 보다 기본적이고 중요한 측면은 시민들의 생활세계와 밀접한 여러 분야에서 일상적으로 주민들이 사주적으로 결정하고 실행에 참여히며 결과에 책임질 수 있는 자치문화를 조성하고 이를 전개해 갈 수 있는 지역시민사회의 의식과 역량을 강화시키는 것이라고 볼 수 있다. 더욱이 기초지방자치단체의 범위가 지나치게 넓고 지방자치의 형성과정이 위로부터의 권한이양과정에서 인위적으로 주어진 현실에서 생활자치의 중요성을 강조하는 것은 주민자치운동 본연의 정신에 더욱 부합하는 일이다.

2005년 이래 최근의 주민자치운동의 흐름은 마을이나 지구단위의 지역공동체를 활성화하기 위한 풀뿌리로부터의 운동, 즉 마을만들기와 마을의제 운동, 주민자치센터 활성화 운동 등이 양적인 면에서나 관심도 면에서 보다 큰 비중을 차지하고 있다. 이러한 운동들은 특정사안에 대한 요구형 운동이 아니라 주민들의 일상적 생활과 관련된 지역사회의 여러 가지 과제들, 육아, 교육, 취업, 건강, 복지, 여가, 문화, 지역개발 등을 해당지역 주민들의 참여를 통해 해결하고 만들어 가는 조성형(助成形) 운동이라고 할 수 있다. 이러한 운동은 그 특성상 시민들의 자원봉사와 평생학습과 밀접히 연관되며 지역사회 내의 네트워크 구축과 행정과의 파트너십 형성이 필연적으로 뒤따르게 된다.

운동의 실제 전개에 있어 중요한 역할을 하는 것은 운동의 과제를 발굴하고 주체들을 조직하는 시민운동단체와 활동가들이다. 주민자치운동에 있어서도 이것이 중요하기는 하지만 환경의 변화와 새로운 요구에 적절히 대응하지 못할 때는 지체나 역전현상이 벌어지기도 한다. 지금 많은 지역시민단체와 활동가들이 겪고 있는 고민과 모색은 이 점과 관련돼 있으며, 대표적인 지역시민단체의 하나인 충북참여자치연대의 집행책임자인 송재봉의 다음과 같은 발제문에서 그것을 읽어 볼 수 있다.[1]

> "지역에서 활동하는 많은 시민단체의 경우 지역사회의 전근대성과 시민사회의 미성숙으로 인해 불가피하게 종합적인 권력감시형 시민운동을 요구받고 있다. ……(중략)……단체들의 역량 강화와 주민참여형 정책결정에 대한 사회적 요구의 증대로 지방행정에 대한 시민참여가 확대되면서, 전통적인 형태의 비판과 감시활동 방식에서 참여를 통한 감시의 영역이 증대되고 있다. 이와 함께 제한적인 영역이긴 하지만 지방권력 감시 단체들에게 참여

---

1) 송재봉, "지방권력 감시와 지역시민운동의 과제", 『제4회 전국 시민운동가 대회 자료집』, 2004.

를 통한 협력의 요구가 높아지고 있는 상황이며 권력에 대한 감시, 참여,
협력의 관계에서 무엇을 우선해야 할 것인지에 대한 혼란스러움이 발생하
고 있다. ……(중략)……지방권력감시 시민운동의 성장에도 불구하고 지역
시민사회의 조직화에는 실패한 것으로 평가되면서 광역의 경우 기초단위운
동의 강화, 기초의 경우 마을(동)단위 운동의 강화론으로 나타나고 있다.
……(중략)……이상의 고민은 결과적으로 현 지역의 지방권력감시형 단체
들이 주민조직의 강화를 통한 풀뿌리 주민참여운동으로 발전할 것인가, 전
문운동가중심의 대변형 운동으로 남을 것인가에 대한 고민, 즉 현재와 같은
시장형 조직을 유지할 것인가? 주민참여에 기반을 둔 공동체형 조직으로
전환할 것인가에 대한 문제로 귀결될 것이다.”

다음 본문에서는 최근 한국사회에서 전개된 주민자치운동을 크
게 주민참정권과 관련된 감시활동과 생활자치와 지역공동체운동과
관련된 활동으로 나누어 개괄적으로 서술하고자 한다.

Ⅱ. 주민참정권과 지방권력 감시활동

주민참정권과 관련한 주민자치운동은 전통적으로 연구되어 온
직접민주주의의 세 가지 요소, 즉 주민투표, 주민발의, 주민소환의
측면에서 검토하고자 한다.

첫째, 주민투표(referendum)에 관해서이다. 2004년 7월 주민투표
법이 발효되면서 직접민주주의의 대표격인 주민투표제가 제도화됐
다. 2005년도에는 제주도 행정구역 개편, 청주시와 청원군 통합,
방폐장 유치지역 선정 등 굵직굵직한 지역현안들이 주민투표에 붙
여졌다. 이러한 사안들은 모두 해당지역주민들의 이해와 향후 지역
발전에 지대한 영향을 미치는 매우 중요한 정책들로 그 결과에 대
한 가치평가여부를 떠나 지역주민들의 직접적 참여를 통해 정책결

정이 이루어졌다는 점에서 주민자치의 큰 진전이라고 할 수 있다. 하지만 3가지 사안 모두 국가나 지방정부에 의해 주민투표가 제안됐으며, 주민청구에 의한 것은 1건도 없었다는 점에서 제도화의 일정한 한계를 엿볼 수 있다. 2005년 12월에는 시민운동계와 민주노동당 등에 의해 주민투표 제외대상 축소, 국가행정기관 주민투표 실시 요구권 삭제, 주민투표운동 기간 동안의 행정개입 여지 축소 등을 골자로 하는 개정안이 발의됐다.

둘째, 주민발의(initiative)에 관한 것이다. 2005년 8월에는 지방자치법 중 주민감사청구, 주민소송 관련조항이 개정 또는 신설됐다. 2005년 말 지방자치법 개정으로 주민감사청구인 자격연령이 19세로 하향 조정됐다. 2006년 1월 주민소송제가 시행됨과 동시에 주민감사청구에 관해서도 개정규정이 시행되고 감사청구인수가 축소되어 시도는 500명, 50만 이상 대도시는 300명, 시군구는 200명 범위 내 조례로 정하는 수의 연서로 주민감사청구를 할 수 있게 됐으며, 감사결과에 불복하는 자는 1인이라도 주민소송이 가능하도록 됐다. 하지만 주민소송제 도입 시 시민단체 등이 강력 반대한 주민소송 전 주민감사청구 이행 의무화, 감사청구 가능기간 2년 전으로 제한, 감사청구 시 다수서명 필요, 소송 시 주민의 책임자에 대한 직접 손해배상청구 금지 등의 문제조항이 존재하게 된 것은 앞으로 개선의 여지가 있는 대목이다.

1997년 부천시에서 담배자동판매기설치금지조례가 주민운동으로 제정된 이래 주민발의제도를 활용한 조례제정 및 개폐청구운동은 가장 활발한 대표적 주민자치운동이 됐다. 2001년 광명시에서의 숙박, 위락시설과 주거지역을 차단토록 하는 도시계획조례 개정운동, 2002년 과천시에서의 '영유아 및 아동보육조례 개정안', 2001년 인천광역시 부평구에서 주민 발의된 '부평미군기지이전을 위한 구민투표조례', 2002년 안산시에서 주민 발의된 '판공비 자동공개 및 지출에 관한 조례제정' 등이 대표적인 주민운동이었다.

하지만 단일 사안을 갖고 장기간에 걸쳐 전국적 범위에서 지속적으로 전개되고 있는 운동은 보육조례 제·개정운동과 학교급식조례제정운동이다. 그중에서 학교급식전국네트워크(2002년 11월 1일 결성)를 중심으로 전개된 학교급식조례제정운동은 2003년 11월 11일 '학교 급식법 개정과 조례제정을 위한 국민운동본부'를 출범시켰고, 2004년도와 2005년도에는 전국적으로 확산됐다. 이 운동은 상당한 성과를 거두어 2005년 말 현재 광역자치단체 16곳(이 중 주민발의 8곳, 주민청원 5곳, 의원발의 3곳)에서 조례를 제정하거나 시행을 준비 중에 있으며, 기초자치단체에서도 조례가 제정 시행된 지역이 104지역, 주민발의가 청구된 곳이 40, 주민발의 서명 진행 중인 곳이 18곳에 이르고 있다.

함께하는 시민행동 등 예산감시네트워크를 구성해 꾸준한 활동을 벌여 온 예산참여운동도 일정한 성과를 거두어 몇 개 자치단체에서 브라질의 알레 그레 지역과 같이 주민참여예산제가 제도화됐다. 광주북구(2004년 3월)를 시작으로 울산 동구(2004년 6월), 충북 청주(2004년 9월), 경기도 안산시(2005년 1월) 등지에서는 주민참여예산제도가 조례로 도입됐으며, 지역단체들이 이런 제도적 틀 내로 들어가서 활동을 하고 있다. 그리고 주민참여예산제가 도입되지 않은 지역에서도 지역사회에서 네트워크를 형성해 예산제안운동을 하거나, 복지예산이나 여성예산 확보를 위해 예산참여운동을 하고 있다. 이 중 청주시와 안산시는 단지 참여예산제뿐 아니라 시민참여기본조례로서의 성격을 갖고 있으며 적극적 정보공표제 도입, 각종 위원회 시민참여, 예산 편성의 시민참여, 시정정책 토론 청구제 도입, 주민의견 조사 실시 등을 주요 골자로 하고 있다.

주민발의제도도 2005년 말 지방자치법 개정으로 일정한 개선이 이루어졌다. 조례제정 및 개폐 청구인 연령이 19세로 조정되고, 청구인수도 하향 조정(시도 및 50만 이상 대도시 주민총수 1/100~1/70 범위 내, 시군구 주민총수 1/50~1/20 범위 내 지자체 조례로 규정)됐다. 하지만 여전히 지방자치단체 주민총수 과대에 따른 청구인수 확보의 어려움, 주민청구 조례안이 지방정부와 의회의 비협조로 사장될 경우 대처방안이 없다는 점 등이 지적되고 있다.

셋째, 주민소환(recall)에 관한 것이다. 선출직 지방공직자의 부패·독단 및 전횡의 억제와 지방의회의 비합리적 운영의 견제를 위해서 2006년 5월 24일 「주민소환에 관한 법률」이 제정·공포됨에 따라 주민소환제도가 도입되었다. 시민단체 등의 지속적인 요구에도 불구하고 정부와 정치권은 주민소환제 도입을 명시적으로 반대하지는 않지만, 명확한 도입시기 등을 확정하지 않은 채 지연시키기도 하였다. 2004년 주민청구로 광주시와 전남도의회에서 제정한 '공직자소환조례'는 대법원 판결로 무효화된 바 있다. 2005년 8월 시민단체연대회의는 주민소환제 입법운동본부를 출범시켜 입법운동을 전개하였다. 2006년 5월 24일 「주민소환에 관한 법률」이 제정·공포되기에 이르렀다.

Ⅲ. 생활자치와 지역공동체 운동

시민들의 생활세계에 근거해 참여와 자치를 일구어 가는 운동,

풀뿌리로부터의 지역공동체 활성화 운동은 다양한 모습을 띠고 확산되어 가고 있다. 담장 허물기로 상징됐던 마을만들기 운동이 지역의 물리적 환경을 바꾸어 나가는 초기적 모습을 넘어서서 이제는 주민들의 삶과 관련된 다양한 영역에서 마을주민들이 협력해 마을을 꾸리고 관리하는 노력, 즉 생활자치를 통한 지역공동체 만들기로 나아가고 있다. 이러한 흐름은 운동소재에 따라 여러 가지 형태의 운동들과 결합되는데, 공동육아, 대안학교, 대안미디어, 생협, 아파트공동체, 자활, 농어촌활력사업, 지역문화, 지역복지, 생활환경, 학습공동체, 평생학습, 자원봉사 등이 그것이다. 서울 마포의 성미산공동체, 풀무학교로 유명한 충남홍성의 홍동마을, 전북 진안군의 으뜸마을가꾸기 등이 대표적인 사례이다. 또 그것은 마을의제운동으로도 발전됐는데 1990년대부터 진행돼 온 지방의제21운동의 성과로 만들어진 각 지역의 지방의제21기구들과 참여한 시민단체들은 2000년대 초반 마을의제21운동을 제기해 충남 당진군 오봉제 고니마을, 강원도 태백 철암마을, 인천 계양구 효성동 등지에서 시범사업을 전개한 바 있다.

그런데 이러한 지역공동체운동의 사례들을 잘 들여다보면 최근 들어 일정한 흐름변화의 특징을 읽을 수 있다. 먼저 초기에 헌신적인 활동가나 시민단체가 주도하던 것에서 일반주민 출신의 리더나 주민조직의 주도로 그 주체가 옮겨간 사례들이 많아지고 있다는 점이다. 또 소수의 대안찾기 운동, 모델만들기 운동에서 현실과 결합한 대중적인 운동으로 변화하는 양상을 보여 주고 있다. 그 과정에서 지방행정, 정부정책과의 연관성이 높아지고 민관협력과 거버넌스 형성에 관한 문제의식을 심화시키고 있다.

이런 특징들은 특히 주민자치센터를 매개로 한 지역공동체운동에서 폭넓게 나타나고 있다. 초기부터 열린사회 시민연합, 인천참여 자치연대 주민자치 운동본부, 광주와 진주를 비롯한 지역 YMCA, 녹색 삶을 위한 여성들의 모임을 비롯한 많은 풀뿌리 단체들이 결합해 꾸준한 활동으로 성과를 축적해 왔으며, 지금은 대구시 삼덕동, 광주북구, 제주시, 서귀포시, 청주시 등 많은 지방자치단체들의 관심과 지원이 확산되고 있다. 2004년과 2005년 전국주민자치센터박람회(이하 박람회) 과정에서 선정된 69개의 우수사례들을 분석해 보면 앞서가는 센터들의 모범사례를 많이 참고, 학습한 효과가 급속히 확대돼 상향평준화되고 있다는 점, 지역적 불균형의 우려를 씻고 전국화되고 있다는 점, 문화와 교육뿐만 아니라 자원봉사와 지역복지, 동아리 자치활동, 마을만들기, 마을의제, 지역현안해결 등 다양한 주민자치 프로그램이 확산되고 있다는 점 등이 최근의 흐름으로 파악된다. 이제 주민자치센터가 갖는 태생적 한계에도 불구하고 헌신적 활동가들과 주민들의 노력에 힘입어 주민자치운동의 새로운 가능성을 열어가는 단계에 이르렀다고 할 수 있다. 이 점에 대해 인천참여자치연대의 공동대표인 천선혜는 다음과 같이 적극적으로 평가, 전망하고 있다.[2]

> "주민자치센터가 그 지역 주민자치운동의 중심이 될 수 있고 주민자치위원회는 자치운동의 중요한 역할을 하는 핵심조직이라는 사실이 입증되고 있다. 주민들은 자치센터에서 프로그램을 통해 학습하고 교육받으며 같은 관심을 가진 사람들끼리 모여 소모임을 꾸린다. 이렇게 동네 사랑방이 된 센터에 사람들이 자주 드나들면서 자연스럽게 마을에 대한 얘기를 나누게 되고 그러면서 마을의 일을 찾아내고 해결방법에 대해 고민하며 실천하게 된다. 현재 활성화된 자치센터의 경우 초기의 문화·교육프로그램 중심에서 점차 마을의

---

2) 천선혜, "주민자치운동에 대한 평가와 전망", 『지방자치10년 평가와 전망 토론회 자료집』, 2005 참조.

제를 찾고 실행하는 마을 만들기를 하는 곳으로 변화, 발전하고 있다. 주민
자치위원회는 지역의 모든 관변단체와 민간단체에 상위하는 단체라는 인식
이 확산되고 있다. 그러므로 자치위원회는 지역에서의 힘이며 또 다른 권력
이다. 물론 아직도 토착주민들과 보수적인 주민들이 위원회의 다수를 차지하
고 있지만 비교적 세대교체가 빠르게 진행되고 있다. 앞으로는 주민자치원회
가 어떤 성격이냐에 따라 그 마을의 자치능력이 좌우될 것이다.”

최근 주민자치센터를 통해 전개되고 있는 수많은 주민자치운동
사례들 중에서 대표적인 몇 가지 사례를 살펴보면 다음과 같다.

1. 대구 삼덕동 “골목 공동체”3)

도시의 중심지에 위치하면서도 아직 주택가로서의 모습을 그대
로 유지하고 있는 대구광역시 중구 삼덕동은 일제시대 당시 교장
이 묵던 관사를 비롯해 오래된 건물과 한옥들이 남아 있다. 비교적
자본의 흐름에 쉬 동하지 않는 조용한 주택가인 이곳에 1998년, 재
미있는 일들이 일어나기 시작했다.

대구 YMCA 시민사업국장인 김경민 씨는 1996년 10월경 대지
100평에 점포 1개가 있는 2층집에 세를 들어 살게 됐다. 김천으로
귀농한 친구가 살던 집에 전세를 늘게 뇐 섯이었는네, 집 앞의 징
원이 약 30여 평에 이르렀다. 하지만 김 씨 부부는 모두 사회활동
을 하기 때문에 아침 일찍 출근하고 저녁에야 집에 돌아왔다. 넓은
집과 정원은 하루 종일 세상과 단절되었고 버려진 공간이 되어 버
렸던 것이다. 김 씨는 앞마당을 동네 아이들과 주부들이 자연스럽
게 모여서 쉴 수 있는 동네 전체의 마당으로 열어 놓고 싶다는 생
각을 하게 되었다.

---

3) http://ubin.krihs.re.kr/cityis/cityis.aspx?url=korea17.html

1998년 11월 초 김 씨가 세 든 집의 소유자인 친구 장인의 허락을 받아 담을 허물었다. 여러 가지 주변의 우려와 충고가 없었던 것은 아니지만 담이 있더라도 절도범을 막는 데는 효율적이지 않다는 점과 담을 허물 경우 시야가 트여서 일단 보기에 좋을 것 같았다. 대신 대문만은 그대로 남겨 달라는 친구 장인의 간곡한 부탁대로 대문만은 이전의 위치에 두었다. 담을 허무는 김경민 씨를 보며 동네 사람들은 "이 집 식당할라카나? 담 헐었네."라는 반응을 보였다고 한다.

주변의 모든 집은 담이 있는데 유독 한 집의 담이 없어졌다. 당연히 다른 집들과 어울리지 않았다. 담을 허물기 전에는 아담하게 느껴진 정원이 엉성하고 썰렁하게만 보였다. 그래서 이어진 작업이 공원을 가꾸는 일이었다. 벽에 그림도 그리고 나무와 꽃을 심었다. 기술적으로 짜인 설계와 조경은 아니지만 의자도 두어 개 가져다 놓고 나니까 동네 사람들이 하나 둘 편하게 드나들기 시작했다. 늘 세워져 있던 담 앞의 자가용이 없어졌으며 대문 앞에 항상 놓여 있던 쓰레기가 없어지는 등 변화가 일어났다.

하지만 담을 허문 것 자체가 신기해 사람들이 드나들던 처음과는 달리 발길이 뜸해지기 시작했다. 담을 허물면서 만든 골목공원에서 그냥 앉아 휴식만 취하는 것은 별로 재미를 느낄 수 없었기 때문이었다. 무언가 계속되는 사건이 있어야 공원은 생명을 유지할 수 있었던 것이다.

이로 인해 김 씨가 고안한 것이 바로 '꾸러기 그림대회'였다. 1998년 11월 초부터 15일간 유아와 초등학생을 대상으로 환경과 관련된 그림을 접수하였으며, 11월 21일부터 28일까지 골목에 전시하였고 28일에는 시상식도 개최했다. 동네 아이들의 그림이 액자에 넣어져 이젤에 걸리자 아이의 부모뿐만 아니라 주민들, 지나가는 사람들에

게도 흥미를 끌었다. 물론 아이들도 친구들을 데리고 와서 자신이
직접 출품한 작품과 다른 작품들을 보면서 재미있어했다. 이때 대상
은 6세 유아의 '행복은 자전거를 타고'가 선정되었다. 김 씨는 꾸러
기 그림대회 이외에도 골목 벽면을 활용한 골목 영화제, 집 안의 창
틀을 무대로 한 인형극도 상연하였다.

녹색거리를 표현하는 그림이 담장을 따라 그려져 있다.

녹색 거리를 표현하는 그림

꾸러기 그림대회 후 마당 앞에서 전시회를 하고 있다.

꾸러기 그림대회

김 씨는 '담장 허물기' 운동을 자신의 집 앞에서만 벌어지는 이
벤트로 그치지 않았다. 우선 대구 YMCA 녹색가게를 삼덕동 골목
에 열었다. 환경친화적 생활양식과 운동을 보급하는 녹색가게는 완
전 자원봉사제로 운영되는데다 물물교환 형식의 재활용 가게여서
동네 아주머니들의 모임장소로 유용했고 마을을 운영할 수 있는
사람들을 선발하기에도 수월했다.

녹색가게가 문을 연 후 김 씨가 또 기획한 것은 바로 병뚜껑 벽
화 만들기였다. 동네 아이들에게 병뚜껑을 하나 가지고 오면 10원
씩 쳐준다는 약속을 내걸자 삽시간에 벽화 재료가 모였다. 시각 디
자인을 전공한 YMCA 자원봉사자의 제안으로 시작된 병뚜껑 벽화

는 이제 삼덕동의 명물로서 자리잡았다.

동네 아주머니들의 자원봉사로 녹색가게가 어느 정도 자리를 잡자 또 새로운 일이 고개를 들었다. 유기농산물 가게였다. 김 씨는 시골에 있는 후배를 대구로 오게 해서 유기농산물 가게를 운영하게 했다. 우리 몸에는 우리 농산물이 최고라고, 모두가 아는 상식을 생활 속에서 실현해 보자는 의도였다. 유기농산물 매장도 독특하게 꾸몄다. 이번에는 병뚜껑이 아니라 참깨, 누룽지, 쌀, 찹쌀 등이 인테리어 재료였다.

녹색가게와 유기농산물 가게, 병뚜껑 벽화 등 동네가 하나 둘 변해 가면서 동네의 벽도 변해 갔다. 녹색가게 맞은편에 있던 대구 YMCA 가출 청소년 쉼터의 벽부터 바뀌었다. 스톤 스프레이를 사용해 암각화를 만들었다. 김 씨의 집을 중심으로 서너 곳에 벽화가 그려지면서 동네는 온통 벽화로 채워졌다. 몇 군데만 듬성듬성 있던 벽화가 끊이지 않고 이어졌다. 한편에는 아이들이 크레파스로 그린 우리 마을 지도가, 또 한편에는 녹색거리를 표현하는 그림이 그 너머에는 전통거리를 표현하는 그림이 띠를 잇고 있다.

삼덕동에는 오래전에 지어진 일본식 건물이 있었다. 구삼덕초등학교 교장관사였던 곳으로 당시에는 아무도 사용하지 않은 채 버려진 곳이나 다름없었다. 김 씨는 이곳을 임대하여 마을 미술관으로 꾸며 2000년 4월에 개관하였다. 집의 형태를 그대로 유지하고 보수만 한 채 집 안은 전시공간으로 꾸몄고 마당은 아이들이 흙장난하는 놀이터로 만들었다. 이곳은 앞으로 마을문화센터로 만들어질 계획이다.

1998년부터 만들어 온 골목공동체에 예상치 못한 일이 일어났다. 처음에는 원룸이 하나 둘 생겨나기 시작한 것이다. 처음에는 눈치를 채지 못했는데 주민들이 "이상하다. 원룸이 자꾸 생기네." 하는 말에 다시 보니 서너 채의 원룸이 들어서고 있었다. 김 씨의 바로 옆집도 원룸을 만든다고 했다.

김 씨는 어떻게 대응할까 생각하다 건물 주인에게 그동안 일어난 일들과 이 동네의 의미를 얘기하여 설득하는 한편 원룸으로 새로 짓는다는 집 앞에 차를 여러 대 주차하여 포크레인이 진입하지 못하도록 막기도 하였다. 어떤 곳은 김 씨가 돈을 모아 아예 사 버렸다. 이렇게 해서 삼덕동은 원룸의 소용돌이를 비켜 갈 수 있었다. 김 씨가 산 건물 역시 일본식 건물인데 지금 수리 중에 있었으며 이곳은 마을 국악원으로 꾸며질 예정이었다.

차원봉사세로 운영되고 재활용품을 교환하는 녹색기게.
이 녹색가게의 벽은 아이들이 주위 온 병뚜껑으로 장식
되어 있다.

인룸주택 건설을 반대하는 플래카드가 마을 미술관 앞에
걸려 있다.

재활용품을 교환하는 녹색가게   원룸주택 건설을 반대하는 플래카드

김 씨가 담을 허무는 것을 보고 인근 주민이 담을 허물기 시작하고, 삼덕동 동사무소가 담을 허물고, 급기야 경북대 병원, 치대 병원, 남구청, 서구청, 경상감영공원, 경상여상, 계명대 동산의료원까지 줄줄이 담을 허물기 시작했다. 이러한 파장은 점차 확대되어 대구시민들과 언론으로부터 많은 관심을 받게 되었으며 마침내 대

구지역 내 시민사회단체와 대구시가 공동으로 전개하는 '대구사랑
운동 시민회의'의 주요사업으로 담장 허물기가 채택되기에 이르렀
다. 담을 허물겠다고 신청하면 담장을 허무는 과정에서 나오는 폐
기물을 대구시에서 처리해 주고, 허물고 난 뒤에는 조경 전문가들
을 중심으로 한 자문위원회가 조경을 도와준다. 여기에 필요한 나
무는 대구시 임업연구소에서 일부 제공한다는 원칙도 세워졌고 담
장을 허무는 데 필요한 인력은 공공근로요원을 투입해서 해결하기
도 하였다.

초기 한 사람의 이상한 활동에 대해 삼덕동 주민들의 반응은 냉
랭했다. 그러나 골목공원을 이용한 여러 가지 행사에 참여하면서
주민들의 관심이 증가했으며, 자신의 집을 개조해서 골목공원을 조
성하고자 하는 주민이 증가하고 있다. 또 원룸이 들어섰을 때에도
주민 스스로 우려를 나타냈는데 이는 곧 사람들의 마음에 '우리 마
을'이라는 생각을 비롯하여 마을의 이미지와 특징을 훼손하고 싶지
않다는 생각이 자리잡고 있음을 짐작할 수 있는 대목이다. 대구 삼
덕동의 이러한 활동은 담 허물기라는 하나의 이벤트에 그치는 것
이 아니라 동네의 사람과 자원을 활용하여 골목공원을 만들어 나
가는 등 끊임없는 활동을 이어 갔기에 지속될 수 있었다.

이처럼 마을 만들기 활동이 지속적으로 이어지는 것은 매우 중
요하다. 요즘 사람들은 어지간해서는 오랫동안 관심을 갖지 않는
다. 교통사고로 사람이 사망했다는 것도, 자식이 부모를 학대하다
못해 살인을 했다는 것도, 아니면 어느 노인네가 노점상으로 30년
간 번 돈을 찢어지게 가난한 소년소녀 가장에게 줬다는 것도 오랫
동안 우리를 놀라게 하거나 흐뭇하게 하지는 않는다.

이런 우리네 삶에서 담을 허물었다는 자체만으로 지속적인 관심

을 갖게 하기는 무리다. 무언가 계속해서 하나 둘 이어질 때 그제
야 사람들의 시선은 고정되고 이를 통해 자기가 사는 동네에 관심
을 갖게 된다. '담을 허물어 버린다. 먹는 것으로만 생각한 쌀과 보
리, 깨지면 아무 쓸모없는 항아리 조각으로 벽화를 그린다. 병뚜껑
을 모으기 위해 돈 10원으로 아이들을 유혹한다.' 대구시 삼덕동
주민들은 마을환경을 개선하고 소원한 이웃관계를 회복한다는 아
주 무거운 주제를 쉽고 재미있게 풀어냄으로써 어린이뿐만 아니라
어른들도 웃음을 짓게 했다. 그러나 담장 허물기와 벽화를 그리는
일 등은 그냥 가만히 앉아서 되는 것은 아니다. 아이들이나 공상가
처럼 황당무계한 상상을 하고 아무도 눈여겨보지 않는 것에 시선
을 고정해 보자. 상상력을 동원한 발상의 전환은 내 몸 가까이에서
시작되는 것이다.

골목공동체를 회복하고자 하는 한 시민운동가의 자발적인 행위
는 자신의 집과 이웃뿐만 아니라 관공서 담장 허물기로까지 이어
졌다. 결국 공무원들이 담장을 허무는 사람들에게 더 효과적으로
담을 허물 수 있는 방법에 대해 자문해 주고 돈이 모자라면 재정적
인 지원을 해 주는 상황에까지 이르렀다. 어려운 경제성장 속에서
황폐해질 대로 황폐해진 이 도시를 살리기 위해서는 실제 살고 있
는 주민의 역할이 무엇보다 중요하지만 관련 행정을 담당하는 공
무원과 해박한 정보를 가진 전문가의 힘이 절대적으로 필요하다.

'2000년 여름 원룸 건설 바람'이 삼덕동에 불었을 때 주민들은
큰 갈등 없이 삼덕동 고유의 주거환경을 지켜 낼 수 있었다. 이미
형성된 정주의식과 골목공동체의 활동을 통해 생성된 마을에 대한
애착이 있었기에 가능했다고 할 수 있다. 통계학적으로, 사회학적
으로 검증된 것은 아니지만 아무런 활동이 없었던 상태에서 원룸

건설 바람이 불었다면 어떻게 되었을지 생각해 볼 때 이러한 추측은 가능하지 않을까? 우리는 맑고 푸른 물이 흐르는 개울이 있는 곳, 코흘리개 아이들이 여기저기 뛰어다니는 곳, 1,000원어치 물건 사면 100원짜리 껌 하나 덤으로 주는 가게가 있는 곳, 김장김치 한 그릇 주면 귤 한 봉지 되돌려 주는 이웃이 있는 곳을 꿈꾼다. 삼덕동과 같은 활동이 조금씩 일어난다면 우리의 꿈이 눈에 보이지 않을까 생각해 본다. 아니면 적어도 아침마다 차 빼라는 소리로 시끄러운 곳, 자동차 눈치 보며 아슬아슬하게 걸어야 하는 곳, 5년을 넘게 살아도 인사 한 번 하지 않는 곳은 면하지 않을까?

2. 부산 해운대구 반송2동의 "반송을 세우자"

1970년대부터 부산시의 재개발을 위해서 철거민들이 강제 이주된 반송동은 가장 낙후된 지역이었다. 쓰레기 매립장이나 청과물시장 등 "부산의 못된 것은 다 반송으로 보낸다."는 말이 있을 정도로 지역에 대한 피해의식이 강했던 지역이다. 반송이 변하기 시작한 것은 몇몇 지역 주민들이 뜻을 모아 '반송을 사랑하는 사람들'이라는 주민 조직을 결성해 마을 일에 적극적으로 나서기 시작하면서부터였다. 매월 마을신문 발행, 자녀교육을 위한 소모임에서 출발해 인형극 공연 등 실천활동으로 발전했고 풍물반, 좋은 아버지가 되기 위한 모임 등도 구성됐다. 반송2동 주민자치센터의 개소는 또 한 단계의 발전을 가져오는 계기가 됐다. 주민자치센터의 시민교육 프로그램 중에서 '지역학' 강좌가 진행됐고, 그 강좌 이수 후에 후속 학습조직으로 '반송, 우리 마을 잘 알기'가 생겨났다. 반송 지역에 대한 이해와 연구를 계속하게 됨으로써 지역에 대한 자긍심을 높이는 이 학습조직은 초중등학교의 특별활동 시간에 지역학 강좌 담당 등의 자원봉사 활동을 전개하고 있다. 이러한 학습공동체 활동은 주민자치역량 형성의 기초가 됐으며, 2005 박람회에서 최우수 주민자치센터로 선정될 정도의 모범적인 주민자치센터로 성장하게 된다. 이는 평생학습운동과 주민자치운동이 어떻게 만나야 하는가를 잘 보여 주는 전형적인 사례이다.

2004~2005년에 걸친 반송2동 주민자치센터의 활동내용은 주민자치의 종합백화점이라고 할 정도의 풍부하고 다양한 내용을 담고 있다. 주민자치위원회(위원장 최낙용)가 주도가 되어 벌인 '반송을 세우자' 지역혁신 주민한마음운동은 낙후되고 소외된 반송동이라는 오명에서 벗어나 미래와 비전이 있는 지역이미지를 만들어 가는 마을의제운동이다. 주민욕구조사를 기초로 주민공청회를 개최하여 10년의 중장기 추진전략을 세워 각 기관, 단체, 통, 아파트, 학교별 지역발전실천사업을 제시한 '반송발전 100대 실천과제'를 선정하고, '주민자치아카데미'와 '마을지도자워크숍'을 통해 구체적 실천계획과 프로그램을 마련해 '주민실천선포식'과 '한여름문화거리축제'를 통해 지역의 붐 조성과 주민참여실천활동을 조직하고 있다. 토착부락민과 정책이주민, 집단영세민, 택지지구 아파트주민 등 계층 간 배타적이던 주민의식을 지역의 지명이자 상징인 '반송' 소나무를 심고 가꾸는 운동을 통해 지역통합을 이끌어 내고, '반송역사 찾기', '반송천 되살리기', '아파트 담장 허물기' 등 세부적 프로그램을 추진하고 있다. 또 주민자치위원회는 학교폭력 예방과 이탈청소년 결연, 청소년건전문화조성, 야간방범활동 등을 위해 지역 내 17개 단체와 4개 학교와 학부모회, 경찰, 주민이 참여하는 '청소년 선도자율방범단'을 구성하고 정부의 교육복지우선투자지역사업과

결합해 전개하고 있다. 이 밖에도 사회복지분과의 '꿈나무 물주기 후원사업', '우리마을 보물창고', '사랑 나눔의 집' 활동, 문화홍보 분과의 '향토사랑 문화운동', '소식지제작' 및 '동아리 발표회', 11 개 아파트자치회와 함께하는 '공동주택 문화운동' 및 '주민축제', 노인회관 및 경로당이 중심이 된 '실버봉사단' 운영 등의 활동이 전개되고 있다.

3. 광주 북구 오치1동의 "삼각산 가꾸기 사업"

2005년 전개된 사업 중 주민자치운동과 자원봉사운동의 만남을 시사적으로 보여 주고 있는 사례로 광주 북구 오치1동의 '삼각산가 꾸기사업'을 들 수 있다. 이 사업은 주민자치위원회가 중심이 돼 자원봉사 환경학교와 숲 해설가 양성반 운영을 통해 지역주민과 지역 내 자생단체 회원들을 삼각산사랑봉사단으로 조직해 정기적 인 환경정화활동과 자연학습장 조성 등의 활동을 전개하고 마을 주민들이 참여하는 숲속의 작은음악회로 연결시켜 낸 사업이다. 이 사업은 종래의 환경개선중심의 마을만들기 사업을 넘어서 주민자 원봉사조직의 결성을 중심으로 한 사람만들기라는 지향점을 갖고 진행됐으며, 환경과 문화의 결합, 그리고 지역정체성의 확보를 통 한 주민공동체의식의 형성을 도모한 사업이었다. 특히 구자원봉사 센터와의 긴밀한 협력, 전문환경단체의 지원, 지역 내 기업체들의 후원 등을 결합시킴으로써 바람직한 지역 네트워크의 역할모델을 보여 주고 있다는 점에서도 시사점을 주고 있다.

오치1동 주민자치위원회(위원장 김영풍)가 단기간에 좋은 사례를 만들어 낼 수 있었던 데에는 '오치 옛터의 거리' 조성 등 주민자치

센터 초기부터 5년여에 걸쳐 꾸준하고 헌신적인 사업전개로 지역
민들로부터 신뢰와 리더십을 인정받고 있었던 점이 크게 작용했다.
광주 북구에서는 2000년부터 주민자치위원회 중심으로 아름다운
마을만들기운동이 시작돼 지금까지 130여 개 사업이 추진됐다. 시
와 글귀를 담장에 옮겨놓은 '시화(詩畵)가 있는 마을', 초등학생들
이 희망하는 마을의 모습을 담은 '동화(童畵)의 거리', 잊혀 가는
옛길의 모습을 재현한 '오치 옛터의 거리' 등은 아름다운 마을만들
기운동의 산물로서 이미 전국적 견학 명소가 됐다. 그 배경에는
'으뜸가는 주민자치, 살기좋은 문화북구'라는 구정목표를 내건 김
재균 구청장의 지속적이고 체계적인 주민자치 지원행정과 지역시
민단체와 대학 등 전문가들의 참여가 숨어 있다. 주민자치학교, 찾
아가는 자치강좌 등 마을만들기 리더 육성, 마을만들기연구회, 주
민자치센터운영자문단, 공공시설주민자치관리제 운영, 아름다운마
을만들기조례제정(2004.3), 마을만들기지원센터 개설(2004.3) 등이
그것이다.

4. 충북 청원군의 읍면중심 "주민소득증대사업"

　광주 북구의 사례와 함께 읍면동단위 주민자치의 가능성을 보여
주는 사례로 충북 청원군의 사례를 들 수 있다. 특히 청원군의 사
례는 도시지역이 아닌 인적, 물적 자원이 열악하고 변변한 시민단
체 하나 찾아볼 수 없는 농촌의 면단위 지역에서의 사례라는 점에
서 주목할 가치가 있다. 2005년 박람회에서 발굴, 소개된 사례 중
에서는 현도면의 사례를 들 수 있는데, 100년 만의 폭설로 농업생
산시설이 무너지고 실의에 빠져 있던 주민들이 폐목이 된 자재를

재활용해 장승 500여 개를 제작, 구룡산 등산로 주변에 장승단지를 조성하고 2005년 6월 현도장승민속축제를 개최한 사례이다. 이 사례는 어려운 지역여건 속에서도 주민들의 자발적 동참과 협력을 통해 관광자원 개발을 통한 주민소득증대로 연결시키려 했다는 점에서 지역혁신과 농어촌지역 활력사업에 좋은 시사점을 주는 사례이다. 장승단지 조성과 축제 준비과정이 주민자치위원회를 비롯한 이장단협의회, 새마을협의회 등의 적극적 참여로 이루어졌으며, 주민자치센터활동을 통해 만들어진 주민동아리인 현도풍물놀이단도 축제에서 한몫을 담당했다.

청원군에서는 현도면 외에도 노인 솜씨교실 운영으로 전통 생활 공예품 재래시장을 조성하고 있는 부용면의 사례, 꽃과 어우러진 유실수 마을 가꾸기를 전개하고 있는 내수읍의 사례, 자전거 전용 도로 개설을 통해 마을 발전사업을 모색하고 있는 미원면의 사례, 청주 인근에서 팔리는 혼수가구 판매량의 90%가 팔리는 전국 제일의 혼수가구단지를 형성한 남이면의 사례 등 각 읍면별로 특성 있는 지역발전사례들이 최근 만들어지고 있다. 그런데 주목해야 할 짐은 이런 일이 군청 주도가 아니라 군청의 측면 지원 속에 읍면장과 주민조직을 중심으로 한 마을주민들의 적극적인 노력으로 이룩한 값진 성취라는 점이다. 그 배경에는 읍면을 주민자치와 지역혁신의 기본 단위로 간주하고 읍면장의 자유재량을 인정해, 면민 주도의 지역사회개발사업을 적극 지원한 오효진 군수의 '읍면중심 경영체제'라는 군정시책이 중요한 역할을 하고 있다.

Ⅳ. 지역주민운동의 과제

지역주민운동의 과제를 다음과 같이 정리해보고자 한다.

첫째, 주민소환제도는 2006년 지방선거를 계기로 그해 5월 24일 「주민소환에 관한 법률」이 제정·공포되었다. 비록 미흡한 부분들은 개선해 나가야 하겠지만 주민발의, 주민감사 및 소송, 주민투표, 주민소환까지 주요한 주민참정권은 제도로써 정착돼 가고 있다. 이제 보다 본질적인 주민자치제도의 도입이 필요한 시점이다. 그것은 읍면동 단위의 주민자치권 보장이다. 곧 동네분권의 문제이다.[4] 앞의 사례에서도 그 가능성과 위력을 확인할 수 있듯이 최소한 주민자치위원회의 실질적 권한 보장, 더 나아가 읍면동 단위의 독자적 의사결정과 집행권의 확대, 마을단위의 주민회 구성 등의 과제가 앞으로 주민자치운동의 주요한 제도 개선 과제로 부각되고 있다.

둘째, 운동 주체의 인식전환과 현장화, 주민화를 보다 구체화하는 것이다. 서론에서도 언급하였듯이 지역시민단체들은 보다 풀뿌리 현장으로 들어가야 하고 주민들과 밀착해야 한다. 자신들의 가치 기준에만 매몰되지 말고 주민의 눈으로 세상을 바라보고 주민주체의 자치운동이 진행되도록 도와야 한다. 복지와 분배뿐만 아니라 생산과 성장에도 주의를 기울여야 한다. 이제는 현장주민지도력에 의해 주민자치운동이 발전해 가는 단계에 들어섰다. 2004년도의 마을만들기 네트워크 결성에 이어 2006년도에는 주민자치센터의 전국적 네트워크 결성이 이루어졌다.

셋째, 지방행정과 중앙정부의 지역공동체활성화를 위한 지원정책

---

4) 보다 자세한 내용은 안성호, "읍면동 주민자치 활성화방안", 『2005 전국주민자치센터 박람회 자료집』, 2005 참조.

방향이 올바로 잡혀야 한다는 점이다. 그간 읍면동 기능전환정책, 지방분권, 균형발전정책 등이 주민자치운동에 직간접적 영향을 주어 왔다. 앞으로 살고 싶은 지역 만들기 정책 등이 예상되고 있다. 지금 시점에서 정부정책이 순방향으로만 작용할 것을 바라는 것은 섣부른 것이긴 하지만, 기왕의 정책요소들 중에 보다 지역과 주민들의 자율성과 창의성을 존중하고 자치역량을 신장시킬 수 있는 부분들을 강화한다면 주민자치와 지역혁신을 위한 좋은 환경을 조성하게 될 것이다.

넷째, 이제 이러한 지역주민운동이 풀뿌리 주민생활운동으로 자리하기 위해서는 한국시민사회운동과 관련하여 다음과 같은 몇가지의 지적사항이 있다. 그것은 2008년 초부터 우리는 서울 시청 앞에서 전개된 미국산 쇠고기 수입 반대 집회의 촛불시위를 겪으면서 우리의 지역주민운동에 혹시라도 악영향을 미칠까 하는 우려이다. 정부와 시민사회와의 관계가 '국가 공동선'을 향한 협의와 공론의 조성이 아니라 극과 극을 달리는 비겁자 게임과도 같은 아슬아슬한 기분을 느끼게 한다. '국가의 공동선'과 '시민사회가 추구하는 선'이 일치하지 않는 점에서 그러하다. 그 같은 불일치의 원인은 ① 특정 사안에 관해서는 그 심의와 토의가 시민사회의 영역과 친숙한 형태로 이루어지고 있기 때문이다. ② 시민사회 행위자들은 현재의 한국정치의 양태보다는 정치적 참여를 더 가치 있는 것으로 평가하고 있기 때문이다. ③ 시민단체들은 자신들이 심의한 내용이 국가나 정부에 확실한 영향을 주어야 한다고 생각하는 경향이 강하기 때문이다.5)

---

5) 박효종, "정부와 시민사회, 그 건전한 관계에 관한 제언" 한국 NGO학회 2008년도 연례학술회의 자료집, 2008.

　이러한 위험한 관계를 시정하고 건전한 정부와 시민사회 간의 관계를 정립하기 위해서는 그들에게 주어진 과제가 있다. 첫째, 시민단체들은 그들의 정치 편향성을 초월하여 정치적 중립성과 독립성을 유지할 것이 요청된다. 시민단체들의 권력화를 탈피하는 노력이 필요하다고 하겠다. 둘째, 2003년 1월 노무현 대통령이 당선자 시절에 '시민사회단체연대회의'에 출석하여 '시민단체 덕분에 자신이 당선될 수 있었다'는 식의 위정자들의 정치적 포퓰리즘을 자극하는 언행에서 자유로울 수 있어야 한다. 셋째, 시민사회단체들은 대의제 민주주의를 대체하기보다는 그 결함을 보완한다는 자세에서 대의민주주의를 존중하는 절제된 자세로 다시 태어날 필요가 있다는 점이다.

　이렇게 할 때에 우리 사회의 건전한 시민사회운동이 전개될 수 있다고 본다. 국가 전체의 시민사회운동이 건전하게 발전할 경우만이 지역주민자치운동이나 생활운동도 건전하게 발전할 수 있을 것으로 생각한다.

참고문헌

김현, "조례 제·개정운동의 흐름과 과제", 『지역운동의 새로운 전략 찾기 워크숍 자료집』, 시민자치정책센터, 2004.

박승현, "풀뿌리 주민자치에 기반을 둔 마을 만들기의 방향과 과제", 『2004 마을 만들기 워크숍』, 마을 만들기 네트워크, 2004.

박종숙 (걷고싶은 도시만들기 시민연대 간사)『대구 삼덕동 골목 공동체』 http://ubin.krihs.re.kr/cityis/cityis.aspx?url=korea17.html 2006.

박효종, "정부와 시민사회, 그 '건전한 관계'에 관한 제언", 한국NGO학회, 2008년도 연례학술대회 발제 자료집, 2008.

박홍순, "주민자치센터 활성화를 위한 과제", 『주민자치센터, 무엇을 해야 하나』, 열린사회시민연합, 2000.

______, "지역혁신전략과 시민참여", 『2004 마을 만들기 워크숍 자료집』, 마을 만들기 네트워크, 2004.

박희선, "주민자치센터 및 주민자치 활성화를 위한 정책 제안", 『2005 전국 주민자치센터 박람회 자료집』, 2005.

송재봉, "지방권력 감시와 지역시민운동의 과제", 『제4회 전국 시민운동가 대회 자료집』, 시민사회단체연대회의, 2004.

안성호, "읍면동 주민자치 활성화방안", 『2005 전국주민자치센터 박람회 자료집』, 2005.

양병찬, "지역공동체 활성화를 위한 주민자치센터와 평생학습의 연계", 『2005 전국주민자치센터 박람회 자료집』, 2005.

이호, "지역사회 비전 만들기", 『주민조직화와 네트워크 구성을 위한 지역비전 만들기 워크숍』, 시민자치정책센터, 2005.

천선혜, "주민자치운동에 대한 평가와 전망", 『지방자치10년 평가와 전망 토론회 자료집』, 2005.

하승수 외, 『지역을 변화시키기 위한 비전 만들기 참고자료집』, 시민자치정책센터, 2005.

마을만들기네트워크, 『3차 마을만들기 대화모임 자료집』, 2005.

시민자치정책센터 http://www.grassroot.or.kr/

열린사회시민연합, 『2004전국주민자치센터박람회 자료집』, 2004.

열린사회시민연합, 『2005전국주민자치센터박람회 자료집』, 2005.
열린사회시민연합, 『자원봉사마을만들기 열 가지 이야기』, 2005.
열린사회시민연합 커뮤니티파트너십센터 http://www.partner.or.kr
지역운동포탈사이트 풀뿌리네트워크 http://www.humanbelt.net/

제14장

지역자치역량참여 거버넌스의 형성

Ⅰ. 서론

지역 자치역량참여 거버넌스(empowered participatory governance)란 지역시민사회 스스로가 자기 지역의 문제를 해결해 내는 능력을 갖추어 가는 거버넌스의 한 유형을 말한다. 이러한 차원에서 볼 때 우리 사회는 지금까지 권위주의적인 개발독재형의 중앙집권하에 익숙해 있다 보니 지역시민사회 자체가 가지는 시민의 독자적인 사회적 자본으로서 자치역량의 함량이 상당히 미진한 부분이 많다고 할 수 있다. 뿐만 아니라 자치역량참여를 위한 거버넌스에 준비가 제대로 되어 있지 않은 상태에 있다.

이와 같은 우리 사회의 자치역량의 미진한 상태에 대해서는 그간에 우리가 경험한 시민사회운동에서 찾아볼 수 있다. 자연환경보호를 위해 서울 외곽순환도로의 사패산 터널공사 지연, 도룡뇽보호를 위한 KTX 천성산 터널공사 지연, 생태계 보호를 위한 새만금사업의 지연 등에서 보는 바와 같이 사회운동의 의견수렴 잘못으로 엄청난 국가 예산을 낭비한 경우를 지적할 수 있다. 이뿐만 아니라 최근에 극적으로 타결을 본 경주의 방사성패기물처리장 건설이나 경기 하남시의 주민소환제 등의 과정에서 볼 때 우리 시민사회의 자치역량 함량의 정도가 어느 수준인지를 알 수 있다.

물론 이러한 국책사업에는 지역주민의 지역이기주의와 같은 부분이 내재하고 있는 점이 없지 않다. 경주의 방폐장 건설문제는 전북부안의 사건을 우리는 기억하고 있다. 부안의 지역주민의견이 제대로 수렴되지 않아 지역 군수가 지역주민들로부터 구타를 당하면서 결사반대가 있었던 경과를 보여 준 약 20년의 세월이 소요된 뒤 겨우 결정을 본 경우이다. 하남시의 주민소환투표는 하남시민의 의사에 반하는 시장과 시의회의 의사결정에 반발하는 지역주민의 '우리 마을에는 혐오시설인 화장장 건립은 불가하다'는 님비현상의 대표적인 경우이다.

이러한 지역시민사회가 결정하지 않은 국책사업이나 공공기관의 정책결정의 경우는 한국 시민사회운동이 발전하여 오는 과정에서 값비싼 대가를 치르면서 학습하는 효과를 얻었다고 볼 수 있다. 주민의사에 반하는 예외의 사례들에서 진통을 겪으면서 겨우 이제 학습효과를 얻는 것처럼 아직 우리 지역시민사회는 그만큼 자치역량을 함양하고 있지 못한 것이다.

이와 같은 지역자치역량 거버넌스 형성이 미성숙한 문제를 지적하는 연구들을 보면 대개 몇 가지로 나누어 볼 수 있다. 첫째, 자치역량 거버넌스의 형성을 위한 목표가 구체화되지 못하고 일반적인 필요성과 규범성의 한계를 넘지 못하고 있다. 둘째, 지금까지의 관주도형에서 시민사회주도로 전환에서 오는 지역경제 활성화에 거의 효과를 내지 못하고 있다. 셋째, 지역혁신을 위한 거버넌스 형성 주체인 지자체 상호간 그리고 지자체와 시민 간의 교류와 협력에 필요한 조직과 예산의 구성이 수반되지 못하다. 이러한 부족한 지역자치역량을 함양시키기 위해서는 여러 가지 처방이 연구되어 오고 있다.

이와 같은 지역자치역량을 함양시키기 위한 거버넌스 형성을 위해 본 연구는 먼저 지역자치역량 거버넌스의 형성조건과 그 유형을 살펴보고, 자치역량참여 거버넌스의 외국의 사례, 그리고 국내의 경험적 사례 등을 검토하여 우리의 지역자치역량 참여 거버넌스의 모델을 설정해 보고자 한다.

Ⅱ. 거버넌스의 형성조건과 유형

이 글의 초두에서 지역자치역량참여 거버넌스에 대한 개념을 개괄적으로 언급하였다. 좀더 구체화하여 보면 정부와 시민사회가 어느 한편에서 자기의 주장이나 입장을 강하게 주장할 것이 아니라 양자 간의 공론화하여 이 공론의 장에서 의사소통을 원활하게 할 수 있는 구조를 만들어 타협하는 지배질서를 형성하는 것이다. 이러한 의사소통의 과정적 관계를 중요시하고 이를 거버넌스의 형성의 핵심 개념으로 볼 수 있다.

자치역량참여 거버넌스는 종래의 수동적이고 종속적이던 주민을 능동적이고 수평적인 주민으로 전환시키는 아주 중요한 역할을 해내야 하기 때문에 의식과 사고의 커다란 변화를 가져오는 결과를 초래한다. 이러한 거버넌스의 문제는 정부의 현대복지국가 형태에서 정부가 자기 일을 제대로 해내지 못하는 반성에서 출발하여, 1980년대 이후 정부통제에서부터 시민의 역할을 찾자는 신자유주의적 사고에서 대두하게 되었다.

이러한 사고의 전환에는 몇 가지의 커다란 변화를 1980년대 이후에 겪어 왔음을 말해 주고 있다. 첫째, 다원화되고 복잡화된 현대 사회에서는 지식과 정보의 집중화가 불가능하게 됨에 따라 사회문제 해결을 위해 전문가와 타 사회적 행위자와의 협조가 필요하게 되었다. 둘째, 1980년대 이후에 민주화와 분권화를 통해서 정치체제는 분화된 형태로 변모하고 정책결정과 집행권한은 점차 하위수준으로 위임되어 왔다. 셋째, 국민이나 시민이 국가나 정부의 일방적 통치만 받는 수혜자로 머물러 있는 한 자기 자신 정책결정에 능동적인 주체가 될 수 없기에 새로운 사고로 전환하게 되었다. 이와 같은 1980년대 이후의 우리 사회에서 변화에 능동적이고 창의적인 시민으로 전환되기 위해서는 지역시민에 의한 자치역량강화(empowerment)가 필요하며, 이를 위해 시민들을 참여시켜 능동적인 주체로 거듭 태어나게 하는 것이다.[1]

1. 바람직한 거버넌스의 유형

현대의 대의민주주의하에서 정부와 시민사회와의 관계에서 거버넌스의 유형을 분류해 보면, 지원적 유형, 대립적 유형, 협력적 유형으로 크게 분류할 수 있다. 지원적 유형은 정부의 입장에서 시민사회가 조직화된 정치성을 가지기보다는 실용성을 가지면서 공공서비스 제공의 역할을 분담해 수는 지원적 관계로 양자 간의 질서를 유지하려는 것이다. 이에 반해 대립적 유형은 시민사회가 참여를 시민들로부터 권한을 위임받은 정부가 권력을 남용하는 것을 방지하기 위해 견제와 비판의 기능을 수행하는 것으로 간주하여 정부와 시민사회의 관계를 상호 대립적 관계로 규정하는 것이다. 이러한 두 가지 유형은 모두 때로는 협력적 지원적 필요성도 있고

---

1) Archon Fung & Erik Olin Wright, 2003, *Deepening Democracy: Institutional Innovations in Empowered Participatory Governance*, London: Verso. p.5.

또 때로는 시민사회단체가 정부에 대해 견제와 비판의 기능을 수행하기 때문에 중요성을 다 가진다. 그러나 정당성(legitimacy)과 효용성(effectiveness)의 측면에서 볼 때 양면을 충족시키는 데에는 만족스럽지 못하다. 따라서 이에 대한 대안으로서 바람직한 유형으로서 정부와 시민사회가 공론의 장을 형성하여 협력적 관계 유형을 설정하여 토의와 토론을 거쳐 사회적 통합을 지향하는 유형을 형성하게 되면 두터운 사회적 자본을 형성하게 된다. 이러한 신뢰와 협력을 바탕으로 할 때 성공적일 수 있다.[2]

2. 협력형 거버넌스의 형성조건

1) 사회적 자본(social capital)의 형성

사회적 자본은 생산 활동을 증가시키는 무형의 자산으로 상호이익을 위한 조정, 협동을 촉진시키는 규범(norm), 신뢰(trust), 네트워크(network) 등을 말한다. 물적 자본(material capital)과 인적 자본(human capital) 이외에 사회적 자본은 인간 상호간에 작용하는 사회적 관계를 존중하고 공유하는 인식체계를 가지며, 사회구성원의 유대관계를 증진시키는 것으로 정의한다.[3] 이러한 사회적 자본에는 정치적 신뢰, 종교적 믿음, 수직적 위계적 강제적 힘 등은 제외한다. 이러한 힘은 가족, 혈연, 작은 지역 등의 일차적 관계에서만 바

---

2) 거버넌스의 유형분류는 지구적 거버넌스, 지역적 거버넌스, 내셔널 거버넌스, 로컬 거버넌스, 사이버 거버넌스 등으로 유형화하고 있다. 로즈노의 경우는 구조(공식, 비공식)－과정(일방향, 다방향)을 상호 조합하여 거버넌스 유형을 나누기도 한다(James Rosenau, 2001, "Strong Demand, Huge Supply: Governance in Emergent Epoch", In Paper of Conference entitled *Multi-level Governance: Interdisciplinary Perspective*, The University of Sheffield).

3) James S. Coleman, 1988, "Social Capital in the Creation of the Human Capital", in *American Journal of Sociology*, Vol.94. pp.100-101.

탕을 둘 경우 사회구성원의 이차적 관계에서 보다 공식적, 객관적, 수평적, 자발적 힘이 떨어지기 때문이다.4)

2) 공론의 장(public sphere)의 형성

우리는 앞에서 바람직한 거버넌스의 유형으로 대의 정부와 시민사회가 어느 일방적인 견제와 비판이나 또는 공공서비스의 제공이 아니라 양자의 협력적 관계 유형으로 확인하였다. 여기에서 시민사회는 정부와 긴장관계를 유지하면서도 그러한 긴장이 대항적 권력으로서 투쟁으로 나아가지 않고 사회 통합에 공헌할 수 있어야 한다는 것을 염두에 두고 있을 때 요구될 수 있는 것은 공론의 장을 형성하는 일이다.

공론의 장 형성은 토론과정에서 대화와 토의를 통해 개인은 자신의 의견과 선호를 변화시키고 공동으로 합의를 본 집합적 의견을 개진하여 사회통합에 이르는 의사소통구조를 창출해 내는 일이다.5) 공론의 장에서 토의를 통해 결정된 정책은 정당한 자기결정으로 받아들여져서 정당성과 효율성을 높여 주며, 그 결과 타당성과 합리성을 얻을 수 있을 것이기 때문이다.

공론의 장의 형성과 협력적 거버넌스의 측면을 한국정치와 시민사회에 대입시켜 보면 한국의 시민사회는 권위주의 정부의 권력남용에 대한 견제와 비판에 중점을 둠으로써 정치적 참여를 우선시해 왔다. 그러나 1987년 민주화 선언 이후에 정부에 대한 비판보다는 성숙한 자세로 정부의 정책결정과 집행에 정책적 참여로 방향

---

4) '이차적 관계'와 같은 힘을 그라노베터와 같은 학자는 이를 '약한 연대'의 힘이라고 한다(Mark S. Granovetter. 1973. "The Strength of Weak Ties", *American Journal of Sociology*. Vol.78(6), pp.1360-1380).

5) Jürgen Habermas, 1996, *Between Facts and Norms: Contributions to a Discourse Theory of Law and Democracy* translated by William Rehg, Cambridge: The MIT Press. p.360.

전환을 이루어 이제 한국의 시민사회와 정부 사이에도 협력적 유형의 거버넌스를 구축하는 단계에 접어들었다고 할 수 있다.

Ⅲ. 자치역량참여 거버넌스 형성의 선행연구

지금까지 알려져 있는 해외의 지역자치역량 강화와 참여에 대한 제도적 개혁의 거버넌스의 성공 사례로는, 미국 시카고의 지역학교위원회와 경찰치안문제에 대해 주민이 직접 참여하는 모델, 브라질의 포르토 알레그레에서 지방정부의 예산편성에 주민참여 모델, 인도의 케랄라에서의 지방정부개혁에 주민참여 모델, 그리고 인간의 발전과 위기에 처한 품종보존을 위한 주거환경보전계획 모델 등이 소개되고 있다.[6] 이 중에서 지방자치역량참여 거버넌스와 관련이 깊은 시카고 지역학교위원회와 경찰순찰전략개혁 모델을 소개해 보고자 한다.

1. 시카고 지역학교위원회와 경찰순찰제도

미국에서 세 번째로 큰 도시 시카고에서는 공립학교제도가 부모, 지역주민, 지역 사업가들로부터 빈곤과 불평등으로 특징적인 전통적 공립교육기관인 교원노조, 교육청에 맞서 이 단체들의 교육수행 능력이 떨어진다고 비판을 펼치게 되었다. 이 비판에 대해 1988년 일리노이주 의회는 시카고학교개혁안을 통과시켰다.[7] 이 개혁안은

---

6) Archon Fung and Erik Olin Wright, 2003, "Thinking about Empowered Participatory Governance", in *Deepening Democracy: Institutional Innovations in Empowered Participatory Governance* edited by Archon Fung and Erik Olin Wright, London: Verso, p.5.

7) Archon Fung, 2003, "Deliberative Democracy, Chicago Style: Grass-roots Governance in

시민들이 직접 학교운영에 참여하는 학교교육개혁안을 마련하고, 이에 따라 지역학교위원회(local school council: LSC)를 설치하였다. 이 위원회는 공립학교 교장임명권, 자유재량재정권, 교육향상방안으로서 교과과정, 지침, 행정 등을 관장하는 포괄적인 역할을 하였다. 이 지역학교위원회(LSC)는 임기 2년의 학부모 6명, 지역대표 2명, 교사 2명, 학교장, 투표권이 없는 고교생 등으로 구성하였다. 시카고 공립학교는 매년 초등학교와 고교 약 540개의 학교로 구성되어 있었다.[8]

시카고경찰당국(Chicago Police Department: CPD)에 대해서도 지역학교위원회(LSC)와 유사한 방법으로 1995년에 개혁을 단행하였다. 시카고경찰당국(CPD)은 전통적 순찰전략의 실패를 각성하고 순찰지역의 무질서와 범죄의 근원을 파악하고 보고하는 경찰에게 개혁을 위한 주요한 재조직화(major reorganization)를 단행하였다. 문제지향적 순찰을 포용하는 미국 대부분의 다른 도시의 경찰과는 달리 시카고 경찰당국은 문제해결노력은 시민들의 깊은 관여와 함께할 경우 가장 잘 이루어질 수 있음을 가정하고 이 점에서 주민들이 마을의 문제를 가장 잘 알고 있으며 두 가지가 동시에 문제화되었을 경우도 우선순위에도 차이가 있을 수 있다는 것이다. 그래서 경찰과 주민들이 파트너십을 형성할 경우 경찰 혼자서 조치하는 것보다 더 잘 확인할 수 있다는 판단에서이다. 파트너십 역시 경찰과 주민들이 다양한 능력과 자원을 가지고 있기 때문에 더욱 효율적일 수 있다. 그리고 더 많은 공공안전과 경찰개혁 활동가들은 시

Policing and Public Education", in *Deepening Democracy: Institutional Innovations in Empowered Participatory Governance*, edited by Archon Fung and Erik Olin Wright, London: Verso, p.115.

8) Archon Fung, 2003, *Ibid*. p.111.

민들이 경찰에게 가까이 다가갈수록 시민들은 경찰활동을 더 잘 감시하고, 또 경찰은 그들의 업무수행에 책임을 다할 것으로 생각하였다. 시카고경찰당국은 관내 279개 경찰서에서 순찰경찰과 그들의 경사들을 정규적으로 마을의 가장 긴급한 문제를 구성하는 공동안전 문제가 어느 것인지를 확인하기 위해 주민들과 직접 만나 경찰과 시민이 이 문제를 처리하도록 하였다. 이를 위한 조치를 공동으로 관여하는 전략을 발굴시켜 새로운 문제의 창출과 과거전략의 성공과 실패를 보고하고, 초기 단계의 계획이 실망스럽다면 새로운 접근 방안을 개발할 수 있게 하였다. 시카고 시장실과 경찰당국은 경찰과 주민들 양측에게 성공적인 문제해결의 절차와 기술적 측면에서 훈련을, 공동체 조직자들에게는 주민참여를 적극 동원할 수 있도록 배치하여 이들 팀들은 문제해결을 위한 활동과 그 결과를 관리자들에게 검토할 수 있도록 서류구비를 하게 하였다.[9]

이로서 시카고에서는 일반 주민들이 지역학교위원회와 경찰당국의 개혁을 통해 교육개혁과 경찰순찰에 직접 참여할 수 있게 되었고, 이렇게 하여 교육정책과 순찰방법 결정에 대한 권한이전(devolution)을 통해 토의라는 공론의 장을 마련하고, 그 결과에 대한 책임부여와 역량 강회를 부여하게 되었다. 여기에서 시카고 주정부는 시카고 주민에게 학교교육과 경찰순찰에 관한 훈련, 재정동원, 제도적 틀과 기준을 마련하여 주고, 시민사회는 이러한 지원에 대해 책임으로서 모니터링, 교육정책과 재정의 적용, 운영에 대한 개입과 활동 등에 대해 책임을 지게 하였다.[10] 시카고 지역학교위원회와 경찰당국은 행정적 규제기관인 교육청과 교원노조 및 경찰순찰의 고

---

9) *Ibid*. pp.112-113.

10) Archon Fung, 2003, *Ibid*. pp.119-127.

전적 전략의 개혁을 통해 공론의 장을 형성하여 자치역량의 함양
과 권한위임이라는 지방정부와 시민사회 간에 새로운 자치역량참
여 거버넌스 모델을 형성하게 되었다.

2. 브라질 포르토 알레그레의 참여적 예산정책

1) 지역적 개관

포르토 알레그레(Porto Alegre)는 인구 130만의 브라질의 최남단
에 있는 작은 항구도시이다. 지리상으로 브라질의 최남단에 위치하
며, 브라질에서 가장 삶의 지표가 높은 지역인 히우 그란지 두 술
(Rio grande do sul)주의 수도이다. 브라질의 최남단에 있는 히우 그
란지 두솔주는 원래 브라질 영토가 아니었다. 그러나 이곳에 정착한
포르투갈 및 유럽의 후손들은 이곳을 차지한 스페인 세력을 물리치
고 이곳을 브라질 영토로 추가하게 된 것이다. 히우 그란지 두솔주
는 또한 거대한 팜파스를 바탕으로 한 목축산업을 기반으로 오늘날
브라질에서 가장 경제적으로 풍요로운 지역이며, 문화적으로도 또한
유럽의 후손들이 그들만의 정체성을 가지고 정착한 지역이므로, 문
화적으로 브라질의 다른 어느 지역보다 수준이 높은 지역이다. 인구
구성도 대부분 유럽계의 백인들이 주류를 차지하고 있다.

이러한 그들의 강한 자주성 및 독립정신은 오늘날까지도 히우
그란지 두솔주를 팜파스를 기반으로 한 풍부한 목축 산업을 중심
으로 브라질에서 정치, 경제적으로 가장 독립적이고 풍부한 주로
유지할 수 있게 하는 밑거름이 된다. 또한 스페인 시대부터 이어져
온 그들의 강한 자주정신은 오늘날 포르토 알레그레의 참여예산제
의 커다란 근본바탕으로 자리잡고 있다.

포르토 알레그레가 있는 브라질은 한국, 태국과 마찬가지로 IMF 피해국으로서 심각한 빈부격차 현상을 보이는 국가이며, 세계경제 정책에 의해 가장 크게 영향을 받고 있는 나라 중의 하나이다. 브라질은 경제적 특성상 극도의 부의 불균형이 존재하는 나라로서 상위 3%의 인구가 97%의 국토를 소유하고 있는 등 경제적 불균형이 전형적인 나라이다. 오랜 식민지화와 독재를 통해 진행돼 온 브라질의 정치, 경제는 대다수의 대중을 고려하기보다는 기득권의 유지를 위해 진행되어 왔고, 광활한 영토와 풍부한 자원에도 불구하고 늘 소외되어 온 브라질의 중하류 층은 자신들만의 노력과 연대 참여를 통하여 스스로 자신의 상황을 극복해 나가려는 의지를 모으고 있다. 이러한 노력들을 통하여 지금 브라질에서 사회의 여러 섹터들은 빈민가, 공장, 교회, 학교 등 도시와 지방에서 새로운 경제적 대안을 만들어 나가고 있다. 브라질의 대다수를 차지하는 노동자층을 비롯하여 저소득층은 기존의 경제적 한계를 더 이상 국가의 정책에 의존하지 않고 여러 시민단체를 통하여 적극적 시민운동의 모토가 이미 오래전부터 함양되어 온 나라가 바로 브라질이다.

브라질은 1970년대 말부터 15년간 군부독재체제하에 있었다. 경제사정은 인플레이션과 임금이 갈수록 벌어지는 등 상황이 악화되어 가고 있었다.

이러한 상황하에 대중항쟁이 1978년부터 시작된 노동파업과 함께 새로운 정체성을 가지고 성장하게 된다. 이러한 정체성은 민주주의의 가면을 쓰고 있는 군부주의에서 변화를 원하는 지배계층을 연합해 점점 더 팽창해 가게 된다. 이러한 활동들은 당시 투쟁의 주체였던 루이스 이나시오 지 룰라(Luis inacio de lula), 올리비우 두트라(Olivio dutra) 등의 리더들을 결집시키게 되고, 그들의 연합

프로젝트를 위해 모임을 갖게 되면서 이 모임이 오늘의 노동자당(PT)의 전신이 되었고, 마침내 노동자당(PT – Partido de trabalhadores)이 탄생하게 된다.

노동자당은 기본적인 정치관을, 중앙집권적인 다른 전통적인 정당들과 반대로 권력 분산과 방향성의 시스템적 비판을 당원 모두가 함께하는 것. 곧 모두가 참여하는 직접 참여제도의 형태를 지향한다. 즉 다양한 당내의 작은 조직이나 의사소통 및 목소리에도 유연성을 가지고 귀를 기울인다는 것이다. 이러한 대중들을 향해 열려 있는 민주적인 당으로서의 노동자당은 민주적 결정을 존중하는 것으로부터 현재의 경향이나 생각의 차이를 받아들인다. 이러한 노동당의 정치적 기조는 브라질 최초로, 아니 세계 최초로 시민이 직접 예산책정부터 집행까지 참여하는 참여 예산제라는 세기의 정책을 만들어 내는 데 큰 바탕, 기반으로 작용하게 된다.

한편, 독재가 끝나고, 민정이 들어서면서 브라질의 경제, 정치적 혼란은 점점 악화되어진다. 정치는 타락하고, 엄청난 수치의 인플레이션과 더불어 정치권은 자신의 사리사욕을 위해 국민을 저버리게 된다.

1987년 기존의 포르토 알레그레의 통치자인 콜라레스(Collares) 정부는 좀 더 효율적인 참여 정치를 위해 정부에 의해 수백 개의 분과별 위원회를 창조해 내자는 제안을 논의하였고, 여기서 시민들의 연대 리더들은 대중의 참여를 분산시키거나 약화시키지 않도록 재정위원회라는 단일 위원회를 갖는 것이 더 바람직하다는 의식을 갖고 있었다. 무엇보다도 대중 리더들은 재정에 관한 사항이 대중 복지 및 참여와 가장 직결되는 부분이라는 것을 상기하고 있었던 것이다.

1988년에 있었던 선거에서 포르토 알레그레에서 대중은 고대하던 승리의 결과를 얻는다. 그것은 노동자당과 공산당, 사회당에 의해 형성된 좌익당의 연합에 기인하는 것으로써 당시 오랜 기간 동안의 군부독재와 기득권 유지에만 급급하였던 우익당의 부정부패를 타파하고자 힘을 모은 좌익당의 연합은 정치의 주인인 대중의 적극적인 참여를 갖는 주 정부의 민주화라는 정치적인 가장 큰 약속을 가지고 이루어졌고, 그 이론을 실천으로 옮기기 위해, 새 도시 정부는 이미 그 통치 첫해인 1989년 '참여 예산제'라고 명명된 새로운 참여 제도를 창출한다.

2) 참여적 예산위원회의 설립과 의사결정구조

포르토 알레그레 시는 예산정책을 통해 참여를 유도하기 위해 지역의 예산이 어떻게 쓰일 것인가를 논의하는 '지역예산 포럼'과 이를 최종적으로 검토하고 예산을 집행할 '도시예산위원회'를 구성하였다. 도시전체가 행정적 경계에 따라 16개의 예산지역으로 나누어졌으며, 여기에 '지역예산 포럼'이 설치되었다. 이 포럼에서는 예산정책에 관한 회의가 1년에 두 차례씩 열렸다. 1차 회의는 주민들이 사는 근린지구에서 열리고 주민들은 여러 개의 범주에서 투자의 우선순위를 결정하였다. 2차 회의에서는 16개 지역예산 포럼의 대표자들이 선출되어 각 예산지역별로 조정과정을 거쳐 지역의 우선순위에 따라 예산을 할당하였다. 이 포럼은 1년 단위의 투자를 감시하고 관련사업 분야의 정부 공무원과 정기적인 토의를 가졌다. 그리고 보다 상위기관인 도시예산위원회에 대표를 선발해 보내고, 이 위원회에서 실질적으로 예산이 최종적으로 결정된다.

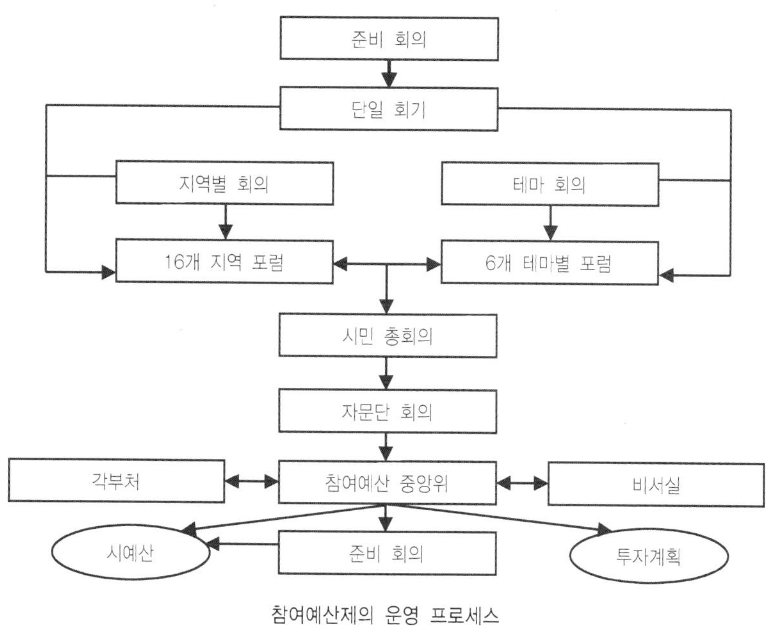

참여예산제의 운영 프로세스

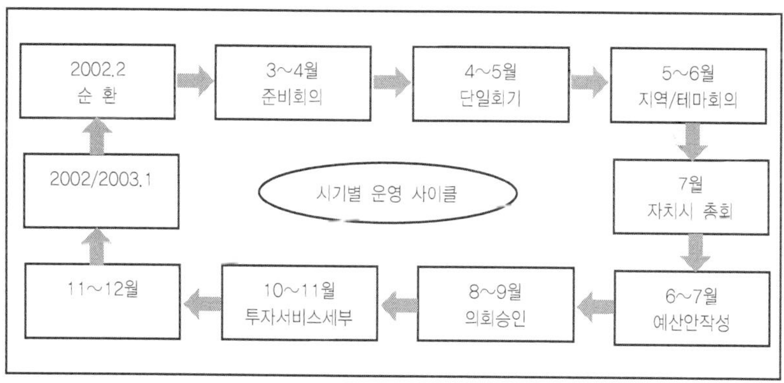

3) 참여적 예산정책의 성과

(1) 효율적 예산책정과 집행: 예산제도의 전문성, 투명성, 재정자립도 확립 및 지방정부의 중앙정부에 의존도를 감소시키는 자치능력 함양, 시민복지 확립, 부정부패방지 및 국민이 만족도를 높여

정치적 안정을 가져올 수 있다.

(2) 시민의식의 함양: 도시의 정치권과 시민의 새로운 긍정적인 관계의 성립, 시민권의 능동적 인식, 새로운 지방 거버넌스의 모델을 모색하는 사람들에게 의미를 제공해 준다.

Ⅳ. 한국의 자치역량참여 거버넌스의 경험적 사례

1. 하남시의 주민소환투표 사례

주민소환제는 공직자의 책임 행정을 확립하고 대의제를 보완해 민주주의 발전에 기여한다는 긍정적 측면이 있다. 반면 예산이 낭비되고 정치적 포퓰리즘이 확산돼 민주발전을 저해할 수 있다는 우려의 시각도 있다. 주민소환제의 장·단점에 대한 찬반을 밝히고 민주주의 발전을 위한 올바른 방향이 무엇이겠는가에 대해 논의해 보고자 한다.

먼저 주민소환절차에 대해서 보면 주민소환투표청구가 있어야 한다. 주민소환투표 청구는 지역주민의 소환에 관한 청구서명을 받아야 한다. 광역시, 도지사의 경우는 투표권자의 10%, 시장, 군수, 구청장은 15%, 지방의회 의원은 20%의 서명이 있어야 청구를 할 수 있다. 그 후에 해당 지역단체장의 해명을 들은 뒤에 투표를 실시한다. 투표결과는 투표권자의 1/3 이상의 투표와 유효투표의 과반수이상의 찬성으로 소환이 확정되게 되어 있다.

1) 하남시장 주민소환 관련, 중앙선관위원장 고발
'서명부 검증 졸속' 주장 ……선관위는 반박

전국 최초로 하남시의 화장장 유치와 관련한 주민소환이 진행되고 있는 김황식 경기도 하남시장은 2007년 11월 20일 "주민소환활동에 대한 관리, 감독과 검증을 소홀히 한 데 대해 선관위의 해명과 조치를 요구했으나 아전인수격 반박만 하고 있어 상급기관장인 중앙선거관리위원장을 직무유기 혐의로 수원지검 성남지청에 고발했다."고 밝혔다.

김 시장은 "주민소환투표 청구 서명부(3만 2천749명)에 대한 자체 조사결과 70% 이상인 2만 5천434명이 불법 서명으로 확인돼 이의신청을 하였으나 선관위는 대충 형식적인 요건만 검증했다."며 "헌법기관인 선관위가 그 직무감독을 소홀히 해 혼란을 초래한 점 등에 대해 책임을 묻지 않을 수 없다."고 주장했다.

주민소환법상 시장, 군수의 경우 소환투표를 청구할 때 투표청구권자의 15% 이상(하남시의 경우 1만 5천759명)이 서명해야 청구요건을 갖추게 된다. 김 시장의 주장대로라면 서명자 수가 법적 요건에 미달된다.

김 시장은 또 "2007년 7월 9일 졸속으로 주민소환투표 청구요지를 공표하고 밤 10시가 넘은 시간에 휴가 중인 소환대상자에게 청구사실 통지서와 소명요청서를 전달하려다 시청 본관 밖에 던져 놓고 간 선관위의 행동을 납득할 수 없다."고 말했다.

이에 대해 경기도선관위는 해명자료에서 서명부 검증과 관련 "7월23일부터 8월 8일까지 연인원 189명을 동원해 서명부의 법적 요건 충족여부를 중점 심사, 확인했고 그 결과 청구인 부적격자와 대리 서명 의심 등을 제외하고도 법적 요건을 충족시켰다."며 "하남시장의 주장은 사실과 다르다."고 반박했다.

또 청구사실 통지서 등 전달에 대해 "주민소환법은 주민소환투표 청구가 법적요건을 충족하면 지체 없이 그 요지를 공표하고 소환대상자에게 통지하도록 규정하고 있다.”며 “해당 공문을 시장에게 전달하려고 자택을 방문했으나 부재중이어서 아파트 경비원 입회하에 우편함에 투입하고 공문 한 통을 더 작성해 시청 당직실에 접수하려다 당직자가 수취를 거부해 당직실에 두고 왔다.”고 해명했다.

앞서 김 시장은 주민소환추진위원회가 주민소환절차를 진행하자 지난달 3일 주민소환투표 청구 서명활동 금지 가처분신청을 제기하고 같은 달 25일 헌법소원심판을 청구했다.

김 시장은 이어 지난 17일 주민소환투표청구인 대표자 등 7명을 검찰에 고발하고 주민소환투표 무효 및 절차정지 가처분신청을 법원에 제출하는 등 지속적인 법적 대응을 벌이고 있다.

2) 아테네 '도편 추방제'에서 유래

주민소환제는 역사적 유래가 깊은 직접민주제의 하나다. 서양은 기원전(BC) 6세기 잘못을 저지른 공직자 이름을 도자기 조각에 써 투표했던 고대 아테네의 '도편(陶片)추방제'에서 그 출발점을 찾는다. 이후 BC 133년 로마에서는 그라쿠스 형제의 개혁에 반대하는 호민관 옥타비우스가 시민투표에 의해 해임되기도 했다. 동양은 '아무리 군주라 하더라도 민의를 배반한 통치자는 바꿀 수 있다'는 맹자의 역성(易姓) 혁명론에서 출발점을 찾고 있다. 우리나라의 경우는 다산 정약용도 저서 『탕론』에서 유사한 주장을 펴고 있다.

현재 민주주의를 잘 운영하는 선진국 대부분은 오랜 역사의 주민소환제를 갖고 있다. 직접 민주제가 발달한 스위스는 물론이고, 영국·미국·독일·일본 등 선진국들은 모두 공직자에 대한 주민소환제를 채택하고 있으며, 이를 적절히 활용해 독재와 부패에 대응하고 있다. 미국에서는 1903년 캘리포니아 주가 최초로 주민소환제를 채택했다. 주민소환투표로 쫓겨난 주지사로는 2003년 10월 7일 해직된 캘리포니아 주의 데이비스 지사가 유명하다. 그는 방대한 재정적자의 책임을 지고 물러났다. 이때, 주민투표와 동시에 실시된 보궐선거에서 영화배우 아널드 슈워제네거가 주지사로 당선됐다.

일본도 주민에게 지방의회 해산청구, 의원과 지방자치단체장 해직청구, 주요 공무원 해직청구 등의 권리를 인정하고 있다. 1947년 이후 현재까지 약 200여 건의 해직청구가 이뤄졌는데, 그중 80여 건이 해직으로 이어졌다.

이처럼 오늘날 주민소환제가 시행되는 각국 사례를 보더라도 주민소환제는 역사적으로 민주주의 발전에 기여해 온 제도임을 알 수 있다. 주민소환제가 실시되면 상당한 정치적·행정적 혼란을 초래할 것이라는 우려가 제기되기도 하나, 실제로 큰 문제는 나타나지 않았다. 반대로 '대의제 보완의 마지막 수단'이란 중요한 역할을 주민소환제는 담당해 왔다. 이처럼 주민소환제는 인류 역사와 함께한 제도로서 민주주의의 실현을 위한 최후의 제도적 장치라고 할 수 있다.

3) 간접 민주주의의 결함을 보완할 장치

2007년 5월 주민소환제 도입 이래 경기 하남시 등 여러 지방자치단체가 구체적인 주민소환 절차를 추진하고 있다. 주민소환제는 자치단체장과 지방의원이 주민 의사에 반하는 행위를 하거나 직무유기·직권남용 등을 저지를 경우 주민투표를 거쳐 퇴출시킬 수 있도록 한 제도다. 선거관리위원회가 투표권자의 일정 비율(10~20%) 이상 서명을 받은 주민소환 청구에 대해 투표를 공고하게 되면 소환 대상자(자치단체장이나 지방의원)의 권한은 바로 정지된다. 투표권자의 3분의 1 이상이 참여한 주민투표에서 과반수가 찬성하면 그 직을 상실한다. 여기서 주민 소환의 명분은 부정부패에서 외유성 국외출장까지 다양하며 사실상 제한은 없다.

이 같은 주민소환은 대의제를 보완하는 장치다. 즉 주민소환제는 주민투표·주민발의·주민감사 청구제와 함께 직접민주주의의 대표적 제도다.

대의제는 지난 2세기 동안 인류가 고안한 가장 훌륭한 정치제도 가운데 하나로 발전해 왔다. 대의정치체제는 선거를 통한 평등한 권력분배라는 정당성과 효율성의 측면에서 많은 장점을 지닌다. 더불어 대의제는 소수자의 인권을 배척하고 그들의 의견과 비판을 무시하는 '다수의 전제(tyranny of majority)'를 방지하는 제도로 평가받는다. 그러나 대의제는 더불어 대표성·책임성의 한계와 시민 참여 제약, 심의 부족 등 적지 않은 문제점을 지닌 것으로 지적받아 왔다.

오늘날 세계적 보편 현상이 되고 있는 주민소환제는 간접민주주의의 이런 결함을 보완하기 위한 수단으로 중요한 의미를 지닌다. 즉 직접민주제의 하나로 주민소환은 선출직 공직자의 권한 남용을 방지하고 책임성을 확보하기 위한 수단으로 효용성을 갖는다. 그러나 주민소환제가 기피시설 반대 수단으로 오용되는 것과 같은 부작용을 방지하기 위해서는 국책사업 유치와 관련된 사안 등은 주민소환이 아닌 주민투표를 적용토록 하는 등 제도의 보완과 아울러 성숙한 주민의식의 뒷받침이 있어야 할 것이다.

4) 선출직 공직자 부패·전횡 견제

주민소환제는 도입 자체만으로도 선출직 공직자의 부패와 직무 유기, 직권 남용, 독단과 전횡을 심리적으로 견제할 수 있다는 긍정적인 측면이 있다. 그러나 주민소환제가 잘못 운영되거나 악용될 경우 행정력과 예산을 낭비해 사회적 비용을 증가시키고, 지역주민이 선호하지 않는 다른 국책사업과 광역 공공사업 등을 소신 있게 추진하기 어렵다는 부정적인 측면도 있다. 더욱이 선출직 공직자가 경쟁자와 반대세력을 제거하기 위한 정치적 음모를 개입시키거나 정치적인 목적으로 대중의 인기에 영합하는 포퓰리즘에 빠지면 주민소환제는 채택 의도와는 달리 민주발전에 역행할 수도 있다.

여기서 포퓰리즘이란 대중주의라고도 하며 일반 대중을 정치의 전면에 내세워 권력을 유지하는 정치체제를 말한다. 즉 공직 출마자가 선거를 치를 때 인기를 위해 유권자들에게 선심성 정책을 남발하는 경우 등이다. 포퓰리즘의 대표적인 사례로 제2차세계대전 후 노동대중의 지지를 얻어 대통령에 당선된 아르헨티나의 페론 정권을 들 수 있다. 당시 페론 정권은 노동자와 빈민의 지지를 얻기 위해 경제논리를 벗어나 임금을 대폭 인상하고 빈민을 대대직으로 지원하면서 폭발적인 인기를 얻었디. 그러나 기업들은 고임금을 감당할 수 없어 외국으로 떠나고 실업자가 폭증했다. 그 결과 아르헨티나는 국가부도 위기에 몰리는 처지로 전락했다.

주민소환제는 이 같은 포퓰리즘적 행정을 유발할 가능성이 높다. 왜냐하면, 정치 지도자에 대해 형사적 책임이 아닌 정치적 책임 추궁의 성격을 갖기 때문이다. 공직자는 주민 소환을 우려하거나 인기를 얻기 위해 국가발전이나 행정목표보다 주민의 이익이나 의사만을 우선할 수 있는 것이다. 특히 우리나라의 경우 주민 소환의 구체적 사유를 규정하지 않고 있다. 소환의 사유를 제한하면 실질적 유권자 심판의 성격이 희석될 수 있기 때문이라고 한다. 그러나 구체적 사유를 제한하지 않음으로써 시행 이후 한 달 사이 전국 10여 곳에서 거론되는 등 주민소환이 남용되는 모습을 보이고 있다.

5) 혐오시설 막는 데 악용될 가능성

지역주의는 국가 발전에 장애 요소다. 사람들은 혐오 시설이 자신의 거주 지역에 들어오지 않기를 바라는 반면 이익이 될 만한 것은 가져가려 한다. 지방자치단체는 당장의 이익을 위해 되돌릴 수 없는 막대한 자연 훼손을 가져올 거대한 개발 사업을 강행하기도 한다. 또, 지역 이기주의를 부추겨 불가피한 국가적 사업을 가로막는 사례도 있다.

지방자치단체마다 쓰레기 매립장이 다 차서 새로운 매립장을 마련하느라 안간힘을 쓰고 있다. 주민들 모두가 내 집 뒷마당에는 안된다고 하는 님비 현상(NIMBY: Not in my back yard) 때문에 전국의 산하는 쓰레기로 더럽혀지고 있다. 핵폐기물은 어떠한가? 늘어만 가는 전력 수요를 감당하기 위해 건설한 원자력 발전소에서 나오는 폐기물은 어떤 식으로든지 처리해야만 한다. 그러지 않고는 장기적으로 인류가 살아남을 수 있는 조건은 악화될 수밖에 없을 것이다. 그러나 핵폐기물 처리장이 자기 지역에 오는 것에 찬성하고 있는 곳은 하나도 없다.

이와 관련, ○○시는 오는 2012년이면 광역권 폐기물 매립장이 포화 상태가 될 것으로 예상하고 소각장 설치를 서두르고 있으나 주민의 반대로 실시하지 못하고 있다.

반대로 각 지자체는 지역에 유리한 사업은 서로 유치하기 위해

방사성물질 자체가 인체에 피해를 입힐 수 있으므로 일반 국민들에게 영향을 미치지 않는 별도의 장소와 공간에 안전하게 보관, 관리하는 것이다.

우리나라는 2003년에 19기의 원자력발전소에서 129,672백만Kkw의 전기를 생산하였다. 이것은 우리나라 전체 전력 생산량의 40.2%에 해당된다. 원자력 산업이 확대됨에 따라 방사성폐기물의 안전한 관리 및 최종 처분 문제가 현안으로 등장하였다. 1978년 7월 고리원전이 상업운전을 시작한 이후 원전에서 발생하는 방사성폐기물은 원전 부지 내에 보관하고 있다. 2002년까지 국내 원전에서 발생한 방사성폐기물의 누적량은 사용 후 핵연료가 5,982톤이고, 중, 저준위 방사성 폐기물은 60,387드럼이다.

1986년 원자력법 개정을 통해 방사성 폐기물 관리에 관한 법적 기반을 마련하였으며, 한국원자력연구소가 방사성폐기물의 처분의 전담기관으로 지정되었다. 한국원자력연구소는 1987년 9월부터 1988년 1월 사이에 부지환경조사를 실시하여 경북 영덕군 남성면, 경북 영일군 송라면, 경북 울진군 기성면 등 동해안 3개 지역을 후보지로 도출하였다. 이들 3개 후보지에 대한 현지조사를 수행하던 중 지역주민들에게 방폐장 건설계획이 알려지면서 강력한 반발에 부닞혀 무산되었다.

과학적으로 가장 타당하다고 판단되었던 동해안 지역이 주민들의 반대로 무산되자 한국원자력연구소는 1990년 서해안 지역을 대상으로 후보지를 물색하였는데, 당시 충청남도가 구상 중이던 '서해안 종합개발계획'과 연계하여 안면도를 방폐장 부지로 선정하였다. 안면도에 방폐장이 건설될 것이라는 사실이 같은 해 11월 3일 주민들에게 알려지면서 '안면도 사태'라고 불릴 만큼 공권력과 지역주민들 간에 대규모 충돌이 발생하였다. 11월 8일 정부는 국무회의를 열어 안면도에 방폐장을 건설한다는 계획을 철회하였고, 이 사태에 책임을 물어 과학기술처 장관을 해임하였다.

일방적인 부지지정방식으로는 방폐장 부지를 확보하는 것이 어렵다고 판단한 정부는 1991년 6월에 열린 원자력위원회는 공개적인 절차에 의해 지역주민과 협의하여 부지를 선정하기로 정책을 변경하였다. 이에 따라 기술적인 접근과 함께 국민의 이해를 바탕으로 방폐장 부지를 확보하기 위해 서울대학교 인구 및 발전연구소에 '방사성폐기물 처분부지확보와 지역협력방안'이라는 연구용역을 발주하였다. 이 연구 용역보고서는 고성, 양양, 울진, 영일, 장흥, 안면도 등 6개 협의 대상지역을 도출하였다. 그렇지만 이들 지역에서도 지속적이고 강한 반발로 후보지를 결정하지 못했다.

1994년 12월 22일 정부는 인천광역시 옹진군의 굴업도를 방폐장 부지로 선정하였다. 즉 굴업도 56만 평과 덕적도 일부지역에 동굴 처분 방식으로 10만 드럼 규모의 중·저준위 방사성 폐기물 처분장을 2001년 12월까지 건설하고, 사용 후 핵연료 중간저장시설은 충분히 검토한 이후 결정한다는 것이었다. 굴업도가 방폐장 부지로 선정되자 인근의 덕적도 주민, 환경단체의 반대가 있었으나 정부는 이 사업을 계속 추진하였다. 그런데 한국자원연구소가 1995년 5월부터 부지특성조사를 시행하던 중 10월에 굴업도 주변 3km 이내에 2개의 활성단층이 존재한다는 것을 발견하였다. 과학기술처는 공학적으로 보완을 해도 안전한 처분장을 건설할 수 없기 때문에 굴업도에서 방폐장 건설을 백지화한다고 11월 20일 발표했다.

이에 정부는 방사성폐기물관리사업을 전면 재검토하였고, 245차 원자력위원회(1996년 6월 25일)는 이 사업을 한국원자력연구소에서 사업경험이 풍부한 한국전력(주)으로 이관하도록 의결하여 정부 내 주관부서도 과학기술부에서 산업자원부로 변경되었다. 이후 정부의 전력산업구조개편정책에 따라 2001년 4월 한국전력의 발전부문이 6개의 자회사로 나누어지면서 방사성폐기물관리사업이 한국수력원자력(주)으로 이전되었다. 한편 1998년 249차 원자력위원회에서는 방사성폐기물 처분장 입지선정을 과거 정부주도방식에서 유치공모 혹은 사업자주도의 방식으로 전환하고, 이 시설의 입지로 선정되면 해당 지방자치단체에 3,000억을 지원하기로 결정하였다. 이러한 원자력위원회의 결정에 따라 2000년 6월과 2001년 8월 등 2차례에 걸쳐 3,000억 원의 지역개발자금을 지원한다는 조건으로 방사성폐기물처분장 유치신청 공고를 하였으며, 7개 지역주민이 유치를 청원하였으나 지자체가 이를 수용하지 않아 자율적인 유치신청이 이루어지지 않았다.

유치공모가 실패함에 따라 정부는 사업자주도방식과 유치공모방식을 병행하기로 하였다. 사업자주도방식이란 사업자인 한국수력원자력이 적합한 후보부지를 선정한 후, 해당 지방자치단체와 지역주민과의 충분한 협의를 거쳐 최종부지를 선정한다는 것이다. 후보부지를 도출하기 위한 용역을 2001년 12월부터 실시하여 경북 영덕군 남정면 우곡리, 경북 울진군 근남면 산포리, 전남 영광군 홍농읍 성산리, 전북 고창군 해리면 광승리 등을 후보부지로 도출하였다고 2003년 2월 발표하였다. 이들 지역들이 방폐장 후보지역으로 발표되자, 해당 지역주민들은 대규모 반대집회를 여는 등 즉각적으로 반발하였다. 또한 한국수력원자력이 이들 후보지역에 대한 정밀 지질조사를 수행하기 위해 해당 기초자치단체에 굴착신고를 4번에 걸쳐 신청하였는데 이를 모두 반려하였다. 즉 해당 지방자치단체는 방폐장이 입지하는 것을 거부하였다고 할 수 있다.

2003년 7월 '전라남도 부안군'의 유치신청으로 방폐장 입지 정책은 새로운 전기를 맞는 듯했으나 시민단체와 지역주민들의 반발로 중단되었다. 이 과정에서 부안군수 폭행사건, 지역주민에 의한 주민투표 실시 및 지속적 촛불시위로 정책집행이 좌절되었다. 또한 부지 유치를 주민의사에 맡기자는 결정에 따라 2004년 주민참여적 부지선정 절차가 새로 마련되었으나 유치신청 지자체가 나오지 않아 부지선정에 다시 실패했다.

결국 정부는 2004년 말부터 사용 후 핵연료와 중·저준위 방사성폐기물을 분리해 처분하고 유치지역에 대한 지원을 대폭 강화하는 새로운 방폐장 부지선정 절차를 마련해 2005년 6월 공고했다. 이에 경주, 군산, 포항, 영덕 등 유치를 신청한 지자체의 주민투표로 이를 결정하기에 이르렀다. 주민투표를 통해 89.5%의 압도적인 찬성률을 보인 경주를 최종 후보지로 선정함으로써 그 논란의 종지부를 찍게 되었다.

2) 경주시의 방폐장 유치

(1) 경주시의 방폐장 유치과정

정부는 2005년 6월 16일 산업자원부, 방폐장 부지선정위원회 등의 공동명의로 '방폐장 후보부지 선정 등에 관한 공고'를 내고 부지선정 절차 및 일정, 유치지역 지원내용 등을 발표했다. 공고안에 따르면 우선 방폐장 유치를 원하는 시·군·구 등 단체장은 산자부장관에게 8월 31일까지 유치신청을 하고, 2개 이상 지역이 신청할 경우 이들 지역에 대해 부지 안전성, 사업추진 여건 등의 타당성을 검토한 후 적합한 것으로 판단된 지역을 추려 낸 뒤 주민투표를 실시해 찬성률이 가장 높은 지역이 후보지로 결정된다.

부지 적합성 조사는 군산시 소룡동 비응도, 경주시 양북면 봉길리 및 양남면 상라리, 영덕군 창수면 신리, 울진군 북면 소곡리·상당리 등 4개 시·군 5곳에서 이뤄졌으며, 경주시 상라리를 제외한 4곳의 지질 조건이 비교적 양호한 것으로 확인됐다. 또한 유치지역으로 선정되면 2005년 3월 제정·공포된 방폐장의 유치지역 지원에 관한 특별법에 따라 해당 지자체에는 3천억 원의 특별지원금과 연평균 약 85억 원 규모의 반입수수료가 지급된다. 또 한국수력원자력 본사 이전, 양성자 가속기 사업 유치 등 혜택도 주어지게 된다.

8월 16일 산업자원부에 따르면 경주시는 최초로 중저준위방사성 폐기물 처분시설 후보부지 선정을 위한 유치신청서를 산자부에 제출했다. 백상승 경주시장은 2005년 8월 11일 경주시의회에 동의안을 제출, 시의회는 이튿날인 12일 만장일치로 동의안을 가결했다. 경주시는 신청 부지인 양북면 봉길리 일대에 대해 그해 4월부터 부지안전성 조사를 실시, 이를 기초로 부지안정성이 최종적으로 적합판정되면 문화재·상수원 보호구역 여부, 사업추진 경제성 등의 여건을 평가받게 된다. 경주시의회는 3월 지자체 중 방폐장 유치찬성을 의결하고 특위를 구성, 그동안 방폐상 유치활동을 해 왔으며, '중·저준위 방폐장 홍보관'을 경북 경주시 황성공원 광장에 조성하여 개관식을 가졌다. 이 홍보관은 경주시와 한국수력원자력㈜가 방폐장의 안전성과 유치 필요성, 경제적 지원과 혜택 등에 대한 정보를 시민들에게 알리고 경주에 유치하기 위해 1억 2,000만 원을 들여 건립됐다.

방폐장 유치 신청이 8월 31일 밤 12시로 종료된 가운데 유치 경쟁이 경북 경주시, 포항시, 영덕군과 전북 군산시의 4파전으로 압축되었다. 4개 지역 지자체장은 투표관련 공동사무일정을 협의한 결과 주민투표 발의는 10월 4일 이후에, 주민투표는 11월 2일 실시하고 투표일은 임시공휴일로 추진한다는 데 합의했다고 밝히고 이에 관한 공동 발표문에 서명했다. 대선 못지않은 열기를 뿜었던 방폐장 부지 선정을 위한 주민투표가 막을 내렸고, 경주는 89.5%의 찬성률로 방폐장 부지로 확정되었다.

(2) 방폐장 유치과정의 갈등

첫째, 지방자치단체 간의 갈등이다 이 문제는 유치추진 지자체 간, 그리고 이웃단체 간의 갈등 관계가 있었다.

방폐장 유치를 위한 주민투표를 앞두고 경북 경주, 영덕, 포항과 전북 군산 등 유치를 신청한 지역 간 경쟁이 심화되었다. 특히 전북 군산시와 경북 경주시는 지역감정을 부추기는 성명까지 주고받는 등 날카로운 신경전을 벌이면서 충돌했다. 송웅재 전북 군산시장권한대행은 "주민투표를 앞두고 경주지역 원자력발전소 2기 건설승인과 6백97억 원의 주민지원책을 발표한 것은 납득하기 어렵다."며 정부를 비판했다. 정부의 지원책 발표 후 찬성률이 경주는 무려 6.2%가 상승한 66.2%를 기록한 반면, 군산은 62%에 머물러 있어 군산시로서는 발등에 불이 떨어졌다고 판단한 것이다. 이에 경주국책사업추진단은 다시 "군산시의 사실왜곡과 악선동이 도를 넘고 있다."면서 "군산이 지역감정을 부추기는 데 혈안이 돼 문제를 경주시에 뒤집어씌우려 한다."고 비판했다.

경북 경주시가 중·저준위 방사성폐기물 처리시설(방폐장)을 유치하려 하자 경주시와 맞닿은 울산 북구가 발끈하고 나섰다. 울산 북구의회는 "경주시와 시의회가 북구와 협의 없이 일방적으로 방폐장을 유치하겠다고 계속 나서면, 울산시민의 안전을 위해 특단의 조처를 취하지 않을 수 없으며, 경주시가 방폐장을 지으려는 곳이 지리적으로 울산과 더 가까운데도 울산 쪽의 의견수렴은 물론 어떠한 협의절차도 거치지 않았다.”라며 항의했다. 울산시는 “세계적 문화관광도시 경주가 관광산업에 지장을 초래할 방폐장 유치를 신청한 것에 경악을 금치 못한다.”라며 “갈등을 부추기는 방폐장 유치신청을 철회하라.”라고 요구했다. 또 “방폐장 주민투표는 지자체 중심의 정책으로 인근 지역 주민의 피해와 고통을 가중시켰다.”라며 “이로 인해 울산은 핵시설로부터 가장 위험한 환경에 처했다.”라고 주장했다.

둘째, 주민들 간의 갈등이다. 지자체의 방폐장 유치에 관한 홍보에도 불구하고 주민들 사이의 찬반 갈등도 커졌다. 경주시는 도심 쪽의 찬성 주민과 양북, 양남, 감포 등 방폐장이 들어설 지역의 반대 주민들의 대립이 격화되었다. 경주시가 전국 최초로 방폐장 유치대상 지역으로 신청한 양북면 봉길1리 주민들은 원전과 방폐장 모두 반대하고 있다. 양북면 봉길 1·2리는 한국수력원자력 월성원자력본부에 인접해 있으며, 이곳은 원전 신월성 1·2호기 착공을 앞두고 있는 이주대상 지역으로 3·4호기 건설도 예정돼 있다. 전국 핵폐기물의 51.6%가 보관돼 있는 원전 가동지역이기도 하다. 주민들은 불신이 깊어 “횟집 등 식당은 물론 어촌계나 농사짓는 사람들은 다 반대하는 분위기이며, 원전이 들어서고 나서 주민들은 지금까지 3차에 걸쳐 보상을 받았으나, 보상기간이 10년으로 너무 길어 아무 활동도 못 했다.”고 한전(한수원) 측을 비난했다. 또한 “방폐장이 들어서면 경주 시내만 발전되지 이 지역은 발전이 어려울 것”이라고 주장했다.

또한 경주시가 여론조사에서 경주시민의 55.4%는 방폐장 유치에 찬성한다고 밝혔으며 반대 의견은 33%에 그쳤다. 그러나 정작 유치신청 예정 부지인 양북면 주민의 찬성률은 22.2%로 경주시 25개 읍·면·동 중 가장 낮았다. 지역 주민 대다수 및 경주핵폐기장 반대 범시민대책위는 '투표거부'의 배수진을 치고 유치반대 투쟁을 벌이고 있는 상황에서 예견된 결과이기도 했다. 현지 주민들은 경주핵폐기장 반대 범시민대책위원회와 함께 경주시가 유치신청을 한 날부터 경주시청 앞에서 유치신청 철회를 요구하는 천막농성을 벌였다.

셋째, 시민단체들의 반대이다. 경주시가 방폐장 유치신청서를 제출하자 환경단체들은 수개월이라는 짧은 기간에 찬성 비율로만 핵폐기장을 낙점하는 방식은 졸속추진이라며 유치공모 철회를 촉구했다. 환경운동연합 등 30여 개 시민·사회단체들로 구성된 반핵국민행동은 이날 오전 서울 광화문 정부중앙청사 앞에서 기자회견을 열어 "핵폐기장에 대한 주민들의 정확한 이해가 없음에도 불과 6개월 만에 주민 수용성에 가장 많은 가산점을 부과한다는 정부 입장은 안전성을 담보하지 못할 것"이라며 "유치 지역에 대한 지원금도 지역 공동체를 경제 논리로 붕괴시키는 비도덕적 음모에 불과하다."고 주장했다.

한편 시민단체 문화연대는 논평을 내고 "경주시와 시의회는 12억 원이나 되는 세금을 국책사업유치활동비로 책정, 지역주민을 대상으로 위법성 짙은 유치활동을 펼쳐 왔다."고 말했다. 문화연대는 특히 경주역사유적지구가 유네스코 등록 세계문화유산이며 사적 제158호로 지정된 문무대왕 수중릉이 건립 부지 인근에 있다는 점을 들어 경주시에 이번 결정을 철회할 것을 촉구했다.

그리고 경주지역 13개 단체로 구성된 '경주 핵폐기장 반대 범시민대책위' 회원들은 경주시청 앞에서 농성을 시작했다. 이들은 방폐장 유치신청을 철회하라고 요구하고 있다. 이 단체는 "방폐장은 안전성이 검증되지 않았고 관광도시 이미지를 망치는 시설이며, 방폐장을 포기할 때까지 싸우겠다."고 주장했다.

3) 방폐장 유치의 과제

주민투표를 통한 방폐장 입지 선정은 국책사업을 추진할 때 생기는 갈등 해결의 새로운 모델을 보여 줌과 동시에 경쟁의 결과를 흔쾌히 수용하는 성숙한 시민의식을 반영한 것이다. 이번 방폐장 부지선정 절차는 대의민주주의와 주민투표라는 직접 민주주의를 복합시킴으로써 이중으로 주민의사를 묻는 방식을 택했다. 방폐장 부지 선정 주민투표는 주민투표법이 제정된 이후 '제주도 특별자치도' 개편안(찬성 통과)과 청주시·청원군 통합안(부결)에 이어 3번째이며, 국책사업에 대한 주민투표로는 이번이 처음이다. 절차적 민주성을 확보했지만 이번 주민투표는 해결해야 할 과제도 남겼다. 일부에서는 부재자 허위신고 작성 등 불법행위가 확인되었다며 투표 결과에 승복하지 않겠다고 주장하고 있다. 지역 이기주의, 집단 이기주의, 금전 보상수의가 팽배한 우리 사회에서 투표를 통힌 결정은 최선의 선택이 아닌 차선책이다. 보다 바람직한 최선책은 주민의 동의가 선행된 지역을 대상으로 기술적·경제적 타당성을 고려해 선정하는 것이라 생각한다.

또한 정부와 방폐장 사업 추진 주체는 그동안 주민투표를 둘러싼 지역 간·주민 간 갈등을 시급히 해소해야 할 책임과 의무가 있다. 우선적으로 유치지역에는 주민에게 약속한 지역발전 계획을 최대한 신속히 차질 없이 추진해야 한다. 이와 함께 부지선정 후 건설기간까지 정책집행의 투명성과 시설 안전성 및 보다 철저한 환경영향평가에 대한 신뢰를 얻기 위해 더 많은 노력을 해야만 한다. 입지지역에 대한 대규모 지원책으로 비록 4개 지자체가 방폐장 유치를 위해 과열경쟁을 벌였지만, 방사성폐기물 처분장의 안전성에 대한 불안감이 완전히 해소됐다고 보기는 어렵다. 이와 함께 극심한 지역대립까지 빚어 탈락한 지자체에 대한 반발 및 허탈감을 최소화할 민심수습 방안에도 만전을 기할 필요가 있으며, 정부의 유치지역에 대한 지원약속이 지켜져야 할 것이다.

4) 결과

원자력발전은 우리나라 전체 전력량의 40%를 공급하고 있지만, 그동안 국가경제와 국민생활에 이바지해 온 공과에 비해 상대적으로 낮은 평가와 부정적인 인식을 받아 왔다. 그러므로 원자력 문제는 집단 간의 사회적 합의를 이끌어 내기가 어려운 것이다. 이렇게 된 데에는 우선 정부나 관련업계의 안일한 자세와 과거 일방주의적 정책집행이 주요 원인이었다고 할 수 있다. 정부는 정책내용과 결정과정의 투명성을 확보함으로써 신뢰를 구축해야 한다. 또한 방폐장의 안정성에 관한 객관적 정보를 공개하고 그 정보를 바탕으로 주민을 설득하고 협상하는 자세를 보여야 한다. 장기적인 관점으로 국가 에너지정책에 대한 발전 방향을 제시하면서 토론하고 설득하는 과정을 거쳐야 할 것이다.

참여정부 들어 적극적인 시민참여와 지방분권의 확대로 새만금 간척사업, 천성산 터널 공사 등 '개발과 환경'의 패러다임에서 발생되는 사회적 갈등을 해결해야 하는 과제가 남은 가운데 이번 경주 방폐장 유치가 이러한 사회적 난제를 풀 수 있는 모범적 사례가 되기를 기대한다.

V. 결론

시카고의 지역학교위원회와 경찰당국의 개혁을 통해서 그리고 브라질 포르토 알레그레 예산정책을 통해 공론의 장을 마련하고 지방정부당국과 지역주민들 사이에 토의정치가 형성된 외국의 사례에서 객관적이고, 합리적이고, 효율적인 양자의 협력관계를 살펴보았고, 한국 국내사례로서는 경주의 방폐장 유치의 경과와 하남시의 주민소환제를 검토해 보았다.

우리는 하남시의 주민투표제 실시로 또 하나의 직접민주주의의 사례를 경험적으로 수행하였다. 그 과정에 좋고 나쁜 점이 있었던 것은 사실이다. 그러나 주민소환이 성공 여부를 떠나 새로운 지역시민사회의 의견이 일부 반영된 부분이다. 주민의 주권행사의 사례를 남긴 결과이다. 물론 국민소환제는 실시하지 않으면서 힘없는 지방자치단체장과 지방의회 의원에게만 주민소환제를 적용하는가 하는 등의 문제점이 없는 것은 아니다. 잘못된 점이 있다면 이는 수정, 보완되어야 한다. 그러나 지역주민이 주권 자치라는 권력행사를 통해서 자치역량을 함양시킨 지방정부와 지역주민 간의 갈등 해소모델로 자리할 것으로 기대한다. 그리고 이 모델을 통해서 지방정치가 선진정치로 나아가게 되는 계기가 되기를 바라는 마음 또한 자못 크다.

경주의 경우 그간의 경과에 진통을 겪으면서 겨우 새로운 타협의 길을 찾았다. 새로운 공론의 장을 형성하여 현대 민주주의로서 대의제도가 다하지 못하는 부족한 부분을 정부와 지방주민 간의 타협과 대화를 통해서 주민투표와 같은 방법으로 협력적 거버넌스를 창출할 수 있는 기반을 잘 조성하여야 할 것이다. 이제 우리는 반대를 위한 반대가 아닌 진정한 지역사회 발전을 위한 순수한 감시자로서 앞으로 이 시설이 안전하게 건설, 운영될 수 있도록 관심과 조언을 주어야 할 것이다. 경주의 방폐장 유치는 지방정부와 지역주민 간의 상호 토론과 협의를 통한 협력적 모델로 정착되어 나가기를 기대해 본다. 또한 민주주의가 선진화하여 2000년 전의 화백제도가 현대판으로 재창출될 수 있도록 정부와 지역주민, 그리고 시민사회단체의 협의와 토론, 그리고 제도정립이 중요한 케이스이다.

어려운 부분도 있기는 하였지만 우리는 공론의 장을 형성하고 그 공론의 장에서 형성된 정책결정이 정당성과 효율성을, 즉 자기 결정능력을 높여 주는 양자 간의 신뢰구축의 네트워크로 작용할 수 있을 것으로 생각한다.

참고문헌

Coleman, James S. 1988, "Social Capital in the Creation of the Human Capital", *American Journal of Sociology*, Vol.94.

Fung, Archon, 2003, "Deliberative Democracy, Chicago Style: Grass−roots Governance in Policing and Public Education", *Deepening Democracy: Institutional Innovations in Empowered Participatory Governance* edited by Archon Fung and Erik Olin Wright, London: Verso.

Fung, Archon & Erik Olin Wright, 2003, *Deepening Democracy: Institutional Innovations in Empowered Participatory Governance*, London: Verso.

Fung, Archon and Erik Olin Wright, 2003, "Thinking about Empowered Participatory Governance", *Deepening Democracy: Institutional Innovations in Empowered Participatory Governance* edited by Archon Fung and Erik Olin Wright, Londion: Verso.

Granovetter, Mark S. 1973. "The Strength of Weak Ties", *American Journal of Sociology*. Vol.78(6).

Habermas, Jürgen 1996, *Between Facts and Norms: Contributions to a Discourse Theory of Law and Democracy* translated by William Rehg, Cambridge: The MIT Press.

Rosenau, James, 2001, "Strong Demand, Huge Supply: Governance in Emergent Epoch", Paper of Conference entitled *Multi−level Governance: Interdisciplinary Perspective*, The University of Sheffield.

저자

이종식 약 력

(李鍾植) 경북대학교 사범대학 일반사회전공 졸업(문학사)
경북대학교 대학원 정치학과 졸업(정치학 석사)
아주대학교 대학원 정치학전공 졸업(정치학 박사)
(주)대한항공 25년간(1978 - 2003) 근무
현. 아주대학교 사회과학연구소 전임연구원
　　아주대학교. 한국항공대학교에서 정치학개론. 한국정치의 이해.
　　국제관계론. 현대민주주의와 시민사회. NGO와 지역사회의 이해 등 강의 중

주요논저

『한국정치의 이해』. 한국학술정보㈜. 2008.
『현대민주주의와 시민사회』. 한국학술정보㈜. 2008.
『국제항공체제의 변화와 전망』. 한국학술정보㈜. 2007.
『국제항공기구론』(공저). 서울: 한국항공대학교 출판부. 2006.
"Freedoms of the Air and Global Aviation Regimes". 『21C 항공우주산업. 정책.
　　법적 주요 과제』. 서울: 평창기획. 2007.
"효율적인 거버넌스 형성을 위한 문제점과 방향". 『NGO연구』. 2007.
"국제항공레짐의 변화유형과 전망: 한미항공협정을 중심으로". 『한국정치학회보』.
　　제40집 2호. 2006.
"유럽연합(EU) 통합과 제3국과의 항공관계". 『항공우주법학회지』. 제21권 제1호. 2006.
"한국의 전통적 거버넌스의 시원적 모델: 호계 이을규의 혁신정치의 가설과 실천모델".
　　『NGO연구』. 2006.
"Restyling of International Aviation Regimes". *Journaal LuchtRecht*. The
　　Netherland. Special Edition. Nr. 9/10. December 2005.
"Change of International Aviation Order". *The Korean Journal of International
　　Relations*. Vol. 45(5). December 2005.
"국제항공레짐의 변화에 관한 연구. 1919 - 2003". 박사학위논문. 2004.

NGO와 지역사회의 이해
UNDERSTANDING OF NGO AND LOCAL SOCIETY

초판인쇄 | 2009년 2월 27일
초판발행 | 2009년 2월 27일

지은이 • 이종식 / 펴낸이 • 채종준 / 펴낸곳 • 한국학술정보㈜ / 주소 • 경기도 파주시 교하읍 문발리 513-5
파주출판문화정보산업단지 / 전화 • 031)908-3181(대표) / 팩스 • 031)908-3189 / homepage •
http://www.kstudy.com / E-mail • 출판사업부 publish@kstudy.com

등 록 | 제일산-115호(2000. 6. 19)
가 격 | 25,000원

ISBN 978-89-534-1297-2 93340 (Paper Book)
　　　978-89-534-1300-9 98340 (e-Book)

내일을여는지식 은 시대와 시대의 지식을 이어 갑니다.